武大通识

博雅弘毅 文明以止 成人成才 四通六识

珞 珈 博 雅 文 库
通 识 教 材 系 列

国家级一流本科课程配套教材
武汉大学规划教材建设项目资助出版

信息素养与实践

主 编 龚芙蓉
副主编 方小利

WUHAN UNIVERSITY PRESS
武汉大学出版社

图书在版编目(CIP)数据

信息素养与实践/龚芙蓉主编;方小利副主编.—武汉:武汉大学出版社,2022.4(2024.8 重印)
珞珈博雅文库.通识教材系列
ISBN 978-7-307-22760-6

Ⅰ.信… Ⅱ.①龚… ②方… Ⅲ. 信息素养—高等学校—教材 Ⅳ.G254.97

中国版本图书馆 CIP 数据核字(2021)第 238688 号

责任编辑:黄河清　　责任校对:汪欣怡　　版式设计:韩闻锦

出版发行:**武汉大学出版社**　(430072　武昌　珞珈山)
(电子邮箱:cbs22@ whu.edu.cn 网址:www.wdp.com.cn)
印刷:武汉中科兴业印务有限公司
开本:787×1092　1/16　印张:25.5　字数:523 千字　插页:2
版次:2022 年 4 月第 1 版　2024 年 8 月第 3 次印刷
ISBN 978-7-307-22760-6　定价:66.00 元

作者简介

龚芙蓉，武汉大学图书馆副研究馆员，管理学硕士。长期从事信息素养教育的研究与教学。主持建设的MOOC“信息素养与实践：给你一双学术慧眼”被教育部授予“国家级一流本科课程”，并被国内多所高校选定为校内SPOC课程。发表CSSCI期刊论文多篇，主持教学改革项目多个。

方小利，武汉大学图书馆馆员，材料物理与化学专业博士。从事数据素养与数据利用教学、知识产权信息服务与研究相关工作。发表SCI期刊论文3篇、CSSCI论文多篇，主持省级横向项目及校内项目多项。

《珞珈博雅文库·通识教材系列》总序

小而言之，教材是“课本”，是一课之本，是教学内容和教学方法的语言载体；大而言之，教材是国家意志的体现，是高校教学成果和科研成果的重要标志。一流大学要有一流的本科教育，也要有一流的教材体系。新形势下根据国家有关要求，为进一步加强和改进学校教材建设与管理，努力构建一流教材体系，武汉大学成立了教材建设工作领导小组、教材建设工作委员会，设立了教材建设中心，为学校教材建设工作提供了有力保障。一流教材体系要注重教材内容的经典性和时代性，还要注重教材的系列化和立体化。基于这一思路，学校计划按照学科专业教育、通识教育、创业教育等类别规划建设自成系列的教材。通识教育系列教材即是学校大力推动通识教育教学工作的重要成果，其整体隶属于“珞珈博雅文库”，命名为“通识教材系列”。

在长期的办学实践和教学文化建设过程中，武汉大学形成了独具特色的融“五观”为一体的本科人才培养思想体系：即“人才培养为本，本科教育是根”的办学观；“以‘成人’教育统领成才教育”的育人观；“厚基础、跨学科、鼓励创新和冒尖”的教学观；“激发教师教与学生学双重积极性”的动力观；“以学生发展为中心”的目的观。为深化本科教育改革，打造世界一流本科教育，武汉大学于 2015 年开展本科教育改革大讨论并形成《武汉大学关于深化本科教育改革的若干意见》《武汉大学关于进一步加强通识教育的实施意见》等文件，对优化通识教育顶层设计、理顺通识课程管理体制、提高通识教育课程质量、加强通识教育保障机制等方面提出明确要求。

早在20世纪八九十年代，武汉大学就有学者专门研究大学通识教育。进入21世纪，武汉大学于2003年明确提出“通专结合”，将原培养方案的“公共基础课”改为“通识教育课”，作为全国通识教育改革的先行者率先开创“武大通识1.0”；2013年，经过十年的建设，形成通识课程的七大板块共千门课程，是为“武大通识2.0”；2016年，在武汉大学本科教育改革大讨论的基础上，学校建立通识教育委员会及其工作组，成立通识教育中心，重启通识教育改革，以“何以成人，何以知天”为核心理念，以《人文社科经典导引》和《自然科学经典导引》两门基础通识必修课为课程主体，同时在通识课程、通识课堂、通识管理和通识文化四大层次全面创新通识教育，从而为在校本科生逾3万的综合性大学如何实现通识教育的品质提升和卓越教学探索了一条新的路径，是为“武大通识3.0”。

当前，高校对大学生要有效“增负”，要提升大学生的学业挑战度，合理增加课程难度，拓展课程深度，扩大课程的可选择性，真正把“水课”转变成有深度、有难度、有挑战度的“金课”。那么通识课程如何脱“水”冶“金”？如何建设具有武汉大学特色的通识教育金课？这无疑要求我们必须从课程内容设计、教学方式改革、课程教材资源建设等方面着力。

一门好的通识课程应能对学生正确价值观的塑造、健全人格的养成、思维方式的拓展等发挥重要作用，而不应仅仅是传授学科知识点。我们在做课程设计的时候要认真思考“培养什么人、怎样培养人、为谁培养人”这一根本问题，从而切实推进课程思政建设。武汉大学学科门类丰富，教学资源齐全，这为我们跨学科组建教学团队，多维度进行探讨，设计更具前沿性和时代性的课程内容，提供了得天独厚的条件。

毋庸讳言，中学教育在高考指挥棒下偏向应试思维，过于看重课程考核成绩，往往忘记了“教书育人”的初心。那么，应如何改变这种现状？答案是：立德树人，脱“水”冶“金”。具体而言，通识教育要注重课程教学的过程管理，增加小班研讨、单元小测验、学习成果展示等鼓励学生投入学习的环节，而不再是单一地只看学生期末成绩。武汉大学的“两大导引”试行“8+8”的大班授课和小班研讨，经过三个学期的实践，取得了很好的成效，深受同学们欢迎。我们发现，小班研讨是一种非常有效的教学方式，能够帮助学生深度阅读、深度思考，增加学生课堂参与度，培养学生独立思考、理性判断、批判性思维和团队合作等多方面的能力。

课程教材资源建设是十分重要的。老师们精心编撰的系列教材，精心录制的在线开放课程视频，精心设计的各类题库，精心搜集整理的与课程相关的文献资料，等等，对于学生而言，都是精神大餐之中不可或缺的珍贵元素。在长期的教学实践中，老师们不断更新、完善课程教材资源，并且教授学生获取知识的能力，让学习不只停留于课堂，而是延续到课后，给学生课后的持续思考提供支撑和保障。

“武大通识3.0”运行至今，武汉大学已形成一系列保障机制，鼓励教师更多地投入到通识教育教学中来。学校对通识3.0课程设立了准入准出机制，建设期内每年组织一次课程考核工作，严格把控立项课程的建设质量；对两门基础通识课程实施助教制，每学期遴选培训研究生和青年教师担任助教，辅助大班授课、小班研讨环节的开展；对投身通识教育的教师给予最大支持，在“351人才计划（教学岗位）”“教学业绩奖”等评选中专门设定通识教育教师名额，在职称晋升等方面也予以政策倾斜；对课程的课酬实行阶梯制，根据课程等级和教师考核结果发放授课课酬。

武汉大学打造多重通识教育活动，营造全校通识文化氛围。每月举行一期通识教育大讲堂，邀请海内外一流大学从事通识教育顶层设计的领袖性人物、知名教师、知名学者、杰出校友等来校为师生做专题报告；每学期组织一次通识教育研讨会，邀请全校通识课程主讲教师、主要管理人员参加，采取专家讲座与专题讨论相结合的方式，帮助提升教师的通识教育理念；不定期开展博雅沙龙、读书会、午餐会等互动式研讨活动，有针对性地选取主题，邀请专家报告并研讨交流。这些都是珍贵的教学资源，有助于我们多渠道了解通识教育前沿和通识文化真谛，不断提升通识教育的理论素养，进而持续改进通识课程。

武汉大学的校训有一个关键词：弘毅。“弘毅”语出《论语》：“士不可以不弘毅，任重而道远。”对于“立德树人”的武大教师，对于“成人成才”的武大学子，对于“博雅弘毅，文明以止”的武大通识教育，皆为“任重而道远”。可以说，我们在通识教育改革道路上所走过的每一步，都将成为“教育强国，文化复兴”强有力的步伐。

“武大通识3.0”开启以来，我们精心筹备、陆续推出“珞珈博雅文库”大型通识教育丛书，涵盖“通识文化”“通识教材”“通识课堂”和“通识管理”四大系列。其中的“通识教材系列”已经推出“两大导引”，这次又推出核心和一般通识课程教材十余种，以后还将有更多优秀通识教材面世，使在校同学和其他读者“开卷有益”：拓展视野，启迪思想，融通古今，化成天下。

周叶中

前　言

信息素养是21世纪公民的必备素养，是动态、多元的综合能力，强调批判性思维、自主学习和终生学习，内涵延伸至全球视角、创新思维、协作发展等。2001年，联合国教科文组织（UNESCO）启动“全民信息计划”①（Information for All Programme，IFAP），提出了六个优先发展领域，信息素养即是其中之一。2021年，《中华人民共和国国民经济和社会发展第十四个五年规划和2035年远景目标纲要》中也强调“迎接数字时代，激活数据要素潜能，推进网络强国建设，加快建设数字经济、数字社会、数字政府”②。信息素养的重要性已提升至国家乃至全球的发展战略高度。

提升信息素养能力最直接、最有效的途径即系统的信息素养课程学习，尤其是高等教育中信息素养的立体化、过程性教育。信息素养教育是高校培养高素质、创新型人才的必要环节，也是国家“十四五”规划“建设高质量教育体系”中的必要元素。信息素养能力是当代大学生的必备基本能力，能够促进问题解决、知识创新和终身学习等能力的形成。本书定位于信息素养教材，旨在从信息检索、信息筛选与分析、信息阅读与管理，信息整合与利用、网络社群中协同交流以及创造新知识的能力等全方位培养大学生信息素养与科研素养。

本教材吸收了国内外学界及业界最新研究成果，如

---

① UNESCO. Information for All Programme（IFAP）[EB/OL].［2021-08-30］. https：//zh. unesco. org/programme/ ifap.

② 中华人民共和国国民经济和社会发展第十四个五年规划和2035年远景目标纲要_中国政府网［EB/OL］.［2021-09-04］. http：//www. gov. cn/xinwen/2021-03/13/content_5592681. htm.

2019年我国教育部高等学校图书情报工作委员会信息素养教育工作组确定的《新环境下高校信息素养教育宏观规划》、中科院初景利提出并实施的“泛信息素养教育”理念、美国大学与研究图书馆协会（ACRL）发布的《高等教育信息素养框架》等，对比目前同类信息素养教材，本教材有如下特点：

第一，强调在具体情境中理解信息素养。培养学习者利用信息素养解决复杂问题的能力及科研流程中的效率提升，注重对认知和思维层面的态度与能力培养。如第十一章汇集诺贝尔奖科学案例系列，让学习者从复杂案例的实践中感受检索的魅力，养成探索与反思的思维习惯，形成对不同文化的人类科研成果的理解以及分享和贡献的情怀。在本教材的其他章节也包含了大量综合案例，旨在让学习者不仅掌握基本的理论、方法与技巧，更重要的是了解如何进行信息的挖掘、分析与利用并基于此支撑决策及创新。

第二，突出新时期信息素养中的热点和难点。数据素养与知识产权素养是目前大数据时代信息素养的热点与难点，本教材在第五章、第六章以及第七章第二节对开放科学数据的检索、处理与分析以及知识产权中专利的检索与利用进行了专门的讲授，并在第九章第三节专门介绍了数据分析报告的撰写方法。

第三，注重信息创造与交流。从国家创新发展战略需要出发，新时期大学生更强调研究和创新能力的培养，信息素养教育不仅要重视信息的利用，更应该重视信息的生产与传播，学习者应将获得的信息和知识进行分析、整合，形成新的成果，与同行分享、交流，并融入不同层次的学术对话，促进科学研究进步。本教材第九章、第十章重点讲解了信息整合与再生，信息分享与交流。

第四，更好地服务于信息素养领域的教学改革。为了便于信息素养教育的广大同行开展线上线下混合式教学，本教材主编主讲的“信息素养与实践”MOOC课程于2018年在教育部主管的“中国大学MOOC”平台（https：//www. icourse163. org/）上线，2020年被教育部授予“国家级一流本科课程”，此MOOC课程提供大量与本教材相关的教学视频、测试题、综合选题报告、配套资源等，与本教材一起形成了立体化教材系列。

本教材为武汉大学2020年系列规划教材。刘霞负责全书的策划及体系确定、龚芙蓉负责大纲编写、统稿及审稿。各章节具体撰写者为：第一章、第二章、第三章、第四章、第七章第一节、第八章、第九章、第十章第一、二、四节、第十一章由龚芙蓉编写；第五章、第六章、第七章第二节、第九章第三节由方小利编写；刘霞对第一章、第三章、第四章、第五章、第六章提出了重要修改意见。

此外，感谢杨红梅、江珊为本教材的编写提供了案例素材，感谢欧懿为本教材第九章的编写作出了贡献。

本教材在写作过程中借鉴了国内外大量相关研究成果，在此，谨向这些文献的作者致以诚挚的敬意和衷心的感谢。感谢武汉大学出版社的黄河清编辑，在本教材编写和出版过程中，为书稿提出了许多宝贵的修改意见。

信息素养教育是一个不断发展和进步的领域，加之编著者能力和水平所限，书中疏漏、不妥乃至错误之处难免，敬祈专家学者和读者批评指正。

目　录

第一章
绪　论

第一节　信息素养的概念及重要性

信息素养是一个动态、多元的概念，作为社会发展对人的发展的必然要求，其内涵和外延随着信息环境日益复杂化和个体自主学习能力的变化而不断被赋予新的要求。特别是疫情常态化后“信息流行病”（Infodemic）的出现，凸显出公众信息素养提升的迫切性。2018 年英国图书信息专业协会（Chartered Institute of Library and Information Professionals，CILIP）发布的《CILIP 信息素养定义 2018》① 中指出信息素养的主要情境有信息素养与日常生活、信息素养与公民、信息素养与教育、信息素养与工作场所、信息素养与健康，通过划分不同的场景强调信息素养在公众的生活、学习、工作中的重要作用。从社会可持续发展视角看，信息素养的内涵应包括信息主体掌握应对各种复杂环境的知识能力，为提供决策支持应具备的分析能力，并且这些能力将一直贯穿于个体的生活、学习和工作之中。

1974 年，美国信息产业协会主席泽考斯基（Paul Zurkowski）首次将信息素养定义为“人们利用大量的信息工具及主要信息源使问题得到解答的技能”②；1989 年，美国图书馆协会（American Library Association，ALA）在《信息素养总统委员会报告》中提出：“作为具有信息素养能力的人，必须能够充分地认识到何时需要信息，并有能力去有效地发

---

① CILIP. What is information literacy? ［EB/OL］. ［2021-05-23］. https：//www. cilip. org. uk/news/421972/What-is-information-literacy. htm.

② Zurkowski P G. The information service environment relationships and priorities. Related paper No. 5 ［R］. Washington D C：National Commission on Libraries and Information Science，1974：6.

现、检索、评价和利用所需要的信息。”① 该报告将信息素养从纯粹的技能层面上升为包含信息意识、检索、评价和利用的能力谱系，并强调了终身学习能力与批判性思维。这是信息素养发展过程中的一个重要里程碑。至此，信息素养得以被清楚表述，该领域所需要的技能和知识得到详细描绘，成为很长一段时间内被广泛接受和使用的信息素养定义，可以称为“第一代信息素养”（简称“第一代 IL”）。

进入 21 世纪后，信息素养重要性得到进一步认可，第一代 IL 步入快速发展期。我国教育部继 1984 年、1985 年、1992 年、1993 年相继发布对高校文献检索课的专门指导文件后，于 2002 年又发布了《普通高等学校图书馆规程》②（教高［2002］3 号），明确规定了信息素养教育为高校图书馆五项主要任务之一；2003 年，美国也公布《21 世纪能力：数字时代的基本素养》，将信息素养列为“21 世纪能力素养”的重要部分。③ 同期，联合国也召开两次世界性大会，发表了《布拉格宣言》（2003 年）和《亚历山大宣言》（2005 年），将信息素养定位为终身学习的基本人权和促进人类发展的全球性政策。④

在第一代 IL 发展和常态期，出现了针对普通公民、教师、中小学生以及高校学生的特定信息素养标准，如 1998 年美国大学与研究图书馆协会（Association of College and Research Libraries，ACRL）颁布的《中小学生信息素养标准》等。但最多的还是针对高校教育的信息素养标准，其中比较有影响力的是英国学院、国家和大学图书馆协会（The Society of College，National and University Libraries，SCONUL）于 1999 年发布的《高等教育信息技能：SCONUL 的一个立场书》；ACRL 于 2000 年批准的《高等教育信息素养能力标准》；澳大利亚和新西兰信息素养机构（Australian and New Zealand Institute for Information Literacy，ANIIL）和澳大利亚大学图书馆理事会（Council of Australian Universituy Librarians，CAUL）于 2004 年共同发布的《澳大利亚和新西兰信息素养框架：原则、标准与实践》，它们为实施和评估信息素养提供了参考。总的来说，第一代 IL 时期发布的信息素养概念和标准是从信息利用流程角度来描述和界定信息素养的。

随着信息环境的复杂化，学习环境的日益全球化和网络化，信息素养又衍生出了多种素养概念，如融入学术活动生命周期、透视数据管理服务研究领域的数据素养，网络媒介和数字技术全方位渗透背景下的媒介素养等。信息素养范式逐渐过渡到第二代信息素养时

---

① American Library Association. Presidential committee on information literacy: Final report [R/OL]. Washington D C: American Library Association, 1989 [2021-05-15]. http: //www. ala. org/acrl /publications/whitepapers/ presidential.

② 中华人民共和国教育部．普通高等学校图书馆规程［EB/OL］．［2021-08-21］．http：//www.moe. gov. cn/srcsite/A08/moe_736/s3886/200202/t20020221_110215. html.

③ 盛群力，褚献华．21 世纪能力：数字时代的基本素养［J］．开放教育研究，2004.

④ 彭立伟，高洁．国际信息素养范式演变［J］．图书情报工作，2020，64（9）：133-141.

期（简称“第二代 IL”）。

这一时期，国外相关组织和机构陆续发布了多份有影响力的信息素养文件，持续推动信息素养教育在促进社会发展和提高全民素质中发挥重要作用。2013 年 12 月，联合国教科文组织（UNESCO）发布了纲领性文件《全球媒体与信息素养评估框架》（Global Media and Information Literacy Assessment Framework），首次融合了媒体素养与信息素养的概念，为从宏观和微观不同层面评估媒体与信息素养提供了理论依据和实践指南；①2015 年 9 月，联合国通过的《2030 可持续发展议程》（The 2030 Agenda for Sustainable Development）呼吁各国立即采取行动，为未来 15 年实现经济、社会和环境相关的 17 项可持续发展目标而努力；② 国际图联（International Federation of Library Associations and Institutions，IFLA）先后发布了 2017 版、2019 版《发展与信息获取》（Development and Access to Information，DA2I）报告，指出信息获取能够促进多项可持续发展目标的实现，信息素养教育能够提高人们获取、利用和评估信息的能力，使人们拥有优质、公平、终身的学习和发展机会，强调图书馆在其中可发挥重要作用。③

2015 年，ACRL 发布的《高等教育信息素养框架》（Framework for Information Literacy for Higher Education，以下简称《框架》）吸收了“元素养”概念，认为元素养是多元素养的核心基础，是“催生其他素养的素养”，并重新定义信息素养为“包括对信息的反思性发现，对信息如何产生和评价的理解，以及利用信息创造新知识并合理参与学习团体的一组综合能力”④。该定义强调情感、元认知、知识创建与团体学习，注重交流维度和过程维度，突破了 ALA 1989 年从流程角度对个体信息素养能力的界定，成为第二代信息素养的经典性、指导性定义。很多英美高校结合《框架》理念开启了本校信息素养教育的调整与变革。如英国剑桥大学和南威尔士大学发布正式的信息素养框架文件《剑桥大学信息素养框架 2018》和《南威尔士大学信息素养框架 2019》；爱丁堡大学推出《数字技能框架》；美国圣路易斯华盛顿大学、南加州大学、南伊利诺伊大学爱德华兹维尔分校、加州大学伯克利分校、纽约州立大学奥尔巴尼分校和纽约市立大学六所高校均在图书馆战略规划

① UNESCO. UNESCO Global media and information literacy assessment framework [EB /OL]. [2020-01-05]. http://www.unesco.org/new/en/communication-and-information /resources/publications-and-communication-materials/publications/full-list/global-media-and-information-literacy-assessment-framework/.

② The Uhited Nations. Transforming our world: The 2030 agenda for sustainable development [EB/OL]. [2020-01-05]. https://sustainabledevelopment.un.org/content/documents/21252030% 20Agenda% 20for%20Sustainable%20Development% 20web.pdf.

③ IFLA and the technology and social change group, University of Washington. IFLA development and access to information [EB/ OL]. [2020-01-06]. https://da2i.ifla.org/.

④ 韩丽风，王茜，李津，等．高等教育信息素养框架［J］．大学图书馆学报，2015，33（6）：120-128.

中对信息素养教育作了独立模块说明，华盛顿大学更同步推出了《教学和信息素养计划》。

在此背景下，我国教育部高等学校图书情报工作委员会（以下简称“图工委”）信息素养教育工作组于2016—2018年组织开展了信息素养教育指导文件的相关研制工作，确定了新环境下高校信息素养教育宏观规划，并将信息素养定义为：“以批判性思维有效认知、查询、获取、利用、交流和创造信息，并促进学习、研究和创新的一种综合能力。”① 它不是简单的信息查询和获取，而是包含“批判性思维”“交流”“促进学习、研究和创新”“综合能力”等基本元素，强调从认知、行为、情感上参与信息生态系统活动，能够支撑数字素养、数据素养、媒介素养、科研素养、创新素养等不同应用场景下新型素养形式的衍生与发展。此概念吸收了《框架》的优秀理念，但更加符合我国高等教育的实际，在实用和操作层面做出了本土化的改进。

综上所述，第二代IL是一个超越的、综合性的素养谱系，它以将学习者培养为成功的知识生产者、协作者与消费者为目标，而且突破了教育系统，要求学习者不仅注重个人信息检索知识技能和文本信息，更要从社会、文化、社群协作的视角，关注人与人、物品、文本、身体体验之间全方位的信息体验。②

第二节　信息素养的构成

从信息素养概念被首次提出以来，信息素养范式经历了第一代IL和第二代IL的演变，当然，它们之间并不是彻底的否定关系，而是并存、拓展和深化。本节将具体介绍两代信息素养范式演变过程中信息素养构成内容的变化。

一、第一代IL的构成部分

前文所述，第一代IL时期，主要是从信息利用流程角度来诠释信息素养。虽然也提倡批判性思维和终身学习，但更多的还是强调知识与技能的传授，强调信息素养是超越各种学科的普适性能力。在信息素养构成部分中，以信息获取与利用为核心。具体包括信息意识、信息知识、信息能力、信息道德四个部分。

---

① 韩丽风，秦小燕，杨志刚，等．新环境下高校信息素养教育宏观规划研究［J］．图书情报工作，2020，64（7）：7.

② 彭立伟，高洁．国际信息素养范式演变［J］．图书情报工作，2020，64（9）：9.

（一）信息意识

信息意识指个体在信息活动过程中对信息的认识、态度、价值趋向和一定的需求，具体包括：能认识到信息的重要作用；对信息有积极的内在需求；对信息的敏感性和洞察力，能迅速有效地发现并掌握有价值的信息。

（二）信息知识

信息知识指开展信息活动（确定信息问题、获取、评价、利用、交流信息的活动）所必须具备的基本原理、概念和方法性知识，具体包括信息基础知识和信息技术知识。

（三）信息能力

信息能力是指个体有效利用信息技术和信息资源获取信息、加工处理信息以及创造交流新信息的能力，是信息素养最核心的组成部分，具体包括：信息需求分析和表达能力，信息获取能力，信息分析和处理能力，信息利用能力。

（四）信息道德

信息道德是指在整个信息活动中，调节信息生产者、信息加工者、信息传递者以及信息使用者之间行为规范的总和。

二、第二代 IL 的构成部分

对情境和元认知因素的关注是第二代 IL 的重要特征。在信息素养的构成部分中，不再单一遵循信息获取、评价、利用这一简单流程，而是在信息利用生命周期的基础上，强调信息的反思性发现、知识创造、成果交流与思维发展、终身学习与团体学习等与当代哲学概念和方法（社会建构主义、实践理论、关联主义、话语分析理论等）相结合的内容，具体包括信息认知、信息能力、知识创造与分享、信息伦理四个部分。

（一）信息认知

认知是指个体对客体和现象及其关系的认识、感知与理解，以概念或观念的形式存在。信息认知包括对信息活动地位、价值、功能、信息需求的认识，也包括对信息的感受、理解、评价及对信息行为的控制和超越。具体包括以下三个方面。

1. 信息意识

具备信息认知的学习者首先应该具有信息意识，如信息敏感性、信息应用意识和信息保健意识与自控能力等。

2. 信息源的认知

在当前信息生态和学术环境下，信息来源日趋多元化，具备信息认知的学习者需要了解各类信息（如图书、期刊、会议、科技报告、社交媒体信息、科学数据等）的产生途径、呈现形式（如数字、文本、图像、音频、视频等）和交流方式（如开放获取、社交网络平台等），并能够根据不同的需要选择适当的信息源和途径来获取信息，能够用多维视角突破“信息茧房”和“信息迷失”，在复杂的信息环境中实现知识发现。

3. 信息的批判性反思能力

了解信息的批判性反思能力并不仅仅出现在信息的筛选与分析中，而是应该出现在信息活动的任意阶段。以批判性的思维来看待权威观点并对新的观点、新的声音和思想流派的变化持开放态度。

（二）信息能力

信息能力是指个体在具备信息认知的基础上，有效利用信息资源、信息技术和方法、信息工具与平台进行信息活动的能力。信息能力是第一代 IL 的核心部分，在第二代 IL 时期，其与信息创造与分享在信息素养中占同样的比重。具体包括以下四个方面。

1. 信息需求表达能力

信息需求表达能力指能够有效地意识到潜在的信息需求并将之转化为显性需求、用语言和各种交流方式明确表达的能力。

2. 信息获取能力

信息获取能力指从各种信息源中发现和获取与自身需求匹配的信息的能力，包括将复杂问题分解为若干简单问题，具体问题具体分析、确定检索思路、制订检索策略、分析检索结果，并根据需求不断改进检索策略，掌握信息内容的各种获取途径，以及反思信息查询过程，从而养成有效的信息检索与获取思维习惯。

具备信息获取能力的学习者应该知晓检索是一个非线性和迭代反复的过程，会受到检索主体的情感、认知及社会角色等情境因素的影响。检索者需要时刻检视自身局限，展现出思维的灵活性和创造性；应该具备解决各种复杂检索问题、应对各种检索情境的能力。

3. 信息分析与处理能力

信息分析与处理能力即能从众多的信息中甄别、筛选出有用信息，并经过综合分析与处理以备利用的能力。具体包括信息筛选、分析、阅读与管理能力。具备信息分析与处理能力的学习者首先应该了解权威的构建性与情境性，批判性地审视所有信息，并就信息的来源、背景及其对当前信息需求的适用性提出疑问；其次，掌握信息分析与处理的理论、方法与工具，如数据分析与处理的能力，阅读素养与信息素养的交叉汇集知识，信息管理的方法、工具与平台等。

4. 信息整合与利用能力

信息整合与利用能力即指把信息运用于实践的能力。这种能力是把信息同个体的学习、工作、生活相结合。具备信息整合与利用能力的学习者应该能够充分整合和利用所获取的有用信息，帮助决策以及解决复杂问题等。

（三）知识创造与分享

知识创造与分享是第二代 IL 着重强调的信息素养组成部分，也可以看作第一代 IL 中信息能力的拓展与深化。基于 ACRL《框架》中强调的“信息人的三重身份”，即信息主体在信息社会中都应具备信息的消费者、协作者和创造者三种身份，它强调的是有意识地将获得的信息与自己现有的知识结构融合，构建新的知识，并将所创造的新知识进行发布和交流的能力。

具备知识创造与分享能力的学习者首先应该具有高超的运用信息的能力，可对专业领域内的信息进行挖掘、选择与评价，以较好的科学思维处理专业问题，并拥有在此基础上进行知识创新的能力；其次应该具备贡献的姿态和分享的情怀，并掌握知识分享与成果交流的方式及流程，能够顺利地进行信息分享与交流。

（四）信息伦理

信息具有社会价值、经济价值和学术价值。信息的误用、滥用会引发信息污染、信息犯罪等问题，影响信息价值的发挥，损害各方利益。信息伦理指涉及信息生产、信息传播、信息管理、信息开发和利用等方面的伦理要求、伦理准则和道德规范，以及在此基础上形成的新型伦理关系的总和。信息伦理是信息素养在社会关系上最直观的体现，包含信息供给者、传播者、使用者、保存者等全部信息主体在信息行为过程中应遵守的伦理和道德约束等行为规范。信息伦理之于信息道德包含的内容更加宽泛。具体包括：个体的信息活动应与社会的整体目标一致，并承担相应的社会责任和义务；遵循信息法律与法规，能够抵制各种迷信的、淫秽的、违法的、反动的信息，不制作、传播、消费不良信息；不侵犯他人的知识产权、商业秘密和隐私权，正确处理信息创造、信息服务、信息消费三者之间的关系；恰当使用与合理开发信息技术、不利用信息技术进行犯罪活动等。

◎ 思考题

1. 思考自己在工作、学习或生活中与信息素养有关的情境，举例说明具体的场景与需求。

2. 根据第一代 IL 和第二代 IL 的构成变化，了解目前信息素养特别需要重视的部分。

3. 请你用“信息”“搜索”“学术”“美丽新世界”这几个关键词设计一张 PPT。要求及说明：(1) 必须全部用到这几个关键词（图片隐喻也可）；(2) 呈现形式多样，故事、图片、视频等均可。

第二章
精确文献检索

学术研究中一般会有怎样的信息需求？精确文献检索和主题文献的检索区别在哪里？如何根据文献线索查找原文？本章将围绕这些问题具体讲述。

第一节 精确文献检索与主题文献检索的区别

信息检索（Information Retrieval）是用户进行信息查询和获取的主要方式，是查找信息的方法和手段。从广义上讲，信息检索包括存储和检索两个过程。存储是指将信息按一定的方式进行加工、整理、组织，使其系统化、有序化并按一定要求建成具有检索功能的工具或检索系统；检索是根据信息需求，采用一定的方法和策略，借助检索工具，从信息集合中找出所需信息的查找过程。信息检索从狭义上讲只包括检索的过程。

在日常的学习和科研中，一般存在两种学术信息需求：精确文献检索与主题文献检索。前者是指利用给定的文献线索查找一篇或者几篇精确的原文，后者是指面对一个主题（比如撰写论文、申请项目、科研攻关等）查找一批国内外密切相关的研究成果。后者的需求比前者要复杂得多。只有了解了学术信息需求的类型和差异，我们才能有的放矢地选取科学的查找方法和途径。

精确文献检索与主题文献检索的主要区别有：

①检索的目的不同。

精确文献检索只是简单地查找已知文献线索的一篇或者几篇精确原文，主题文献检索需要查找一批文献服务于一个主题。

②文献之间的关系不同。

精确文献检索的检索结果之间没有关联，可以是毫不相关的一篇或者多篇文献。主题文献检索结果之间必须有关联，是同一主题下的多篇密切相关文献。

③检索途径不同。

信息检索途径一般包括主题途径、分类途径、责任者途径和其他途径（号码、引文、代码等）。精确文献检索因为只需要找到原文，所以一般采用描述文献外部特征的责任者途径或其他途径，比如用作者、专利号、报告号、合同号、标准号、国际标准书号和刊号等进行查找。主题文献检索需要的是同一主题下的文献，所以一般用描述文献内部特征的主题途径、分类途径。

④在信息查询与获取中所处的阶段不同。

精确文献检索是信息查询与获取的基础阶段，掌握了精确文献检索的科学方法，就可以准确地获取原文；主题文献检索是信息查询与获取的高级阶段，涉及检索词的提取、检索式的编制、检索策略的制定，信息的筛选与分析等，是信息查询与获取能力的综合体现。

第二节　文献线索判读

文献线索是指文献除全文以外的一切线索，如文献的目录、题录、文摘、索引等。

对著录的文献线索进行判断和分析，称为“文献线索判读”。文献线索判读是查找精确文献的重要前提，只有正确识别了文献线索，并对其进行分析和优化，才能够快速准确地获取文献。判读主要包括两个方面的内容：第一，识别此文献为何种文献类型，以便到相应的信息源中查找；第二，分析线索中著录了文献的哪些内容，找到最优化的著录项，或者结合所有著录项，找出原文。

一、各类文献的定义和特点

按照不同的标准，文献可以划分为不同的类型。按照载体不同，可以划分为纸质文献，声像文献、缩微文献，电子文献等；按内容加工程度不同，可以分为零次文献、一次文献、二次文献和三次文献；按照公开程度不同，可以划分为白色文献、黑色文献与灰色文献；按照内容与专业相关程度不同，可以划分为核心文献，相关文献与边缘文献。文献线索判读中的文献类型依据的是出版类型的标准，这也是学术信息素养中最重要的文献类型划分标准。

按照出版类型的不同，可以把文献划分为图书、期刊、科技报告、会议文献、学位论文、专利文献、标准文献、报纸等。根据学术研究对各种文献类型的需求程度，本教材主要介绍图书、期刊、科技报告、会议文献、学位论文、专利文献、标准文献。

掌握不同文献的定义与特点，是进行文献线索判读的基础，同时也能让我们在面对不同选题时选取不同特点的文献。

（一）图书（book）

凡由出版社（商）出版的不包括封面和封底在内 49 页以上的印刷品，具有特定的书名和著者名，编有国际标准书号，有定价并取得版权保护的出版物称为“图书”。图书是人类用来记录一切成就的主要工具，也是人类交融感情、获取知识、传承经验的重要媒介，对人类文明的发展贡献至钜，所以，无论古今中外，对于图书，人们总给予最高的肯定与特别的关注。

“图书”一词最早出现于《史记・萧相国世家》，刘邦攻入咸阳时，派萧何先入秦宫，萧何将秦宫的图书都收藏起来了。“汉王所以具知天下厄塞，户口多少，强弱之处，民所疾苦者，以何具得秦图书也。”这里的“图书”指的是地图和文书档案，它和我们当前所说的图书是有区别的，古时“图书”记载的内容多是记事性质的，如甲骨卜辞、青铜器铭文等，其作用主要是为帮助记忆，以便需要时检查参考，其性质相当于后世的档案。后世人们从实践中认识到，这些记录的材料可以改变成总结经验、传授知识的工具，于是便出现了专为传授知识、供人阅读的著作。这样，“图书”一词便取得了较新而又较窄的意义。

图书的特点有系统、全面、成熟，出版形式比较固定，但出版周期长，传递知识速度比较慢。

基于图书的上述特点，我们会发现，如果需要全面系统地获取某一专题的知识，阅读图书是行之有效的方法。所以，在大学低年级阶段，学习者需要阅读大量的专业图书，系统地学习专业知识，而到了高年级和研究生阶段，阅读重心就需要转变至传递知识比较快的期刊论文、科技报告等文献类型。

每本图书都有唯一的国际标准书号（International Standard Book Number，ISBN），是专门为识别图书等文献而设计的国际编号。目前采用 ISBN 编码系统的出版物有图书、小册子、缩微出版物、盲文印刷品等。2007 年 1 月 1 日前，ISBN 由 10 位数字组成，分四个部分：组号（国家、地区、语言的代号），出版者号，书序号和检验码。2007 年 1 月 1 日起，实行新版 ISBN。新版 ISBN 由 13 位数字组成，分为 5 段，即在原来的 10 位数字前加上 3 位 EAN（欧洲商品编号）图书产品代码“978”，在联机书目中 ISBN 可以作为一个检索字段，从而为用户增加了一种检索途径。

例如：978-7-5675-4844-6，第一组数字“978”为欧洲物品号；第二组数字“7”为地域号（国家、地区、语言区），其中 7 表示中国，0 和 1 表示英语区，2 表示法语区，3 表示德语区，4 表示日语区，5 表示俄语区，88 表示意大利语区，9971 表示新加坡语区；第三组数字“5675”为出版社号；第四组数字“4844”为此出版社出版的图书序号；第五组数字“6”为计算机校验码，可以为数字或者英文字母。

（二）期刊（periodical，journal or magazine）

期刊又称杂志，是有固定刊名，以期、卷、号或年、月为序，定期或不定期连续出版的印刷读物。

“期刊”的形成来源于罢工、罢课或战争中的宣传小册子。这种类似于报纸的手册，兼顾了时效性和详尽的评论，一种新的文献类型也就因这样特殊的原因而产生了。最早出版的一本期刊是于 1665 年 1 月在阿姆斯特丹由法国人萨罗（Denys de Sallo）出版的《学者杂志》（*Le Journal des Savants*）。中国最早的期刊为德国汉学家郭实腊 1833 年 7 月在广州创办的《东西洋考每月统记传》。发行时间延续 5 年多，版式采用中国传统书本样式，刊期使用清代皇帝年号纪年。

最初期刊和报纸的形式差不多，极易混淆。后来，报纸逐渐趋向于刊载有时间性的新闻，杂志则专刊小说、游记和娱乐性文章，在内容的区别上越来越明显。在形式上，报纸的版面越来越大，为 3~5 英尺，对折；而期刊则经装订，加封面，成了书的形式。此后，期刊和报纸在人们的观念中才具体地分开。

期刊的分类标准也很多，在学术信息素养中最为重要的分类是按照期刊内容分为一般性期刊与学术期刊，学术期刊按照学术评价标准又可以分为核心期刊与非核心期刊。

学术期刊的特点有：出版数量大，周期短，内容新颖，能迅速反映国内外的各种学科专业的水平和动向。基于学术期刊的特点，期刊论文是学术研究中使用最频繁的文献类型。

每种期刊都有对应的唯一国际标准刊号（International Standard Serial Number，ISSN）。如：ISSN 0211-9153。每组 ISSN 由 8 位数字构成，分前后两段，每段 4 位数，段与段间用“-”相连。其中后段的最末位数字为检查号。常见的期刊、丛刊、年刊等大多属于国际标准期刊号的编号与编码范围。

（三）科技报告（science & technical report）

科技报告是在科研活动的各个阶段，由科技人员按照有关规定和格式撰写的，能完整而真实地反映其所从事科研活动的技术内容和经验的特种文献。

科技报告的特点有：①反映最新的研究成果。以科技报告形式反映的科研成果内容新颖、一般是最新的研究成果。②内容多样化。它涉及自然科学、社会科学以及部分人文科学领域。③保密性。大量科技报告都与政府的研究活动、高新技术有关，使用范围控制较严。④报告质量参差不齐。大部分科技报告是合同研究计划的产物，由工程技术人员编写，由于撰写受时间限制、因保密需要以工作文件形式出现等因素影响，报告的质量相差很大。⑤每份报告自成一册，装订简单，一般都有连续编号。

（四）会议文献（conference document）

会议文献指国内外学术会议所发表的论文或报告，随着学术会议的召开而产生，一般没有固定的出版形式。

会议文献可分为会前、会中和会后三种。会前文献包括征文启事、会议通知书、会议日程表、预印本和会前论文摘要等。其中预印本是在会前几个月内发至与会者或公开出售的会议资料，比会后正式出版的会议录要早 1~2 年，但内容完备性和准确性不及会议录。有些会议因不再出版会议录，故预印本就显得更加重要；会议期间的会议文献有开幕词、讲话或报告、讨论记录、会议决议和闭幕词等；会后文献有会议录、汇编、论文集、报告、学术讨论会报告、会议专刊等。其中会议录是会后将论文、报告及讨论记录整理汇编而公开出版或发表的文献。会议文献中利用率较高的是会前文献中的预印本和会后文献中的会议论文集。

会议文献的特点有：学术性强，内容比较新颖。高质量会议文献通常代表着行业内的最新研究成果。

（五）学位论文（dissertation）

学位论文是高等学校、科研机构的毕业生为获得各级学位所撰写的论文。按授予学位的级别不同，分为学士学位论文、硕士学位论文、博士学位论文。一般不在刊物上公开发表，只能通过学位授予单位、指定收藏单位和私人途径获得。高等院校和科研机构目前只收录和保存硕博研究生的学位论文。

学位论文的特点有：具有一定的独创性，参考文献多、全面，有助于对相关文献进行追踪检索。

（六）专利文献（patent）

专利文献是在专利申请、审查、批准过程中所产生的各种有关文献。狭义的专利文献只包括专利申请说明书和已经批准的专利说明书。广义的专利文献还包括专利公报、专利文摘，以及各种索引与供检索用的工具书等。

专利文献的特点有：①涉及技术领域广泛，实用性强。从专利文献中可了解发明技术的实质、专利权的范围和时限，还能根据专利申请活动的情况，觉察正在开拓的新技术市场以及它对经济发展的影响。②内容新颖，出版迅速。各国专利法均规定申请专利的发明必须具有新颖性，特别是由于大多数国家采用了先申请原则，即分别就同样发明内容申请专利的，专利权将授予 最先申请者。③内容可靠，具有法律效力。专利说明书等有关文件的撰写大多是由受过专门训练的代理人会同发明人共同完成的，而且经过专利局的严格审查。④内容详细，格式规范化。各国专利说明书大多是按照国际统一的格式印刷出版，著录项目都有统一的识别代码，国家名称也有统一的代号。这使得检索者即使不懂原文也能识别该说明书的一些特征，给查找专利文献提供了方便。

专利文献在文献类型中和“标准文献”“科技报告”并称为“特种文献”，在日常的学习和科研中容易被忽视，但随着技术竞争的日益激烈和知识产权的日益被重视，专利文献的检索与分析显得越来越重要。

（七）标准文献（standard literature）

标准文献是指经公认权威机构（主管机关）批准的一整套在特定范围（领域）内必须执行的规格、规则、技术要求等规范性文献。

标准文献的特点有：①有一定的约束力，是从事生产、设计、管理、产品检验、商品流通、科学研究的共同依据，在一定条件下具有某种法律效力。②时效性强，它只以某时间段的科技发展水平为基础，随着经济发展和科学技术水平的提高，标准不断地进行修订、补充、替代或废止。③一个标准一般只解决一个问题，文字准确简练。④不同种类和级别的标准在不同范围内贯彻执行。

国内标准可以分为国家标准、地方标准、行业标准、企业标准四大类。

二、国内参考文献线索判读

国内著录的参考文献一般都提供明确的文献类型标识，除了少数年代久远和著录不规范的文献线索。目前无论是印刷版还是电子版提供的文献线索都比较规范，根据这些文献类型标识，我们就可以轻松准确判断此文献为何种文献类型。当然，我们在编写学术论著的时候，同样也按照以下标准著录参考文献。

根据 2015 年发布的中华人民共和国国家标准《信息与文献　参考文献著录规则》（国标编号：GB/T 7714—2015），文献类型标识代码及电子资源载体标识代码见表 2-2-1、表 2-2-2。

表 2-2-1　**文献类型和标识代码**

文献类型	标识代码
普通图书	M
会议录	C
汇编	G
报纸	N
期刊	J
学位论文	D
报告	R
标准	S
专利	P
数据库	DB
计算机程序	CP
电子公告	EB
档案	A
舆图	CM
数据集	DS
其他	Z

表 2-2-2　**电子资源载体和标识代码**

电子资源的载体类型	标　识
磁带（magnetic tape）	MT
磁盘（disk）	MK
光盘（CD-ROM）	CD
联机网络（online）	OL

参考文献格式具体举例如下：

图书：

[1] 刘国钧，陈绍业．图书馆目录［M］．北京：高等教育出版社，1957：15-18.

期刊：

[2] 何龄修．读南明史［J］．中国史研究，1998（3）：167-173.

科技报告：

[3] 中国机械工程学会．密相气力输送技术［R］．北京：1996.

会议文献：

[4] 郭宏，王熊，刘宗林．膜分离技术在大豆分离蛋白生产中综合利用的研究［C］．余立新．第三届全国膜和膜过程学术报告会议论文集．北京：高等教育出版社，1999：421-425.

学位论文：

[5] 陈金梅．氟石膏生产早强快硬水泥的试验研究［D］．西安：西安建筑科学大学，2000.

专利文献：

[6] 李德仁，邵慧超，洪勇，张鹏．基于 RTK/SINS 的高动态定位定姿系统及方法［P］．湖北：CN106707322A，2017-05-24.

标准文献：

[7] ISO 1210-1982，塑料——小试样接触火焰法测定塑料燃烧性［S］.

报纸：

[8] 陈志平．减灾设计研究新动态［N］．科技日报，1997-12-12（5）.

电子资源：

[9] 王明亮．关于中国学术期刊标准化数据库系统工程的进展［EB/OL］．［1998-08-16］．http：//www. cajcd. edu. cn/pub/wml. html.

需要注意的是，在国内的参考文献著录规范中，外文文献的著录方式也是基于以上规则。比如下面这一条外文参考文献，从文献类型标识也可以轻松地判读出其属于期刊论文：

Hewitt J A. Technical services in 1983［J］. Library Resource Services，1984，28（3）：205-218.

当然，我们也会遇到一些疑难的中文文献线索，一般是著录不规范或者年代久远、著录不全的卡片类，对这些线索该如何判读及补全信息，请参看本章第三节。

三、国外参考文献线索判读

国外参考文献最常见的著录格式是 MLA 和 APA 格式。

MLA（Modern Language Association）为美国现代语言协会制定的论文指导格式。

APA 格式（American Psychological Association）指的是美国心理学会（American Psychological Association）出版的《美国心理协会刊物准则》，特别针对社会科学领域的研究。

下面我们来具体看看国外各种类型参考文献的著录项与判读项，值得注意的是，每一种文献类型著录时，其著录项在实际题录中并不要求全部齐备，根据具体的需求来定，但大多情况下需要著录主要的著录项。

（一）图书

图书的著录项包括书名、著者、出版项（出版地、出版社、出版年）、总页码等。判读项主要有出版项（出版地、出版社、出版年）、ISBN（10 位或 13 位）、总页码（PP or P）。值得注意的是，有很多图书的目录或者题录中并不著录国际标准书号（ISBN）。

例 1：IPS international power systems. ① R. G. Schwieger，T. C. Elliott，J. Reason，G. Paula，M. Leone（editor/s）. ② ［New York，USA：McGraw Hill 2001］③

对照图书的判读项，可知从序号③出版项可以判读出例 1 的文献类型是图书，此文献线索为一本图书的目录。

至此，例 1 文献线索判读如下：序号①：书名；序号②：编撰者；序号③：出版项。（出版地、出版社、出版年）

例 2：An annotated bibliography of OSI. ① B. C. Burrows ② （Future Inf. Assoc. , Milton Keynes，UK）. ③ In book：Open systems interconnection：state of the art report ④ B. C. Burrows，A. J. Mayne［Ed］⑤ pp. 311-326 ⑥ Maidenhead，UK：Pergamon Infotech（2001），⑦ ix+341pp. ⑧ ［0 08 034115 2］⑨

对照图书的判读项可知例 2 中著录的是图书的析出文献（也就是图书中的一个章节）。序号⑨最为明显，是 10 位数的国际标准书号（ISBN），另外序号⑦出版项，序号⑧总页码也可以作为辅助判读项。

至此，例 2 中文献线索判读如下：序号①：图书中的章节题名；序号②：此章节的作者；序号③：章节作者的国别、机构等信息；序号④：图书的书名；序号⑤：图书的编撰者；序号⑥：此章节在图书中的起止页码；序号⑦：图书的出版项（出版地、出版社、出版年）；序号⑧：图书的总页码；序号⑨：图书的国际标准书号（ISBN）。

（二）期刊论文

期刊论文的著录项包括期刊名称（外文期刊刊名一般用缩写）、出版年月、卷、期、论文的起止页码等。期刊论文的判读项主要依靠以下三项：期刊的卷号或期号（vol. no or v. n）；期刊刊名缩写（如 PE&RS）；国际标准刊号 ISSN 号（8 位）。同样，大多数情况下文献线索并不会著录国际标准刊号（ISSN）。

例 3：Document Storage System. ① P. Bray ② Which Comput.（UK）③ Vol. 14，No 5，pp. 37-42（Sept. 1989）④ ISSN 0924-2715 ⑤

对照期刊论文的判读项可知，例3著录的是一篇期刊论文。其中序号⑤国际标准刊号（ISBN）最为明显，序号④期刊的年、卷、期及论文起止页码其次，序号③期刊刊名缩写可作为辅助判读项。

至此，例3中文献线索判读如下：序号①：期刊论文题名；序号②：期刊论文作者；序号③：期刊名称缩写；序号④：期刊的年、卷、期号及论文起止页码；序号⑤：国际标准刊号（ISSN）。

（三）会议文献

会议文献的著录项包括会议论文名称、著者和著者工作单位；会议录名称、会议地点、会议时间；会议录出版情况，论文页码。会议论文的判读项主要依靠会议录的名称、会议届次、会议地点、会议时间。会议录名称中常含有：congress（会议）、convention（大会）、symposium（专题讨论会）、workshop（专题学术讨论会）、seminar（学术研讨会）、conference（学术讨论会）、colloquium（学术讨论会）、proceedings（会议录）这些词汇。

例4：Approximating Bounded 0-1 Integer Liner Programs. ① D Peleg（Weizmann nst., Rehovot, Israel）. ② Proceeding of the 2nd Isreal Symposium on Theory and Computing Systems（Cat. No. 93TH0520-7），③ Natanya, Isreal, 7-9 June 1993 ④ （Los Alamitos, CA, USA: IEEE 1993）⑤ pp. 69-77 ⑥

对照会议文献的判读项可知，例4著录的是一篇会议文献。其中序号③会议录名称里面既有会议的届次，也有明显的会议录标识 proceeding，在此线索中是最重要的判读项。

至此，例4中文献线索判读如下：序号①：会议论文题名；序号②会议论文作者，括号中为作者的国别及机构地址信息（一般紧跟在作者后面的括号中著录的信息大多是关于作者的国别或机构信息）；序号③：会议录名称；序号④：会议地点，会议时间；序号⑤：会议录的出版信息；序号⑥：会议论文在会议录中的起止页码。

（四）科技报告

科技报告的著录项包括报告题名、报告作者和作者工作单位、报告号、出版年月。判读项是报告号。报告号由报告机构、报告类型及序号组成，如“Report AGARD-TR 2584”。

科技报告的报告号有一些特定的因素，第一是表示报告类型的缩写词如 PR（Progress Report）进展报告、AR（Annual Report）年度报告、FR（Final Report）年终报告、CR（Contract Report）合同报告、TR（Technical Report）技术报告。如 AFOS-TR1170，其中 TR 表示技术报告，1170 表示顺序号。第二是美国四大报告：PB（Publication Board）（民用工程：土木建筑、城市规划、环境保护）；AD（ASTIA-Armed Services Technical Information Agency Document）（军事报告）；NASA（National Aeronautics and Space

Administration）（航空报告）；DOE（Department of Energy）（能源部）如：水能、电能、风能。这些都可以作为科技报告的判读项。

例 5：Some approaches to the design of high integrity software ①　D. J. Marttin, R. B. Smith ②　（Combat Controls Div. GEC Avionics Ltd. Rochester, UK）. ③　Report AGARD-TR 2584 ④　July 2001⑤

对照科技报告的判读项可知，例 5 著录的是一篇科技报告。最重要的判读项为序号④报告号，由报告机构缩写、报告类型（技术报告）及序号组成。

至此，例 5 中的文献线索判读如下：序号①：报告名称；序号②：报告作者；序号③：报告机构及国别；序号④：报告号；序号⑤：报告时间。

（五）学位论文

学位论文的著录项包括学位论文题名，学位论文作者，授予学位，授予学位的大学名称，学位论文撰写的时间，论文页码，导师或答辩委员会顾问的姓名。其判读项主要有学位名称，授予学位的大学名称，其次还可以通过明确表示学位论文的词进行判读，比如"thesis""dissertation"。

例 6：Guif of Maine Sea Surface Topography from GEOSAT Altimery. ①　Lambert, Steven R. ②　Ph. D ③　University of Maine ④

对照学位论文判读项可知，例 6 著录的是一篇学位论文。判读项分别是序号③学位名称和序号（4）授予学位的大学名称。

至此，例 6 中的文献线索判读如下：序号①：学位论文名称；序号②：学位论文作者；序号③：学位名称；序号④：授予学位的大学名称。

例 7：Lai, J. K. ①　（2013）. ②　Truthful and fair resource allocation（Order No. 3566963）. ③　Available from ProQuest Dissertations & Theses Global A&I: The Humanities and Social Sciences Collection. ④

根据学位论文判读项可知，例 7 著录的也是一篇学位论文。判读项为序号④学位论文的来源数据库。这是一种比较特殊的学位论文题录。

至此，例 7 中的文献线索判读如下：序号①：学位论文作者；序号②：学位论文撰写时间；序号③ 学位论文题名及订购号；序号④：学位论文来源。

（六）专利文献

专利文献的著录项包括专利题目，专利申请人，专利受让人或单位，专利发表时间，专利国别及专利号。专利判读项主要是专利号。

例 8：SILVER HALIDE PHOTOGRAPHIC MATERIAL ①　Takeshi Habu, Japan ② assignor to Konishiroku photo industry Co. Ltd. , ③ May 15, 1984, 93 ④ U. S. Patent 4, 581, 327 ⑤

对照专利文献的判读项可知，例 8 著录的是一篇专利文献。判读项为序号⑤专利号。

至此，例 8 中的文献线索判读如下：序号①：专利名称；序号②：专利申请人；序号③：专利受让人和机构；序号④：专利申请授权时间及转让时间；序号⑤：专利号。

（七）标准文献

标准文献的著录项包括标准制定单位，标准题名，标准号。有时候也可以根据表示标准的英文单词来判读，如“standard”“recommendation”等。

标准号由标准颁布机构代码、顺序号和颁布年份三部分组成。如 ANSI TI-601-1988。

例 9：American National Standards Institute Integrated services digital network (ISDN) basic access interface for use on metallic loops for application on the network side of the NT (Layer 1 specification). ① ANSI TI-601-1988, Sept. 1988②

对照标准文献的判读项可知，例 9 著录的是一篇标准文献。判读项是序号②标准号。

至此，例 9 中的文献线索判读如下：序号①：标准题名；序号②：标准号。

第三节 案例——精确文献检索的步骤与方法

掌握精确文献检索的方法是学术信息检索的基础。下面梳理一下查找精确文献的方法与步骤，并且利用具体案例说明如何科学高效地查找各种类型的文献全文。

精确文献检索的方法是利用文献判读知识，确定信息源并结合多种线索查找，尤其值得注意的是在检索中寻求多维视角和拥有足够的耐心。

精确文献检索的步骤归纳如下：

第一，根据线索判断文献类型；

第二，分析文献线索，找到最优化的线索条目；

第三，如文献线索不全，需利用各种工具补全信息；

第四，确定检索信息源；

第五，根据最优化线索条目查找文献，并结合其他线索条目进行验证。

在具体的查找过程中，第一步：需要进行文献线索判读，也就是必须判读出此文献是期刊论文还是会议论文，是专利还是标准。这一步很重要，文献类型识别无误才能准确地确定信息源。第二步：分析文献线索，找到最优化的线索条目。因为文献线索可能会有多种，具体到每一条线索中最优化的条目到底是论文题名还是来源出版物名称，抑或作者和机构，需要具体判断。第三步：如最关键的文献线索不全，需要利用各种工具补全信息。第四步：确定信息源，这一步需要检索者具备基本的信息源知识，要了解各种常用的学术数据库、学术搜索引擎以及国内外开放获取资源、学术社交网络的信息，这样才能有的放矢。第五步：根据最优化线索条目查找文献，并结合其他线索条目进行验证。有时候认定的最优化线索条目可能无法检索出结果，还需要及时调整，选用其他线索条目多次检索。所以，在检索中检索者始终要保持的是多维的视角和足够的耐心。

在确定信息源的时候，也有一定的效率原则。首先是选择学术数据库，尤其可以利用各高校图书馆主页上的学术搜索；其次可以查找网络和开放存取的学术资源（Open Access）；再次应该想到查找馆藏书刊系统（OPAC），看看是否可以获取纸本全文；最后可以利用文摘数据库中提供的作者信息（如电子邮箱）与作者沟通。如 Web of Science 平台便会提供作者的电子邮箱及机构地址。以上渠道都无法获取的话，还可以利用图书馆的馆际互借与原文传递服务。

案例 1：根据文献线索查找文献全文

林浩．儿童座椅及其电动腿托机构［P］. 上海：CN208036022U，2018-11-02.

分析解题：对照精确文献检索的步骤，检索者第一步需要判断文献类型。根据文献线索标识［P］，判断此文献类型为专利文献。专利文献属于特种文献，所以务必先判断出文献类型，否则在找信息源的时候会走很多弯路。第二步分析文献线索。案例 1 著录项分别是专利申请人、专利题名、专利号及专利授权时间。第三步确定信息源。检索者需要了解专利的信息源，并大致判断哪一种信息源最易获取。国内专利文献的信息源主要有：中国知网专利数据库、万方专利数据库、大为 innojoy 专利数据库、国家知识产权局专利检索数据库、中国知识产权网、中国专利信息网、Soopat 网站。根据选择信息源的原则，优先选择学术数据库。所以此篇专利文献首先考虑在最方便的知网、万方的专利数据库中查找，其次可以找国家知识产权局等门户网站。第四步是根据最优化线索条目查找文献，所以依据专利题名“儿童座椅及其电动腿托机构”在中国知网查出此专利，并结合专利号进行验证，检索结果见图 2-3-1。

案例 2：根据文献线索找到原文

Lai, J. K.（2013）. Truthful and fair resource allocation（Order No. 3566963）. Available from ProQuest Dissertations & Theses Global A&I：The Humanities and Social Sciences Collection.（1417069375）

分析解题：对照精确文献检索的步骤，第一步判断文献类型。案例 2 是国外参考文献格式（MLA），没有明确的文献类型标识。根据文献来源数据库“ProQuest Dissertations & Theses”可判断文献类型为学位论文。第二步分析文献线索，此题录著录

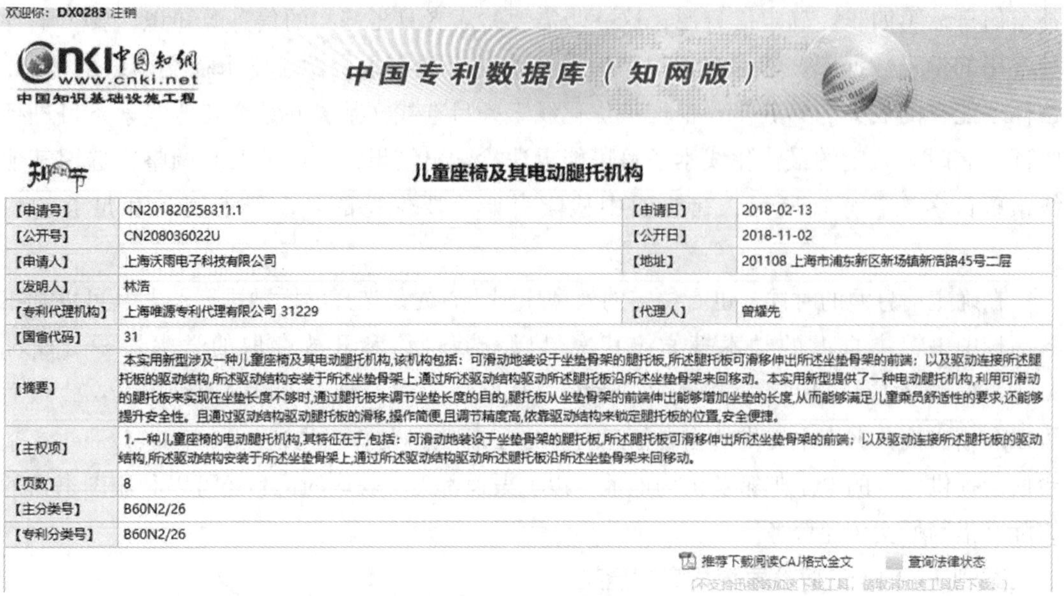
欢迎你：DX0283 注销

中国专利数据库（知网版）

儿童座椅及其电动腿托机构

【申请号】	CN201820258311.1	【申请日】	2018-02-13
【公开号】	CN208036022U	【公开日】	2018-11-02
【申请人】	上海沃雨电子科技有限公司	【地址】	201108 上海市浦东新区新场镇新浩路45号二层
【发明人】	林浩		
【专利代理机构】	上海唯源专利代理有限公司 31229	【代理人】	曾耀先
【国省代码】	31		
【摘要】	本实用新型涉及一种儿童座椅及其电动腿托机构,该机构包括：可滑动地装设于坐垫骨架的腿托板,所述腿托板可滑移伸出所述坐垫骨架的前端；以及驱动连接所述腿托板的驱动结构,所述驱动结构安装于所述坐垫骨架上,通过所述驱动结构驱动所述腿托板沿所述坐垫骨架来回移动。本实用新型提供了一种电动腿托机构,利用可滑动的腿托板来实现在坐垫长度不够时,通过腿托板来调节坐垫长度的目的,腿托板从坐垫骨架的前端伸出能够增加坐垫的长度,从而能够满足儿童乘员舒适性的要求,还能够提升安全性。且通过驱动结构驱动腿托板的滑移,操作简便,且调节精度高,依靠驱动结构来锁定腿托板的位置,安全便捷。		
【主权项】	1.一种儿童座椅的电动腿托机构,其特征在于,包括：可滑动地装设于坐垫骨架的腿托板,所述腿托板可滑移伸出所述坐垫骨架的前端；以及驱动连接所述腿托板的驱动结构,所述驱动结构安装于所述坐垫骨架上,通过所述驱动结构驱动所述腿托板沿所述坐垫骨架来回移动。		
【页数】	8		
【主分类号】	B60N2/26		
【专利分类号】	B60N2/26		

推荐下载阅读CAJ格式全文　查询法律状态

图 2-3-1　中国知网专利检索结果

项分别为学位论文作者及时间、学位论文题名、学位论文来源数据库。最优线索为学位论文题名和作者。第三步根据分析结果确定信息源，国外学位论文的信息源有 PQDT（ProQuest Dissertations and Theses）全球版博硕士论文全文数据库、ProQuest 学位论文全文数据库、百度学术、国外大学图书馆门户网站等，根据确定信息源的原则，应该优先选择学术数据库，但不是所有的高校都购买了 PQDT 学位论文库，所以此处演示利用百度学术的查找过程。第四步根据最优化线索查找文献全文。案例 2 中可以优先用学位论文名称“Truthful and fair resource allocation”进行查找。在百度学术中查到结果如图 2-3-2 所示。点开百度学术提供的免费链接之一，可以直接得到全文，如图 2-3-3。

案例 3：根据文献线索找到原文

Sokell, E.; Wills, A. A.; Comer, J., J. Phys. B: At. Mol. Opt. Phys. 1996. 3417.

分析解题：对照精确文献检索的步骤，第一步，判断文献类型。案例 3 属于著录不规范的线索，所以没有特别明显的文献类型标识与判读项，但从文献来源出版物缩写“J. Phys. B: At. Mol. Opt. Phys”可以判读出这是一篇期刊文献。第二步，分析文献线索，找到最优化的线索条目。案例 3 的著录项只有论文作者、期刊名称缩写以及年份和页码。暂时不太能确定到底哪项是最优化的线索条目。第三步如文献线索不全，需利用各种工具补全信息，具体到案例 3，既没有论文题名，也没有期刊全名，所以只能从期刊缩写上找

图 2-3-2 百度学术检索案例结果

出突破口，需要补全期刊全名。

补全期刊信息的工具主要有：高校联合目录、全国期刊联合目录、期刊引证报告数据库（JCR）、搜索引擎等。此处可以利用百度搜索引擎快速补全期刊全名，如图 2-3-4。

第四步确定信息源。针对案例 3 中的外文期刊文献，检索者可以利用的信息源有外文期刊全文数据库、开放获取期刊网站、搜索引擎以及期刊官网等。根据确定信息源的原则，优选选择学术数据库，可以利用高校图书馆购买的期刊数据库进行查找。第五步根据最优线索条目查找文献。案例 3 中最优条目显然是补全后的期刊题名，利用此线索在武汉

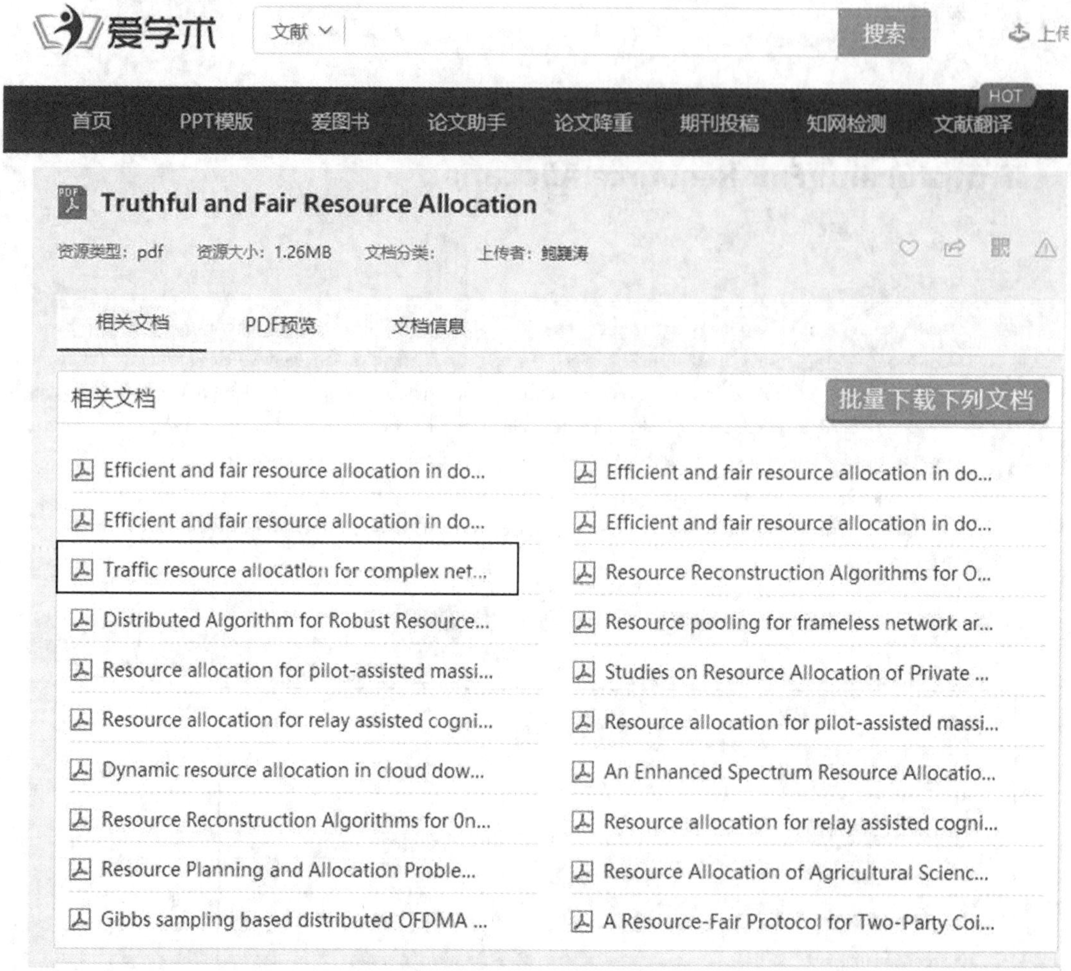

图 2-3-3　百度学术检索案例结果

大学图书馆电子期刊数据库查询结果如图 2-3-5 所示。

值得注意的是，检索者发现武汉大学图书馆电子期刊数据库中提供了两种信息源，其中学术数据库“IOP & AAS Journals”收录范围是 2010 年至今，说明此数据库中没有案例 3 的文献（案例 3 需要查找 1996 年的文献）。但同时提供了免费的网络资源链接，检索者利用此链接找到了“IOPscience”官网，进而获得全文（如图 2-3-6）。所以案例 3 确定信息源时也可以先查搜索引擎，直接到“IOPscience”官网查找全文。

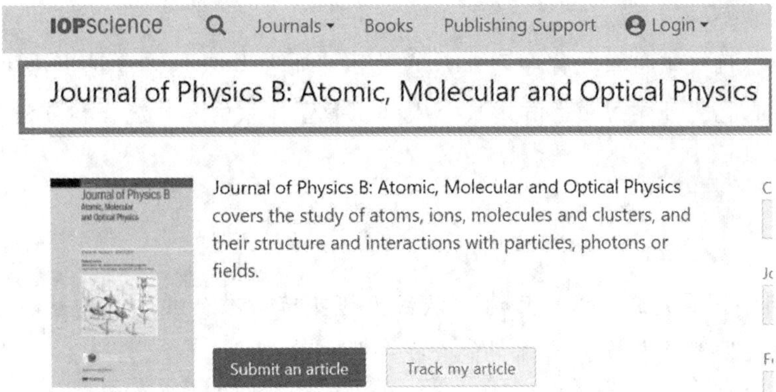

图 2-3-4　利用搜索引擎补全期刊信息

图 2-3-5　武汉大学图书馆电子期刊查找结果

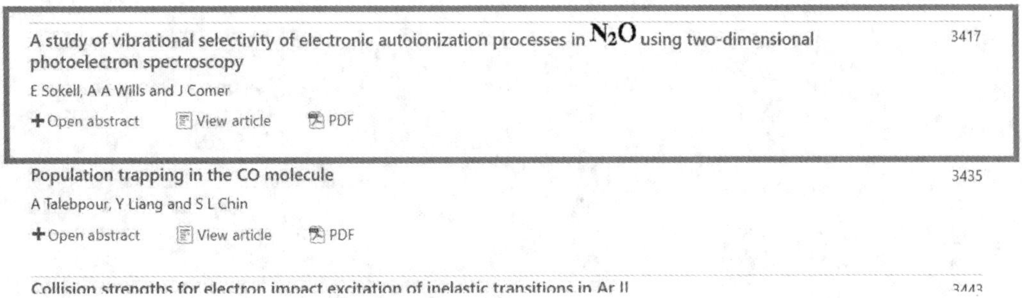

图 2-3-6　“IOPscience”官网全文

◎ 思考题

你会认为精确文献检索是你学习中最大的困惑吗？如果是，请说出原因，如果不是，请举例说明你自己提高学习效率和形成个人知识管理体系的各种流程和方法。

◎ 检索题

1. 小信同学需要完成一篇题目为“从武大樱花节看准公共物品的配置”的论文，关于“准公共物品”这个概念，请你帮他查找一些文献。

要求及说明：请查找题名中含有“准公共物品”的图书、期刊论文、会议论文、博士论文各一条（注意：期刊论文必须来自 CSSCI 期刊，会议论文必须来自国际会议），并提交四篇文献规范的参考文献著录格式（国标 GB/T7714—2015 的格式）。

2. 小颖同学急需下面这篇文献全文，请帮她查找并体会综合利用文献线索的方法。思考此题中为何不能仅仅利用题名确定文献。

Shayer M. Not just Piaget, not just Vygotsky [J]. Learning and Instruction, 2003, 13 (5): 465-485.

3. 请利用文献线索判读的规则，分析下面文献所属类型，根据线索查找全文，并体会查找过程中如何寻求多维信息源。

中国疾病预防控制中心新型冠状病毒肺炎应急响应机制流行病学组 . 新型冠状病毒肺炎流行病学特征分析 [J]. 中华流行病学杂志，2020，41 (2): 145-151.

第三章
主题文献检索

面对一个特定主题（比如撰写论文、申报项目等），学习者会如何着手寻找信息？

本章将重点介绍面对特定主题的时候如何进行批量文献检索，主要包括以下内容：分类检索词与主题检索词，实际检索中提取检索词的一般方法，如何编制科学的检索式以及主题文献检索的策略及案例。

第一节　检索词（上）——分类检索词与主题检索词

检索词又称检索语言，是检索系统中存储与检索的共同语言。换言之，它是匹配信息系统中信息特征和用户信息提问之间的共同语言。检索词选择恰当与否，直接影响检索效果。

如图 3-1-1 所示是一个完整的检索原理图。计算机检索的本质是一个匹配的过程，即信息用户的需求和特定信息集合的比较和选择过程，如果两者相适应并取得一致，则所需信息就被检中，否则检索失败。

从词的性质来划分，检索词可以划分为两大类：反映文献外部特征的检索词，如作者、机构、来源出版物名称、ISBN、ISSN 等；反映文献内部特征的检索词，又可以分为表示分类的检索词如分类号，表示主题的检索词如标题词、单元词、叙词、关键词。

因为反映文献外部特征的检索词在第二章第一节精确文献检索中已经具体阐述过了，所以此节重点讲述的是反映文献内部特征的检索词。

一、分类检索词（分类语言）

在反映文献内部特征的检索词中，分类检索词历史悠久，由传统纸质检索传承而来，

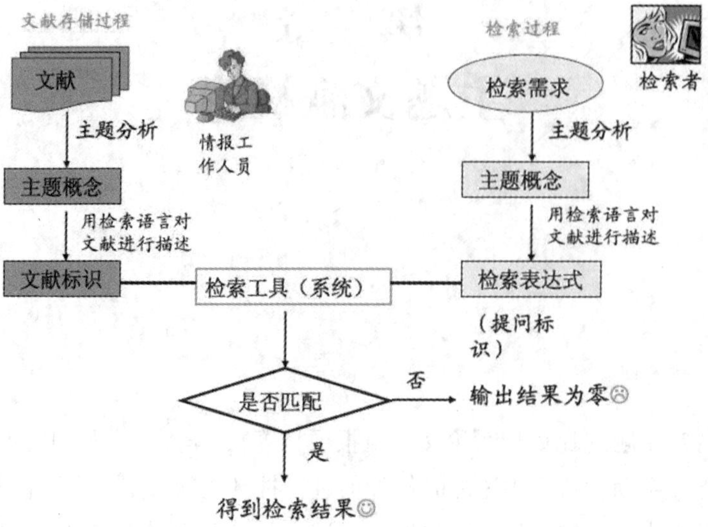

图 3-1-1　检索原理图

以分类号作为检索标识。目前也是实体图书馆中纸本文献主要使用的一种检索语言，又分为体系分类法、组配分类法、混合分类法三种，其中以体系分类法为主。

（一）体系分类法与《中图法》

体系分类法是指将各种概念按学科性质进行分类和系统排列，并用分类号来表达各种概念的一种先组式语言。以学科分类为基础，依据概念的划分与概括原理，将全部类目组织成一个层层隶属、详细列举的等级系统的一种文献分类法，也称为列举式分类法、枚举式分类法、展开式分类法，是目前使用最普遍的一种分类法。

典型的体系分类法有：《杜威十进分类法》（Dewey Decimal Classification，DDC）、《美国国会图书馆图书分类法》（Library of Congress Classification，LCC）、《中国图书馆图书分类法》（以下简称《中图法》）。特别是《杜威十进分类法》，它是世界现代文献分类法史上的一个重要里程碑。它是世界上现行文献分类法中流行最广、影响最大的一部分类法，现已用 30 多种语言出版，被世界上 130 多个国家和地区的图书馆采用。《杜威十进分类法》的理论与技术对中国现代文献分类法的发展产生过一定的影响。

（二）《中图法》的结构与特点

《中图法》是为统一全国文献分类编目创造条件而编制和发展的。1957 年文化部主持编制了《中小型法》，在此基础上一些图书馆陆续把它扩充为大型分类法。1975 年正式出版了《中图法》第一版，后陆续出版了五版。《中图法》与国内其他分类法相比，编制产生年代较晚，但发展很快，它不仅系统地总结了我国分类法的编制经验，而且还吸取了国外分类法的编制理论和技术。《中图法》已普遍应用于全国各类型的图书馆，国内主要大型书目、检索刊物、机读数据库以及《中国国家标准书号》等都著录了《中图法》分类号。

《中图法》也是典型的体系分类法，是以学科为基础，运用逻辑划分的原理，以文献内容、所属学科、专业性质及特征对文献进行系统化组织的分类语言。这种体系能体现学科的系统性，清楚地反映出事物的派生、隶属与平行关系，便于用户从学科专业的角度查找文献资料。

《中图法》采用拉丁字母与阿拉伯数字相结合的混合制标记符号，以拉丁字母标记基本大类，分为 5 大部类，22 基本大类，属于五分法，如图 3-1-2。

A	马克思主义、列宁主义、毛泽东思想、邓小平理论	
B	哲学、宗教	
C	社会科学总论	社会科学
D	政治、法律	
E	军事	
F	经济	
G	文化、科学、教育、体育	
H	语言、文字	
I	文学、	
J	艺术	
K	历史、地理　N 自然科学总论	
O	数理科学和化学	自然科学
P	天文学、地球科学	
Q	生物科	
R	医药、卫生	
S	农业科学	
T	工业技术	
U	交通运输	
V	航空、航天	
X	环境科学、安全科学	
Z	综合性图书	

图 3-1-2　《中图法》大类类别

《中图法》是从学科门类出发，强调面的作用，泛指度高。所以利用《中图法》分类号检索时查全率高，可以满足族性检索。

例如：需要查找关于“轴承”方面的文献。在武汉大学图书馆“馆藏书刊检索”中用分类号查找，“轴承”的分类号为“TH33. 3”，查找结果如图 3-1-3、图 3-1-4。

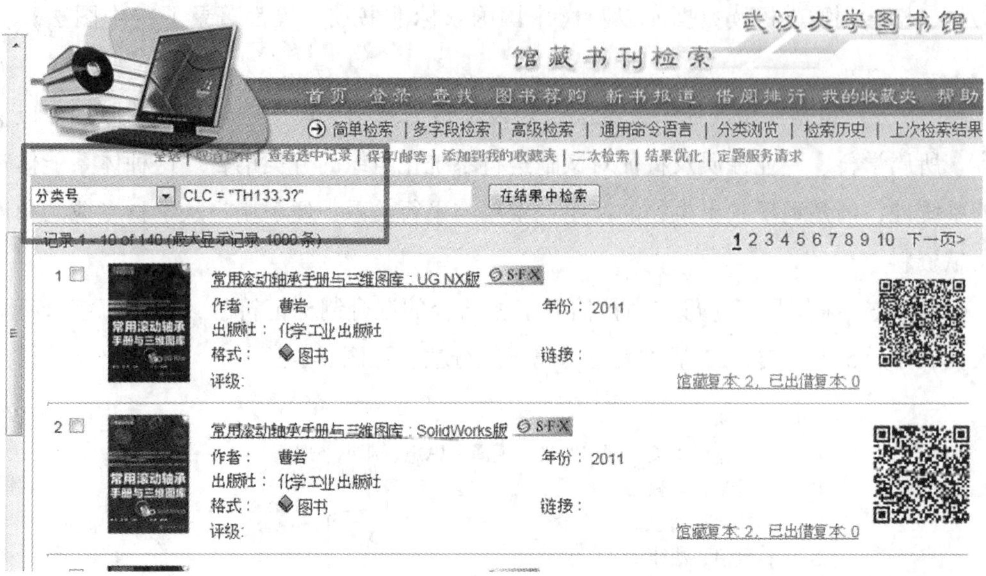

图 3-1-3　分类语言的族性特点

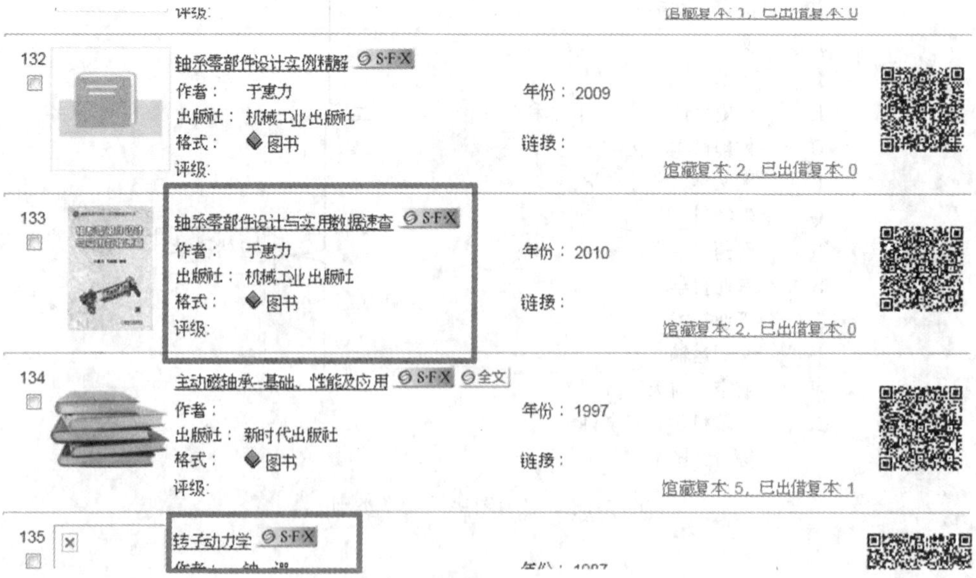

图 3-1-4　分类语言的族性特点

如图 3-1-4 所见，第 132、133、135 条记录题名中均没有“轴承”一词，但用分类检索均能检索出来，说明分类检索是泛指度高的一种族性检索。

（三）《中图法》与索书号

《中图法》是国内图书馆纸本文献排架分类的主要依据，是图书索书号的主要组成部分。

索书号是指图书在书架上的特定位置，不同类型图书馆的索取号有所不同。有些采用分类号+顺序号，有些采用分类号+著者号+区分号（区分号可以表示图书的卷册、出版时间或者种次号等）。

例如：某图书馆对金惠娟编写的《微型计算机原理及应用系统设计》一书赋予的索取号为 TP39/J5，“/”前的 TP39 为该书的中图法分类号，“/”后的 J5 为该书的著者号和区分号。因此，查到索取号，就可以很容易地在书库或阅览室找到对应的书刊。

二、主题检索词（主题语言）

主题检索词是指直接选用代表事物、问题和现象的具有实质性意义的词语作为表达文献主题内容的检索标识。与分类检索词相比，主题检索词的特点是从主题概念入手，强调点的作用，具体准确。主题检索查准率比较高，可以满足特性检索。

（一）受控词、非受控词的概念及匹配原理

从语言的规范性方面来划分，检索词可以划分为两类：受控词（Controlled Term）和非受控词（Uncontrolled Term）。

受控词是指经过规范化处理的检索语言，又叫人工语言。取自主题词表、叙词表、分类表等，如标题词、叙词。

非受控词，是指非规范化的自然语言，如关键词。

所谓规范化处理，就是在文献存储时，对文献中的同义词、近义词、多义词等加以严格的控制和规范，使得同一主题概念的文献相对集中在一个主题词下。因此，我们习惯将受控词称为主题词，将非受控词称为关键词。

受控词与非受控词在系统中的匹配原理如图 3-1-5、图 3-1-6。

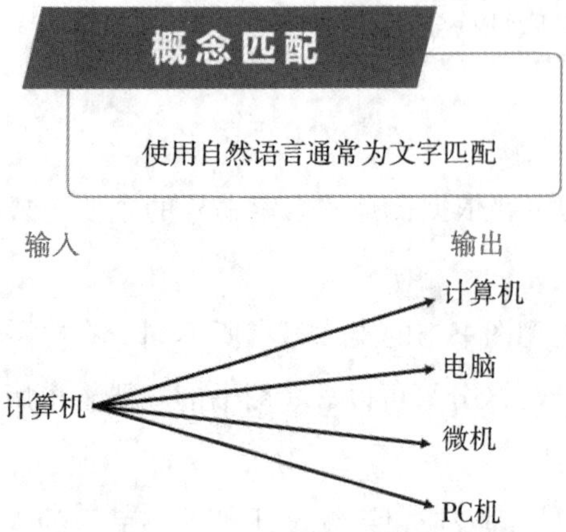

图 3-1-5　受控词在系统中的匹配原理

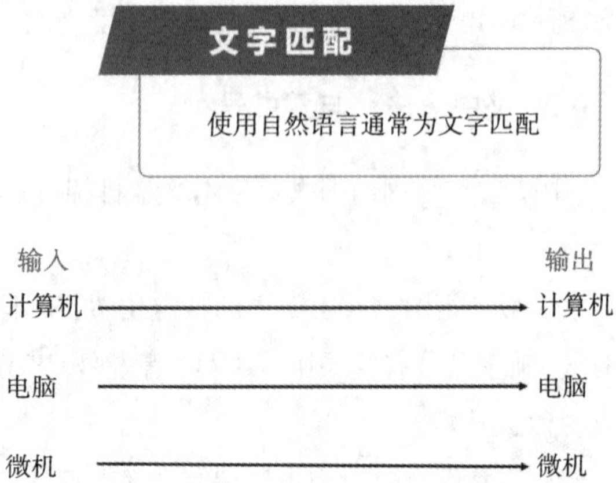

图 3-1-6　非受控词在系统中的匹配原理

从图 3-1-5 和图 3-1-6 中可以看出，受控词在系统中属于概念匹配。用受控词字段检索“计算机”这个词，系统将输出很多符合计算机这个主题概念的文献，如“电脑”“微机”“计算机”等相关文献；而非受控词在系统中属于严格的文字匹配。用关键词字段检索“计算机”这个词，系统将只输出含有“计算机”这三个字的文献，而不会输出“电脑”“微机”等同样属于计算机主题范畴的文献。

在实际检索中，受控词和受控词表具有比较重要的作用，主要表现在以下两个方面：第一，受控词是经过规范化处理的人工语言，能更加准确全面地表达主题内容，深入挖掘课题中的潜在概念；第二，可以用来扩充检索词。数据库中的词表可以利用一个关键词或者主题词找出一连串与其相关的检索词。

（二）叙词的特点及叙词表的语义参照关系

受控词包括标题词、单元词和叙词，最典型的是叙词。

叙词（Descriptor or Thesaurus）是以概念为基础、经规范化处理、具有组配性能并能显示词间语义关系的名词。叙词属于后组式语言。后组式语言是指检索标识主要供组配使用，而且标引时不将标识组配在一起，到检索时才将标识组配起来的标引语言。

叙词语言有几个明显的优势：第一，叙词语言采用概念组配原理，避免了语词字面组配可能产生的概念表达误差，准确性高，查准率高；第二，它可以显示词间语义关系，更全面地表达复杂的检索意图，同时又避免了边界不清；第三，叙词语言具有较强的概念表达能力，能表达各种复杂、新颖的主题，这对于新兴领域课题的研究非常友好。

目前许多中外文数据库中提供叙词表（Thesaurus 或者 Subject Term）及叙词检索（Thesaurus Search）。如 Ei Compendex、EBSCO 以及 ProQuest 平台的 CSA（Cambridge

Science Abstracts）、北大法宝以及中华医学会数字期刊数据库等。

叙词表有其特定的语义参照关系，下面以 EI 数据库中的叙词表为例，展示叙词表的语义参照关系，见图 3-1-7。

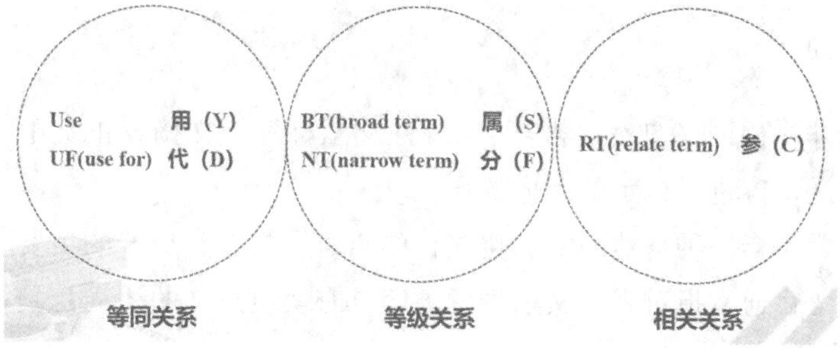

图 3-1-7　叙词表的语义参照关系

如图 3-1-7 所示，叙词表的语义参照关系有三层：第一层是等同关系，分别由“Use”（用）、UF（Use For）（代）这两个命令组成。前者可以由自然语言（关键词）找到规范的叙词，后者可以由规范的叙词找到相关的自然语言（关键词）；第二层是等级关系，分别由 BT（Broad Term）（属）、NT（Narrow Term）（分）两个命令组成，前者可以由下位词找到更加宽泛的上位词，后者可以由上位词找到比较窄小的下位词；第三层是相关关系，只有一个 RT（Relate Term）命令，由这个命令可以找到一些相关词。

下面以 EI 数据库叙词表中的叙词“Integrated Circuits”为例，来具体说明叙词表的语义参照关系。

例：Integrated Circuits（叙词）

　UF　IC（关键词）

　　　Microcircuits（关键词）

　　　Microelectronics（关键词）

　NT　Digital Integrated Circuits（下位叙词）

　　　Linear Integrated Circuits（下位叙词）

　BT　Networks（Circuits）（上位叙词）

　TT　Networks（Circuits）（族首叙词）

　RT　Integrated Circuits Manufacture（相关叙词）

　　　Integrated Circuits Technology（相关叙词）

　　　Integrated Circuits Testing（相关叙词）

从上述例子可以看出，利用叙词表，可以找到一连串与叙词“Integrated Circuits”相关的叙词和关键词。依次是：UF 命令找出的关键词"IC""Microcircuits、Microelectronics"；NT 命令找出的下位叙词"Digital Integrated Circuits""Linear Integrated Circuits"；BT 命令找出的上位叙词"Networks"；RT 命令找出的相关叙词"Integrated Circuits Manufacture""Integrated Circuits Technology""Integrated Circuits Testing"。

（三）关键词

关键词属于非受控词（自然语言），出现在文献标题、文摘及正文中，一般是由作者提供的对文献主题内容进行揭示的现成的词汇。

自然语言通常是指一种自然地随文化演化的语言，是人类交流的主要工具。在图书情报学领域，自然语言通常指对表达文献主题内容具有实质意义的语词，是相对于人工语言（受控词）而言的概念。

自然语言具有显而易见的几个优点：第一是方便易用，可以是在文献中出现的任何一个有实际意义的词；第二是标引灵活，信息加工者可以直接从文献中抽词标引；第三点是更新及时、通用性好，自然语言标引不受语词的限制，可以随时增加新词、新概念，非常适用于网络资源的动态组织与检索。

自然语言也有不可避免的缺点：第一是具有语义的模糊性，由于本身没有严格的控制词性，无法排除多词一义、一词多义的现象；第二是容易造成漏检，由于一个概念可以用不同的相关词汇来表达，使得同一主题的文献不能相对集中；第三是无法实现扩检、缩检和相关检索，自然语言之间是没有逻辑关系的，不能显示语义间的各种复杂关系。

第二节　检索词（下）——实际检索中提取检索词的一般方法

了解了检索词的概念、类型及受控词的语义参照关系后，需要将这些知识融会贯通地运用到实际检索中。检索者在选择检索词时应考虑将选题内容分解或综合成特定概念，提炼核心概念，发掘隐含概念，排除非核心与宽泛概念，力求检索词能反映信息需求和检索主题内容。遵循优先使用规范化的受控词，根据实际情况恰当使用自由词的原则。同时要灵活使用同义词、多义词和近义词。

一、提取检索词的步骤

实际检索中提取检索词的步骤如下：

①提取选题中必须满足的显性概念，显性概念必须是有实质性意义的词语。

②将显性概念尽量拆分成最小单元。

③深入分析课题，挖掘课题中的潜在概念。

④利用搜索引擎、主题词表，数据库功能等辅助工具查找同义词、上位词、下位词、相关词。

例：为选题“企业知识产权研究”提取检索词，如图 3-2-1。

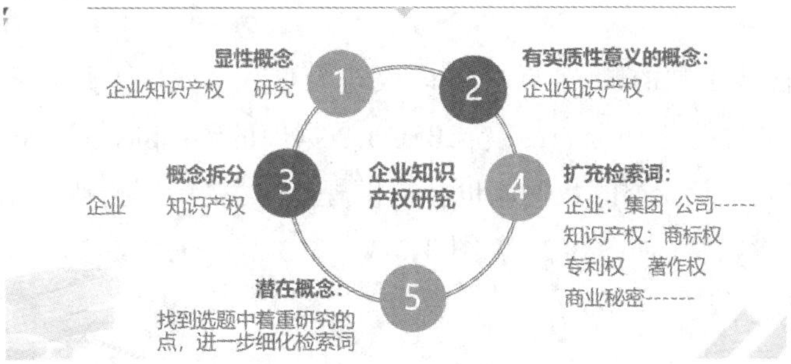

图 3-2-1 实际检索中提取检索词的一般方法

图 3-2-1 展示了选题“企业知识产权研究”确定检索词的步骤。第一步：提取选题中必须满足的两个显性概念“企业知识产权”“研究”。第二步：去掉无实质性意义的概念“研究”，保留有实质性意义的概念“企业知识产权”。第三步：将概念拆分成尽量小的单元，“企业”和“知识产权”。第四步：扩充检索词，“企业”可以扩充一些同义词，如“集团”“公司”等，“知识产权”可以扩充一些下位词，如“商标权”“专利权”“著作权”“商业秘密”等。第五步找出选题中的潜在概念，这一步需要根据选题的具体内容、科学技术要点以及信息需求来确定。

在提取检索词的一般方法中，需要特别注意以下几点：

①检索词选择有实质性意义的词语，如“研究”“运用”“技术”“策略”“方法”等对选题无实质性意义的词语必须去掉，否则会引起漏检。

②概念拆分时切忌使概念失去本来内涵。如案例中“知识产权”就不能再拆分为“知识”和“产权”。

③扩充检索词时必须深入分析选题，根据选题需求增加，一般选取选题中比较关键的检索词，不必要每个词都进行扩充。

④寻找选题中的潜在概念是提取检索词最重要的一步，需要深入分析选题，把握选题对应的文献需求。不能机械地停留在选题显性概念的提取和拆分上。寻找潜在概念的过程实际上是对选题深入研究的过程，在一定程度上可以对选题进行校正和完善。

二、扩充检索词的辅助方法和工具

实际检索中，需要对检索词进行扩充，灵活使用同义词、近义词和相关词。扩充检索词关键在于检索者对选题的把握，当然，也可以利用一些辅助方法和工具，下面就介绍几种扩充检索词的辅助方法和工具。

1. 主题词表

可以利用数据库提供的规范的主题词表进行扩充。如 EI 数据库中的“Thesaurus search”、ProQuest 平台的“Thesaurus”、EBSCO 数据库的“subjects”等辅助查找外文检索词；中文数据库中一些专业类的数据库也会提供规范的主题词表，如中国生物医学文献服务系统中的“主题检索”（如图 3-2-2、图 3-2-3、图 3-2-4、图 3-2-5）。

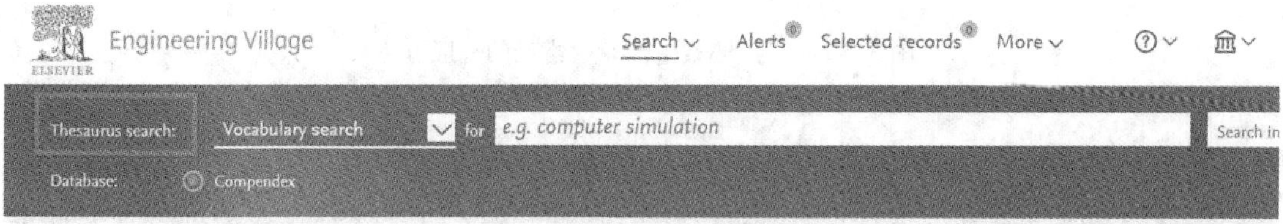

图 3-2-2　EI 数据库叙词检索

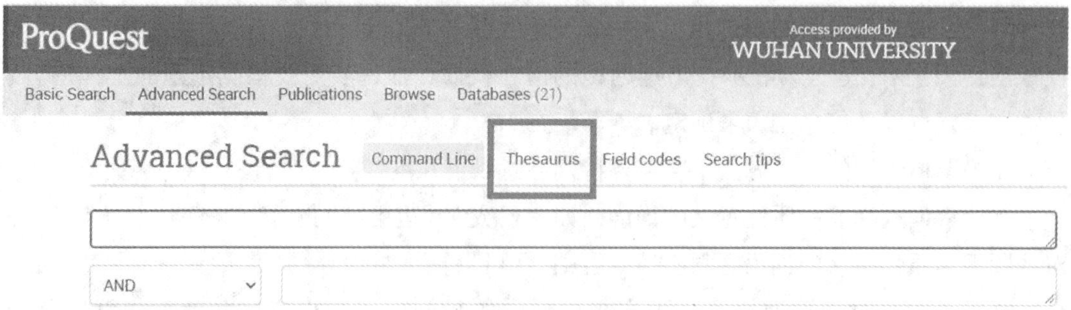

图 3-2-3　ProQuest 平台叙词表

2. 数据库辅助功能

可以利用数据库辅助功能进行扩充。如中国知网的“关键词可视化分析”、“知识元”检索、万方数据库专业检索界面提供的“推荐检索词”、维普数据库检索字段中提供的“同义词扩展”等（如图 3-2-6、图 3-2-7、图 3-2-8）。

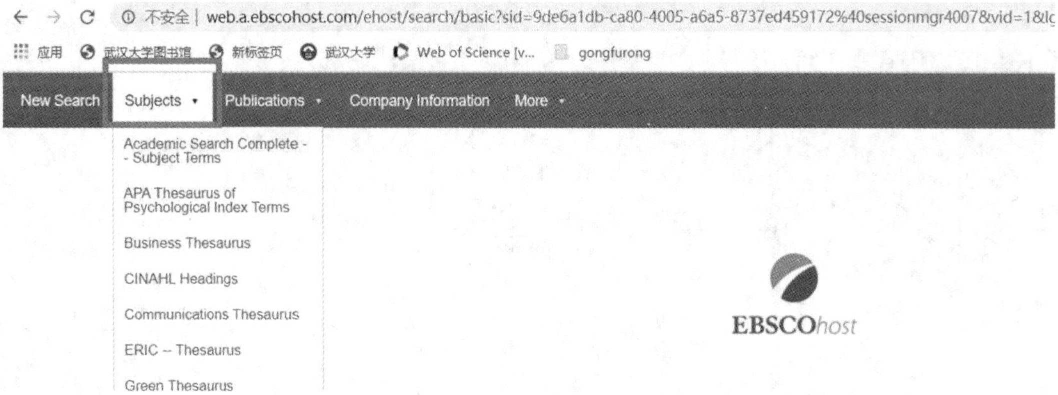

图 3-2-4　EBSCO 数据库主题词表

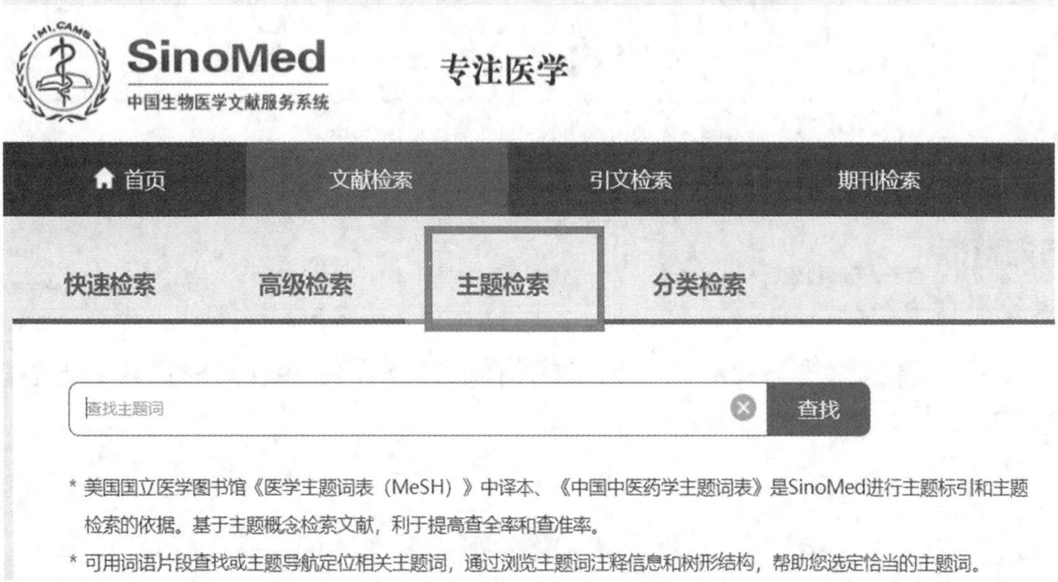

图 3-2-5　中国生物医学文献服务系统主题检索

3. 已有的高质量文献

如果初检效果不太符合选题信息需求（如相关度不高或者文献量过少），那么可以选取初检结果中相关度好的高质量文献精读，从中获取比较准确的检索词。比如在已有文献中掌握检索词中外文表达方式的不同等。

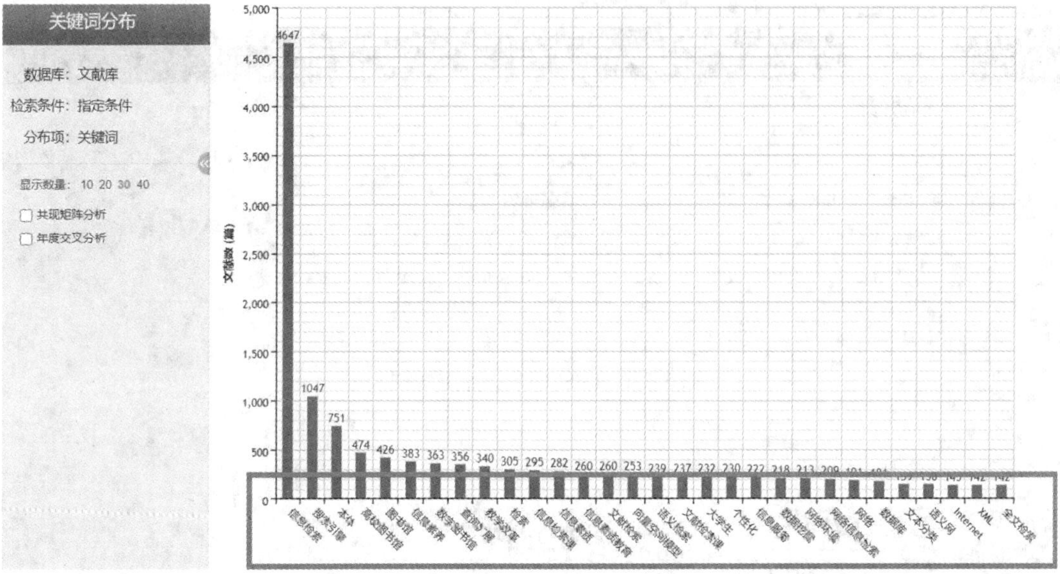

图 3-2-6　中国知网“关键词可视化分析”

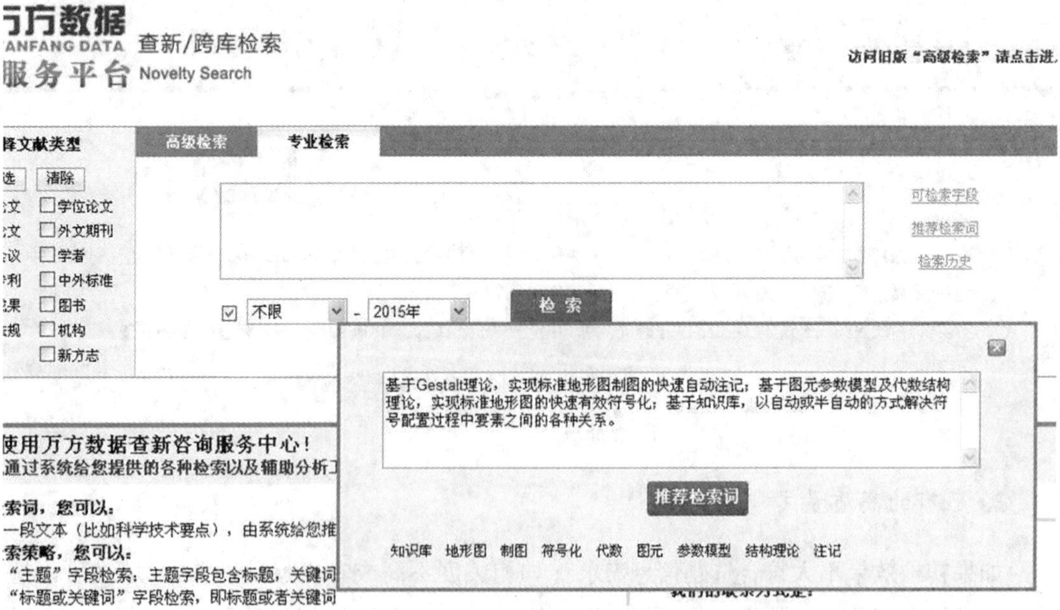

图 3-2-7　万方数据库专业检索界面提供的“推荐检索词”

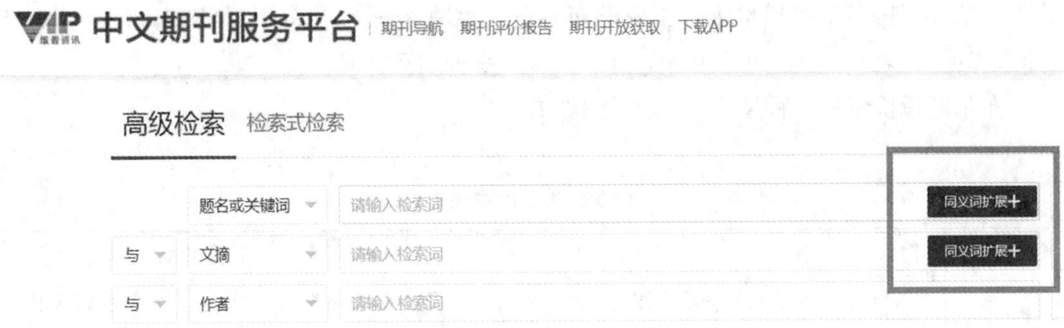

图 3-2-8　维普数据库检索字段中提供的“同义词扩展”

4. 搜索引擎及其他网络辅助功能

在对选题比较陌生的状况下，可以先利用搜索引擎或者其他网络辅助功能进行初检，了解与选题有关的概念及相关检索词。比如用“百度百科”查询专有名词及相关检索词。

总之，实际检索中提取检索词需要在深入分析选题的基础上，遵循科学的方法，层层剥离、层层递进地提取。在此过程中适当借助词表、数据库辅助工具，并需要在检索过程中不断根据检索结果与信息需求的对照对检索词进行调整和完善。切忌生搬硬套，过于依赖工具。

第三节　检索式（上）——常用的信息检索技术

信息检索技术是指将检索词编制成能反映复杂逻辑关系的检索式，从而让系统推送符合用户信息需求的检索结果。若要在最短的时间内获得最符合信息需求的结果，就必须掌握信息检索技术。

信息检索技术包括布尔逻辑检索、位置检索、截词检索、括号检索、字段限制检索、短语检索、自然语言检索、多语种检索、模糊检索、字母大小写检索等。其中布尔逻辑检索是组成检索式最主要的逻辑关系。

一、布尔逻辑检索（Boolean Logic）

布尔逻辑检索是指运用布尔逻辑算符对检索词进行逻辑组配，表达两个概念之间的逻辑关系的一种检索技术。布尔逻辑检索是目前比较成熟的检索技术，绝大部分计算机信息检索系统都支持布尔逻辑检索。主要的布尔逻辑运算符有与（常用 AND 或 * 表示）、或（常用 OR 或+表示）、非（常用 NOT 或-表示）三种运算符号。

布尔逻辑检索的三种逻辑表达如表 3-3-1。

表 3-3-1　**布尔逻辑检索的逻辑表达**

逻辑算符	检索式	逻辑关系	检索效果
逻辑“与”	A AND B A * B	表示在检索范围内，概念 A 和 B 必须同时存在。	概念的相交、限定，缩小检索范围，提高查准率。
逻辑“或”	A OR B A+B	表示在检索范围内，概念 A 或者 B 必须存在其一，也包含同时存在。	概念的平行、并列，用于扩大检索范围，提高查全率。
逻辑“非”	A NOT B A-B	表示在检索范围内，包含概念 A 但不包含概念 B。	去掉一个主题中某一部分的主题，用于缩小检索范围，提高查准率。

下面用几个例子来分别说明布尔逻辑检索的三种表达方式。

例 1：查找有关人工智能和图书馆的文献

检索式：人工智能 AND 图书馆（artificial intelligence AND library）

例 2：查找有关机器人或者计算机方面的文献

检索式：机器人 OR 计算机（robot OR computer）

例 3：查找论述国家预算收入但不涉及税收收入的文献

检索式：预算收入 NOT 税收收入（budget NOT tax）

布尔逻辑算符是编制计算机检索式的主要算符。构建复杂检索式之前必须搭建好主要逻辑框架。虽然大多数网络信息检索工具都支持布尔逻辑检索，但检索算符的呈现形式还是会有一些区别，主要表现为以下几种：第一，算符大小写的区别（有的检索工具中 AND、OR、NOT 要求用大写，有的要求用小写，有的则大小写均可）；第二，符号替代（有的数据库中可以用“+”“-”“*”替代，有的数据库则用“&”“|”“!”替代）；第三，直接隐含（如百度、Google 等搜索引擎的默认运算符是布尔逻辑“与”）。

在大多数检索系统中，逻辑算符的运算顺序为 NOT>AND>OR，所以当一个检索式中概念较多、逻辑关系比较复杂时，需要用括号检索来改变运算顺序。

二、括号检索（Parentheses）

括号检索用于改变运算的先后次序，表示括号内的运算优先进行。

例 4：查找英美对外贸易方面的文献

检索式 1：对外贸易　AND　英国　OR　美国　　　×

检索式 2：对外贸易　AND（英国　OR　美国）　　✓

例 4 中检索式 1 的错误在于没有考虑逻辑算符的运算顺序，导致检索出的文献逻辑关系混乱。检索式 2 利用括号检索优先运算逻辑“或”，保证了概念的逻辑关系正确。

三、位置检索（Proximity Search）

位置检索又称邻近检索，是用一些特定的算符（位置算符）来指定两个检索词之间的间隔距离或者出现顺序的检索方式，是提高查准率的一种检索方法。因为文献记录中词语的相对次序或位置不同，所表达的意思可能不同，所以两个单元词词间距离的远近、彼此相对的位置关系则由单元词之间的位置算符来决定。

比如“Railway bridge”这个词，在文献中这两个单词相对次序以及词间隔发生变化的时候，有可能都符合“铁路桥”方面的文献需求。这个时候就需要用位置检索来表达次序和间隔的变化。

例 5：下面两篇文献题名中均含有“Railway bridge”一词，请列出能同时检索出这两篇文献的检索式。

Code for design on concrete and block masonry structures of railway bridge and culvert

（铁路桥涵混凝土和砌体结构设计规范）

Structural Simulation for Entire Bridge of Railway Steel Bridges

（铁路桥的全桥结构仿真分析研究）

检索式：railway（N/2）bridge（以 ProQuest Dialog 平台为例）

虽然不同的检索系统支持的位置算符不完全相同，但可以梳理出最常见的两种位置检索的基本规则（以 ProQuest Dialog 平台为例）：第一，两个单词之间有 0～n 个单词，位置算符前后两个单词词序不能互换，用 P/n 表示；第二，两个单词之间有 0～n 个单词，位置算符前后两个单词词序可以互换，用 N/n 表示；其他还有诸如同句检索（两词必须同时出现在同一自然句中，词序与插入词量不限）、同字段检索、同段落检索等。

值得注意的是，同一种检索运算在不同系统默认的值不同，一般在 0～15，但也有个别系统允许的数字很大。

有时候还可以用英文单词作为位置算符，比如“BEFORE”和“AFTER”，前者表示该运算符左边的词必须出现在右边的词之前，后者表示该运算符左边的词必须出现在右边的词之后。

表 3-3-2 给出了中外文常用数据库中位置检索的规则（访问时间：2020 年 7 月 13 日）。

表 3-3-2　　**中外文常用数据库中位置检索的规则**

数据库	位置算符	规则与示例
Web of Science	NEAR/x	可查找由该运算符连接的检索词之间相隔指定数量的单词的记录，词序不限。如果不设定“x”的数字，则“x”默认为 15。 如：salmon NEAR virus salmon NEAR/15 virus 两者效果相同
	SAME	在“地址”检索中，使用 SAME 将检索限制为出现在“全记录”同一地址中的检索词。如使用在其他（主题、标题等）字段中，其检索结果与“AND”相同。如：AD=（Portland SAME Oregon）
Engineering Village	NEAR/n	可查找由该运算符连接的检索词之间相隔指定数量的单词的记录，词序不限。如： laser NEAR/4 diode
	ONEAR/n	可查找由该运算符连接的检索词之间相隔指定数量的单词的记录，词序不变。 如：laser ONEAR/5 diode
EBSCO（此系统“n”的数量允许不超过255）	Nn	可查找由该运算符连接的检索词之间相隔指定数量的单词的记录，词序不限。 如：（tax OR tariff）N5 reform
	Wn	可查找由该运算符连接的检索词之间相隔指定数量的单词的记录，词序不变。 如：oil W3（disaster OR clean-up OR contamination）
ProQuest 平台	NEAR/n 或 N/n	可查找由该运算符连接的检索词之间相隔指定数量的单词的记录，词序不限。
	PRE/n 或 P/n 或-	可查找由该运算符连接的检索词之间相隔指定数量的单词的记录，词序不变。连字符-等同于 PRE/0 或 P/0
中国知网	/SENn	同段，按次序出现，间隔小于 n 句　如：TI='转基因 /SEN 0 水稻'
	/NEARn	同句，间隔小于 n 个词　AB='转基因 /NEAR 5 水稻'
	/PREVn	同句，按词序出现，间隔小于 n 个词　如：AB='转基因 /PREV 5 水稻'
	/AFTn	同句，按词序出现，间隔大于 n 个词　如：AB='转基因 /AFT 5 水稻'
	/PRGn	全文，词间隔小于 n 段　如：AB='转基因 /PRG 5 水稻'

四、截词检索（Truncation/Wildcats）

截词是指在检索词的某个局部截断，利用某些检索词的词干或不完整词形加上截词符进行检索。截词检索目的是查找某一词干的不同变化形式，这样既可减少输入的字符数目，节省时间，又可以防止漏检。截词检索是一种提高查全率的检索方法，大多数英文数据库都提供截词检索的功能。

截词算符一般使用"?、*、$、%"等，具体采用什么形式，各个系统都有明确的规定。如 Web of Science 平台用"*"表示任何字符组，包括空字符，"?"表示任意一个字符，"$"表示零或一个字符。

截词检索按照不同的分类标准，可以分成以下几种类型：

按照截断的位置划分，可以分为前截词、后截词和中间截词。

前截词（词首截词）：将截词符号放在检索字符串的开头，以表示其开头不管截去有限或无限个字符，只要系统中具有与截词符后面部分字符相同的检索词的文献，即为命中文献。这种方式也称为后方一致。例如输入 *puter 可检出 computer、minicomputer、microcomputer 等所有以"puter"结尾的单词。

后截词（词尾截词）：将截词符号放在检索字符串的最后，以表示其词尾不管截去有限或无限个字符，只要系统中具有与截词符前面部分字符相同的检索词的文献，即为命中文献。这种方式也称为前方一致。例如输入 manag* 可检出 manage、manager、managing、management 等所有以"manag"开头的单词。

中间截词：在检索词中间加一个或几个截词符，主要用于一些英美拼写不同、或单复数形式不同的词。例如输入 defen?e 可检出 defence、defense。

按照截断的字符数分，可以分为有限截词和无限截词。

有限截词：在检索字符串后截几个有限的字符，一个字符用一个截词符代替，多个字符则用多个截词符代替。这种用法不多见，主要用在 ProQuest Dialog 平台中。例如输入 cat?? 表示有 0~1 个字符变化，可检出 cat、cats；输入 process??? 表示有 0~3 个字符变化，可以检索出 process、processes、processor、procession 等。

无限截词：在检索字符串后面加一个截词符，表示该词后可加任意一个字符。与后截词的用法一致。例如输入 transport? 可检出 transport、transporter、transportation 等所有以 transport 开头、以任意数量字符结尾的词。

各系统中常用的截词检索有前截词、后截词和中间截词。

中文数据库中也有一些数据库可以使用截词检索，中国生物医学文献数据库 SinoMed 中支持单字截词符（?）和任意截词符（%），如输入"血?动力"，可检索出含有血液动力、血流动力等的文献；输入“肝炎%疫苗”，可检索出含肝炎疫苗、肝炎病毒基因疫苗、肝炎减毒活疫苗、肝炎灭活疫苗等的文献。

五、字段限制检索（Field Limiting）

在检索系统中，一条完整记录中的每一个著录项都被称为字段，如篇名、作者、机构等。

字段限制检索是指将检索范围限制在特定的字段中，从而提高检索准确率的一种检索方法。

用来表达文献内部特征的字段称为基本索引字段，如篇名、主题、关键词、摘要、叙词、受控词、非受控词等；用来表达文献外部特征的字段称为辅助索引字段，如作者、机构、语种、来源出版物、出版年等。

字段限制检索一般由字段代码加上“=”号组成。但不同的检索系统所用的字段代码、字段标识符以及标识符放置的位置会有所区别。EI数据库中用字段代码加上“WN”作为检索标识并放在检索词之后，如 Bear * WN TI AND wuhan univ * WN AF 表示需要查找的标题中含有“轴承”且作者机构为“武汉大学”的文献；万方数据库中用字段代码加上“:”作为检索标识并放在检索词之前。如“题名：数字图书馆 * 作者：张晓琳”表示需要查找的标题中含有数字图书馆，作者是张晓琳的文献。

文献书目型数据库的记录一般包括字段如表3-3-3所示。

表3-3-3　　**文献书目型数据库常用字段**

字段名称（英文）	字段名称（中文）	字段代码
Title	篇名（题名）	TI
Abstract	文摘	AB
Identifier	自由词	ID
Descriptor	叙词	DE
Keyword	关键词	KW
Author	作者	AU
Author Affiliation	作者机构	AF
Source Title	来源出版物名称	ST或SO
Publication Year	出版年	PY
Document Type	文献类型	DT

续表

字段名称（英文）	字段名称（中文）	字段代码
Language	语种	LA
Classification	分类号	CC

查找会议文献、专利文献的时候也有一些常用字段，如会议名称、会议年份、会议地点、专利名称、专利号等，可以在检索之前查阅数据库的帮助或说明，详细了解检索字段的设置情况。

另外，大多数网络检索工具都具有类似字段限制检索的功能，如百度、Google 等搜索引擎中的标题（Title）、图像（Image）、文本（Text）、统一资源定位符（URL）等。

六、短语检索（Phrase Search）

短语检索也称为词组检索或字符串检索，它是将一个词组或者短语作为一个独立运算单元进行严格匹配，以提高查准率的一种检索方法。短语用双引号“”表示，即可检索出与“”内形式完全相同的短语。因而也被称为“精确检索”。

七、自然语言检索（Natural Language Search）

自然语言检索是一种使用会话式语言引导检索过程的检索方法，如“What is artificial intelligence?”比较适合信息检索技术零基础的用户，又被称为“智能检索”，是信息检索最终的发展方向之一。目前支持自然语言检索的一般是网络搜索引擎，如 Excite、Ask Jeeves 等。

八、区分大小写检索（Case Sensitive）

有些检索系统对输入的字母大小写比较敏感，如输入含大写字母的检索词则只对输入的词进行搜索，输入的检索词是小写形式，则可以同时对以大小写不同形式出现的检索词进行搜索。如输入 MEDLINE 检索结果只含有这个词，但输入 medline 可检出含有 MEDLINE 、Medline 、medline 等单词的结果。Alta Vista 等搜索引擎支持区分大小写检索。

九、多语种检索（Multilingual Search）

在同一个检索系统中，用户可以选择不同的语种进行检索，系统会按照用户选定的语种进行检索并反馈结果。支持多语种检索的有中国科学引文数据库（CSCD）、搜索引擎百度、天网、Google 等。

十、模糊检索（Fuzzy Search）

模糊检索是指系统自动按照用户输入关键词的同义词进行模糊检索，从而得出较多的检索结果。如输入“信息”一词时，模糊检索不仅会反馈包括“信息”的记录，还会反馈包含“消息”“讯息”等相近和相关内容的记录。结果按照相关度排列。目前一般系统都有这种功能，只是模糊的程度不同。

随着信息资源类型的越来越丰富，如全文数据、事实数据、图像数据、音频、视频等多媒体资源的出现，信息检索技术也随之发展，出现了多媒体信息检索（如语音检索、图像检索、视频检索）、全文检索、跨语言检索、文本聚类技术等新型的信息检索技术与方法。

第四节　检索式（下）——复杂检索式的练习

在学术信息检索中，常用的检索技术有布尔逻辑检索，截词检索、位置检索、字段限制检索、括号检索、短语检索。大多数情况下，往往需要将多种检索技术进行综合运用，这也在一定程度上增加了我们编制检索式的难度。

编制检索式的一般步骤如图 3-4-1 所示。

步骤一：用逻辑算符“AND”连接必须满足的概念，构建基本逻辑架构。

步骤二：用逻辑算符“OR”连接相近和相关的扩充检索词，用“NOT”连接需要排除的概念，用括号检索限定各种算符的优先级。

步骤三：检查是否有检索词需要运用位置算符、截词算符和短语检索。

步骤四：根据选题需求选择适当的字段限制检索，并特别注意各检索系统检索语法及算符的使用规则。

例 6：以中国知网为例，列出选题“可燃冰开采技术研究”的检索式。

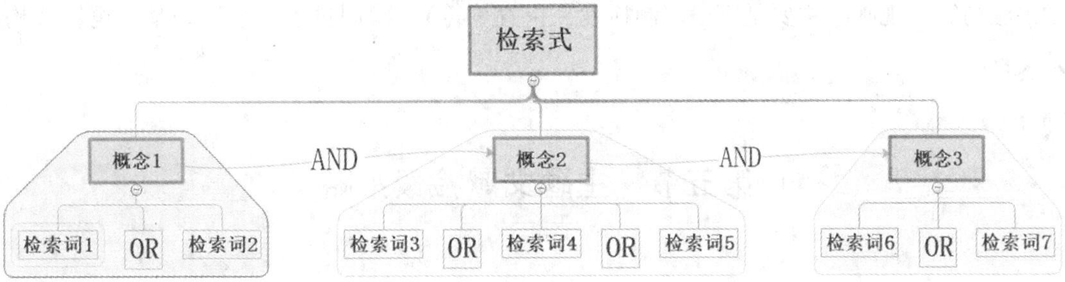

图 3-4-1　检索式构造

步骤一：可燃冰 AND 开采

步骤二：（可燃冰 OR 甲烷水合物 OR 天然气水合物）AND（开采 OR 试采）

步骤三：检索式 1：主题=（可燃冰+甲烷水合物+天然气水合物）*（开采+试采）

检索式 2：题名=（可燃冰+甲烷水合物+天然气水合物）and 主题=（开采+试采）

在例 6 中，遵循编制检索式的一般步骤，先用逻辑算符架构基本逻辑检索式，并注意用括号检索限制优先级，确定不需要用位置算符、截词算符、短语检索等检索算符后，依照中国知网的专业检索式语法，选定适当的字段限制检索，检索式 1 和检索式 2 分别为两组检索词限定相同的字段和限定不同字段的表达。

例 7：在 EI 数据库中检索选题“小波技术用于检测机械轴承障碍”的文献。

步骤一：Wavelet AND Bearing AND fault

步骤二：（Wavelet analysis OR Wavelet transform OR haar OR daubechies OR morlet）AND Bearing AND fault

步骤三：（"Wavelet analysis" OR "Wavelet transform" OR haar OR daubechies OR morlet）AND Bear * AND fault *

步骤四：bear * WN TI AND（"Wavelet analysis" OR "Wavelet transform" OR haar OR daubechies OR morlet）WN TI AND fault * WN KY

在例 7 中，遵循编制检索式的一般步骤，先用逻辑算符架构基本逻辑检索式，并注意用括号检索限制优先级。特别需要注意的是，扩展词中的相关词和下位词需要根据选题的实际研究内容进一步深入分析，此例只是依据题名中的显性概念做了一般扩展。第三步是将检索词中的专有名词以及有多种表现形式的词加上短语检索和截词检索，最后根据 EI 数据库专业检索的语法，选择合适的字段限制检索，编制完整的专业检索式。

编制复杂的检索式需要熟练掌握信息检索常用检索技术，并关注各检索系统不同的检索语法与算符规则（主要是字段限制检索、位置算符）。编制过程中掌握好基本逻辑架构是关键。

第五节　主题文献检索策略

在学术信息需求中，针对综合性研究课题的批量文献检索占绝大多数。比如项目的新颖性研究、学术论文的撰写、学位论文开题报告中的文献综述、成果申报中的相关性比较等。

制定某一特定主题文献检索策略步骤如下。

一、分析检索课题，确定检索词，编制科学的检索式

在深入分析检索课题的基础上，确定检索词。确定检索词时注意提炼课题的主要概念与隐含概念，排除非核心和宽泛概念，充分考虑检索词的中文和英文表达，考虑同义词、近义词、上位词、下位词，考虑检索词的全称、简称、学名、俗名等，力求检索词能反映检索主题。

编制检索式时注意准确表达检索词之间的逻辑关系，并灵活运用各种检索技术。

二、明确检索需求，分析课题所属学科范畴，检索年代、文献类型

针对申报科研课题、撰写学术论文、技术革新、成果鉴定等不同目的的课题，检索的策略和范围都会不同。检索需求主要表现在对检索结果的学科、类型、语种及所需文献年代等方面的要求。检索前需要分析课题可能涉及的学科范畴，提高查准率；根据课题的发展脉络，确定检索年代；根据信息需求的广度与深度，确定重点文献类型。

三、选择合适的检索方法

检索方法有三种，常用法、追溯法和循环法。

常用法包括顺查法、倒查法及抽查法，表 3-5-1 给出了常用法中三种检索方法的具体比较。

表 3-5-1　　常用法中三种检索方法比较

	用法	优缺点	适用范围
顺查法	从用户要求查找的起始年代或者从该课题研究的起始年代开始，顺着时间的推移由远及近地查找	反映课题研究发展的全过程，系统、全面，查全率较高；但耗时费力	适用于研究整个过程性的课题，如“我国图书分类法的起源与发展”
倒查法	与顺查法相反，是从当前开始，逆时间由近及远地往前追溯查找	效率高；但对于周期性和阶段性研究的课题，容易形成漏检	适用于一些研究对象是近些年出现的新生事物的课题，如“浅谈5G移动通信技术的主要特征及其应用场景或领域”
抽查法	选取学科发展高峰期发表文献较多的一段时间内进行查找	效率高；但前提是必须充分了解学科和课题研究的发展背景，否则容易漏检	适用于有明显阶段性或周期性的课题，如“100年前的中国人眼中100年后的世界——从民国时期科幻小说的主题看民众的科学观”

追溯法包括参考文献法和科学引文法。这两种方法是利用已有文献的参考文献或者施引文献来追溯查找文献的方法。运用这两种方法查找文献，可以逐级追溯，不断扩大相关文献的范围，产生“滚雪球”似的检索效果。

参考文献法是利用已有文献的参考文献进行追溯查找文献的方法，是向前回溯查找的过程，所查找的文献年代会越来越久远，有时候可以查找到某一选题的奠基性文献。比如“玻色爱因斯坦凝聚”中著名科学家玻色和爱因斯坦的文献。

科学引文法是从被引用作者的文献中查找引用作者的文献的方法，是向后追踪查找的过程，所查找的文献会越来越新。用这种方法可以检索到某一选题的文献在一定时期内的延续、发展与评价。

值得注意的是，使用这两种方法检索文献时，必须保证已有文献是高质量的文献，否则会导致追溯查找的文献质量不高。

循环法是常用法和追溯法的结合。也是实际检索中比较实用的多途径检索方法。采用这种方法检索文献时，先采取常用法检索出一批质量较高的密切相关文献，然后利用追溯法进行向前和向后追溯查找，由此获得相关度及质量都较高的文献。

四、确定检索的信息源

确定信息源时检索者需要综合考虑检索系统的特点、收录范围、文献类型、专业范畴等进行选择。其具体途径有：第一，根据自己了解的数据库知识对照检索主题确定信息源，适用于对中外文常用数据库及网络资源比较了解的检索者，这种确定信息源的途径准确率较高。第二，利用工具进行初检后确定信息源。检索者可先利用网络学术搜索引擎（如百度学术搜索、GOOGLE 学术搜索）、各高校图书馆主页提供的发现系统（如珞珈学术搜索、水木搜索）以及数据库导航等进行初检，然后根据初检结果确定下一步检索的信息源。

五、实际检索与调整

在检索过程中，检索课题的多样性、检索表达的不完善以及检索需求的变化，都会导致检索结果与检索需求的匹配度不够理想。需要不断调整、修改和完善检索策略，减少漏检和误检，提高查全率和查准率。一般在实际检索中，会遇到以下两种情况：

（1）检索结果太少，需要扩大检索范围以提高查全率。

调整方法有：扩大字段范围，如由题名字段改为主题、题名或关键词等字段；增加近义词、上位词等相关检索词；使用截词检索、参考文献检索、施引文献检索以及数据库中各种相关链接。

（2）检索结果太多，需要缩小检索范围以提高查准率。

调整方法有：缩小字段范围，如由主题、关键词、摘要等字段改为题名字段；使用下位词，利用逻辑非去掉无关信息；减少非重点概念的同义词，近义词。

值得注意的是，有时候针对过多或者过少的检索结果，我们还需要首先检查选题是否过于宽泛或者窄小。

六、输出检索结果，并根据需要获取原始文献

若检索结果满足用户需求，可输出检索结果。常见的输出方式有下载、导出、打印、E-mail 发送等，输出形式包括目录、题录、文摘、全文或自定义形式。

如检索结果只有文献线索，则需要进一步获取原文。获取原始文献的途径有：通过文摘数据库一站式链接全文数据库；查找馆藏书目系统（OPAC），获取纸本全文；查找开放存取的学术资源（Open Access）；馆际互借与原文传递；利用文摘数据库提供的作者信息（如电子邮箱）直接获取。

掌握主题文献检索策略可以让我们在学术研究时形成一整套规范的获取文献的方法，训练学术能力与科研素养。在实际检索中，检索者需要牢记检索是一个非线性并且迭代反复的曲折过程，需要不断地检视自身的认知缺陷，并且提醒自己拥有足够的耐心和热情。

第六节　国内外数据库检索的一般方法

在实际检索中，虽然每个检索系统的检索界面、功能、语法规则等不尽相同，却是有规律可循的，我们可以从中抽离出一般方法，达到“以一当十”的效果。

一般情况下，国内外信息检索系统会提供浏览、检索、分析和个性化服务功能。其中检索和文献分析功能是我们需要重点掌握的功能。

一、浏览功能（Browse）

检索系统一般会提供的浏览功能有：（1）资源导航。如有些数据库平台中各子库资源介绍。（2）基于学科或题名的出版物浏览。如 Science Direct 数据库中出版物分别可以按学科及题名进行浏览。（3）基于字段的浏览。如 EI 数据库中“Browse Index”提供作者、作者机构、受控词、出版者、来源出版物名称五种字段浏览（如图 3-6-1、图 3-6-2）。

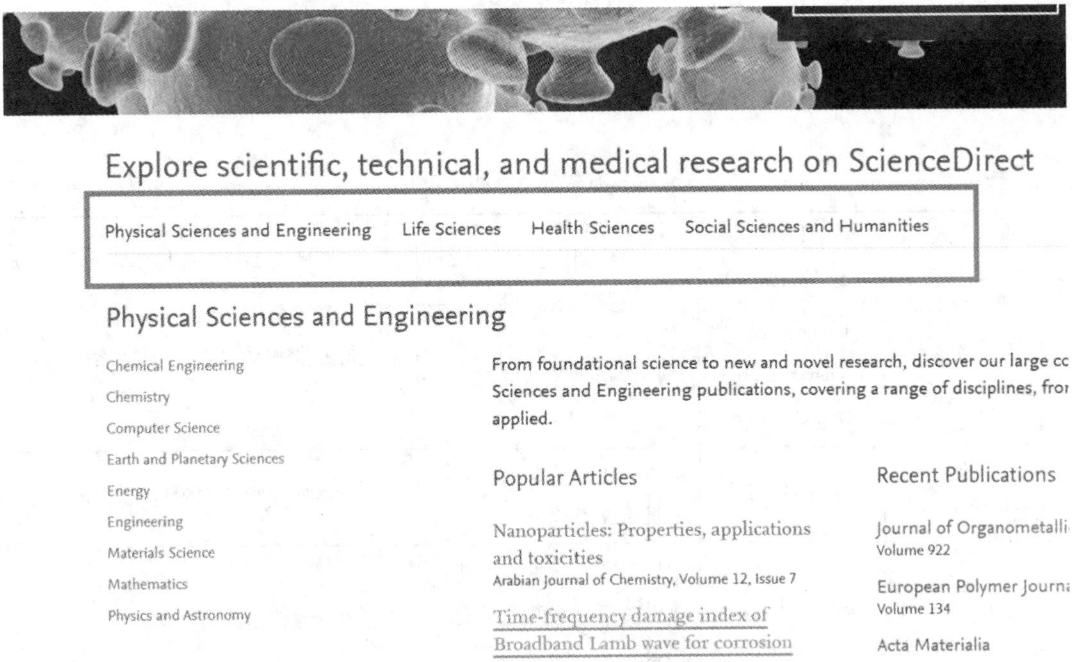

图 3-6-1　Science Direct 数据库中按学科浏览出版物

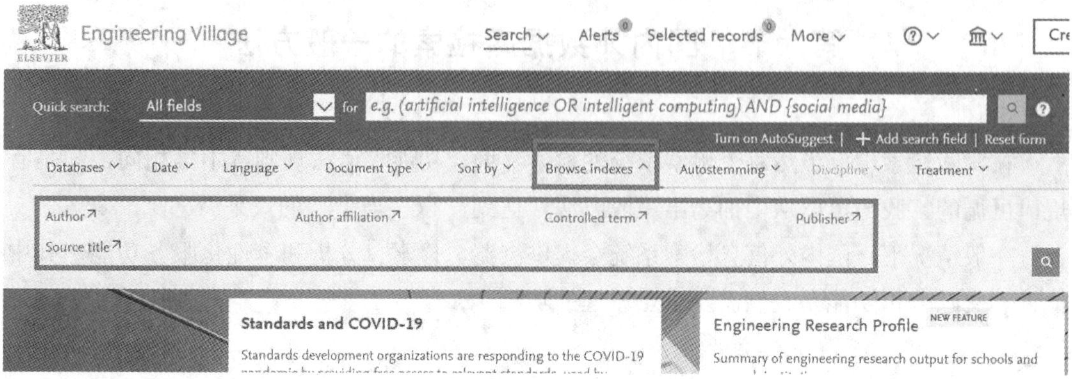

图 3-6-2　EI 数据库中“Browse Index”

二、检索功能（Search）

在检索功能中，需要掌握检索方式、检索字段以及检索语法。

（一）检索方式

学术信息检索系统一般会提供三种基本的检索方式，分别是简单检索、高级检索和专业检索。表 3-6-1 给出了三种检索方式的特点和比较。

表 3-6-1　**检索方式的特点和比较**

检索方式（中文数据库）	检索方式（外文数据库）	适用范围	是否支持专业检索式
简单检索（一框式检索）	Basic Search Easy Search Quick Search	适用于精确文献检索	不支持专业检索式，类似搜索引擎功能
高级检索（菜单式检索）	Advanced Search	适用于逻辑关系比较简单的批量文献检索	大多数中外文数据库支持专业检索式
专业检索	Expert Search	适用于所有检索，尤其是逻辑关系复杂的批量文献检索	必须用专业检索式

需要注意的是，有些检索系统中，简单检索和高级检索虽然不支持专业检索式，但系统依然会反馈错误的检索结果（此时检索结果在大多数情况下数量极大）。

有个别外文文摘数据库只提供高级检索和专业检索，比如 EI、WOS；也有一些外文全文数据库只提供简单检索和高级检索，不提供专业检索，比如 SDOL、Springer 等。这些外文全文数据库中高级检索功能与搜索引擎的检索功能类似，字段更加模糊。一般来说，外文文摘数据库的检索功能更加强调专业，而外文全文数据库以提供资源为主，检索功能会偏向于简单。

此外，学术信息检索系统中还会提供一些特殊检索方式。如 EI 数据库中的叙词检索（Thesaurus Search）、Web of Science 平台的被引参考文献检索（Cited Reference Search）和化学结构检索（Structure Search）、中国知网的作者发文检索和句子检索等。这些特殊的检索方式中，有的是独特的检索方式，如叙词检索、被引参考文献检索；而其他检索方式是根据一般检索字段抽取出来的，其实可以等同于一般检索的某一个字段，如作者发文检索类似作者字段，句子检索类似于全文字段，化学结构检索类似分子式结构字段等。

（二）检索字段

国内外信息检索系统中提供的检索字段可以分为常用检索字段和特殊检索字段。

常用检索字段见表 3-6-2。

表 3-6-2　**国内外信息检索系统常用检索字段**

字段名称（中文数据库）	字段名称（外文数据库）
题名	Title
主题 （题名-关键词-摘要、复合字段）	Subject-Title-Abstract Topic
来源出版物 （文献来源、期刊名称）	SourceTitle Publication Name
作者	Author
机构（作者单位）	Author Affiliation

特殊检索字段见表 3-6-3。

表 3-6-3　　国内外信息检索系统特殊检索字段

特殊字段类型	特殊字段举例
与词表相关的检索字段	EI 数据库中的“EI main heading（标题词）”“Controlled Term（受控词）”“Uncontrolled Term（非受控词）”等
与引文相关的检索字段	Web of Science 平台的“Cited Author（被引作者）”“Cited Title（被引标题）”“Cited Work（被引著作）”；中国知网的“被引频次”等
常用检索字段的补充字段	Science Direct 数据库中的“Special Author（特别作者）”

（三）检索语法

关于检索语法，在前文所述常用的信息检索技术和复杂检索式的练习中有详细的讲解，此小节中不再重复。

三、分析功能

分析功能是指检索系统针对用户的检索结果，对批量文献进行相关度及质量等各方面进行分析的功能。越来越多的学术数据库开始提供和完善分析功能，并且提供分析结果的可视化和数据导出。最典型的中外文数据库有 Web of Science 平台和中国知网。

检索系统提供的常用分析功能有：针对某个主题内的文献进行年代、作者、机构、关键词、出版物等各种字段分析，针对引文的引文网络，针对出版物的评价等。在后面的章节中我们会针对性地进行讲解（如图 3-6-3、图 3-6-4）。

四、个性化设置

这是检索系统针对注册用户提供的一些个性化服务，一般需要注册后登录才能使用，适用于经常使用此数据库的用户。

检索系统提供的个性化功能主要有：文献管理类，如针对出版物的订阅、收藏、文件夹管理等，Web of Science 平台还提供了参考文献管理软件 EndNote 网络版；文献跟踪类，如针对检索结果更新的邮件通告，被引文献追踪等；参考文献著录类，如提供多种格式的参考文献可编辑版本。

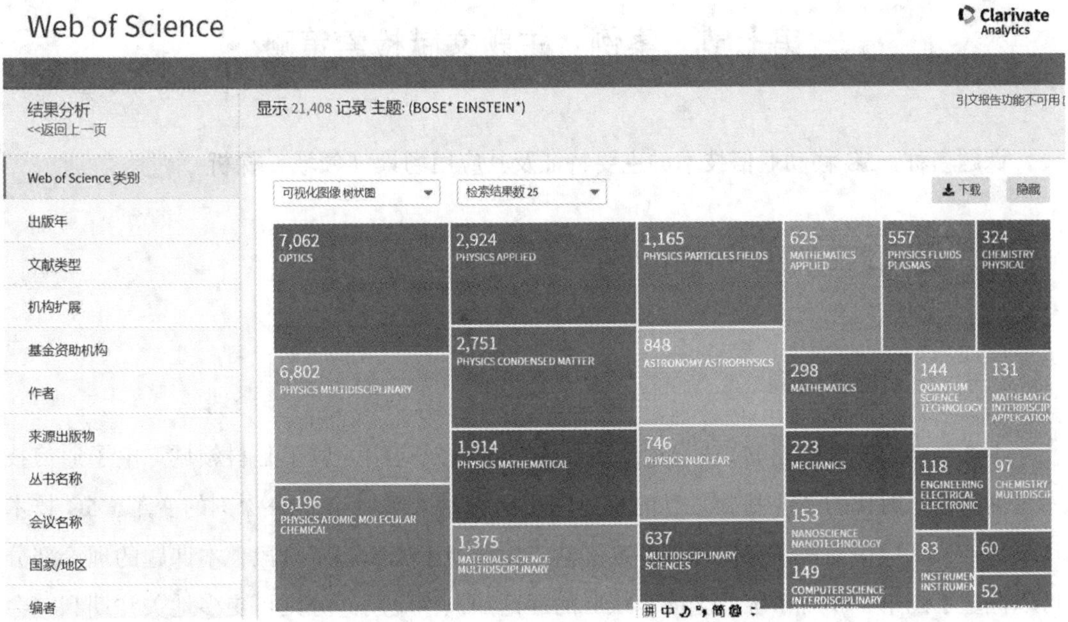

图 3-6-3　Web of Science 平台检索结果分析

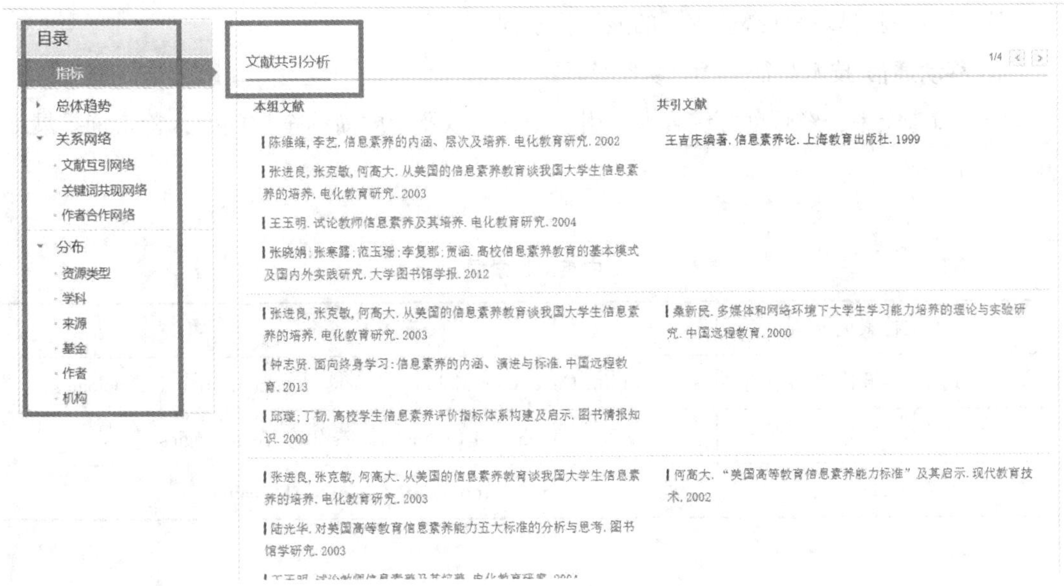

图 3-6-4　中国知网文献共引分析

第七节 案例：主题文献检索策略

课题名称：5G 移动通信技术的主要特征及其应用场景（领域）探析

一、分析检索课题，构建检索式

（一）分析检索课题

本课题涉及时下热门的 5G 移动通信技术的理论及应用，属于工科领域。电子通信技术是网络信息时代的产业基础，它的每一次飞跃都给人类社会带来深刻的变革，5G 技术也不例外，其应用涵盖了众多领域。鉴于其应用目前正处于起步阶段，本课题的理论部分可以侧重于图书，获得系统、全面、权威的理论知识；应用部分则可更多地关注期刊、会议和权威网络，获得更为新颖广阔的应用视野。

（二）确定检索词

从课题本身可以提炼必须满足的显性检索词：

5G 移动通信 技术特征 应用/场景/领域

为保障查全率，经百度等综合搜索引擎初查，以及考虑简称全称问题，检索词扩展如表 3-7-1 所示。

表 3-7-1 **中英文检索词**

中文检索词	英文检索词
5G 移动通信/第五代移动通信	5G/Fifth Generation Mobile/wireless Communication Technologies
技术特征/关键技术	Technical Characteristics/Key Technologies
应用/场景/领域	Application/Scenario/Domain

（三）编写检索式

中文检索式：

（5G 移动通信 or 第五代移动通信）and（技术特征 or 关键技术）and（应用 or 场景 or 领域）

英文检索式：

（5G-mobile-communication-technology OR fifth-generation-mobile-communication-technology）and（technical-character * or key-technolog *）AND（application or scenario or domain）

二、确定信息源

根据以上课题分析，考虑了中外文综合性信息源及理科类专题信息源，并兼顾多种文献类型，确定信息源及检索结果如表 3-7-2 所示。

表 3-7-2 **信息源及检索结果**

中文数据库		英文数据库	
数据库名称	记录条数	数据库名称	记录条数
超星数字图书馆	19	WOS（Web of Science 核心合集）	37
万方数据知识服务平台	254	Elsevier ScienceDirect	150
中国知网	76	EI 数据库	76
读秀学术搜索（图书+期刊）	61+566	欧洲专利局专利文献数据库	369
维普	16	Academic Search Ultimate（ASU）	30
		Wiley Online Library	220

三、实际检索及调整（检索时间：2019 年 10 月）

（一）超星数字图书馆：19 篇

主题检索，得到结果 2557 条，如图 3-7-1。

检索式：Su=（5G 移动通信 | 第五代移动通信）*（技术特征 | 关键技术）*（应用 | 场景 | 领域）

进一步限定为题名，得到结果 19 条，如图 3-7-2。

检索式：TI=（5G 移动通信 | 第五代移动通信）*（技术特征 | 关键技术）*

图 3-7-1　超星数字图书馆主题检索结果

(应用 | 场景 | 领域)

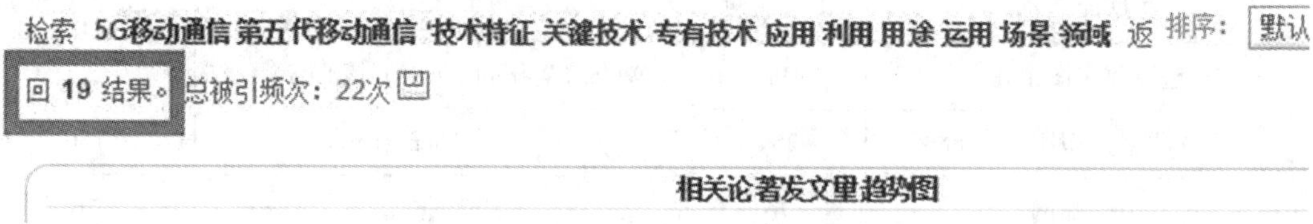

图 3-7-2　超星数字图书馆题名检索结果

(二) 万方数据库检索结果：254 篇 (如图 3-7-3)

检索式：题名：(5G 移动通信 + 第五代移动通信) ＊ (技术特征 + 关键技术) ＊ (应用 + 场景 + 领域)

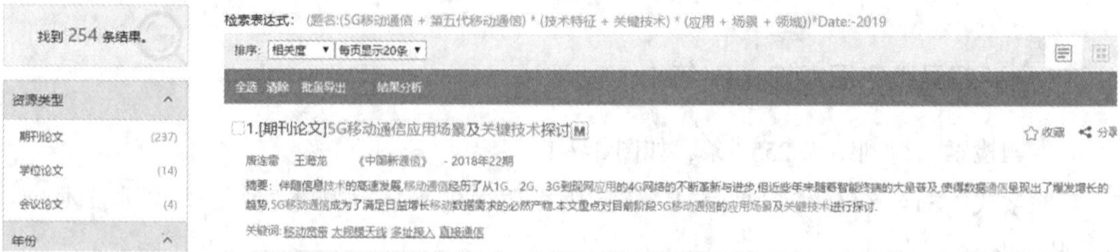

图 3-7-3　万方数据库题名检索结果

（三）中国知网检索结果：76 篇（如图 3-7-4）

检索式：SU=（5G 移动通信+第五代移动通信）＊（技术特征+关键技术）＊（应用+场景+领域）

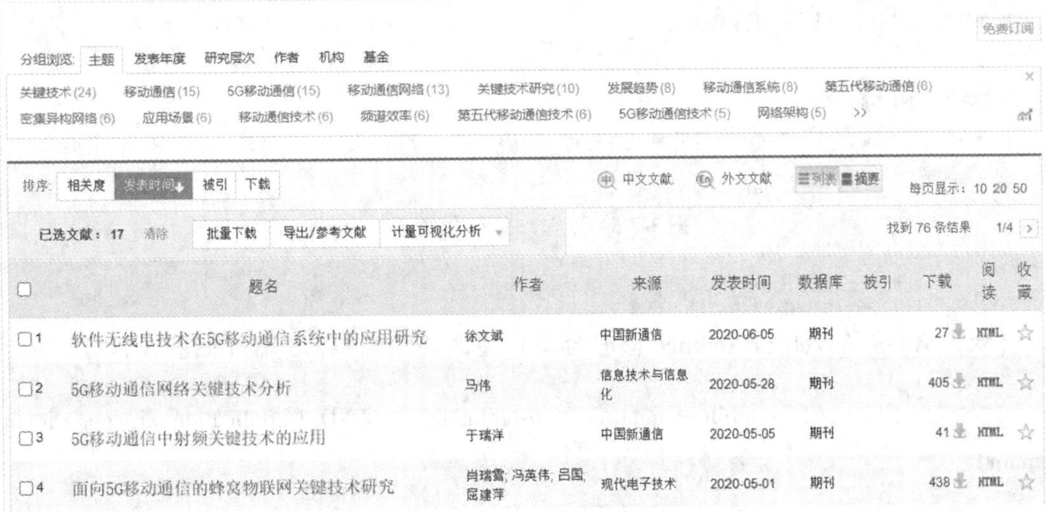

图 3-7-4 中国知网主题检索结果

（四）维普数据库检索结果：19 篇（如图 3-7-5）

检索式：K=5G AND K=（关键技术 OR 技术特征）AND K=（场景 OR 应用 OR 领域）

图 3-7-5 维普数据库关键词检索结果

（五）读秀数据库检索结果：图书 61 册，期刊 566 种（如图 3-7-6）

检索式：题名=5G 移动通信 ＊ 关键技术 ＊ 应用

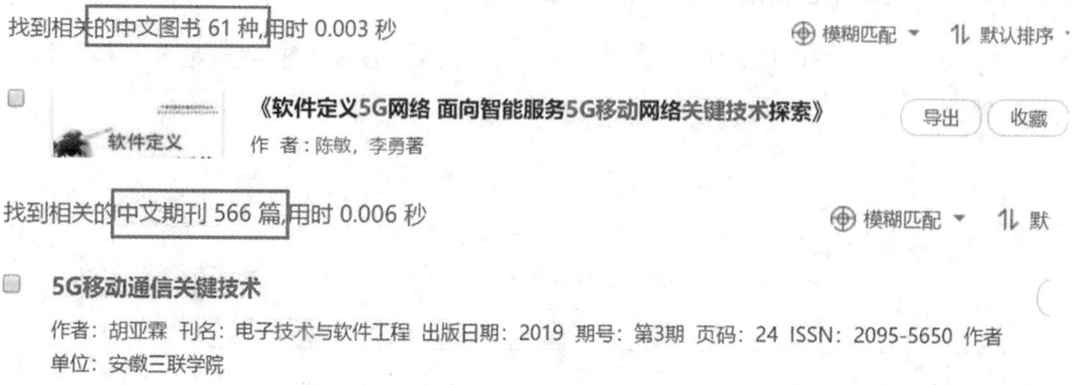

图 3-7-6 读秀数据库检索结果

（六）WOS（Web of Science 核心合集）主题检索结果：5 篇（如图 3-7-7）

检索式：SU =（5G-mobile-communication-technology）AND（application or scenario or domain）

图 3-7-7 Web of Science 核心合集题名检索结果

因为检索结果偏少，所以调整检索式为“主题 = 5G and（application or scenario or domain）”，得到检索结果 37 条。检索结果中开始出现安全、智能交通等应用领域（如图

3-7-8）。

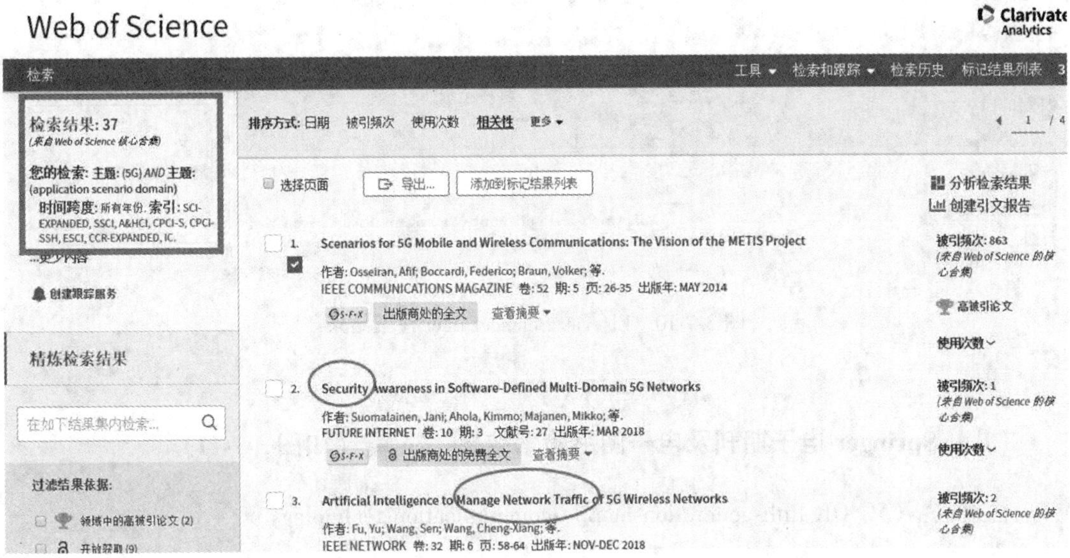

图 3-7-8　调整检索式后的 WOS 平台检索结果

（七）Elsevier ScienceDirect 检索结果：150 篇（如图 3-7-9、图 3-7-10）

检索式：（5G OR fifth-generation-mobile-communication-technology）AND（application or scenario or domain）

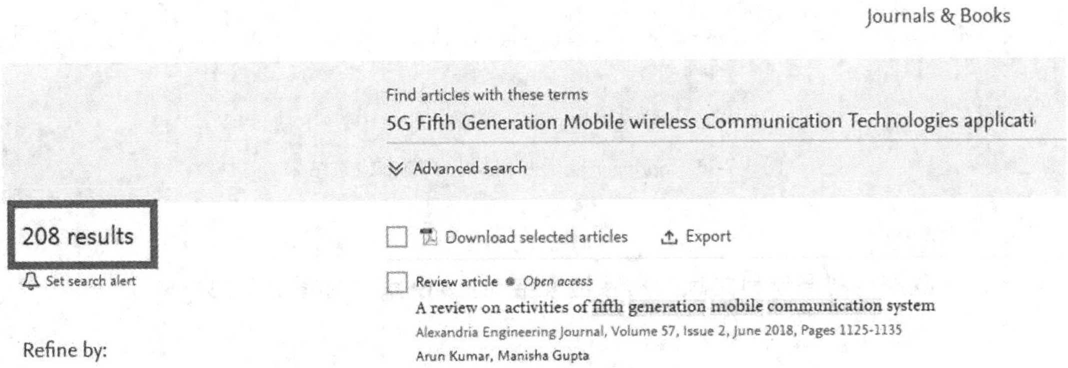

图 3-7-9　Elsevier ScienceDirect 检索结果

通过年限精炼检索结果，选取 2018 年以后的文献，得到 150 条结果。

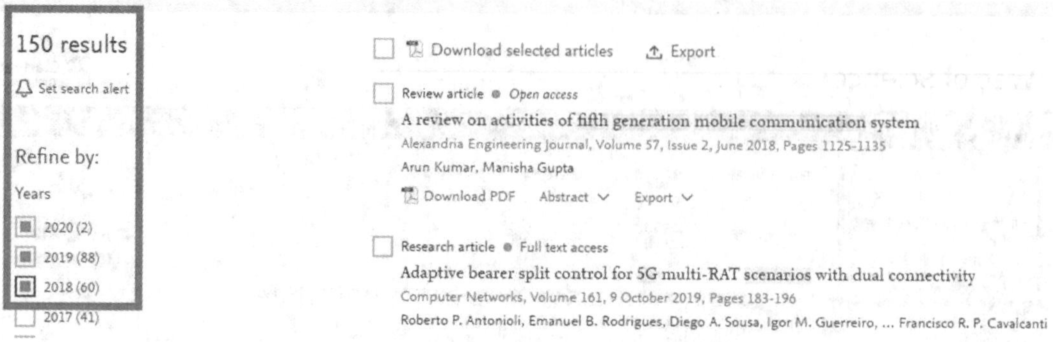

图 3-7-10　Elsevier ScienceDirect 检索结果

（八）Springer 电子期刊及电子图书检索结果：76 篇（如图 3-7-11）

检索式：（5G OR fifth-generation-mobile-communication-technology）

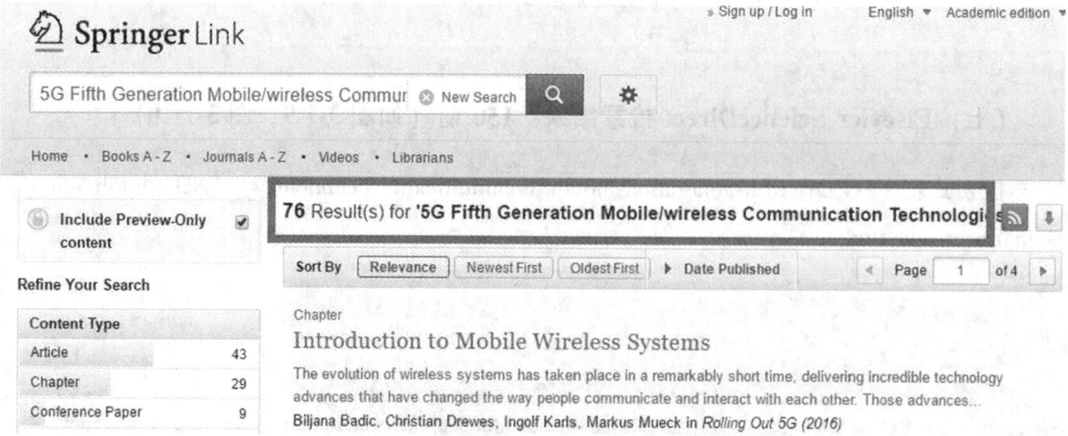

图 3-7-11　Springer 电子期刊及电子图书检索结果

（九）欧洲专利局专利文献数据库检索结果：369 篇（如图 3-7-12）

（十）Academic Search Ultimate（ASU）检索结果：30 篇（如图 3-7-13、图 3-7-14）

检索式：SU＝5G　AND（application or scenario or domain）

检索结果太少，扩大范围如图 3-7-14 所示。

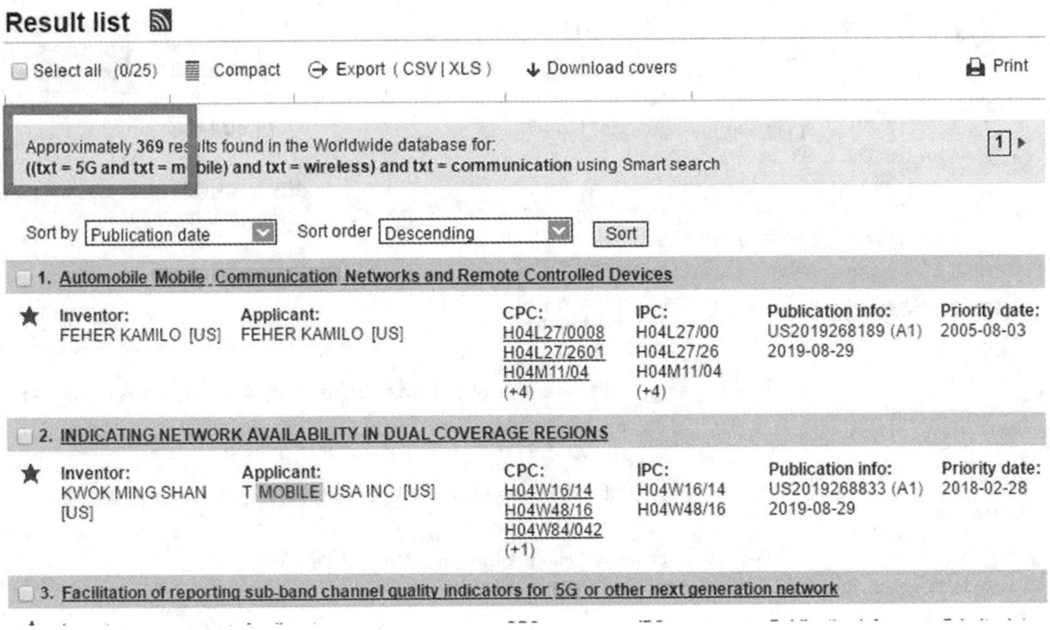

图 3-7-12　欧洲专利局专利文献数据库检索结果

图 3-7-13　Academic Search Ultimate（ASU）检索结果

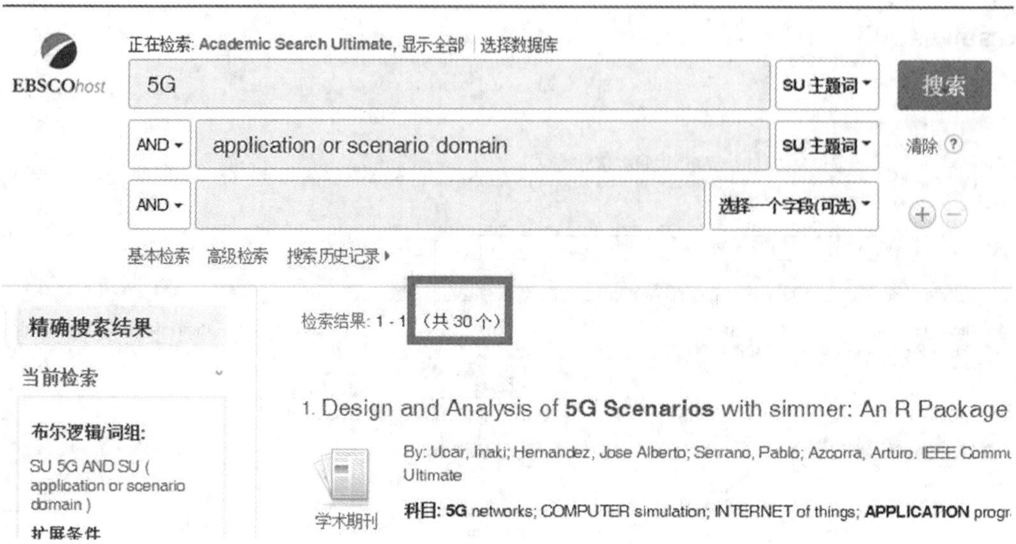

图 3-7-14 Academic Search Ultimate（ASU）检索结果

（十一）Wiley Online Library 检索结果：220 篇（如图 3-7-15）

检索式：（5G mobile-communication-technology OR 5G-wireless-communication OR fifth-generation-mobile-communication-technology）AND（application OR scenario OR domain）

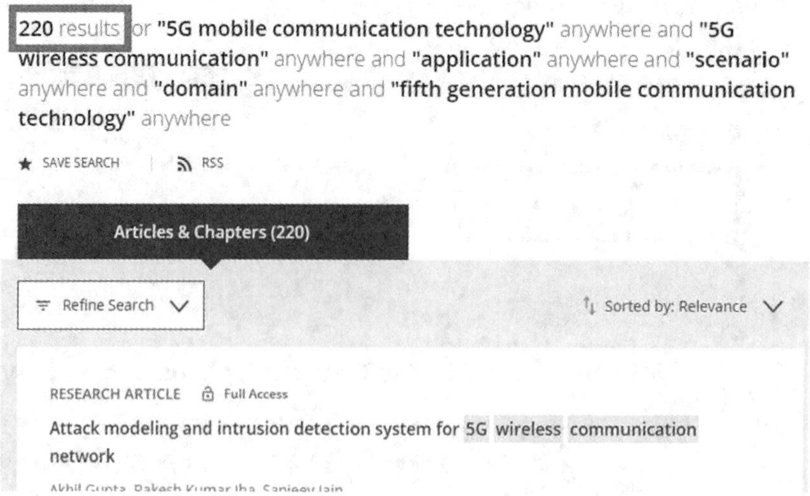

图 3-7-15 Wiley Online Library 检索结果

四、密切相关文献

[1] S2 微沙龙．大话 5G 走进万物互联新时代［M］．北京：机械工业出版社，2017.
[2]（葡）罗德里格斯．5G 开启移动网络新时代［M］．北京：电子工业出版社，2016.
[3] 陈敏，李勇著．软件定义 5G 网络 面向智能服务 5G 移动网络关键技术探索［M］．武汉：华中科技大学出版社，2016.
[4] 屈刚，蒋川．5G 移动通信典型应用场景分析研究［J］．数字技术与应用，2018，36（10）：41-42.
[5] 程浩．5G 移动通信的关键技术及发展趋势探析［J］．中国新通信，2019，21（14）：31.
[6] 张桂萍．5G 移动通信网络关键技术应用［J］．数字通信世界，2019（3）：210.
[7] 孙磊，孟凡博．5G 移动通信发展趋势与若干关键技术的研究［J］．科学技术创新，2018（29）：105-106.
[8] 周普成，郑超．5G 移动通信的关键技术及应用发展［J］．通信电源技术，2018，35（9）：172-174.
[9] 许桂平．5G 移动通信的关键技术及其进程［J］．科技风，2018（5）：91.
[10] 郭智男．关于 5G 移动通信技术分析及发展趋势探讨［J］．数字通信世界，2018（2）：64+57.
[11] 江希，刘通．浅析新型移动通信技术发展优势及应用状况［J］．科技创新与应用，2017（18）：88.
[12] 赵国锋，陈婧，韩远兵，徐川．5G 移动通信网络关键技术综述［J］．重庆邮电大学学报（自然科学版），2015，27（4）：441-452.
[13] 刘剑宇．不同应用场景下的 5G 关键技术探讨［J］．中国新通信，2017，19（18）.
[14] 唐成永．5G 网络技术的应用领域探析［J］．科技传播，2018，v. 10. No. 214（13）：147-148.
[15] 郑舒羽．我国 5G 网络产业发展趋势及展望［J］．神州，2018（2）：294-294.
[16] 佚名．5G 移动通信系统在智慧城市中网络建设探究［J］．中国信息化，2019（2）：55-57.
[17] 闫红，杨新华．5G 无线通信关键技术及工业应用评价［J］．电子元器件与信息技术，2019（4）：121-124.
[18] 黄琦翔．5G 带来的广告传播研究变革：实践与理论［J］．编辑之友，2019（7）：34-39+44.

[19] 袁磊，张艳丽，罗刚 . 5G 时代的教育场景要素变革与应对之策［J］. 远程教育杂志，2019，37（3）：27-37.

[20] 谷碧玲 . 5G 关键技术及其对物联网的影响［J］. 无线互联科技，2019，16（7）：30-31.

[21] 徐小夏，王佳佳，杨可心 . 5G 时代测绘地理信息的新发展［J］. 中国测绘，2019（5）：10-13. DOI：10. 3969/j. issn. 1005-6831. 2019. 05. 003.

[22] 文静，于晶，于璐，等 . 移动优先 5G 赋能智慧媒体［J］. 中国广播，2019（7）：12-16.

[23] 孙驰 . 5G 通信在城市轨道交通的应用分析［J］. 科学与信息化，2019（9）：147.

[24] 肖占军，赵志杰，吴宝明 . 对移动 5G 网络在军事领域应用问题的思考［J］. 数字通信世界，2019（2）：64，77. DOI：10. 3969/J. ISSN. 1672-7274. 2019. 02. 041.

[25] 林嘉莉，孟忻，俞建军，等 . 基于 5G MEC 技术的工业边缘计算核心技术能力［J］. 中国仪器仪表，2019（7）：21-26.

[26] Aceto G，Persico V，Pescapé，Antonio. The role of information and communication technologies in healthcare：Taxonomies，perspectives，and challenges［J］. Journal of Network and Computer Applications，2018：S1084804518300456.

[27] LiS，Xu L D，Zhao S. 5G Internet of things：A survey［J］. Journal of Industrial Information Integration，2018.

[28] Elazhary H. Internet of Things（IoT），mobile cloud，cloudlet，mobile IoT，IoT cloud，fog，mobile edge，and edge emerging computing paradigms：Disambiguation and research directions［J］. Journal of Network and Computer Applications.

[29] Haas，Harald. LiFi is a Paradigm-Shifting 5G technology［J］. Reviews in Physics，2017：S2405428317300151.

[30] Kumar A，Gupta M. A review on activities of fifth generation mobile communication system［J］. Alexandria Engineering Journal，2017：S1110016817300601.

[31] Volker S，Anne B，Vasco S，Jan H. Structural development and evaluation of profitable industrial use cases based on innovative technologies like 5G［J］. Procedia CIRP，2019（81）：1119-1124.

[32] Orsino A，Militano L，Araniti G，et al. Social-aware content delivery with D2D communications support for emergency scenarios in 5G systems［C］// European Wireless；European Wireless Conference. 2016.

[33] Mumtaz S，Morgado，António，Huq K M S，et al. A survey of 5G technologies：Regulatory，standardization and industrial perspectives［J］. Digital Communications and

Networks，2017：S2352864817302584.
[34] Hsieh H C，Chen J L，Benslimane A. 5G Virtualized multi-access edge computing platform for IoT applications [J]. Journal of Network & Computer Applications，2018：S1084804518301577.
[35] Fu Y，Wang S，Wang C X，et al. Artificial intelligence to manage network traffic of 5G wireless networks [J]. IEEE Network，2018，32（6）：58-64.
[36] Keltsch M，Prokesch S，Gordo OP，et al. Remote production and mobile contribution over 5G networks：Scenarios，requirements and approaches for broadcast quality media streaming [C]. IEEE Network，2018 13TH IEEE International Symposium on Broadband Multimedia Systems and Broadcasting（BMSB）IEEE International Symposium on Broadband Multimedia Systems and Broadcasting，2018.

◎ 思考题

如果有这样一个辩论题目："你觉得需要系统学习主题文献检索的策略吗？"请问你是选择正方还是反方？为什么？

◎ 检索题

1. 请根据下面选题的题目和科学技术要点，提取检索词，编制检索式（检索式不多于4个），并在知网、万方、百度学术及其他网络开放获取资源中进行实际检索与调整。

题目：基于地理国（市）情监测及地形图制图的快速制图系统

科学技术要点：

（1）多尺度地理国（市）情监测专题地图的表达框架，实现地理国（市）情监测专题的数图转换。

（2）基于Gestalt理论，实现标准地形图制图的快速注记；基于图元参数模型及代数结构理论，实现标准地形图的快速有效符号化；基于知识库，以自动或半自动的方式解决符号配置过程中的要素之间的各种关系。

2. 自定一个有趣的破案式检索，比如寻找一张图、一句名言、一张照片、一个模型等等的出处。体会在各种情境下提取检索词、寻找信息源并甄别和辨析信息的乐趣。

第四章
文献信息源

本章将讲述国内外常用的文献信息源，主要包括国内常用的文献信息源、国外常用的综合性及专业性文献信息源、开放获取资源。同时挑选重要的国内外文献数据库，详细介绍其检索方法。

专利信息源、数据信息源在第五章和第六章中单独介绍。

第一节　国内文献信息源

国内文献信息源以综合性平台居多，本节按照文献类型进行汇集。

一、电子图书

（一）超星电子图书馆

超星电子图书馆是由北京世纪超星公司建立和维护的大型电子图书全文数据库，其资源包括 1820 年以后出版的 52 万册图书，涵盖了经济、法律、语言与文学、艺术、历史、地理、自然科学、工业技术、天文和地学、环境与安全等 22 个大类。

阅读超星数字图书网的图书需要下载并安装超星阅览器（SSReader）。除阅读图书外，超星阅览器还可用于扫描资料、采集整理网络资源等，具体功能包括“文字识别”“剪切图像”“添加书签”“自动滚屏”“发表”“导入文件夹”“上传资源”“汇集互联网资料”等。

（二）读秀

读秀是由海量中文学术资源组成的庞大知识库系统，以 260 万种中文图书信息、130 万种图书全文、6 亿页中文资料为基础，为读者提供深入图书内容章节和全文的检索、部分文献试读等多种功能。

读秀学术搜索的特点有：第一，立体式的深度检索。突破传统检索模式，实现了目录、全文的垂直检索，读者在短时间内能获得准确全面的图书章节信息，被称为“碎片化的图书信息检索”。第二，一目了然的原文阅读。不仅提供传统的文献信息，还提供封面页、版权页、目录页、前言页、正文等。第三，高效快捷的文献传递。采用 E-mail 进行文献传递，足不出户即可获得所需文献资源。

还有一些可以作为学术信息源的电子图书数据库。如中国数字图书馆电子图书、Apabi 电子教学参考书、CADAL（大学数字图书馆国际合作计划）、瀚文民国书库、文渊阁四库全书电子版等。

二、电子期刊

（一）中国学术期刊出版总库（中国知网）

中国知网是连续动态更新的中国学术文献数据库，包括学术期刊、博硕士学位论文、会议论文、报纸、年鉴、标准、专利、科技成果、经济统计数据、图片、学术辑刊等中文资源以及 Springer 等外文资源。中国知网的电子期刊主要来源于《中国学术期刊出版总库》，此库内容涵盖自然科学、工程技术、农业、哲学、医学、人文社会科学等各个领域。

（二）中国学术期刊数据库（万方数据资源系统）

万方数据库是由万方数据公司开发的，涵盖期刊、会议纪要、论文、学术成果、学术会议论文的大型网络数据库，也是和中国知网齐名的学术数据库。万方平台的《中国学术期刊数据库》收录始于 1998 年，包含 8000 余种期刊，其中包含北京大学、中国科学技术信息研究所、中国科学院文献情报中心、南京大学、中国社会科学院收录的核心期刊 2300 余种，涵盖自然科学、工程技术、医药卫生、农业科学、哲学政法、社会科学、科教文艺等各个学科。

（三）维普期刊资源整合服务平台

该平台是维普数据库推出的中文科技期刊资源一站式服务平台，是从单纯的全文保障服务延伸到引文、情报等服务的产品。整合了期刊文献检索、文献引证追踪、科学指标分析、高被引析出文献、搜索引擎服务五大模块。

（四）超星期刊数据库

该库是超星公司旗下的期刊数据库。全文收录中文期刊 7000 余种（核心期刊超过 1300 种），内容涉及理学、工学、农学、社科、文化、教育、哲学、医学、经管等各学科领域。

三、学位论文

（一）中国博士学位论文全文数据库（中国知网）

该库覆盖基础科学、工程技术、农业、医学、哲学、人文、社会科学等各个领域。目前，收录从 1984 年至今，全国重点高校，中国科学院、社会科学院等研究院所的博士学位论文。其分为十大专辑：基础科学、工程科技Ⅰ、工程科技Ⅱ、农业科技、医药卫生科技、哲学与人文科学、社会科学Ⅰ、社会科学Ⅱ、信息技术、经济与管理科学。

（二）中国优秀硕士学位论文全文数据库（中国知网）

该库覆盖基础科学、工程技术、农业、哲学、医学、哲学、人文、社会科学等各个领域。其分为十大专辑：基础科学、工程科技Ⅰ、工程科技Ⅱ、农业科技、医药卫生科技、哲学与人文科学、社会科学Ⅰ、社会科学Ⅱ、信息科技、经济与管理科学。

（三）中国学位论文全文数据库（万方数据资源系统）

该库收录学位论文始于 1980 年，年增 30 余万篇，涵盖基础科学、理学、工业技术、人文科学、社会科学、医药卫生、农业科学、交通运输、航空航天和环境科学等各学科领域。

（四）CADAL 学位论文

CADAL 全称为“中英文图书数字化国际合作计划”，是由国家投资建设、浙江大学和中国科学院研究生院等 14 个单位共同承担的数字图书馆项目。CADAL 项目启动至今，各参建单位（北京大学，清华大学，浙江大学，复旦大学，南京大学，中国科学院研究生院，上海交通大学，西安交通大学，武汉大学，华中科技大学，吉林大学，中山大学，四川大学，北京师范大学）已加工数字资源 120 余万册，其中学位论文 20 余万册。

（五）CALIS 学位论文中心服务系统

CALIS 全称为“中国高等教育文献保障系统”（China Academic Library & Information System），是经国务院批准的我国高等教育“211 工程”“九五”“十五”总体规划中三个公共服务体系之一。CALIS 学位论文服务系统面向全国高校师生提供中外文学位论文检索和获取服务。目前博硕士学位论文记录逾 384 万条，记录持续增长中。所收录的外文学位论文主要来自 ProQuest 公司的学位论文信息和 NDLTD（网上国际学位论文共享项目）的学位论文信息；中文学位论文主要来自国内的 80 余所主要大学，是国内极为丰富的学位论文文献来源。

该系统提供检索结果与 CALIS 文献传递系统链接，用户可以直接在线提交申请，获取学位论文全文。

除此之外，各高校自建的博硕士学位论文库也可以作为访问的信息源，如武汉大学博硕士学位论文库。

四、会议文献

（一）国内外重要会议论文全文数据库（中国知网）

该库含国内外会议主办单位或论文汇编单位书面授权并推荐出版的重要会议论文，重点收录 1999 年以来，中国科协系统及国家二级以上的学会、协会、高校、科研院所，以及政府机关举办的重要会议和在国内召开的国际会议上发表的文献。其中，国际会议文献占全部文献的 20%以上，全国性会议文献超过总量的 70%，部分重点会议文献回溯至 1953 年。

（二）中国学术会议文献数据库（万方数据资源系统）

该库的中文会议收录始于 1982 年，每年收集约 3000 个重要学术会议。外文会议主要来源于 NSTL 外文文献数据库，收录了 1985 年以来世界各主要学协会、出版机构出版的学术会议论文共计 766 万篇全文（部分文献有少量回溯），每年增加论文约 20 余万篇，每月更新。

（三）NSTL会议论文库

该库为国家科技图书文献中心（NSTL）的中文会议论文库，主要收录1985年以来我国国家级学会、协会、研究会以及各省、部委等组织召开的全国性学术会议论文。其收藏重点为自然科学各专业领域。

另外，如果需要查找即将召开的会议信息，可以进入相关专业协会或学会的网站获得，如中国知网主办的“中国学术会议网”。

五、报纸

（一）中国报纸全文数据库（中国知网）

该库收录2000年以来国内公开发行的500多种重要报纸。

（二）人大复印报刊资料全文数据库

该库为人大数媒科技（北京）有限公司以人民大学书报资料中心的复印报刊资料系列数据库为内容基础创建而成的人文科学、社会科学资料库。其中收录报纸的子库有“报刊索引库”“目录索引库”，针对报纸资源此库提供的是文摘、索引信息。

（三）全国报刊索引数据库

此库为索引库，原为“中文社科报刊篇名数据库”，由上海图书馆《全国报刊索引》编辑部负责研制和编辑，具有文献信息量大、检索点多、查检速度快等特点。其中收录的报纸约为200多种，包括三种类型：中央一级的报纸、省市级报纸以及各类报纸（指行业报纸）。

六、标准文献

（一）标准数据总库（中国知网）

标准数据总库分为《中国标准题录数据库》《国外标准题录数据库》《国家标准全文数据库》《中国行业标准全文数据库》《职业标准全文数据库》。《中国标准题录数据库》

收录了所有中国国家标准（GB）、国家建设标准（GBJ）、中国行业标准的题录摘要数据，共计标准约13万条；《国外标准题录数据库》收录了世界范围内重要标准，如：国际标准（ISO）、国际电工标准（IEC）、欧洲标准（EN）、德国标准（DIN）、英国标准（BS）、法国标准（NF）、日本工业标准（JIS）、美国标准（ANSI）、美国部分学协会标准（如ASTM，IEEE，UL，ASME）等标准的题录摘要数据，共计标准约31万条；《国家标准全文数据库》收录了由中国标准出版社出版的，国家标准化管理委员会发布的所有国家标准，占国家标准总量的90%以上；《中国行业标准全文数据库》收录了现行、废止、被替代以及即将实施的行业标准，全部标准均获得权利人的合法授权；《职业标准全文数据库》收录了由人力资源和社会保障部职业能力建设司编制，由中国劳动社会保障出版社出版的国家职业标准汇编本，为各级职业技能鉴定机构及职业教育培训机构、职业院校等开展职业教育培训和职业技能鉴定工作提供了重要依据。

（二）中外标准数据库（万方数据资源系统）

该库包括中国国家标准（GB）全文数据库、中国行业标准（HB）全文数据库以及中外标准题录摘要数据库，共计200余万条记录。其中中国国家标准全文数据内容来源于中国质检出版社，中国行业标准全文数据库收录了机械、建材、地震、通信标准以及由中国质检出版社授权的部分行业标准，中外标准题录摘要数据库的内容来源于浙江标准化研究院。

（三）国家标准全文公开系统（国家标准化管理委员会网站）（http：//www.sac.gov.cn/）

国家标准化管理委员会是统一管理全国标准化工作的主管机构，其官网《国家标准全文公开系统》中的“强制性国家标准”收录现行有效强制性国家标准2035项。其中非采标1394项可在线阅读和下载，采标641项只可在线阅读；“推荐性国家标准”收录现行有效推荐性国家标准35912项。其中非采标22934项可在线阅读，采标12978项只提供标准题录信息。

七、科技报告

（一）中外科技报告数据库（万方数据资源系统）

该库包括中文科技报告和外文科技报告。中文科技报告收录始于1966年，源于中华人民共和国科学技术部，共计 2.6 万余份。外文科技报告收录始于 1958 年，涵盖美国政府四大科技报告（AD、DE、NASA、PB），共计 110 万余份。

（二）国家科技报告服务系统（http：//www.nstrs.cn/）

国家科技报告服务系统由科技部创办。目前上线的科技报告主要为 973 计划、863 计划、国家科技支撑计划、国家科技重大专项、国家国际科技合作专项、国家重大科学仪器设备开发专项等国家科技计划（专项）和部分已结题项目的总结报告。

此系统只要登录网址，就可以检索国家科技计划项目所产生的科技报告，通过实名注册的用户即可在线浏览公开科技报告全文。不支持全文下载。

八、国内重要的引文数据库

《中文社会科学引文索引（CSSCI）》和《中国科学引文数据库（CSCD）》是国内关于社会科学和自然科学领域的两个重要的核心期刊引文数据库，也是国内重要的学术评价工具。

（一）中国科学引文数据库（CSCD）

该库创建于 1989 年，收录我国数学、物理、化学、天文学、地学、生物学、农林科学、医药卫生、工程技术、环境科学和管理科学等领域出版的中英文科技核心期刊和优秀期刊千余种。

中国科学引文数据库除具备一般的检索功能外，还提供引文索引，用户可迅速从数百万条引文中查询到某篇科技文献被引用的详细情况，还可以从一篇早期的重要文献或著者姓名入手，检索到一批近期发表的相关文献，对交叉学科和新学科的发展研究有着十分重要的参考价值。

中国科学引文数据库还提供了数据链接机制，支持用户获取全文。

（二）中文社会科学引文索引（CSSCI）

该索引是由南京大学中国社会科学研究评价中心于 1998 年开发研制的数据库，用来检索中文社会科学领域的论文收录和文献被引用情况，是我国人文社会科学评价领域的标志性工程。此库严格按期刊影响因子，分学科排序位次和国内知名专家的定性评价相结合的方法，挑选了中国大陆出版的中文人文科学、社会科学学术期刊以及海外出版的期刊共 530 多种。CSSCI 提供来源文献、被引文献等多种信息检索。

除了综合性的中文数据库和网络资源外，还有一些专业数据库也是需要作为重点信息源掌握的。一般以经济类、法律类、医学类的专业数据库居多，如经济类的中经网统计数据库、搜数网、国研网、中国资讯行等；法律类的北大法宝、北大法意、万律法律数据库；医学类的中华医学会期刊数据库、中国生物医学文献数据库等；历史及文学类的文渊阁四库全书电子版、鼎秀古籍库、晚清民国期刊等。

第二节　国内综合性数据库检索方法选介

此节选取国内重要的综合性数据库中国知网和万方数据知识服务平台进行介绍，重点介绍收录资源、检索方法及检索结果分析，为节省篇幅，个性化设置、检索历史调用、检索式保存等具有共性的内容不在每个检索系统中分别介绍。

一、中国知网（CNKI）

中国知网（China National Knowledge Infrastructure，CNKI）是中国学术期刊电子杂志社、同方知网（北京）技术有限公司共同创办的网络出版平台。中国知网知识发现网络平台面向海内外读者提供各类资源统一检索、统一导航、在线阅读和下载服务。涵盖基础科学、文史哲、工程技术、社会科学、农业、经济与管理科学、医药卫生、信息科技等十大领域。

（一）资源介绍

中国知网的资源包括学术期刊、博硕士学位论文、会议论文、报纸、年鉴、专利、标准、科技成果、经济统计数据、工具书、图片等中文资源。还与全球73个国家及地区的800余家海外机构建立合作，收录英、法、德、日等语种的期刊、图书、会议、学位论文等资源之题录摘要信息，涵盖理、工、农、医、人文社科、经管等学科领域。重要合作伙伴包括：爱思唯尔（Elsevier）、施普林格自然（Springer Nature）、威立（Wiley）、泰勒弗朗西斯（Taylor & Francis）、牛津大学出版社（Oxford University Press）、美国科学促进会（American Association for the Advancement of Science）、世界银行（World Bank）、JSTOR（期刊存储）、日本科学技术振兴机构（JST）、Classiques Garnier（法语学术资源）、Casalini（意大利学术资源）、大英图书馆（The British Library）等国际领先的出版社、学术机构及学术资源集群。

主要子库有：《中国学术期刊网络出版总库》《中国博硕士学位论文全文数据库》

《国内外重要会议论文全文数据库》《中国重要报纸全文数据库》《专利数据库》《标准数据总库》《中国科技项目创新成果鉴定意见数据库（知网版）》《中国年鉴网络出版总库》《中国工具书网络出版总库》《中国法律知识资源总库》《中国学术辑刊全文数据库》《CNKI 学术图片知识库》《国学宝典数据库》《外文文献数据库》，此外，还收录了中国学术期刊（光盘版）电子杂志社出版的所有源数据库产品的参考文献，涉及期刊类型、学位论文类型、会议论文类型、图书类型、专利类型、标准类型、报纸类型等超千万次被引文献。

（二）检索方法

中国知网提供了三种检索方法：简单检索、高级检索和专业检索。

中国知网默认跨库检索，默认的子库有：《中国学术期刊网络出版总库》《中国博硕士学位论文全文数据库》《国内外重要会议论文全文数据库》《中国重要报纸全文数据库》《中国学术辑刊全文数据库》。系统支持人工添加或者减少子库，也可以单库检索。

1. 简单检索

中国知网的简单检索界面提供了多种字段限定检索，基本字段是主题、题名、关键词、篇关摘、作者、单位。不同数据库根据文献类型的不同提供的可检索字段有所区别，如学术期刊可检索字段除了常见的几种外，还包括全文、被引文献、中图分类法、DOI、刊名、ISSN、栏目信息等；博硕士论文数据库特有的可检索字段包括导师、第一导师、学位授予单位、学科专业名称等；会议文献数据库特有的可检索字段包括会议名称和论文集名称（如图 4-2-1）。

图 4-2-1 中国知网简单检索界面

简单检索不支持复杂的专业检索式，多个检索词之间默认的逻辑关系为“AND”，类似于网络搜索引擎。如输入“信息素养”，“教学”两个词，系统默认的检出结果为“信息素养 AND 教学”。

2. 高级检索

中国知网高级检索支持多字段组合检索（如图 4-2-2）。高级检索提供两种类型的字段选择，一种是基本索引字段（与文献的内容特征相关），包括主题、篇名、篇关摘、关键词、摘要、全文、中图分类号、被引文献、DOI；一种是辅助索引字段（与文献的外部特征相关），包括作者、第一作者、通讯作者、作者单位、发表时间、文献来源、支持基金，并提供文献来源和支持基金两个字段的浏览索引。

高级检索支持使用运算符 * 、+、-、"、" "、( )，进行同一检索项内多个检索词的组合运算，检索框内输入的内容不得超过 120 个字符；输入运算符 * （与）、+（或）、-（非）时，前后要空一个字节，优先级需用英文半角括号确定；若检索词本身含空格或 * 、+、-、( )、/、%、= 等特殊符号，进行多词组合运算时，为避免歧义，须将检索词用英文半角单引号或英文半角双引号引起来。

图 4-4-2 中“词频”表示检索词在相应检索项中出现的频次，词频为空，表示至少出现 1 次，如果为数字，比如 2，则表示至少出现 2 次，以此类推。

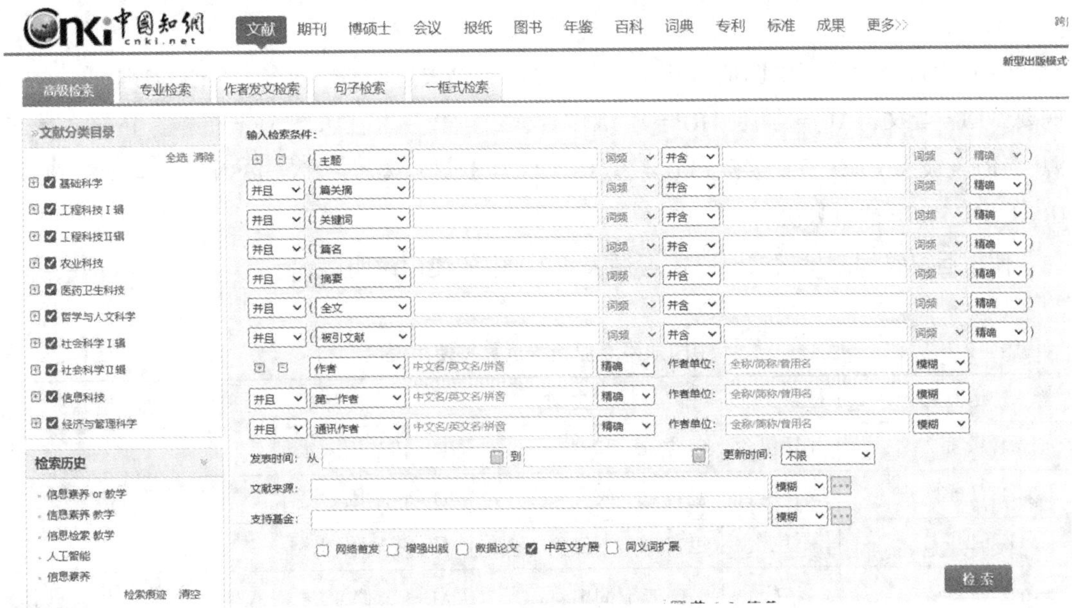

图 4-2-2 中国知网高级检索界面

实际检索中，当检索词较多、逻辑关系相对复杂时，推荐使用专业检索。

3. 专业检索

中国知网专业检索支持复杂检索式，需要遵循系统规定的检索式语法。专业检索界面如图 4-2-3。

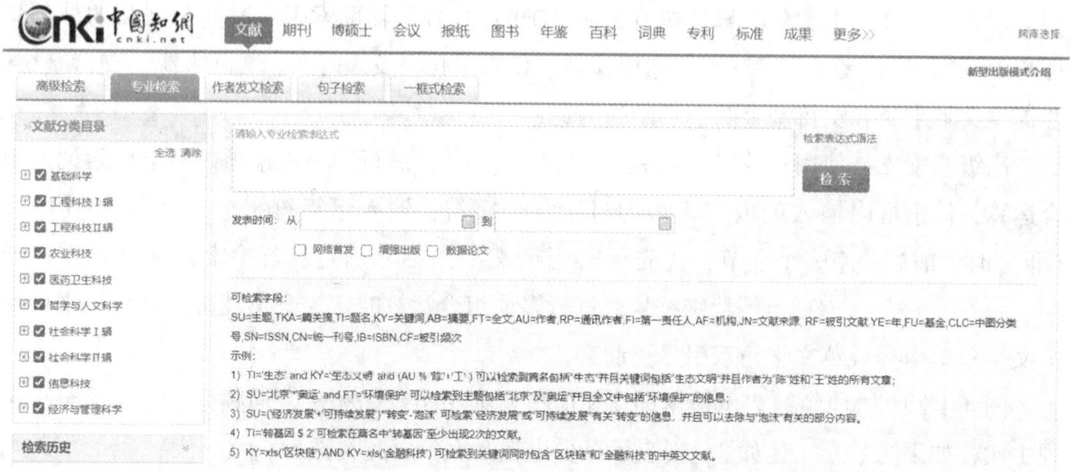

图 4-2-3 中国知网专业检索界面

专业检索可检索字段包括：SU＝主题，TKA＝篇关摘，TI＝题名，KY＝关键词，AB＝摘要，FT＝全文，AU＝作者，RP＝通讯作者，FI＝第一责任人，AF＝机构，JN＝文献来源，，RF＝被引文献，YE＝年，FU＝基金，CLC＝中图分类号，SN＝ISSN，CN＝统一刊号，IB＝ISBN，CF＝被引频次。

使用运算符编制检索式时，需遵循表 4-2-1 中的使用说明。

表 4-2-1 **中国知网专业检索运算符使用说明**

运算符	检索功能	检索含义	举例	适用检索项
='str1' * 'str2'	并且包含	包含 str1 和 str2	TI=转基因 * 水稻	所有检索项
='str1'+'str2'	或者包含	包含 str1 或者 str2	TI=转基因+水稻	
=str1-str2	不包含	包含 str1 不包含 str2	TI=转基因-水稻	
=str	精确	精确匹配词串 str	AU='袁隆平'	作者、第一责任人、机构、中文刊名＆英文刊名
='str /SUB N'	序位包含	第 n 位包含检索词 str	AU='刘强 /SUB 1'	

续表

运算符	检索功能	检索含义	举例	适用检索项
%'str'	包含	包含词 str 或 str 切分的词	TI%'转基因水稻'	全文、主题、题名、关键词、摘要、中图分类号
='str'	包含	包含检索词 str	TI='转基因水稻'	
='str1 /SEN N str2'	同段，按次序出现，间隔小于 N 句		FT='转基因/SEN 0 水稻'	
='str1 /NEAR N str2'	同句，间隔小于 N 个词		AB='转基因 /NEAR 5 水稻'	主题、题名、关键词、摘要、中图分类号
='str1 /PREV N str2'	同句，按词序出现，间隔小于 N 个词		AB='转基因 /PREV 5 水稻'	
='str1 /AFT N str2'	同句，按词序出现，间隔大于 N 个词		AB='转基因 /AFT 5 水稻'	
='str1 /PEG N str2'	全文，词间隔小于 N 段		AB='转基因 /PEG 5 水稻'	
='str $ N'	检索词出现 N 次		TI='转基因 $ 2'	
BETWEEN	年度阶段查询		YE BETWEEN ('2000', '2013')	年、发表时间、学位年度、更新日期
=xls ('str')	中英文扩展	扩展该检索词的中文或英文同义词与该检索词一起检索	KY=xls ('区块链')	主题、题名、关键词、摘要、全文、参考文献、基金

需要注意的是，表 4-2-1 中所有符号和英文字母，都必须使用英文半角字符；“AND”“OR”“NOT”优先级需用英文半角圆括号“（）”确定；逻辑关系符号“AND（与）”“OR（或）”“NOT（非）”前后要空一个字节；中英文扩展 xls（'str'）中'str'被视为单一检索词，不支持多词组合扩展；使用“同句”“同段”“词频”时，需用一组西文单引号将多个检索词及其运算符括起，如:'信息 # 素养'。

例如，要求检索选题“控制昼夜节律的分子机制”的相关文献，则可以编制检索式：题名=（昼夜节律+生物节律）AND 主题=（基因+分子机制）。该检索式专业检索示例如图 4-2-4。

（三）检索结果的排序、集合与分析

中国知网提供了检索结果的排序、集合与分析。可以帮助检索者从不同角度选择需要的信息。

四种评价性排序方式分别是主题排序、发表时间排序、被引频次排序、下载次数排

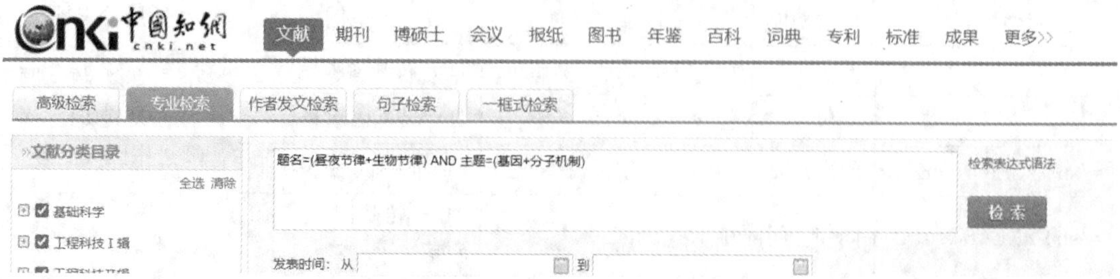

图 4-2-4　中国知网专业检索示例

序。这四种排序方式有助于用户从文献的相关度、质量及新颖程度来筛选信息；六种集合是从主题、发表年度、研究层次、作者、机构、基金多个方面进行分组浏览，可以有助于检索者了解研究成果在各领域的应用、查找某领域具有优势的研究单位、跟踪本领域的专家、知名学者的成果或者发现新的学者等（如图 4-2-5）。

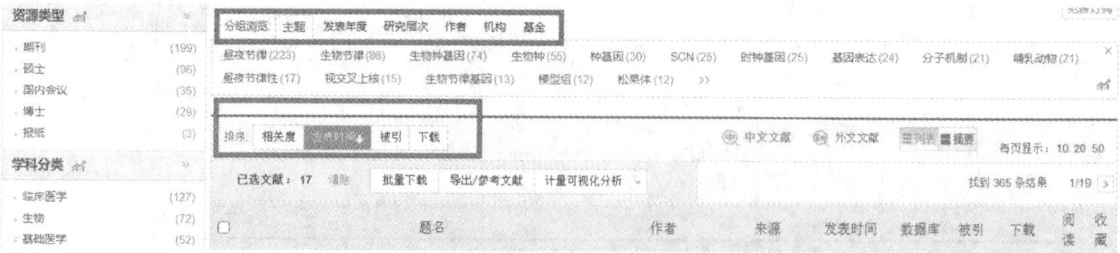

图 4-2-5　中国知网检索结果排序方式

中国知网还提供检索结果的计量可视化分析，包括已选文献分析和全部检索结果分析。提供的分析指标有：总体趋势、关系网络（包括文献互引网络、关键词共现网络、作者合作网络）以及分布（资源类型、学科、来源、基金、作者、机构）。可以帮助检索者了解本领域的总体趋势，共引文献分析以及所有文献的分布情况。

二、万方数据知识服务平台

万方数据知识服务平台整合数亿条全球优质知识资源，集成期刊、学位论文、会议、科技报告、专利、标准、科技成果、法规、地方志、视频等十余种知识资源类型，覆盖自然科学、工程技术、医药卫生、农业科学、哲学政法、社会科学、科教文艺等全学科领域，实现海量学术文献统一发现及分析，支持多维度组合检索。它也是国内重要的综合性信息检索系统之一。

（一）资源介绍

万方数据知识服务平台包括：学术期刊、学位论文、会议论文、专利技术、中外标准、科技成果、政策法规、新方志、机构、科技专家等资源。

主要的子库有：《中国学术期刊数据库》《中国学位论文全文数据库》《中国学术会议文献数据库》《中外专利数据库》《中外科技报告数据库》《中国科技成果数据库》《中外标准数据库》《中国法律法规数据库》《中国新方志数据库》《万方视频》。

（二）检索方法

万方数据知识服务平台提供三种检索方法：简单检索、高级检索和专业检索。

系统支持跨库检索，跨库检索的子库默认为所有子库。也可以人工减少子库或者进行单库检索。需要注意的是，从 2020 年开始，系统中逻辑算符只能用“and”“or”“not”（不分大小写）表示，不再支持运算符“ * ”（与）、“+”（或）、“^”（非）。

1. 简单检索

万方的简单检索界面提供了多种字段限定检索，各子库共有的字段是题名、关键词、摘要、作者、作者单位。不同数据库根据文献类型的不同提供的可检索字段有所区别，如期刊数据库可检索字段会增加中图分类法、刊名、基金；学位论文数据可检索字段会增加专业、导师、学位授予单位、中图分类法；会议文献数据库可检索字段会增加会议名称和主办单位。

万方的简单检索界面支持复杂的专业检索式，其检索结果与专业检索结果一致。如检索题名中含有信息素养教学的相关文献，可编制检索式：题名：（信息素养 or 信息检索）and 题名：教学，检索结果与专业检索结果记录数相同（如图 4-2-6）。

2. 高级检索

万方高级检索界面如图 4-2-7。

高级检索提供的字段与简单检索一致。当用户默认在全部子库进行跨库检索时，系统会显示所有数据库的所有检索字段。

高级检索支持多字段组合检索和复杂检索式的检索，使用多字段检索时，系统运用逻辑运算符进行检索，所有检索项按照“与”“或”“非”三种逻辑关系进行组合检索。使用复杂检索式检索时，其语法规则与专业检索一致。

在实际检索中，万方数据知识服务平台的简单检索和高级检索界面支持复杂检索式，其检索功能会比较简单友好，适合对检索语法不是特别熟悉的检索者。

图 4-2-6　万方数据知识服务平台简单检索界面

图 4-2-7　万方数据知识服务平台高级检索界面

3. 专业检索

万方数据知识服务平台的专业检索界面常用检索字段包括：主题、题名或关键词、题名、第一作者、作者单位、作者、关键词、摘要、基金、DOI。各个数据库不同的检索字段可以点击检索框右侧的“可检索字段”直接选择，自动跳转到检索框。

检索运算符及使用规则如图 4-2-8。

与中国知网专业检索语法相同，万方数据知识服务平台的专业检索运算符中所有的英

运算符	检索含义	检索举例
AND/and	逻辑与运算，同时出现在文献中	主题:(信息管理) and 作者:(马费成)
OR/or	逻辑或运算，其中一个或同时出现在文献中	题名:(信息管理) or 摘要:(武汉大学)
NOT/not	逻辑非运算，后面的词不出现在文献中	题名或关键词:(信息管理 not信息服务)
“”	精确匹配，引号中词作为整体进行检索	题名:("信息管理")
()	限定检索顺序，括号内容作为一个子查询	题名:((信息管理 not 信息服务)and 图书馆)

注:①逻辑运算符存在优先级，优先级顺序()>not>and>or。

②运算符建议使用英文半角输入形式。

图 4-2-8　万方数据知识服务平台专业检索运算符规则

文字母和符号都必须使用英文半角字符，逻辑算符的优先级也需要用英文半角圆括号“()”确定；不同的是万方的字段限制检索符号用英文半角字符“:”表示。

例如，要求检索选题“控制昼夜节律的分子机制”的相关文献，则可以编制检索式：题名：（（昼夜节律 or 生物节律）and 主题：（基因 or 分子机制）），该检索式专业检索示例如图 4-2-9。

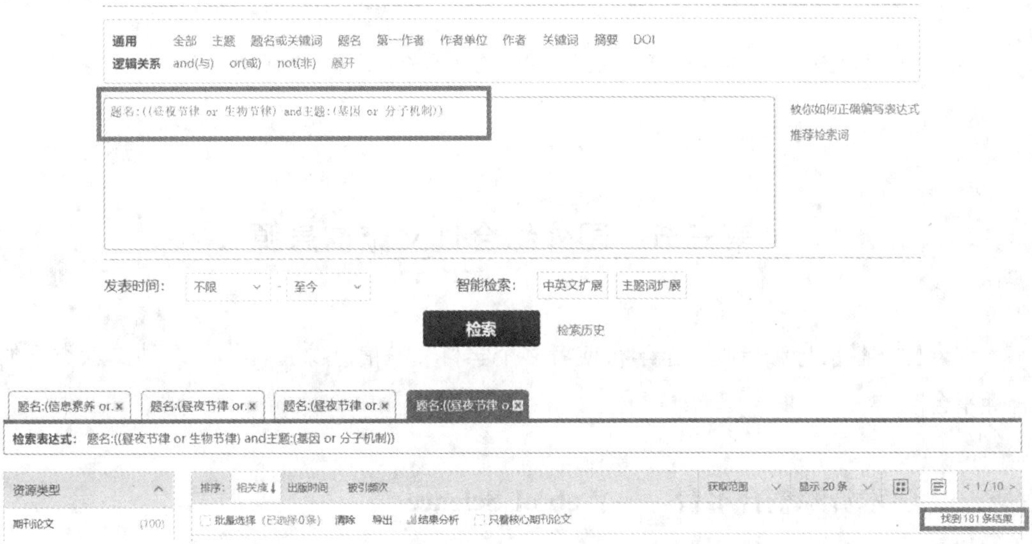

图 4-2-9　万方数据知识服务平台专业检索示例

(三) 检索结果的排序与分析

万方数据知识服务平台提供了检索结果的排序与分析。

三种评价性排序方式分别是主题排序、发表时间排序、被引量排序。在简单检索的结果显示中，提供每篇文献下载量的数据，但高级检索与专业检索界面不提供下载量的数据。

万方数据知识服务平台提供检索结果的计量可视化分析。提供的分析指标有：年份、作者、机构、学科、期刊、基金、资源类型、关键词（如图 4-2-10）。

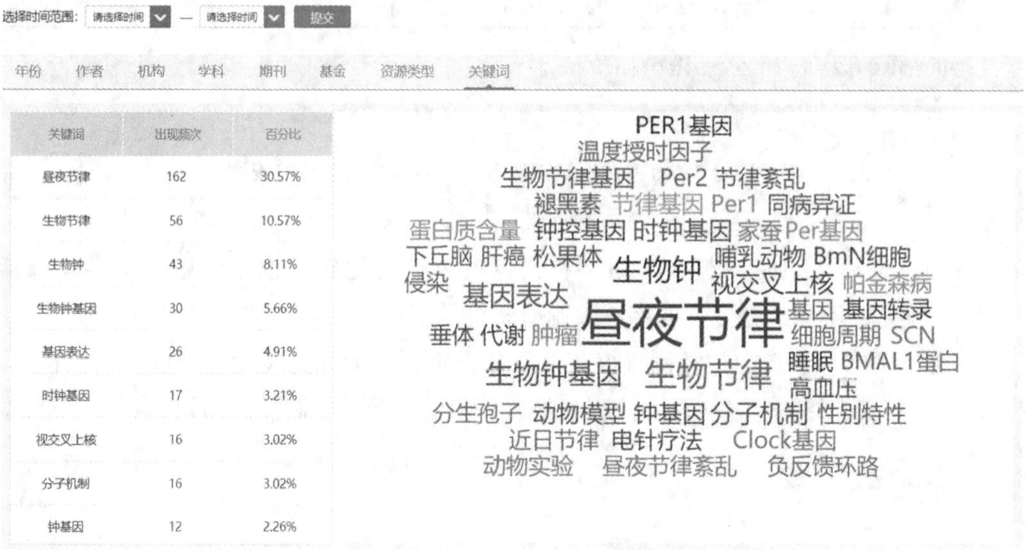

图 4-2-10　万方数据知识服务平台检索结果分析示例

第三节　国外综合性文献信息源

综合性文献信息源指收录全学科或者多个学科文献信息源，且收录多种文献类型的综合性平台。

一、学术资源整合平台——Web of Science

Web of Sicence（WOS）是全球著名的动态学术信息资源整合平台，曾隶属于世界一流的专业情报信息提供商——Thomson Reuters 公司，现已成为科睿唯安（Clarivate）公司旗下的产品。

WOS 平台提供自然科学、工程技术、生物医学、社会科学、艺术与人文等多个领域的高质量学术信息，既有美国科技信息研究所（Information Sciences Institute，ISI）生产的数据库，也有来自其他数据库商的产品，还收录了 Agricola、Pubmed 等网上免费资源，涉及绝大多数学科领域。其收录的文献类型包括期刊论文、图书、会议文献、学位论文、技术报告、专利、标准、化学结构等。

WOS 平台因其收录资源的高影响力和独特的引文索引功能，已成为全球性的学术评价工具。

（一）WOS 平台的主要资源

WOS 平台的主要资源是 WOS 核心合集，由 9 个数据库组成，是 Web of Science 平台上的首要资源。收录了 10000 多种世界权威的、高影响力的学术期刊和超过 11 万个国际会议的会议文献以及数以千计的书籍、报告和其他出版物信息。并探索各学科之间的引文联系，是世界范围内用于科学研究的引文索引。九个数据库分别为：

（1）《Science Citation Index Expanded（SCIE）科学引文索引扩展版》，收录全球自然科学、工程技术、临床医学等领域内 170 多个学科的 9200 多种有影响力的学术刊物，数据可回溯至 1900 年。

（2）《Social Science Citation Index（SSCI）社会科学引文索引》，收录社会科学的 50 多个核心学科领域的 3400 多种最具影响的期刊文献信息，数据可回溯到 1900 年。

（3）《Arts & Humanities Citation Index（A&HCI）艺术与人文科学引文索引》，收录 20 多个艺术与人文学科领域内 1800 多种学术期刊，数据可回溯至 1975 年。

（4）《Conference Proceedings Citation Index - Science（CPCI-S）会议录引文索引—自然科学版》，收录自然科学学科的重要会议文献及被引情况。

（5）《Conference Proceedings Citation Index - Social Science & Humanities（CPCI-SSH）会议录引文索引—人文与社会科学版》，收录社会科学学科的重要会议文献及被引情况。

（6）《Book Citation Index（BCI）图书引文索引》，收录图书及被引情况，分为自然科学、社会科学和人文科学两部分。

（7）《Emerging Sources Citation Index（ESCI）新兴来源引文索引》，收录来自 254 个学科超过 7800 种世界上最高质量的期刊，数据回溯到 2005 年。

（8）《Index Chemicus（IC）化合物索引》，收录国际一流期刊所报告的最新有机化合物的结构和关键支持数据。

（9）《Current Chemical Reactions（CCR-Expanded）全新化学反应》，收录 39 各发行机构的一流期刊与专利摘录的全新单步和多步合成方法。

（二）WOS 平台的其他资源

除了核心合集以外，WOS 还不断新增不同类型的学术资源，如图 4-3-1。

图 4-3-1　WOS 平台的其他资源

如图 4-3-1 所见，WOS 其他资源可以分为以下几类：

（1）专利与数据信息。

德温特专利索引（Derwent Innovations Index），收录来自 Derwent 世界专利索引的增值专利信息与来自 Derwent 专利引用索引的专利引用信息。用户可以使用其他描述性信息和编码来发现所有相关专利。

（2）数据引文索引（Data Citation Index）提供了高质量研究数据的单点访问，为数据对象创建描述性记录，并将其链接到 Web of Science 中的文献。

（3）专门学科的数据库：

Biological Abstracts（生物文摘）、BIOSIS Citation Index（BIOSIS 引文索引）、BIOSIS Previews（BIOSISl 预览）；CAB Abstracts（CAB 摘要）、CABI：Global Health（全球卫生）；FSTA-the food science resource（FSTA-食品科学资源）；MEDLINE ；Inspec；Russian Science Citation Index（俄罗斯科学引文索引）；Chinese Science Citation Index（中国科学引文索引）、KCI -Korean Journal Database（韩国期刊数据库）；SciELO Citation Index（SciELO 引文索引）；Arabic Citation Index（阿拉伯引文索引）。

（4）研究信息快讯。

当前目录链接（Current Contents Connect），收录世界一流学术性期刊与图书的完整目录和题录信息，以及经过专家评估的相关网站和文献。

（5）科研分析资源和信息管理和写作工具。

科研分析资源包括期刊引证报告数据库（Journal Citation Reports，JCR）、科学指标数据库（Essential Science Indicators，ESI）等；信息管理和写作工具包括 EndNote、Reference Manager 等。

二、Elsevier 出版集团

Elsevier 出版集团是全球最大的科技与医学文献出版发行商之一，ScienceDirect 是该公司的核心产品，是全学科的全文数据库；另外，Scopus 和 Scival 也是其推出的重要文摘数据库及研究表现分析工具。

（一）ScienceDirect

ScienceDirect 主要收录期刊、图书、丛书、手册和参考书的全文和书目信息，是全学科的全文数据库，以科学、技术和医学为重点。文献类型以期刊为主，收录期刊 2200 余种，其中绝大多数是被 SCI 和 EI 收录的高影响力期刊。此外，其收录 2000 多种图书，商业、化学、生命科学、心理学、社会科学等领域的丛书，化学、物理、统计学、经济学等

7 个系列的手册。

（二）Scopus

Scopus 由 Elsevier 出版集团于 2004 年推出，号称全球最大的同行评审期刊文摘和引文数据库。收录了来自全球超过 5000 家出版机构的 22000 余种期刊和 750 多万篇学术会议论文。Scopus 不仅为用户提供了其收录文章的引文信息，还整合了网络和专利检索并可直接链接到全文、图书馆资源及其他应用程序如参考文献管理软件。

2005 年，Scopus 为确保其收录范围公正而广泛，专门成立了一个由世界著名科学家以及图书馆员组成的独立甄选委员会指导选刊。确保 Scopus 收录的内容真正代表服务最广泛科研人员和图书馆员的需求。

（三）SciVal

SciVal 为 Elsevier2014 年推出的科研管理、学科分析、人才绩效分析工具，其底层评估数据来自 Scopus，提供全球 240 多个国家的 8000 多个研究机构的相关科研产出信息。并可以通过 10 余种科学计量指标进行分析、比较。

三、ProQuest 系列数据库平台

ProQuest 公司起源于 1938 年的 University Microfilms（UMI）集团。是一个跨学科，多文献类型的信息服务集成平台，涉及社会科学、艺术人文、科学技术、健康医学等领域，包含了期刊、报纸、学位论文、书目、档案等各种文献类型。核心产品为 ProQuest Dissertations & Theses（PQDT）全球博硕士论文文摘数据库以及著名的商业经济数据库 ABI。

ProQuest 平台子库众多，这里选择几个主要的数据库加以介绍。

（一）PQDT 学位论文数据库（ProQuest Dissertations & Theses，PQDT）

该库为目前世界上最大，使用最广泛的学位论文文摘数据库，特别是北美高等院校博硕士论文，涵盖了从 1743 年至今获得通过的博硕士论文信息。PQDT 数据库内容每周更新，及时收录最新的学位论文，平均每年新增超过 8 万篇论文条目。目前，数据库每年都收录中国高等教育文献保障系统（CALIS）高校的学位论文文摘数据。

PQDT 包含两个专辑，分别为人文社会科学专辑（ProQuest Dissertations & Theses Global A&I：The Humanities and Social Sciences Collection）、科学和工程学专辑（ProQuest Dissertations & Theses Global A&I：The Sciences and Engineering Collection），多数论文可免费

浏览前 24 页。

（二）PQDT 全球版博硕士论文全文数据库（PQDT Global Full Text）

PQDT Global（全球版博硕士论文全文数据库）是目前世界上规模最大、使用最广泛的博硕士论文全文数据库。截至目前，收录 1743 年至今全球超过 3000 余所高校、科研机构逾 448 万篇博硕士论文信息。其中博硕士学位论文全文逾 218 万篇；涵盖了从 1861 年获得通过的全世界第一篇博士论文（美国），回溯至 17 世纪的欧洲培养单位的博士论文。PQDT Global 内容覆盖科学、工程学、经济与管理科学、健康与医学、历史学、人文及社会科学等各个领域。每周更新，年增论文逾 13 万篇。

（三）ProQuest 学术期刊数据库（ProQuest Research Library，PRL）

该库收录了大量综合学科的核心学术期刊内容，涵盖艺术、商业、教育、健康和医学、历史、人文、法律、文学和语言、军事、心理学、科学和技术、社会科学、妇女研究等学科主题领域。PRL 数据库收录了 6600 多种期刊，其中 5000 多种全文刊。这些刊物在业内备受推崇、覆盖多元化的刊物类型，包括学术期刊、行业出版物、白宫简讯（White House Briefings）、白宫新闻通讯（White House Press Releases）和 SSRN 研究手稿等内容。

（四）Ebook Central 电子图书

Ebook Central 平台（EBC），由原 EBL 及 Ebrary 合并而成，收录全球 1000 多家著名大学出版社、专业出版商、学术出版机构出版的超过 100 万种电子书，45% 以上的书目是最近五年出版的，内容覆盖科学、技术、医学、生命科学、计算机科学、经济、商业、文学、历史、艺术、社会与行为科学、哲学与教育学等学科领域。其电子书涉及 20 种语言，覆盖英语、德语、法语、西班牙语、葡萄牙语、阿拉伯语、加泰罗尼亚语、意大利语 、丹麦语、荷兰语 、瑞典语 、捷克语、拉丁语 、俄语、中文等。

（五）商业经济学数据库（ABI/INFORM Complete，ABI）

ABI/INFORM Complete（ABI）是世界著名的商业、经济管理类期刊全文数据库，收录内容涵盖了经济、管理、商业领域的各学科及相关学科，包括经济理论、经济史、会计、审计、银行、投资、市场、物流、教育、法律、政治、信息技术等。

（六）商业市场研究数据库（Business Market Research Collection）

该库提供专业性公司、行业及国家信息，包含 Hoover's Company Profiles、OxResearch、

Snapshots Series 等数据库中的公司、行业及地域政治宏观市场研究方面的信息。

（七）美国经济协会经济学数据库（EconLit）

该库收录 1969 年以来世界范围内经济学及相关学科领域文献的书目记录，涵盖期刊、图书、书评、学位论文及研究手稿等。

（八）科学与技术专题全文数据库（SciTech Premium Collection）

科学与技术专题全文数据库（SciTech Premium Collection）包含自然科学专题全文数据库（Natural Science Collection）与技术学科专题全文数据库（Technology Collection）两大学科数据库中的全文文献与题录信息，收录 1946 年以来世界范围内自然科学与技术领域逾 1.1 万种出版物；收录的文献类型广泛，包含学术期刊、行业杂志、技术报告、书籍、会议论文及政府出版物等；文献内容涵盖高等技术、大气科学、环境科学、航空航天、生物科学、工程学、农业科学、计算机科学、地球科学等学科领域。其子库有：自然科学专题全文数据库（NATURAL SCIENCE Collection 1946 年至今）、技术学科专题全文数据库（TECHNOLOGY Collection 1962 年至今）、美国政府报告题录数据库（National Technical Information Service 1964 年至今）。

（九）心理学期刊全文数据库（Psychology Database）

心理学期刊全文数据库（Psychology Database）收录世界著名出版商出版的心理学与心身学领域超过 1200 种优质出版物，全文出版物 800 多种，全球心理学领域逾 7000 篇博硕论文全文，由美国卫生研究院的专业老师讲授的 300 多部心理学视频，逾 100 万条深度索引的图形、图像和图标文献。Psychology Database 收录的文献类型广泛，包含学术期刊、行业杂志、博硕士论文、音视频短片、会议论文及研究手稿等；文献内容涵盖临床心理学、社会心理学、遗传学、商业心理学、经济心理学、传播心理学、犯罪学、成瘾、神经病学及社会福利等学科领域。核心出版物包含：《Psychotherapy and Psychosomatics》《The American Journal of Geriatric Psychiatry》《Development and Psychopathology》《The Psychological Record》。

（十）心理协会文摘索引数据库（PsycINFO）

该库为美国心理学协会出版的著名文摘索引数据库，收录 1597 年以来 50 多个国家和地区，29 种语言，500 多种心理学领域的期刊，99%同行评审期刊，300 多万条文献记录，其中 12%为心理学相关的博士论文文摘，还包含 110 多万篇期刊、书与汇编文章中的 4800 多万条引用文献信息。该数据库从 1967 年以来的全部记录按照心理学主题词表

（Thesaurus of Psychological Index Terms）进行了主题标引。

（十一）心理协会电子书数据库（PsycBOOKS）

该库收录美国心理协会（APA）出版的4200多种图书和图书章节内容。覆盖了APA出版的心理学专业学术新书，包含由该协会专家基于心理学理论撰写的心理学分支学科手册系列中的参考资料。

（十二）国家创伤后应激障碍中心数据库（PILOTS）

该库由美国退伍军人事务部赞助，收录全球 Published International Literature On Traumatic Stress（PTSD）关注创伤后应激障碍和创伤心理健康后遗症的国际文献。

四、EBSCO host 平台

EBSCO 是一个具有悠久历史的学术文献服务公司，提供期刊、文献订购及出版等服务，开发了近100多个在线文献数据库，涉及自然科学、社会科学、人文和艺术等多种学术领域，其中两个重点全文数据库是：Academic Source Complete（ASC）和 Business Source Complete（BSC）。

（一）学术资源数据库（Academic Source Complete，ASC）

该库收录了超过8500种期刊全文，其中包括7300多种同行评审期刊。此外还提供了超过12500种期刊和总计超过13200种包括专题论文、报告、会议记录等出版物在内的索引和摘要，涵盖社会科学、教育、法律、医学、语言学、人文、工程技术、工商经济、信息科技、通信传播、生物科学、教育、公共管理、社会科学、历史学、计算机、科学、传播学、法律、军事、文化、健康卫生医疗、宗教与神学、生物科学、艺术、视觉传达、表演艺术、心理学、哲学、妇女研究、各国文学等学术研究领域。

（二）商业资源数据库（Business Source Complete，BSC）

该库收录各种重要的商业学术类期刊的索引及摘要，其中逾3000多种全文期刊（1699种为Peer-reviewed），有1200种全文期刊提供可查找引文参考的功能（Searchable Cited References）。还包括 Bernstein Financial Data 伯恩斯坦财务分析报告、EIU272种全文出版品、8种晨星基金股票分析出版品、AICPA 美国会计师协会出版品、Richard K. Miller & Associates 市场研究报告及 Global Insight、ICON Group International，Inc 等报告。另外还收录哈佛大学知名教授的55段研讨会视频（Seminar Video）。

（三）EBSCO eBook（原 NetLibrary 电子图书）

EBSCO 提供来自 300 多个出版商的 50000 多种高质量电子图书，这些电子图书的 90% 是 1990 年后出版的，每月均增加几千种。其覆盖了以下主要学科：科学、技术、医学、生命科学、计算机科学、经济、工商、文学、历史、艺术、社会与行为科学、哲学、教育学等。

（四）美洲回溯典藏文献数据库（American Antiquarian Society，AAS）

该库由 EBSCO 与美国古文物学会合作所建，记录美国人民从殖民时期到内战和重建生活的丰富历史档案，提供 1684 年到 1912 年之间最全面的回溯文献。其 50 个主题子库包括大量杂志和期刊的数字图像，详细描述了 18 世纪中期到 19 世纪末美国的历史和文化。独家专业典藏包括广告、健康、女权平等运动、科学、奴隶历史、工业和职业、宗教问题、文化和艺术等。

（五）报纸资源数据库（Newspaper Source）

该库收录了 40 多种美国和国际报纸以及精选的 389 种美国地方性报纸全文，此外，还提供电视和广播新闻脚本。

五、Gale 数据库

Gale 是 Cengage Learning 旗下的出版商，以其精确、权威的参考工具书和数字信息集成服务闻名于世。Gale 创建并提供了 600 多个在线、印刷及缩微数据库。Gale 著名的数据库系列，其核心内容来自于 Gale 50 多年来出版的参考书，这些参考书系列被公认为世界上相应学科领域（文学、历史、商业、人物传记等）中最权威、最全面的参考资料，并且为 Gale 独家拥有，在其他同类数据库中无法查到。

Gale 数据库可以分为两类，一类收录特定专题文献信息，另外一类对世界上一些著名图书馆收藏的历史文献进行回溯建库。

（一）人物传记资源中心（Biography Resource Center）

人物传记资源中心包含自人类历史开始至今的 100 多万个人物的传记信息，内容涉及所有领域。每年新增 8 万~10 万份人物传记。

（二）文学资源中心（Literature Resource Center）

文学资源中心包含 Gale 集团几十年以来出版的众多文学权威参考书，所含内容极其珍贵，堪称全球最好的文学数据库。

（三）商业资源中心增强版（Business Insights：Global）

商业资源中心增强版包含了超过 300000 家公司的最新资料及相关信息。其中还包括 Reuters Research on Demand reports（路透社投资报告），约有 200 万份投资报告，除了路透社的投资报告以外，还包括 60 多家全球重要的投资银行、研究机构、行业协会等的投资报告。

（四）历史资源中心（World History In Context）

历史资源中心提供多文化的、全球的全面的研究信息，是从事现代历史研究时方便、灵活的电子查询工具。

（五）十八世纪作品在线（Eighteenth Century Collections Online）

十八世纪作品在线收录了 1700—1799 年所有在英国出版的图书和所有在美国和英联邦出版的非英文书。

六、OCLC FirstSearch

联机计算机图书馆中心（Online Computer Library Center，OCLC）是世界上最大的维护和管理电子资源系统并提供文献信息服务的机构，它是一个非营利组织，其宗旨是推动更多的人利用世界各种信息、实现资源共享并减少使用信息的成本。目前全球有 171 个国家和地区的 72000 多所图书馆在使用 OCLC 的服务来查询、采集、借阅、保存资料以及编目。FirstSearch 是其提供的基于 WEB 的综合性联机信息检索系统。

FirstSearch 包括 80 多个数据库，覆盖所有领域和学科。FirstSearch 基本组包括 13 个数据库，其中大多是综合性的库，内容涉及艺术和人文科学、商务和经济、会议和会议录、教育、工程和技术、普通科学、生命科学、医学、新闻和时事、公共事务和法律、社会科学等领域。

WorldCat 是 FirstSearch 基本组中最具影响力的联合编目数据库，目前世界上有一万多个图书馆参加。创建于 1971 年，不仅包括了国会图书馆、大英图书馆、一些国家级的图书馆、世界知名大学等这些大机构的馆藏，而且也包括来自一些小的公共图书馆、博物馆的馆藏。数据库还提供某些文章和图书的电子全文以及影像和音频资料的检索。它覆盖了400多种语言、人类4000年来有记录的知识，每10秒钟就有一个图书馆增加一条新记录到WorldCat数据库。目前，WorldCat包括7000多万种图书和其他资料的书目，以及这些资料的13亿多个馆藏地点。

OCLC FirstSearch基本组的13个数据库包括：

（1）WorldCat联机联合目录数据库，世界上最大的书目记录数据库。

（2）ECO-Index学术期刊索引数据库，涉及所有学科。

（3）ERIC教育学数据库，涵盖数千个教育专题，提供最完备的教育书刊的书目信息。

（4）WorldCatDissertations硕博士论文数据库，涉及所有学科。

（5）MEDLINE医学期刊数据库，医学的所有领域，包括牙科和护理的文献。

（6）PapersFirst国际学术会议论文索引，在世界范围召开的研讨会、专业会、学术报告会上发表的论文的索引。

（7）Proceedings国际学术会议录索引，PapersFirst的相关库。

（8）OAIster *全球联合机构知识库，全球最大的开放档案资料数据库。

（9）ArticleFirst综合类学术期刊索引数据库，涵盖商业、人文学、医学、科学、技术、社会科学、大众文化等。

（10）ClasePeriodica拉美学术期刊文摘数据库，Clase对专门登载社会科学与人文科学的拉丁美洲期刊中的文献所作的索引；Periodica则涵盖专门登载科学与技术文献的期刊。

（11）Ebooks电子书书目数据库，收录了OCLC成员的所有电子书的书目信息，涵盖所有学科。

（12）GPO美国政府出版物数据库，覆盖从1976年以来各种各样的美国政府文件。

（13）SCIPIO艺术及善本图书出售/拍卖目录，世界上唯一一个在线的艺术品和珍本拍卖目录数据库。

七、Wiley Online Library

John Wiley是有近200年历史的国际知名的专业出版机构，在化学、生命科学、医学以及工程技术等领域学术文献的出版方面颇具权威性。核心产品有Wiley电子教材、电子图书与电子期刊。

目前Wiley Online Library平台上共有1600多种电子期刊、22000多种在线图书，具体学科涉及生命科学与医学、数学统计学、物理、化学、地球科学、计算机科学、工程学、商业管理金融学、教育学、法律、心理学等。

Wiley 电子教材精选了 Wiley 国际知名原版教材，通过在线阅读和下载方式供读者更方便、更快捷地进行教学、学习和参考。这些出版物由国际知名作者和学者参与编写，被多所一流国际知名院校指定为教学参考书。

八、SpringerLink

施普林格（Springer-Verlag）是世界上著名的科技出版集团，通过 SpringerLink 系统提供其学术期刊及电子图书的在线服务，这些期刊是科研人员的重要信息源。SpringerLink 的所有资源分为 12 个学科：建筑学、设计和艺术；行为科学；生物医学和生命科学；商业和经济；化学和材料科学；计算机科学；地球和环境科学；工程学；人文、社科和法律；数学和统计学；医学；物理和天文学。

（1）Springer 期刊，目前 Springer LINK 可访问的期刊有 1900 余种，其中可访问的全文刊为 1300 余种，全文年限最早回溯至创刊。

（2）Springer 图书，收录超过 4 万种书籍、丛书及参考工具书等电子图书，并且每年增加 3000 余本最新出版图书。

九、JSTOR 数据库

JSTOR 数据库是以政治学、经济学、哲学、历史等人文社会学科主题为中心，兼有一般科学性主题共十几个领域的代表性学术期刊的过期期刊全文库，提供从创刊号到最近 3—5 年前过刊的 PDF 全文。并提供 3500 种的电子图书全文。有些过刊的回溯年代早至 1665 年。

第四节　国外综合性数据库检索方法选介

此节选取国外重要的综合性数据库 Web of Science 平台进行介绍。平台资源概况见本章第三节，本节重点介绍 Web of Science 核心合集的检索方法、检索结果的显示、处理与分析。为节省篇幅，个性化设置、检索历史调用、检索式保存等不做详细介绍。

一、检索方法

Web of Science 平台提供九种语言浏览和检索页面，其中国内用户比较熟悉的是简体中文和英文页面。授权用户可进行跨库或单库检索。

Web of Science 核心合集提供五种检索方法，基本检索（Basic Search）、被引参考文献检索（Cited Reference Search）、高级检索（Advanced Search）、作者检索（Author Search）、化学结构检索（Structure Search）。每种检索方法的可检索字段和功能都有所区别。

（一）基本检索（Basic Search）

核心合集的基本检索提供多种字段的组配检索，实际功能相当于大多数数据库中的高级检索。有 24 个可检索字段：主题、标题、作者、出版物标题、出版年、所属机构、出版商、出版日期、摘要、入藏号、地址、作者标识符、作者关键词、会议、文献类型、DOI、编者、基金资助机构、授权号、团体作者、PubmedID、Keyword Plus、语种、Web of Science 类别。其中作者、团体作者、出版物名称和机构扩展四个字段提供索引功能。

基本检索各个字段间可以用布尔逻辑 AND、OR、NOT 进行组配，也可以运用截词检索和位置算符（如图 4-4-1）。

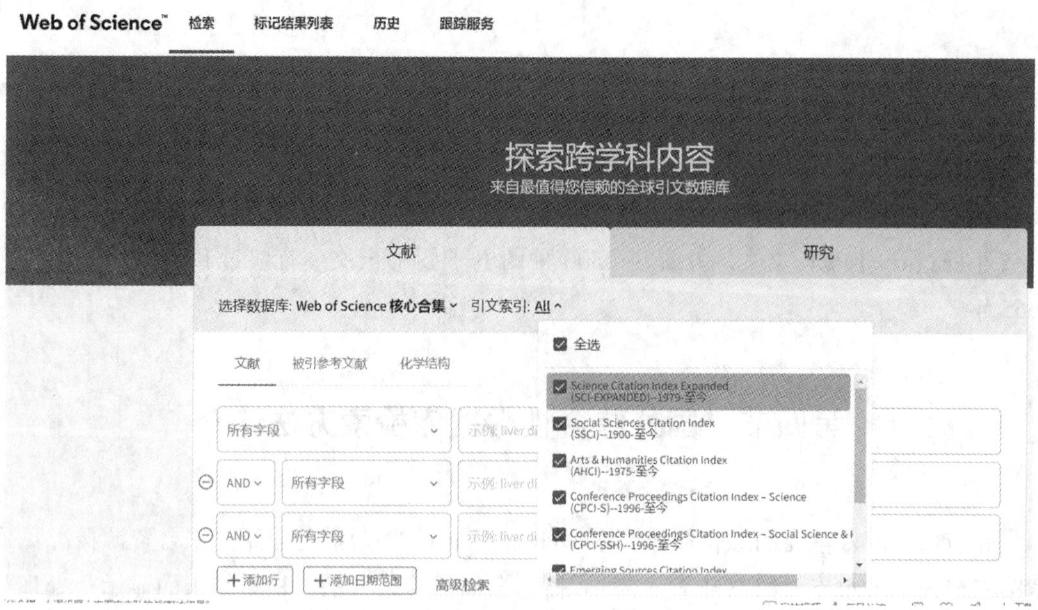

图 4-4-1　Web of Science 核心合集基本检索界面

（二）被引参考文献检索（Cited Reference Search）

被引参考文献检索是 WOS 平台独特的检索方式，1955 年由美国科学信息研究所

(ISI) 的 Eugene Garfield 博士提出，将被引参考文献检索（引文检索）作为一种新的文献检索与分类工具：用一篇文献作为检索字段从而跟踪一个 Idea 的发展过程及学科之间的交叉渗透的关系。

被引参考文献检索是从被引文献、被引著者等字段入手检索文献的被引用情况。检索者可以用一篇文章、一个专利号、一篇会议文献或者一本书作为检索词，检索这些文献被引用的情况，了解引用这些文献的论文所做的研究工作，回溯某一项研究文献的起源与历史（Cited References，参考文献）或者追踪其最新的进展（Citing Articles，施引文献），既可以越查越深，也可以越查越新。

被引参考文献检索提供的检索字段有：被引作者（Cited Author）、被引著作（Cited Work）、被引标题（Cited Title）、被引年份（Cited Years）、被引卷（Cited Volume）、被引页（Cited Pages）、被引期（Cited Issue）、引用的 DOI（Cited DOI）。其中，被引作者、被引著作两个字段提供作者名称和期刊缩写列表索引。

如需要检索武汉大学化学与分子学院的姜红梅 2008 年发表在期刊 TALANTA 上的一篇论文及被引情况，检索示例如图 4-4-2、图 4-4-3 所示，点击图 4-4-3 中的“148”等超链接可以得到作者发表的文献及所有施引文献。

图 4-4-2　被引参考文献检索示例

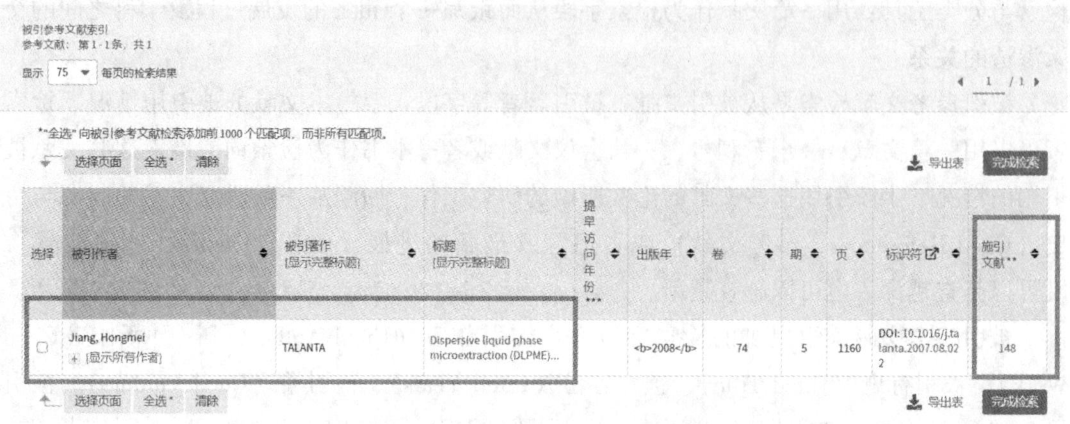

图 4-4-3　被引参考文献检索结果

（三）高级检索（Advanced Search）

WOS 核心合集的高级检索即大多数数据库中提供的专业检索，需要使用字段标识、各种检索运算符、检索结果集来构造检索式。

1. 高级检索界面及检索字段

高级检索提供 35 个可检索字段，具体可参看图 4-4-4 高级检索界面提供的字段标识。

2. 检索运算符

布尔逻辑检索运算符 AND、OR、NOT。按照布尔逻辑运算符的通用规则进行运算。

截词运算符"＊""?""$"。"＊"表示任何字符组，包括无字符；"?"表示任何单个字符；"$"表示零或一个字符。

位置运算符 SAME 和 NEAR/x。SAME 运算符只用在地址搜索中，使用 SAME 运算符将搜索限制为出现在全记录中同一地址中的术语。如检索式 AD =（McGill Univ SAME Quebec SAME Canada），表示需要查找 McGill University 与 Quebec 和 Canada 一起出现在全记录的地址字段中的记录；使用 NEAR/x 运算符可查找由该运算符连接的检索词之间相隔指定数量的单词的记录。用数字取代 x 可指定将检索词分开的最大单词数。如果无指定，则系统默认为 15 个单词。如检索式：TS =（Germany NEAR/10 "monetary union"），表示 Germany 和"monetary union" 两个概念之间可以间隔 0~10 个单词；需要注意的是，不能在包含 NEAR 运算符的检索中使用 AND 运算符。例如，以下检索式查询无效：TS =

图 4-4-4　WOS 核心合集高级检索界面及检索字段

(Germany NEAR/10 (monetary AND union))

系统默认运算符的优先级为 NEAR/x > SAME > NOT > AND > OR，使用括号可以改变运算符的优先级。

如需要检索主题为碳纳米管方面的文献，但去掉著者为 Smalley RE 的文献，则可以编制如下检索式：TS=（nanotub * AND carbon）NOT AU=Smalley RE。

此外，WOS 核心合集的高级检索还提供检索结果集的编号组配检索，如 #3 AND #4，也就是将多次检索的结果编号在检索历史中进行重新组配检索，节省了重新编写检索式的时间，如图 4-4-5 所示。

(四) 作者检索（Author Search）

作者检索可以确认并检索出特定作者的所有文献，可将同名的不同作者所著的文献区分开来。在系统中输入作者姓名的格式为：姓氏在前，名字首字母在后，可在姓氏字段中包含连字符、空格或撇号。如 Wilson SE 、O′Grady AP。

(五) 化学结果检索（Structure Search）

只用于检索《Index Chemicus（IC）化合物索引》和《Current Chemical Reactions（CCR-Expanded）全新化学反应》数据库。查看和绘制化学结构需要下载并安装免费化学插件（平台提供免费插件）。

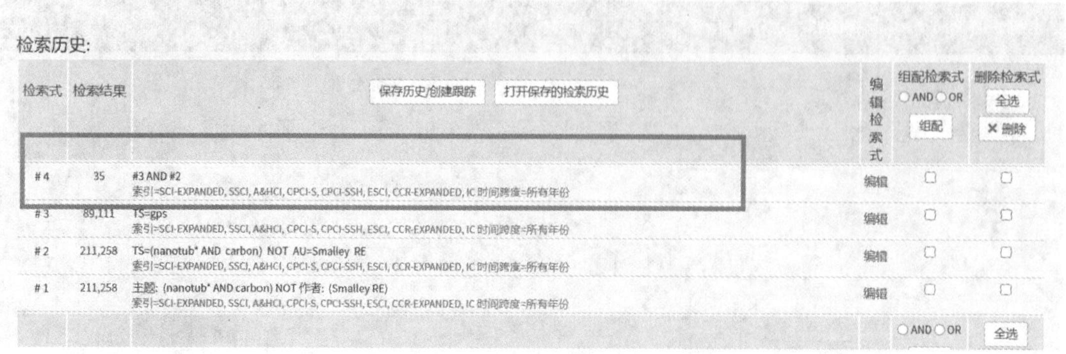

图 4-4-5　WOS 核心合集检索结果集组配

二、检索结果显示与处理

Web of Science 核心合集所提供的检索结果全记录页面信息很详细，包括文献的题名、作者、作者机构、来源出版物、摘要等常用信息外，还提供重要的引文信息，主要有被引频次（Times Cited）、引用的参考文献（Cited References）、相关记录（Related Records）三种信息。被引频次（Times Cited）可以链接到所有引用了该文献的文献，了解该研究的最新进展，发现该篇论文对当今研究的影响；引用的参考文献（Cited References）可以查看该文献的参考文献，了解该篇论文的研究依据和课题起源；相关记录（Related Records）可以链接到与该篇论文拥有相同参考文献的所有文献，并进一步推送共引文献，扩展视野的同时找到更多的经典文献。

系统提供了被引频次、相关度、日期、第一作者、出版日期、来源出版物、使用次数、最近添加、会议名称八种排序方式，最常用的有被引频次、相关度和日期。

系统还提供从出版年、学科类别、文献类型、机构、基金资助机构、作者、来源出版物、国家或地区、语种等多个方面对检索结果进行精炼，获得更符合需求的文献。

三、检索结果分析

Web of Science 核心合集提供文献的分析功能，可以从年代、国家/地区、作者、机构、出版日期、来源出版物、文献类型、语种、会议标题等多个途径分析检索结果。如通过“Web of Science 类别”和“研究方向”分析可以了解某个课题的学科交叉情况或者所涉及的学科范围；通过“来源出版物”分析可以关注该领域的研究论文都发表在哪些期刊上，以便找到合适的发表途径；通过“作者”和“机构”分析可以了解某个研究领域的著名机构和主要研究人员；通过“出版年”分析可以把握某个领域的研究趋势等（如图 4-4-6）。

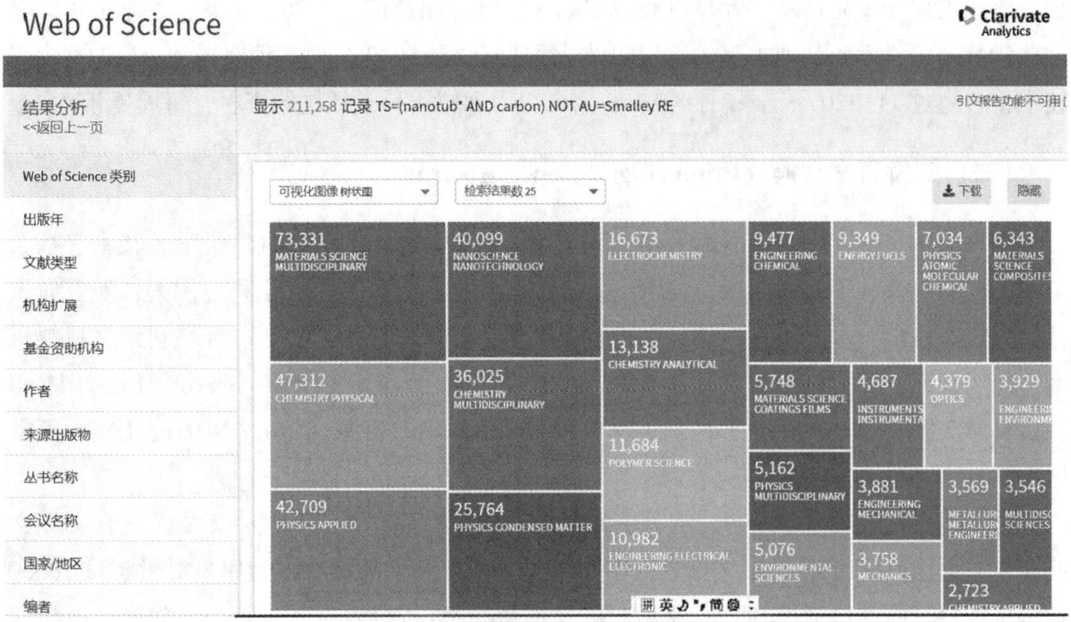

图 4-4-6　WOS 核心合集检索结果分析

分析检索结果提供可视化树状图和柱状图，系统显示记录数量最大为 500 条，但可以提供所有数据的导出。

第五节　国外专业性文献信息源

专业性文献信息源指收录某一专业或若干相关专业的文献信息资源，此节分文摘型数据库和全文型数据库两种类型加以介绍。

一、专业文摘型数据库

（一）EI 工程索引（Ei Compendex）

Ei Compendex 是目前全球最全面的工程领域常用的文摘数据库之一，涵盖一系列工程、应用科学领域高品质的文献资源。涉及机械工程、土木工程、环境工程、电气工程、结构工程、材料科学、固体物理、超导体、生物工程、能源、化学和工艺工程、照明和光学技术、空气和水污染、固体废弃物的处理、道路交通、运输安全、控制工程、工程管理、农业工程和食品技术、计算机和数据处理、电子和通信、石油、宇航、汽车工程以及这些领域的子科学和其他主要的工程领域。数据库收录5000多种工程期刊、会议论文集和技术报告超过1130万条记录，涵盖190余个工程和应用科学领域的资料，每周更新。

（二）剑桥科学文摘（Cambridge Science Abstracts，CSA）

剑桥科学文摘（CSA）出版公司已经有50多年历史，主要在自然科学、技术、社会科学、艺术与人文等4大领域中编辑出版各种文摘及索引数据库。学科范围为：航空航天科学、农业科学、水生生物科学、生物学及医学、计算机技术、工程、环境科学、材料科学、市场研究、社会科学、人文艺术等。2007年CSA公司与ProQuest公司合并，2011年剑桥科学文摘转入ProQuest平台，实现了和ProQuest平台资源（PRL、PQDT、DNSA等数据库）的合并检索。

为了能更好地服务于用户，提升资源使用的便捷和完整性，ProQuest公司整合了原文摘和全文数据库，将原CSA文摘数据库升级至学科专辑，升级后将为用户提供超过10000种全文资料，内容包括期刊、商业出版物、书籍/专著、会议论文、报告、新闻、视频资料及其他信息等。其内容不仅覆盖学术研究，技术应用，同时还包含市场，行业，公司和产品方面的分析统计报告。

（三）化学文摘（SciFinder，CA网络版）

SciFinder由美国化学会（American Chemical Society，ACS）旗下的美国化学文摘社（Chemical Abstracts Service，CAS）出品，提供全球最大、最权威的化学及相关学科文献、物质和反应信息。SciFinder涵盖了化学及相关领域如化学、生物、医药、工程、农学、物理等多学科、跨学科的科技信息。SciFinder收录的文献类型包括期刊、专利、会议论文、学位论文、图书、技术报告、评论和网络资源等。

通过SciFinder可以检索以下数据库信息：CAplusSM，以1907年创刊的Chemical Abstracts（美国化学文摘）为基础，是世界公认的最大的化学及相关学科文献文摘数据库；CAS REGISTRYSM，化学物质信息数据库；CASREACT，化学反应数据库；MARPAT，结构专利信息数据库；CHEMLIST，可查询全球重要市场管控化学品信息；CHEMCATS，可查询全球化学品商业；MEDLINE，收录生物医学及相关学科的文献书目信息。此外，专利工作流程解决方案PatentPakTM可以帮助用户在专利全文中快速定位难以查找的化学信息。

（四）教育资源文摘数据库（Educational Resources Information Center，ERIC）

美国教育资源信息中心隶属于美国教育部教育科学研究中心，主要给教育工作者、研究人员和公众提供教育类信息资源。

教育资源文摘数据库由美国教育部教育资源中心创立，始于1966年。该数据库提供2200余种文摘刊物和980余种教育相关期刊的文摘以及引用信息，涉及两个印刷型月刊的内容：《教育资源》（Resources in Education，RIE）和《教育期刊现刊索引》（Current Index to Journals in Education，CIJE）。其中，RIE含多种类型的文献，包含了1000多种原始文献的摘要信息，CIJE则含有900多种专业期刊的论文索引。

ERIC的主题包括：成人、职业和职业教育；残疾与天才教育；教育管理；小学与幼儿教育；高等教育；信息与技术；语言学与语音学；阅读与交流；教师与教师教育；城市教育等。ERIC数据库除了常规检索方式外，还提供叙词检索。

（五）美国医学文摘（MEDLINE）

MEDLINE是美国国立医学图书馆（The National Library of Medicine，NLM）生产的国际性综合生物医学信息书目数据库，是当前国际上最权威的生物医学文献数据库。它提供1966年以来世界70多个国家和地区出版的4600余种生物和医学期刊的文摘，内容涵盖三种重要的纸本医学文献检索工具：美国《医学索引》（Index Medicus，IM）的全部内容和《牙科文献索引》（Index to Dental Literature）、《国际护理索引》（International Nursing Index）的部分内容。

MEDLINE收录的专业范围包括基础医学、临床医学、环境医学、营养卫生、职业病学、卫生管理、医疗保健、微生物、药学、社会医学等。MEDLINE提供基于《医学主题词表》（Medcine Subject Heading，MeSH）的规范主题词检索。

网上可检索MEDLINE数据库的平台很多，如PubMed、Web of Science、OCLC、CSA、EBSCO 、Dialog 、SciFinder等，目前国内科研人员最常使用的是美国国家医学图书馆开发的PubMed官方网站。

（六）荷兰医学文摘（Embase）

荷兰医学文摘（Embase）数据库是Elsevier公司推出的针对生物医学和药理学领域信息的文摘数据库，提供世界范围内的生物医学和药学文献。

该数据库涵盖内容广泛，既包括基础医学和临床医学，又包括与医学相关的许多领域（生物医学工程、卫生经济学、医学管理、法医学等）。Embase收录期刊达8000余种，其中属于纯医学类的有3000种左右。

需要注意的是该库具有不同于 MEDLINE 的独立主题词表系统（EMTREE），EMTREE 是对生物医学文献进行主题分析、标引和检索时使用的权威性词表，包含超过 45000 条药物与医学索引术语，200000 条同义词，包括所有的 MeSH（Medcine Subject Heading）术语，配以 17 个核心的药物关联词、47 个投药途径关联词和 14 个疾病关联词，其检索的网罗度和专指度超过 MeSH，并每年更新。

二、专业全文型数据库

（一）美国电气电子工程师协会和英国电器工程师电子图书馆（IEEE/IET Electronic Library）

IEEE/IET Electronic Library（IEL 数据库）是 IEEE 的在线数据资源，收录了当今世界在电气电子、通信和计算机科学等领域中近三分之一的文献，在电气电子工程、计算机科学、人工智能、机器人、自动化控制、遥感和核工程领域的期刊影响因子和被引用量都名列前茅。IEEE 每年在全球举办超过 1200 场的学术会议，会议涉及领域广泛，不仅涉及电气电子、通信和计算机等传统领域，更涉及诸多新兴热点领域，如纳米、生物医学工程、能源、自动化控制等。

（二）美国计算机协会数字图书馆（ACM Digital Library）

ACM（Association for Computing Machinery）创立于 1947 年，是全球历史最悠久和最大的计算机教育、科研机构。ACM Digital Library 数据库收录了美国计算机协会的各种电子期刊、会议录、快报等文献，包含内容如下：55 种期刊、会刊，全部回溯至起始卷；超过 5000 卷会议录文献；37 种 ACM SIG（特别兴趣组）出版物文献；“在线计算机文献指南”数据库：收录 5000 多家出版机构超过 2800000 条文摘题录信息。

（三）美国土木工程师协会 ASCE LIBRARY 电子期刊和会议录

美国土木工程师协会（The American Society of Civil Engineers，ASCE）成立于 1852 年，是历史最悠久的国家专业工程师学会，同时也是全球最大的土木工程信息知识的出版机构。ASCE 出版的期刊大部分被 SCI 收录；会议录收录 ASCE 召开的土木工程国际会议文献。

（四）美国物理联合会（American Institute of Physics，AIP）

美国物理联合会创立于 1931 年。AIP 是一家出版研究性期刊、杂志、光盘、会议论文集及名录（包括印刷品和电子版）的专业出版社。AIP 数据库主要收录物理学和相关学科的文献内容，包括一般物理学、应用物理学、化学物理学、地球物理学、医疗物理学、核物理学、天文学、电子学、工程学、设备科学、材料科学、数学、光学、真空科学、声学等。

（五）英国物理学会（Institute of Physics，IOP）

英国物理学会（IOP）成立于 1873 年。英国物理学会出版社（IOP Publishing）不仅出版自己的期刊，也出版一些世界知名的学会期刊：中国物理学会、欧洲物理学会、德国物理学会、欧洲光学学会、国际计量局、伦敦数学学会、国际原子能机构、放射保护学会、美国能源部、医学物理和工程学会、日本国家材料科学研究所、中科院等离子所和中国力学学会、意大利里雅斯特国际高级研究生院、南京石油物探研究所、中科院理论物理所、中国天文学会和国家天文台等。出版学科包括：应用物理，计算机科学，凝聚态和材料科学，物理总论，高能和核能物理，数学和应用数学、数学物理，测量科学和传感器，医学和生物学，光学、原子和分子物理，物理教育学，等离子物理、天文学等。

（六）国际光学工程协会数字图书馆（International Society for Optical Engineering，SPIE）

SPIE 数字图书馆是世界上最大的光学和光子学文献资料数据库。它综合了 SPIE 自 1963 年以来的会议录、期刊和电子书出版物，其中会议录超过 9000 卷，每年新增 350 卷左右。

（七）Emerald 期刊和丛书

Emerald 是世界一流的管理学、图书馆学的专业出版社，1967 年由来自 Bradford University Management Center（世界著名百所商学院之一）的学者们共同建立。Emerald 是世界上出版最多管理学、图书馆学和信息服务领域期刊的出版商，同时还出版工程学、科技应用方面高水准的专业刊物。

Emerald 电子期刊数据库目前包含管理学期刊 300 多种，内容涉及管理学、工程学、市场学、图书馆学等 13 个学科领域。目前，Emerald 已将出版的所有期刊回溯内容数字化，所有期刊均回溯至第一期第一卷，最早可以回溯到 1898 年。

Emerald 电子系列丛书数据库涉及《工商管理与经济学》和《社会科学》两个专集，目前包括 150 多个主题领域、4000 多册图书。其覆盖的学科范围包括：会计与金融、商业道德和法律、经济学、企业与创新、环境学、健康护理、人力资源管理、国际商务、图书馆情报学、管理科学、市场营销、组织研究、政治学与政策、心理学、社会学和人类学、战略、旅游管理、环境学、健康护理、教育学、语言学。

（八）数学科学出版社电子期刊（Mathematical Sciences Publisher）

数学科学出版社是一家非营利出版机构，总部设在著名的加州大学伯克利分校数学系。

MSP 的期刊，从为人所熟知的 *Geometry & Topology*、*Algebraic & Geometric Topology*，到 *Algebra & Number Theory*、*Analysis & PDE* 等后起之秀，再到 *Mathematics and Mechanics of Complex Systems*，研究范围涉及广泛的数学和相关学科。

（九）公共事务信息数据库（PAIS International）

公共事务信息数据库是美国公共事务服务处出版的涉及公共政策、社会政策及社会科学书目检索工具。其收录的文献类型有：期刊论文、专著、政府档案、统计汇编、委员会报告、连续出版物、公众、政府私人机构的报告及世界范围的其他形式的文献。

（十）法学专业数据库（Lexis Advance）

Lexis Advance 为 Elsevier 集团下属的公司，专业从事法律、商业、新闻信息和出版服务。Lexis. com 法律专业数据库拥有 15000 多个法律资料来源，是面向法律专业人员设计的大型综合法律资料数据库。

该数据库包括美国联邦和州政府、美国国际商业委员会、国际商务管理局约 300 年的法律全文案例；美国最高法院从 1790 年至今的案例和最高法院上诉案例；美国地方法院从 1789 年到目前的案例；来自破产法庭、国际贸易法庭、税务法庭、商标和专利权上诉法庭、退伍军人上诉法庭、商业和军事法庭的判决书及 50 个州中各级别法院的判决书；自 1988 年至现在的所有联邦律法包括联邦记录、联邦法规、美国首席检察官意见、联邦获取规则和增补在内的所有联邦规则，50 个州的州宪法、法院规则与美国首席检察官意见以及超过 600 种法律评论杂志中的法律评论等。

同时，Lexis. com 法律专业数据库也包括了欧洲的联邦法律和法规，欧洲、美国、日本和其他国家近 24 年来的全文专利资料，大不列颠及北爱尔兰联合王国、加拿大、澳洲、新加坡和中国香港等世界绝大多数国家和地区的法律法规和案例等。

第六节　国外专业性数据库检索方法选介

此节选取国外重要的专业性数据库 EI 工程索引进行介绍，资源介绍见本章第五节，本节重点介绍EI工程索引的检索方法、检索运算规则及检索结果处理。

一、检索方法

EI工程索引提供三种检索方法，分别是快速检索（Quick Search）、专家检索（Expert Search）和叙词检索（Thesaurus Search），此外，数据库还提供作者（Author）、作者机构（Author Affiliation）、受控词（Controlled Term）、出版商（Publisher）、来源出版物（Source Title）字段的浏览索引功能（Browse Indexes）。

（一）快速检索（Quick Search）

EI工程索引的快速检索提供多种字段的组配检索，实际功能相当于大多数数据库中的高级检索。有22个可检索字段，比较常用的字段有：主题/题名/摘要（Subject/Title/Abstract）、题名（Title）、摘要（Abstract）、作者（Author）、作者机构（Author Affiliation）、会议名称（Conference Information）、会议代码（Conference Code）、来源出版物（Source Title）等，此外，EI工程索引还有基于叙词检索的比较独特的字段：受控词（Controlled Term）、非受控词（Uncontrolled Term）和EI主标题词（EI Main Heading）。

快速检索界面各个字段间可以用布尔逻辑运算符AND、OR、NOT进行组配，相同字段间也可以运用截词运算符、位置运算符、短语运算符等。系统可以通过限制检索条件（如日期、语种、文献类型）、设置排序方式及词根检索（Autostemming）开关对结果进行控制（如图4-6-1）。

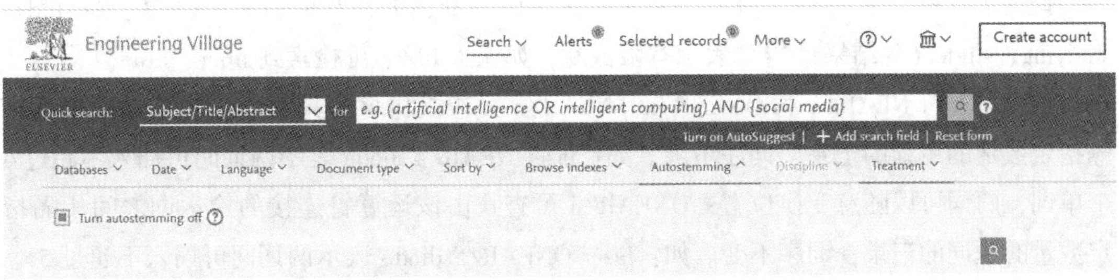

图4-6-1　EI工程索引快速检索界面

（二）专业检索（Expert Search）

EI工程索引的专业检索需要使用字段标识、各种检索运算符来构造检索式进行检索。

1. 专业检索界面及检索字段

所有可用字段由专业检索页面的检索代码（Search codes）可直接获得（如图 4-6-2）。专业检索式字段标识符为“WN”，构造检索式时字段代码及标识符放在检索词后面。如检索式：Bear＊ WN TI 表示需要查找题名中含有轴承的文献。

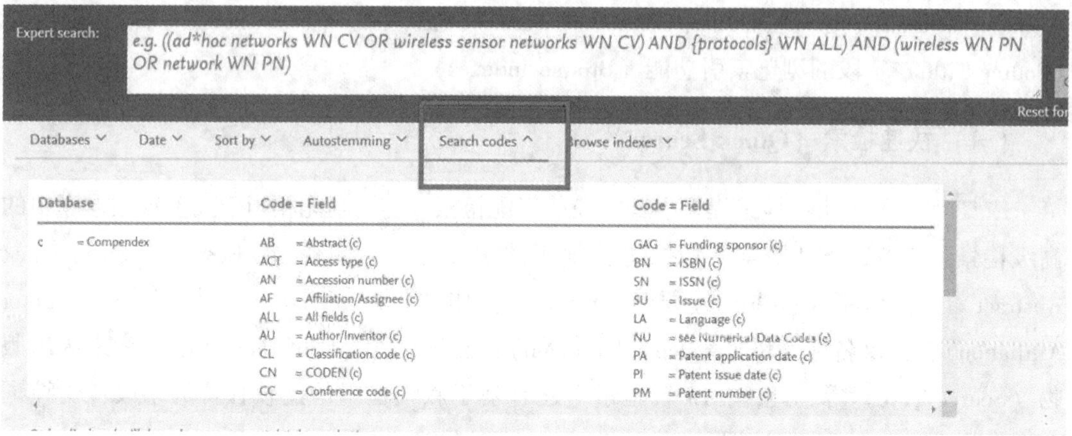

图 4-6-2　EI 数据库专业检索界面检索字段

2. 检索运算符

布尔逻辑运算符 AND、OR、NOT。按照布尔逻辑运算符的通用规则进行运算。

截词运算符“＊”和“?”。“＊”表示无限截断，如输入 stud＊可以检索到 study、studying、student 等结果；“?”表示有限截断，如输入 fib?? 可检索到 fiber、fibre。

位置运算符 NEAR/n 和 ONEAR/n。NEAR/n 可查找由该运算符连接的检索词之间相隔指定数量的单词的记录，词序不限。如：laser NEAR/4 diode 表示两词间可插入不超过 4 个单词，两词可以随意变换位置；ONEAR/n 可查找由该运算符连接的检索词之间相隔指定数量的单词的记录，词序不变。如：laser ONEAR/5 diode 表示两词间可插入不超过 5 个单词，两词顺序不能变化。

（三）叙词检索（Thesaurus Search）

叙词检索是从 EI 数据库提供的叙词表中选择需要的检索词进行检索，这是 EI 工程索引提供的比较独特而专业的检索方式。叙词检索对应的字段为受控词（Controlled Term）。

叙词检索提供三种检索选择，分别为 Vocabulary Search（词汇检索）、Exact Search（精确匹配）和 Browse（浏览）。其中词汇检索是指检索词表中含有输入的词汇条目，精确匹配是指检索词表中精确匹配的该检索词，浏览是指检索到以该检索词开头的条目（如图 4-6-3）。

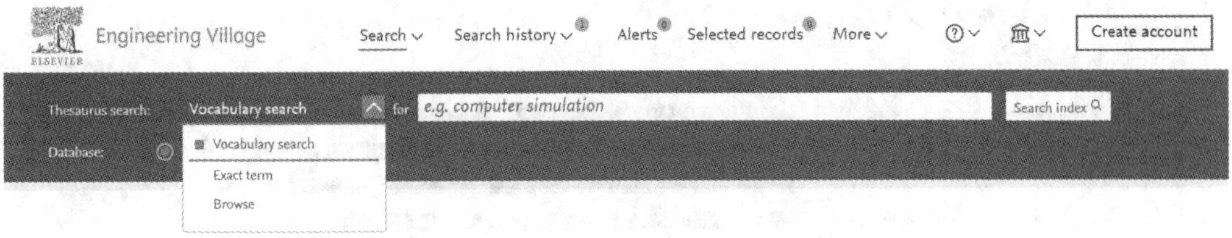

图 4-6-3 EI 工程索引叙词检索界面

用叙词表检索可以找到规范化的检索词进行组配后检索，从而得到更加准确全面的检索结果。如在检索框中输入“city planning”，用精确匹配可以得到叙词“urban planning”，并进一步获得该词的上位主题词（Broader Terms）“Civil engineering”、下位主题词（Narrower Terms）“Urban growth”、相关主题词（Related Terms）Building codes、Environmental design、Highway systems 等。并将所需的检索词勾选到检索框中，选择逻辑算符 AND、OR 进行组配检索。

二、检索结果显示与处理

EI 工程索引检索结果全记录页面提供的信息比较丰富，摘要（Abstract）给出文献的基本信息，如题名、关键词、作者、机构、来源出版物等；细节（Detailed）给出文献的详细信息，除了摘要信息以外，还包括系统抽取的文献的受控词、非受控词、标题词、参考文献等；此外，全记录页面还提供了相关文档（Related Documents），包括期刊、会议文献、书籍、新闻报道等各种渠道的相关文件。

系统对于检索结果提供了六种排序方式：相关度（Relevance）、日期（Date）、作者（Author）、来源（Source）。其中“日期”和“作者”提供依据时间、作者音序的升序和降序排列。

EI 工程索引还提供了对检索结果的二次检索功能。具体精炼选项有：访问类型、文献类型、作者、作者机构、受控词、国家/地区、来源出版物、基金等，并提供这些选项的可视化检索结果分析。如图 4-6-4 展示了来源出版物的分布图。

在常规性的打印、发送电子邮件等功能中，值得一提的是 EI 工程索引的下载功能。系统提供了多种存储地点、输出条目及下载格式，如下载格式包括 RIS、BibTex、Text、CSV、Excel、PDF、RTF，这些格式可衔接多种软件及平台的文档导入（如图 4-6-5）。

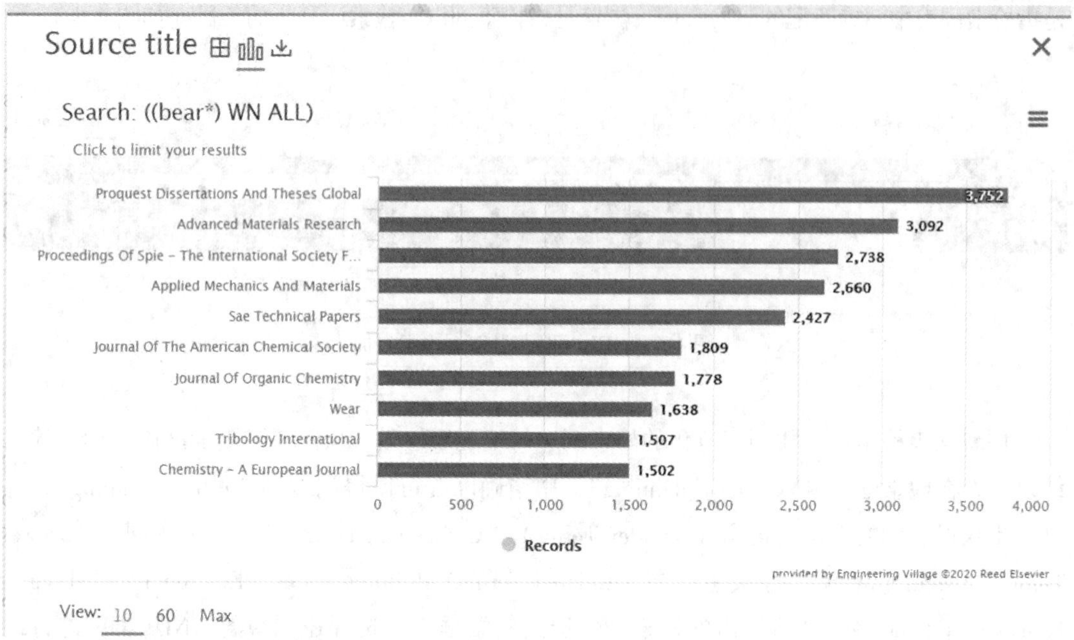

图 4-6-4　EI 工程索引检索结果来源出版物分布图

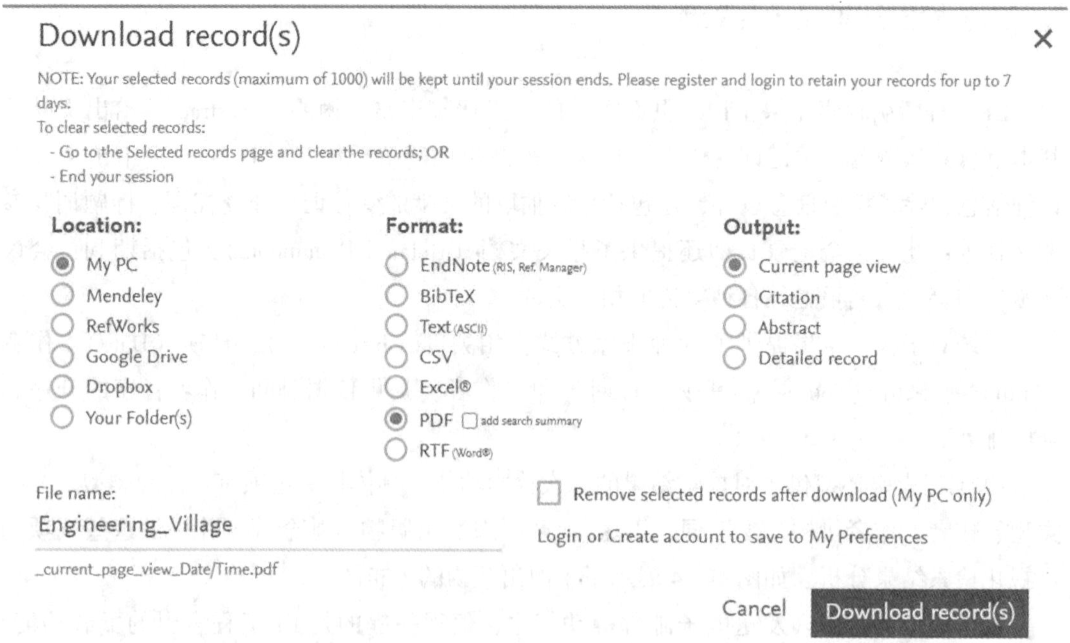

图 4-6-5　EI 工程索引检索结果下载格式

第七节　开放获取资源

开放获取（Open Access），或称开放存取，是国际学术界、出版界、图书情报界为了推动科研成果交流，利用互联网自由传播而采取的行动。开放获取是不同于传统学术传播的一种全新机制，其核心特征是在尊重作者权益的前提下，利用互联网为用户免费提供学术信息和研究成果的全文服务。

21世纪初，开放获取运动相继发布了《布达佩斯开放存取宣言》（*Budapest Open Access Initiative*）、《开放存取出版贝塞斯塔宣言》（*Bethesda Statement on Open Access Publishing*）与《柏林开放存取宣言》（*Berlin Declaration on Open Access to Knowledge in the Sciences and Humanities*）三大宣言，倡导破除价格垄断与学术成果获取限制。

开放获取包括两种类型，一种是OA期刊。OA期刊是一种免费的网络期刊，一般采用作者付费出版、读者免费获得、无限制使用的运作模式，论文版权由作者保留。在论文质量控制方面，OA期刊与传统期刊类似，采用严格的同行评审制度；另一种是OA仓储（OA知识库），包括基于学科的存储和基于机构的存储。学科OA仓储主要以预印本资源库的形式存在，对某一学科领域或多个学科领域中的所有研究者开放，提供免费的文献获取和检索服务。机构OA存储的主体一般为高校图书馆、科研院所或学术组织，存储对象为组织或机构的内部成员在学术研究过程中产生的各种有价值资源，如项目研究成果（包括开题报告、中期报告、结题报告等）、调查研究报告、硕博士学位论文、会议论文，甚至包括课程讲义、多媒体资料等。这些资料虽不一定正式发表出版，但是作为学术研究活动过程中的产出，仍具有一定的学术价值。

一、国内外重要开放获取平台

（一）国外重要的综合型开放获取平台

（1）DOAJ（https：//doaj. org/）。

DOAJ（Directory of Open Access Journal），由瑞典的隆德大学图书馆Lund University Libraries设立于2003年5月，DOAJ的优势在于其收录的期刊有着严格的质量控制，包括很多SCI收录的期刊。DOAJ收录的OA期刊数量非常多，截至2020年该平台已收录来自133个国家的14808本开放存取期刊及超500万篇文献，属于最早也是最成熟的OA期刊目录网站。

（2）SciELO 科学在线电子图书馆（http：//www. scielo. org/）。

1997 年创立于巴西，最初是由巴西的 10 种期刊的编辑发起，他们的初衷是想使巴西（作为发展中国家和非英语国家）的科研成果不再成为“消失的科学”。1998 年，SciELO 巴西网站（SciELO Brazil）和智利网站（SciELO Chile）相继建成并向公众开放。此后，加勒比海国家、西班牙和葡萄牙等国家相继加入 SciELO。

（3）BASE（http：//www. base-search. net/）。

BASE 是德国比勒费尔德（Bielefeld）大学图书馆开发的一个多学科的学术搜索引擎，提供来自 8000 多家内容提供商的超过 2. 4 亿份文档。可以免费访问大约 60% 的全文（开放获取）。

（4）J-STAGE 日本科学技术信息集成系统（https：//www. jstage. jst. go. jp/）。

“日本科学技术信息集成系统”是日本科学技术振兴机构 1998 年开始运营的免费电子期刊公开系统，是日本主要的开放存取机构平台。提供日文和英文两种界面。

（5）HighWire Press（http：//highwire. stanford. edu/lists/freeart. dtl）。

HighWire Press 于 1995 年由美国斯坦福大学图书馆创立，是提供免费全文的学术文献平台。最初仅出版著名的周刊《Journal of Biological Chemistry》，目前 HighWire Press 收录的期刊覆盖以下学科：生命科学、医学、物理学、社会科学。

（二）国外重要的专题型开放获取平台

（1）PubMed（https：//pubmed. ncbi. nlm. nih. gov/）。

PubMed 系统是由美国国立生物技术信息中心（NCBI）开发的用于检索 MEDLINE、PreMED-LINE 数据库的网上检索系统。MEDLINE 是美国国立医学图书馆（U. S. National Library of Medicine）最重要的书目文摘数据库，内容涉及医学、护理学、牙科学、兽医学、卫生保健和基础医学。收录了全世界 70 多个国家和地区的 4000 余种生物医学期刊，现有书目文摘条目 1000 万余条，时间起自 1966 年。

（2）BioMed Central（https：//www. biomedcentral. com/）。

BioMed Central 是一家独立出版社，致力于提供经过同行评审的生物医学研究成果的开放获取，涵盖了生物学和医学的各个主要领域。

（3）ArXiv. org（https：//arxiv. org）。

Arxiv. org 是全球最大的预印本系统，由美国国家科学基金会和美国能源部资助，对所有用户免费开放。其创始于 1991 年 8 月，2001 年将平台的运营、编辑、经济和管理转移到康奈尔大学图书馆。如今，它不仅改变了物理学多个领域的学术交流方式，而且在数学、计算机科学、定量生物学、定量金融学和统计学等领域发挥着越来越突出的作用。

（三）国内重要的开放获取平台

（1）中国科技期刊开放获取平台（http：//www. oaj. cas. cn/）。

中国科技期刊开放获取平台简称 COAJ，由中国科学院于 2010 年正式发布上线，目前可以访问的期刊全学科近 660 种。

（2）中国科技论文在线（http：//www. paper. edu. cn/）。

中国科技论文在线是经教育部批准，由教育部科技发展中心主办的科技论文网站，其资源包括自然科学、人文科学、工程技术、农业科学、医药卫生五大类别。

（3）Socolar OA 开放获取期刊（http：//www. socolar. com/）。

Socolar 由中国教育进出口公司开发并管理，旨在为用户提供 OA 资源检索和全文链接服务的公共服务平台。

（4）中国预印本服务系统（http：//prep. istic. ac. cn/main. html？action=index）。

2004 年 3 月 15 日正式开通，该系统由中国科学技术信息研究所与国家科技图书文献中心联合建设，是一个以提供预印本文献资源服务为主要目的的实时学术交流系统。

（5）国家自然科学基金基础研究知识库（http：//or. nsfc. gov. cn/）。

国家自然科学基金基础研究知识库收集并保存国家自然科学基金资助项目成果研究论文的元数据与全文，向社会公众提供开放获取。

（6）国家哲学社会科学期刊数据库（http：//www. nssd. org/）。

国家哲学社会科学学术期刊数据库由中国社会科学院承建。收录精品学术期刊 1000 多种，其中国家社科基金重点资助期刊 200 种。中国社会科学院主管主办期刊 80 多种，国内三大评价体系（中国社会科学院、北京大学、南京大学）收录的 500 多种核心期刊，回溯到创刊号期刊 500 多种，最早回溯到 1921 年。

◎ 思考题

1. 小信同学平时学习中大多数时候都用学校图书馆提供的学术数据库，你认为他这种利用信息源的方式在某种程度上形成了“信息茧房”吗？

2. 请对以下案例进行分析，思考知识付费与开放存取的关系。

2015 年，全球最大的科学出版社商之一荷兰的 Elsevier 在美国提起指控 Sci-Hub 侵犯学术文献著作权的诉讼。之后，多家出版机构起诉 Sci-Hub。2020 年 Sci-Hub 遭到了全面封锁。但由于 Sci-Hub 在普通科研工作者中的广大影响，印度多名科学家向法院提起反诉，用户对 Sci-Hub 网站数据进行大量备份，使得最后对 Sci-Hub 的封锁最终不了了之。

◎ 检索题

1. 请检索“青蒿素抗疟”的重点文献，比较中国知网和网络搜索引擎给出的检索结果，体会不同信息源的特点。

2. 请检索 2019 年 12 月至 2020 年 5 月发表在 ArXiv. org 平台的关于区块链（Blockchain）方面的学术论文。

3. 当地时间 10 月 6 日，瑞典皇家科学院在斯德哥尔摩宣布，将 2020 年诺贝尔物理学奖的一半授予罗杰·彭罗斯（Roger Penrose），另一半授予雷因哈德·根泽尔（Reinhard Genzel）和安德里亚·格兹（Andrea Ghez），以表彰他们“发现了宇宙中最奇特的现象之一——黑洞”。

请在 SCI 数据库中用主题字段检索“黑洞”（black hole）并完成下列要求：（1）在检索结果中找出综述文献中被引频次最高的一篇论文；（2）利用主题检索的结果进行“作者”字段分析，找到一位获得 2020 年诺贝尔奖的科学家的所有文献。

4. 在 EI 数据库中用叙词检索（Thesaurus Search）和基本检索中的“主题/题名/摘要（Subject/Title/Abstract）”字段分别检索“city planning”，比较检索结果的不同。

第五章
专利文献检索

专利文献是一种重要而独特的文献，相比于其他文献类型，专利文献的检索与利用有其特殊的途径和方法。因此，本章将对专利文献进行单独介绍。

第一节　专利文献基础知识

一、专利制度的起源①

早在 14 世纪，英国国王向引进新技术的外国技工授予垄断权利并给予保护，使他们能在英国经营，并将技术传授于英国工人。这种垄断权利就是专利权的前身。随着技术进步和产业的发展，英国王室的授权逐渐演变成一项鼓励发明创造的法律制度。

1474 年，威尼斯共和国颁布了第一部具有现代特征的专利法《威尼斯专利法》，专利保护期限为 10 年，规定“未经发明人的同意和许可，禁止其他任何人制造与该发明相同及相似的装置”。并规定，“若他人贸然仿制，将赔偿专利权人金币百枚，仿制品也将立即销毁”。这一法律体系的诞生，成为近代专利制度发展的基础；1623 年，英国颁布了《垄断法》。该法保护了技术垄断和技术商品的竞争，规定本国的新制品和最初的发明人可以被授予专利权，享有 14 年的权利保护期限。在专利期限届满前，其他人不得使用该权利。同时，还规定专利不得引起价格上涨、有碍交易、违反法律或损害国家利益。英国《垄断法》的出现，确定了现代专利制度的基本原则，标志着现代专利制度的开端。

伴随着资本主义经济的发展，人们越来越意识到技术成果的专有性不仅能够保护自己

① 郑寿亭．专利制度与专利法［M］．济南：山东科学技术出版社，1990.

的技术和商品，还能很好地打击对手，于是各国纷纷建立并不断完善这种制度。1790 年，美国制定了第一部专利法。为了保证专利质量，确认技术成果的创造性，确立了审查制度；1791 年，法国制定了专利法，规定发明人对其发明有取得专利权的自然权利，无需审查，一概授权。之后的 1809 年、1810 年、1812 年、1826 年、1832 年、1840 年、1877 年、1885 年，荷兰、奥地利、俄国、瑞典、西班牙（西班牙与瑞典均在 1826 年建立专利制度）、墨西哥、巴西、德国、日本先后建立了专利制度。

我国最早具有专利法意义上的法律为 1912 年工商部公布的《奖励工艺品暂行章程》，规定对发明或者改良的新产品授予 5 年的保护期或给予名誉上的奖励；1923 年，农商部公布了“暂行工艺品奖励章程”，对产品和制造产品的方法给予 3 年或 5 年的专利权；1944 年，国民党政府公布了《中华民国专利法》及《实施细则》；中华人民共和国成立后，1950 年、1954 年先后颁布了《保障发明权与专有权暂行条例》《生产产品发明、技术改进及合理化建议奖励暂行条例》，规定了任何人可以申请专利、获得奖励，但是这两部法律受到当时时代背景的冲击而夭折；1984 年 3 月 12 日，第六届全国人民代表大会常务委员会第四次会议通过了中国第一部正式的专利法律体系《中华人民共和国专利法》，1985 年 4 月 1 日开始实施，从此，我国专利制度逐渐完善，至今经过了四次修改，已经成为一部符合时代发展特色、科学保护专利权人权利、鼓励发明创造、促进科学技术进步的法律体系。

二、专利的定义和类型

（一）专利的定义

“专利”一词来源于拉丁语 Litterae patentes，意为公开的信件或公共文献，是中世纪的欧洲君主用来颁布某种特权的证明。工业革命后，各国纷纷建立和完善专利制度，到目前为止，全球各国家基本都建立了专利法律体系，专利的内容得到一定补充。目前，专利是指由政府机关或者代表若干国家的区域性组织根据申请而颁发的一种文件，这种文件记载了发明创造的内容，并且在一定时期内产生这样一种法律状态，即获得专利的发明创造在一般情况下他人只有经专利权人许可才能予以实施。

从专利的定义不难理解，专利其实包含着三层含义：

（1）专利是依据申请而确立的。专利虽然是为了保护发明创造，但并不是自动保护的，需要经过申请人申请保护才会产生。这种保护也会因为申请人的自动放弃而终止。

（2）专利是一种无形的权利。与常规的财产权等权利不同，专利保护发明创造的内容，这种发明创造是智力劳动的成果，看不见摸不着，但是能够带动生产力的进步和经济发展，因此需要获得保护，也不允许随意侵犯。

（3）专利的保护是有期限的。专利权是授予一定时期的保护。从专利制度的发展历史来看，专利的保护期限会针对不同发明创造、不同国家、不同时代给予不同的保护时间。

此外，专利的保护还具有地域特性。专利是申请人向一个或者多个国家或组织的知识产权局提出申请并获得保护的一种权利，这种权利并不能同时在全球范围内容获得保护，只有在申请人选择一些特定的国家或者地区内申请而获得授权的专利才会受到保护。

（二）专利的类型

我国专利法规定，申请保护的发明创造可以是产品、制造产品的方法、理论或算法，也可以是产品的外观设计，因此，在我国，专利可以分为发明专利、实用新型专利和外观设计专利。世界上大多数国家及组织的专利均按这三种类型进行划分，但是以美国、英国、WIPO为代表的少数国家或组织的专利却只有两种分类，即发明专利和外观设计专利。

按照我国专利法规定，三种专利的定义如下：

（1）发明专利，是指对产品、方法或者其改进所提出的新的技术方案。

（2）实用新型专利，是指对产品的形状、构造或者其结合所提出的适于实用的新的技术方案。

（3）外观设计，是指对产品的整体或者局部的形状、图案或者其结合以及色彩与形状、图案的结合所作出的富有美感并适于工业应用的新设计。

从三种专利的定义，可以看出三种专利所保护的客体是不同的，如表5-1-1。

表5-1-1　**专利类型及保护客体**

专利类型	保护客体	分类使用的国家/组织	保护期限
发明专利	产品、产品的制造方法及理论模型	多数具有专利制度的国家或组织，包括中国、美国、英国、日本、韩国、法国、德国、俄罗斯、澳大利亚、巴西、西班牙、WIPO、EP等	20年
实用新型专利	具有固定三维结构、占据一定空间的产品	大部分国家或组织具有，包括中国、日本、德国、法国、俄罗斯等，美国、英国、WIPO等不具有此分类	10年

续表

专利类型	保护客体	分类使用的国家/组织	保护期限
外观设计专利	产品的外观，包括整体或局部的色彩、图案、形状之间的一种或者组合	多数具有专利制度的国家或组织，包括中国、美国、英国、日本、韩国、法国、德国、俄罗斯、澳大利亚、巴西、西班牙、WIPO、EP 等	中国、日本：15 年； 德国：20 年； 英国：每次 5 年，可续展 4 次，最长 20 年； 美国：14 年； 法国：25 年，可延长一次，最长 50 年

从保护客体来看，实用新型专利与发明专利在保护客体上是十分接近的，因此在英美等国家或组织中，将它们统一称为“发明专利”。但是从授权要求上来说，我国和其他定义了三种类型的专利的国家或组织的实用新型专利和发明专利是有一定的区别的，发明专利一般针对新技术、新产品和新方法，而实用新型专利则更多的是对现有产品的改进，因此实用新型专利的保护期限比发明专利的保护期限短。

此外，美国虽然没有实用新型专利，但存在植物新品种专利，主要用于保护具有稳定性、新颖性、特异性、一致性的经过人工培育的或者对发现的野生植物加以开发的植物、新品种。该种专利的保护期限为 20 年，自申请日起算。

三、专利文献

专利文献是专利申请至授权公布过程中，各种形式文本的总称，是一种集技术信息、法律信息和经济信息为一体的信息资源。一份完整专利文献通常包括扉页、权利要求书、说明书。专利文献会因不同的公布阶段、国家地区、归属、日期等具有各种涉及时间、人员、号码、地区、分类的信息，而这些信息通常会在专利文献的扉页上呈现，如图 5-1-1。

（一）专利文献中的时间信息

专利文献中的时间信息主要有：申请日、公开日、优先权日、授权公告日。

1. 申请日

在第一次提交专利申请的时候，专利局会在收到文件后确定专利的申请日期，即申请日。但是，申请日有时候并不一定是专利局实际收到申请文件的日期，如在我国，如果专利申请文件是通过邮局寄出的，则以邮戳日为申请日。如果邮戳日不清楚又无法证明寄出

(19) 中华人民共和国国家知识产权局

(12) 发明专利申请

(10) 申请公布号 CN 112294953 A
(43) 申请公布日 2021.02.02

(21) 申请号 202011629263.0

(22) 申请日 2020.12.31

(71) 申请人 北京科牧丰生物制药有限公司
地址 102629 北京市大兴区中关村科技园区大兴生物医药产业基地祥瑞大街25号
申请人 兆丰华生物科技(南京)有限公司
兆丰华生物科技(南京)有限公司北京生物医药科技中心
兆丰华生物科技(福州)有限公司

(72) 发明人 于萍萍　车艳杰　刘奇　汤波　聂思静　刘飞　刘运平　张湘魁　王敏

(74) 专利代理机构 北京金蓄专利代理有限公司 11544
代理人 赵敏

(51) Int.Cl.
A61K 39/295 (2006.01)
A61K 39/12 (2006.01)
A61K 39/02 (2006.01)
A61K 39/102 (2006.01)
A61K 39/39 (2006.01)
A61P 31/04 (2006.01)
A61P 31/20 (2006.01)
C12N 15/866 (2006.01)
C12N 15/66 (2006.01)
C12N 15/34 (2006.01)

权利要求书2页　说明书18页
序列表6页　附图5页

(54) 发明名称

一种PCV2型杆状病毒载体、猪肺炎支原体、副猪嗜血杆菌三联灭活疫苗及制备方法

(57) 摘要

本发明属于兽用疫苗领域，具体涉及一种猪圆环病毒2型杆状病毒载体、猪肺炎支原体、副猪嗜血杆菌(13型)三联灭活疫苗，并进一步公开其制备方法和应用。本发明所述三联灭活疫苗，含有灭活的猪圆环病毒2型杆状病毒表达的Cap蛋白、灭活的猪肺炎支原体和灭活的副猪嗜血杆菌13型疫苗的佐剂，三种抗原之间无干扰，可实现一针免疫三种保护，一次免疫即可预防三种疫病；同时，从攻毒保护和血清抗体水平看，其免疫效果达到或超过各商品单苗的水平，免疫剂量为2.0ml/头，即可达到各单苗的2次免疫效果，免疫持续期长、效力持久，具备了安全性好、制备方法简单、免疫方便、降低免疫成本等优点。

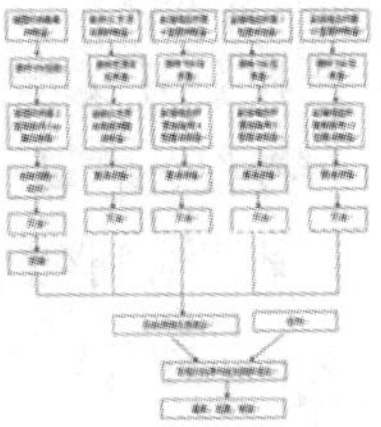

CN 112294953 A

CN 112294953 A　　权利要求书　　1/2页

1.一种PCV2型杆状病毒载体、猪肺炎支原体、副猪嗜血杆菌三联灭活疫苗，其特征在于，所述疫苗含有灭活的PCV2型CAP蛋白抗原、灭活的猪肺炎支原体抗原、灭活的副猪嗜血杆菌抗原，以及，疫苗佐剂；其中，

所述的PCV2型CAP蛋白抗原为参照PCV2a和PCV2b分离株，在保持氨基酸不变的前提下，经人工合成密码子优化，将密码子改造为昆虫细胞杆状病毒表达系统偏嗜密码子的PCV2 ORF2序列，并在序列两端引入EcoRI和XhoI酶切位点，通过双酶切插入pF astBac1转移载体中，经克隆、转染分别获得重组杆状病毒后，经感染SF9或High Five细胞高效表达的CAP蛋白抗原。

2.根据权利要求1所述的PCV2型杆状病毒载体、猪肺炎支原体、副猪嗜血杆菌三联灭活疫苗，其特征在于，所述PCV2型CAP蛋白抗原包括PCV2a型CAP蛋白和PCV2b型CAP蛋白；

所述PCV2a型CAP蛋白的编码基因具有如SEQ ID No.1所示的核苷酸序列，所述PCV2型CAP蛋白具有如SEQ ID No.2所示的氨基酸序列；

所述PCV2b型CAP蛋白的编码基因具有如SEQ ID No.3所示的核苷酸序列，所述PCV2b型CAP蛋白具有如SEQ ID No.4所示的氨基酸序列。

3.根据权利要求2所述的PCV2型杆状病毒载体、猪肺炎支原体、副猪嗜血杆菌三联灭活疫苗，其特征在于，所述猪肺炎支原体抗原为保藏编号为CGMCC NO.4545的猪肺炎支原体DJ-166病毒株，经改良CH培养基增殖、浓缩、纯化并灭活得到的猪肺炎支原体抗原。

4.根据权利要求3所述的PCV2型杆状病毒载体、猪肺炎支原体、副猪嗜血杆菌三联灭活疫苗，其特征在于，所述副猪嗜血杆菌抗原血清为HN01株经增殖、浓缩、纯化并灭活得到的副猪嗜血杆菌抗原。

5.根据权利要求1-4任一项所述的PCV2型杆状病毒载体、猪肺炎支原体、副猪嗜血杆菌三联灭活疫苗，其特征在于：

所述PCV2型CAP蛋白抗原的含量≥4μg/头份；

所述猪肺炎支原体抗原的含量≥100μg/头份；

所述副猪嗜血杆菌抗原血清的含量≥1.0×10^{8}CFU/头份。

6.根据权利要求5所述的PCV2型杆状病毒载体、猪肺炎支原体、副猪嗜血杆菌三联灭活疫苗，其特征在于，所述的疫苗佐剂包括铝盐佐剂、矿物油佐剂、化学物质佐剂或水溶性佐剂。

7.一种制备权利要求1-6任一项所述PCV2型杆状病毒载体、猪肺炎支原体、副猪嗜血杆菌三联灭活疫苗的方法，其特征在于，包括将所述PCV2型CAP蛋白抗原、所述猪肺炎支原体抗原和所述副猪嗜血杆菌抗原血清分别进行灭活浓缩的步骤，并按照选定的配比与所述疫苗佐剂进行混合的步骤。

8.根据权利要求7所述的制备方法，其特征在于，还包括获得所述PCV2型CAP蛋白抗原的步骤，具体包括：

(1)参照已知的PCV2a和PCV2b亚型分离毒株的CAP蛋白序列，在保持氨基酸不变的前提下，将密码子改造为昆虫细胞杆状病毒表达系统偏嗜密码子，并在序列两端引入EcoRI和XhoI酶切位点，通过双酶切插入pF astBac1转移载体中，分别获得重组杆状病毒转移载体pFastBac1-ORF2a和pFastBac1-ORF2b；

CN 112294953 A　　说　明　书　　1/18页

一种PCV2型杆状病毒载体、猪肺炎支原体、副猪嗜血杆菌三联灭活疫苗及制备方法

技术领域

[0001]　本发明属于兽用疫苗领域，具体涉及一种PCV2型杆状病毒载体、猪肺炎支原体、副猪嗜血杆菌三联灭活疫苗，并进一步公开其制备方法和应用。

背景技术

[0002]　猪圆环病毒又称为猪的"艾滋病"，感染猪的免疫系统会被完全破坏，丧失对其他疫苗的免疫应答能力，导致免疫失败，同时导致其他病原体的继发感染。其中，据统计，临床上由猪圆环病毒引起的继发感染通常超过50%，死亡率达到40%以上。其中，猪圆环病毒2型

发明内容

[0007]　为此，本发明所要解决的技术问题在于提供一种高免疫原性、无安全隐患、免疫成本低廉的PCV2型杆状病毒载体、猪肺炎支原体、副猪嗜血杆菌(13型)三联灭活疫苗，所述灭活疫苗可用于同时预防猪圆环病毒病、猪支原体肺炎及副猪嗜血杆菌病；

本发明所要解决的第二个技术问题在于提供上述PCV2型杆状病毒载体、猪肺炎支原

附图说明

[0038]　为了使本发明的内容更容易被清楚的理解，下面根据本发明的具体实施例并结合附图，对本发明作进一步详细的说明，其中，

图1为本发明的重组杆状病毒转移载体pFastBac1-ORF2鉴定图；

图2所述重组bacmid PCR鉴定图；

图3感染重组杆状病毒后SF9的病变图和健康SF9细胞图；

具体实施方式

[0039]　实施例1PCV2型重组杆状病毒的构建

目的基因的优化与合成

参照PCV2b亚型DBN-SX07株设计PCV2型ORF2b基因核苷酸序列，得到PCV2b亚型株ORF2b基因的原始核苷酸序列如SEQ ID No.5所示(702bp)，PCV2b亚型株Cap蛋白的原始氨基酸序列如SEQ ID No.6所示(233aa)。

[0040]　本实施例中以PCV2b亚型株ORF2b基因的优化为例，详细阐述其密码子优化过程，相应PCV2a亚型株ORF2a基因的优化参照该过程进行。

[0041]　在保持PCV2b亚型株ORF2b氨基酸不变的前提下，将密码子改造为昆虫细胞杆状病毒表达系统偏嗜密码子，序列两端引入EcoRI和XhoI酶切位点，通过双酶切插入pFastBac转移载体中，获得重组杆状病毒转移载体，命名为pFastBac1-ORF2b。

[0042]　重组杆状病毒转移载体的扩增与鉴定

将获得的重组杆状病毒转移载体pFastBac1-ORF2b转化DH5α大肠杆菌扩增，采取常规

CN 112294953 A　　说 明 书 附 图　　1/5页

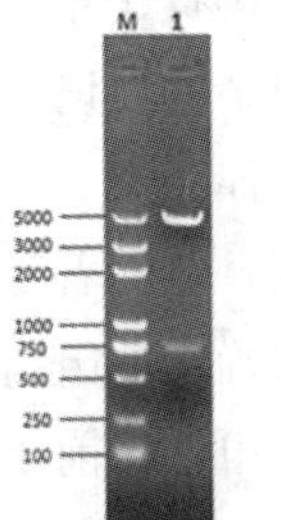

图1

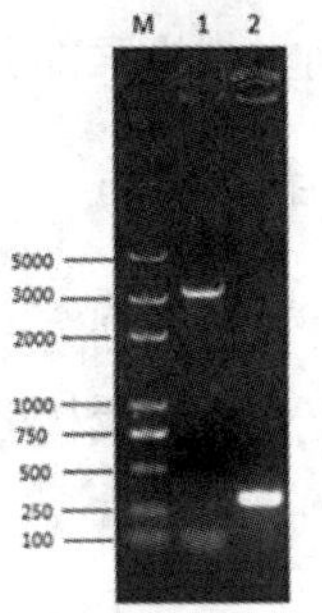

图 5-1-1　专利文献的组成

日期的，以专利局实际收到文件日为申请日；如果是面交的，则以面交日为申请日；如果是通过电子申请系统提交的，则以专利电子系统收到文件日为申请日。

专利申请日在法律上具有重要意义，按照专利先申请原则，在专利申请满足授权条件时，专利权授予先申请的人，即申请日在前的专利申请人。因此，专利申请日是专利文献著录项目中重要的组成部分。

2. 公开日

专利公开日是专利申请后向公众告知并公布申请文件或授权文件的日期。在我国，实用新型专利与发明专利的授权程序不同，前者经形式审查合格后，即公布授权文本。而后者需要经过实质审查，因此一般的程序上会有两次公布文本，第一次为申请文件公开文本，一般为自申请日期起满 18 个月；第二次为授权公开文本，一般自申请日起 3 年内。因此，发明专利的公开日有两种，即申请公布日和授权公布日（授权公告日）。

专利文献的著录项目中，公开日通常用于检索某段时间公开的专利文献，包括专利申请文件和专利授权文件。

3. 优先权日

专利优先权日是指专利申请人就一项发明在一个缔约国提出专利申请后，又在规定的时间内向其他缔约国提出申请，并要求以第一次提出申请的申请日作为后一申请的申请日，此时，前一申请的申请日即为后一申请的优先权日，后一申请的申请日与前一申请的申请日相同。在法律意义上，优先权日有时候与申请日具有相同的法律效力。

专利的优先权日会随着专利类型的不同而不同，要求优先权的后一申请日不得晚于最早提出申请的国家确定的申请日，在我国，对于发明专利或实用新型专利来说，优先权日应该是在新申请的申请日前 12 个月内；对于实用新型专利，这一日期为新申请的申请日前 6 个月内。

在专利文献检索时，为了追溯到技术的最早起源，通常会以优先权日作为检索标志，详细请见本章专利文献检索部分。

4. 授权公告日

专利授权公告日是专利公开日的一种，是专利经过审查后授权公告的日期，在我国，实用新型专利的公开日与授权公告日为同一日期，但发明专利的授权公告日晚于申请公开日。

（二）专利文献中的人员信息

专利文献中的人员信息主要有：专利申请人、专利权人、发明人和代理人或代理机构、审查员。

1. 申请人

专利申请人是向专利局提出专利申请的人，但与一般的人不同，专利申请人可以是法人，也可以是自然人，取决于专利的产生性质。

当作出专利技术方案的人属于某一法人的职工且为本职工作相关的发明时，这种发明为职务发明，专利申请人为该法人；当作出专利技术方案的人不属于法人职工或者离职超过一年时，这种发明为非职务发明，专利申请人可以是作出该专利技术方案的人；当作出技术方案的人受委托完成某项发明，则专利申请人可能是法人也可能是自然人，要看该实际作出发明的人是否有工作单位。

在专利文献著录项目中，专利申请人主要出现在发明专利的申请公开文本或实用新型专利的公开文本（实用新型授权文本）中。专利申请人在法律上对专利权的归属有重要意义，一般情况下，专利申请人在专利被授权后自动成为专利权人。

2. 专利权人

专利申请在被授权后，其公布文本中通常会有专利权人的信息。它表示发明创造的使用、转让等各种权利的行使法人或自然人。一般情况下，专利权人是提出专利申请的人，但是，如果专利发生了转让，则专利权人可能不是原始申请人。

专利文献著录项目中，专利权人主要用于区分专利权的实际归属。

3. 发明人

专利发明人是对申请专利的发明创造的实质性特点做创造性贡献的自然人。专利法规定，只提供物质条件、设备场所或负责组织等辅助性工作的人不是发明人。

专利的发明人有时候也会成为申请人或者专利权人，取决于申请专利的发明创造是否属于职务发明。

专利文献著录项目中，发明人信息通常可以反映技术团队或技术专家信息，是人才引进的重要参考指标。

4. 代理人或代理机构

根据专利申请相关规定，申请人在申请专利时可以选择代理机构代理其完成专利申请、审查答复及其他专利相关事宜，具体的权限根据委托权限决定。

根据专利代理条例，专利代理人是由专利代理机构委托的人员，专利代理人不能自行接受相关委托。

在专利文献著录项目中，专利代理人或代理机构通常可作为申请人挑选代理人的参考资源。

5. 审查员

在专利文献中，审查员的信息一般只出现在发明专利授权公布文本中。专利审查员是为了确定某一专利申请是否符合授权条件而对申请文件相关信息进行实际检索、阅读和判断的人。

(三) 专利文献中的号码信息

专利文献中的号码信息有：专利申请号、申请公布号、授权公告号。

1. 申请号

专利申请号是指申请人在提交专利申请时，专利局确定申请日后，对其申请文件给予的一个编号。后期申请人答辩、办理各种手续时，均根据专利申请号对应其申请的技术方案。

我国专利申请号的编号方式为“申请年代+申请种类+申请序号+小数点+校验位”。在我国，专利申请种类分为五种，分别用5个不同的数字表示，如表5-1-2。校验位为1位数字或者字母X，1989年之前公布的专利文献上未标注校验位。

表5-1-2　**专利申请种类及代码**

专利申请种类	种类代码
发明专利申请	1
实用新型专利申请	2
外观设计专利申请	3
进入中国国家阶段的PCT实用新型专利申请	8
进入中国国家阶段的PCT发明专利申请	9

1985年4月1日至2003年9月30日，我国的专利申请号由8位数字加小数点和校验位构成。其中，前两位数字为申请年的后两位数字，第3位表示申请的专利类型代码，之后的数字为申请当年的申请文件顺序编号，文件顺序编号由5位数字构成，顺序编号不足5位的用数字“0”补全。如专利CN85102796，CN表示“中国”，申请号为85102796，申请年为1985年，第3位数字“1”表示发明专利，该申请为1985年国家知识产权局受理

的第 2796 个专利申请；专利 CN98900001. X 中，CN 表示“中国”，前两位数字“98”表示申请年为 1998 年，第 3 位数字“9”表示进入中国国家阶段的 PCT 发明专利申请，“00001”为申请文件的顺序编号，即 1998 年国家知识产权局受理的第一个专利申请，小数点加“X”为随机校验位。

2003 年 10 月 1 日以后，我国专利的申请号由 13 位数字加小数点和检验位组成。其中，前 4 位为申请年，第 5 位为申请类型代码，第 6 位至第 13 位为申请文件的顺序编号。如专利申请号 CN201320097861. 0 中，CN 为“中国”，前 4 位数字“2013”表示申请年为 2013 年，第 5 位“2”表示为我国的实用新型专利申请，剩余的数字为申请文件顺序标号及校验位。

此外，中国香港、中国台湾及其他国家/组织的申请编号规则如表 5-1-3。

表 5-1-3　**中国香港、中国台湾及其他国家和地区的申请编号规则①**

中国香港、中国台湾及其他国家/地区/组织	申请号组成	号码格式说明	其他说明
中国香港	[5 位顺序码]	1997 年及以前的申请	
	[2 位年份] [6 位顺序码]	1998 年及以后的申请	
中国台湾	[8 位顺序码]		
美国	[XX] [6 位顺序码]	1899 年以前的发明专利申请及 1903—1969 年外观专利申请	
	[2 位类型码] [6 位顺序码]	1900 年以后的发明专利申请、1931 年以后的植物专利申请、1992 年以后的外观专利申请	类型码：01 至 28，植物专利与发明专利混排；29 代表外观设计专利
	[8 位顺序码]（1970—1991 年的申请）	1970—1991 年的外观专利申请	
	[4—5 位顺序码] D	1881—1971 年的再版专利申请	
	[8 位顺序码]	1972 年以后的再版专利申请	

① 号码格式说明 [EB/OL].（2021-07-15）[2021-08-05]. https://www.incopat.com/help/sysdoc/formatcode.html.

续表

中国香港、中国台湾及其他国家/地区/组织	申请号组成	号码格式说明	其 他 说 明
欧洲	[2 位年份] [6 位顺序码]	发明专利申请	
	[13 位顺序码]	外观设计专利申请	
PCT	[国别码] [2 位年份] [6 位顺序码]	发明专利申请	
日本	[2 位年份] [6 位顺序码]	2000 年前	
	[4 位年份] [6 位顺序码]	2000 年后	
韩国	([2 位类型码]) [4 位年份] [7 位顺序码]	1998 年之前的	类型码： 10=专利 20=实用新型 30=工业品外观设计 40-50=商标
	[2 位类型码] [4 位年份] [7 位顺序码]	1999 年以后	
英国	[2 位年份] [5 位顺序码]		
法国	[7 位顺序码] [X]	1955 年以前的申请	
	[2 位年份] [6 位顺序码]	1956 年以后的申请	

续表

中国香港、中国台湾及其他国家/地区/组织	申请号组成	号码格式说明	其他说明
德国	［1位类型码］［2位年份］［5位顺序码］	1995—2003年的申请	1位类型码： 1=国家专利申请，进入国家阶段的PCT申请，补充保护证书申请 2=实用新型申请，拓扑图申请 3=商标 4=工业品外观设计（1997年开始使用） 5=欧洲专利（用德文提交并指定德国的，1989年开始使用） 6=欧洲专利（用英、法文提交并指定德国的，1989年开始使用） 2位类型码： 10=德国专利申请 11=进入国家阶段的PCT专利申请 12=补充保护证书申请 20=实用新型申请 21=进入国家阶段的PCT实用新型申请 22=拓扑图申请
	［2位类型码］［4位年份］［6位顺序码］	2004年以后的申请	
瑞士	［4—6位顺序码］［X］	1962年及以前的申请	
	［6位顺序码］［2位年份］	1963年以后的申请	

续表

中国香港、中国台湾及其他国家/地区/组织	申请号组成	号码格式说明	其他说明
俄罗斯	[7位顺序码][X]	1991年以前的申请	
	[2位年份][1位类型码][5位顺序码]	1992—1998年的申请	
	[4位年份][1位类型码][5位顺序码]	1999年以后的申请	

2. 申请公布号

申请公布号是伴随着专利申请文件的公开而产生的编号，大多数按照申请文件的公开顺序编排，主要结构通常为“国别代码+申请类型+顺序码+文献种类代码”。

3. 授权公告号

授权公告号是专利申请被授权后，专利局公布授权文本的编号。在我国，专利授权公告号经历了复杂的变化过程。

对于发明专利，1988年以前，发明专利的授权公告号编号方式均为“国别代码+申请号+文献代码种类”。如CN85100232B，“85100232”为专利申请号，“B”为发明专利的文献代码；1989—1992年，发明专利授权公告号编号方式为“国别代码+申请类型+审定公告序号+文献类型代码”。如CN1009901B，其中“CN”代表中国，第一位数字“1”表示发明专利，第2—7数字“009901”为审定公告序号，“B”为发明专利的文献代码；1993—2010年，发明专利授权公告号的编号方式为“国别代码+申请类型+授权公告序号+文献类型代码”。如CN1098354C，其中“CN”代表中国，第一位数字“1”表示发明专利，第2—7位数字“098354”为授权公告序号，“C”为发明专利文献代码；2010年以后，其编号方式为“国别代码+申请类型+申请公布序号+文献类型代码”。如CN101333438B，其中“CN”代表中国，第一位数字“1”表示发明专利，第2—9位数字“01333438”为申请公布序号，“B”为发明专利的文献代码。

发明专利申请种类代码为“1”，文献类型代码除1993—2010年使用的代码为“C”外，其余年份授权公告号中的文献类型代码均为“B”。

对于实用新型专利，虽然不经过审查就可以授权，其授权公告号也有历史性的变动。1988年以前，实用新型专利的授权公告号编号方式均为“国别代码+申请号+文献代码种类”，文献种类代码为“U”；1989—1992年，实用新型专利的授权公告号编号方式为“国别代码+申请类型+申请公告序号+文献类型代码”，文献类型代码为“U”；1993—2007年，实用新型专利的授权公告号编号方式为“国别代码+申请类型+授权公告序号+文献类型代码”，其授权公告序号接申请公告序号连续编号，为6位数字，文献类型代码为“Y”；2007年以后，实用新型专利的授权公告号编号方式为“国别代码+申请类型+授权公告序号+文献类型代码”，其授权公告序号接申请公告序号连续编号，为8位数字，文献类型代码为“U”。上述各种编号方式中，实用新型专利的申请类型代码均为“2”。

对于外观设计专利，1988年以前，外观设计专利的授权公告号编号方式均为“国别代码+申请号+文献代码种类”，文献种类代码为“S”；1989—1992年，外观设计专利的授权公告号编号方式为“国别代码+申请类型+申请公告序号+文献类型代码”，其文献类型代码为“S”；1993年以后，外观设计专利的授权公告号编号方式均为“国别代码+申请种类+授权公告序号+文献代码种类”，其文献类型代码为“D”（1993—2010年）或“S”（2010年以后）。上述外观设计专利的授权公告号中，申请种类代码均为“3”。

在实际的专利文献，申请号最为常见。利用专利申请号不仅可以检索到专利的申请文本，还可以检索到公开文本、授权文本以及各种修改文本等。

（四）专利文献中的地域信息

专利文献的地域信息有：专利申请国/组织、专利公开国/组织、专利优先权国家。

1. 专利申请国/组织

专利申请国/组织即申请人向相关国家或者组织提出专利申请而被受理的国家或组织。目前，申请人提出专利申请，除了本国的可以直接或委托代理提交专利申请外，还可以采用以下两种途径提出专利国际申请。

（1）通过巴黎公约途径提交专利国际申请。

在专利申请时，申请人如果想就其技术方案在国外某个国家或者多个国家获得保护，可以直接根据《保护工业产权巴黎公约》有关规定向需要寻求保护的国家提出专利申请，根据该国的相关法律提交对应语言版本的申请文件。这种方法直接、速度快、程序相对简单，但是，如果申请人想就其技术方案同时寻求多个国家的保护，需要分别向不同国家提出符合当地规定的专利申请文件，并向各国专利局缴纳规定的费用。该过程程序复杂，并且，如果申请人已经在某一国家提交了首次专利申请，则其在其他国家提交专利申请的日期不能晚于首次申请日后的12个月。

（2）通过专利合作条约途径提交专利申请。

采用巴黎公约途径提交专利国际申请程序复杂，因此《专利合作条约》（Patent Cooperation Treaty，PCT）于1970年诞生，1978年正式生效。目前世界大多数国家签署了该条约。

通过PCT提交专利国际申请时，申请人只需要向本地专利局提交申请，此后在优先权期限内以主管受理局接受的语言向主管受理局提出专利国际申请，主管受理局收到申请后，会在首次申请日起16个月内进行国际检索并出具书面意见，在申请日起18个月内进行国际公布，之后，申请人在首次申请日起30个月内办理进入国家阶段的手续。在这段时间内，申请人可以在首次申请日起22个月内要求国家局进行专利申请的初步审查。因此，在通常情况下，PCT途径比巴黎公约途径要多出18个月的时间，这段时间可以用于考虑申请是否进入国家阶段，有利于节省不必要的费用。

因此，在国际申请中，通过巴黎公约途径提交的专利申请国或者组织是提交申请时的受理国家，而通过PCT途径提交的专利申请的国家或者组织是申请人在申请时要求进入的国家，如图5-1-2。

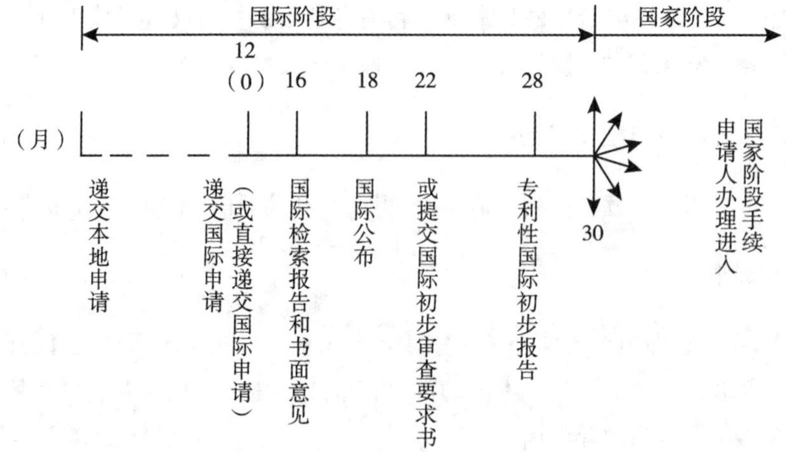

注：图片来源于百度百科。

图5-1-2　PCT国际申请流程图

2. 专利公开国别/组织

专利公开国别即申请人提交专利申请，符合规定的形式后，进行申请文件公开的国家或者组织。通过直接在本国提交或者通过巴黎公约途径提交的专利申请的公开国别即为受理的国家，而对于通过PCT途径提交的专利申请，其公开的国家或组织是世界知识产权组织。

3. 优先权国家

优先权是申请人在一个国家首次提出申请后，在规定的时间内向其他国家提出申请时，要求以最早的提交申请文件的申请日作为其后一申请的申请日的权利。因此，专利申请的优先权国家是申请人首次提交专利申请的受理国家。专利申请的国家信息中，申请国家、公开国家/组织和优先权国家以国家/组织和区域代码形式呈现，如表5-1-4。

表 5-1-4　**世界主要国家/组织、区域代码**

国家/组织	代码	国家/组织	代码
澳大利亚	AU	意大利	IT
奥地利	AT	日本	JP
比利时	BE	科威特	KW
巴西	BR	马来西亚	MY
加拿大	CA	墨西哥	MX
中国	CN	荷兰	NL
捷克	CZ	新西兰	NZ
朝鲜	KP	挪威	NO
丹麦	DK	菲律宾	PH
埃及	EG	波兰	PL
芬兰	FI	葡萄牙	PT
法国	FR	韩国	KR
德国	DE	罗马尼亚	RO
希腊	GR	俄罗斯	RU
印度	IN	沙特阿拉伯	SA
印度尼西亚	ID	新加坡	SG
爱尔兰	IE	南非	ZA
以色列	IL	西班牙	SZ
斯威士兰	SZ	瑞典	SE
泰国	TH	突尼斯	TN

续表

国家/组织	代码	国家/组织	代码
英国	GB	美国	US
乌拉圭	UY	越南	VN
世界知识产权组织	WO	欧洲专利局	EP
中国香港	HK	中国台湾	TW

（五）专利文献中的文献代码信息

专利文献因其存在申请、公开、授权公告、修改等多个程序，因此会存在不同版本的文件信息，为了区分这些信息，各国专利局都对其公开的相关专利文献进行了分类，并设置相应的代码。在进行专利文献检索或者阅读专利文献时，即使由于语言等问题不能确定公开的文件属于专利申请的哪个阶段，也可以通过文献代码进行识别。中国的专利文献类型代码如表 5-1-5。

表 5-1-5　**中国专利文献类型代码**

专类型	文献类型代码	使用年份	代表的专利文献类型	所处法律状态
发明专利	A	1985—2006 年	发明专利申请公开说明书	未经实审未授权
		2007—2010 年 3 月	发明专利申请公布说明书	未经实审未授权
		2010 年 4 月之后	发明专利申请（说明书）	未经实审未授权
	B	1985—1992 年	发明专利申请审定说明书	经实审未授权
		2010 年 4 月起	发明专利（说明书）	经实审授权
	C	1985 年 4 月 1 日—2010 年 4 月 6 日	发明专利说明书	经实审授权
实用新型专利	Y	1993—2010 年 3 月	实用新型专利说明书	不经实审授权
	U	2010 年 4 月起	实用新型专利（说明书）	不经实审授权
外观设计专利	S	1985—1992 年	外观设计专利申请公告（公报）	不经实审尚未授权
		2010 年 4 月起	外观设计专利（说明书）	不经实审授权
	D	1993—2006 年	外观设计专利授权公告（公报）	不经实审授权
		2006—2010 年 3 月	外观设计专利（说明书）	不经实审授权

（六）专利文献中的技术分类信息

专利文献是一个个技术方案的文字表达形式，不同的技术方案可能涉及的技术领域不同，因而可以划归为不同的技术分类。目前，国际上常见的技术分类体系有 IPC 分类、CPC 分类、USPC 分类、FI/FT 分类、LOC 分类，分别表示国际分类、国际联合分类、美国专利分类、日本专利分类和洛迦诺分类。

1. IPC 分类

1954 年 12 月 19 日，欧洲理事会的主要国家签订了《关于发明专利国际分类法欧洲公约》，根据该公约制定了《发明的国际（欧洲）分类表》（IPC 分类表），并于 1968 年 9 月 1 日起生效。目前，世界大多数国家都加入了该条约，对本国的发明专利参照 IPC 分类表进行分类。我国的专利均采用 IPC 分类体系进行领域划分。IPC 分类表会根据技术发展、新兴技术的出现不断修订，目前在大多数检索工具中主要使用的是 2019 年修订的版本。

IPC 分类表按照技术的层次，从大到小依次包括部、分部、大类、小类、大组和小组。在分类表中，一共包含 8 个部、129 个大类、739 个小类、约 75000 个小组。其中，部是由 A~H 的 8 个大写字母表示，每个部都有部的类名，如下所示：

A：人类生活必需。

B：作业；运输。

C：化学；冶金。

D：纺织；造纸。

E：固定建筑物。

F：机械工程；照明；加热；武器；爆破。

G：物理。

H：电学。

部的下面是分部。分部设置在部的内部，分部没有类名，没有类号。如 F 部下设立 5 个分部，分别为“分部：机械工程”“分部：照明”“分部：加热”“分部：武器”“分部：爆破”。分部在分类表中不占层级。

每个部被分成了若干大类，大类是分类表的第二层级。大类的类号由部的类号和两位数字组成。每个大类的类名表明该大类包括的内容，如“C01 无机化学”。

大类下面是小类，小类是分类表的第三层级。每个小类类号是由大类类号加上一个大写字母组成，如“C07B 有机化学的一般方法；所用的装置”。一般情况下，小类的名称尽可能确切地表明该小类的内容，大多数小类都有一个索引，该索引是对该小类内容的总括信息性概要。

每一个小类被细分成若干个组，可以是大组，也可以是小组。

大组的类号由小类类号、1 位到 3 位数字、斜线及 00 组成。如“C02F103/00 废水、污水或污泥的处理”。大组类名在其小类范围以内确切限定了某一技术主题领域。

小组是大组的细分。每个小组的类号由其小类类号、大组类号的 1 位到 3 位数字、斜线和除 00 以外的至少两位数字组成，如“C02F103/02 非污染水，例如工业供水”。小组类名在其大组范围确切限定了某一技术主题领域。

此外，在小组下面，通常还会进行细分，以圆点的形式表示，加一个圆点，表示小组下面细分的第一层级，加两个圆点，表示的是小组细分的第二层级。以此类推，每次多加一个圆点，表示更加细分的一个层级。

IPC 分类号构成如图 5-1-3。

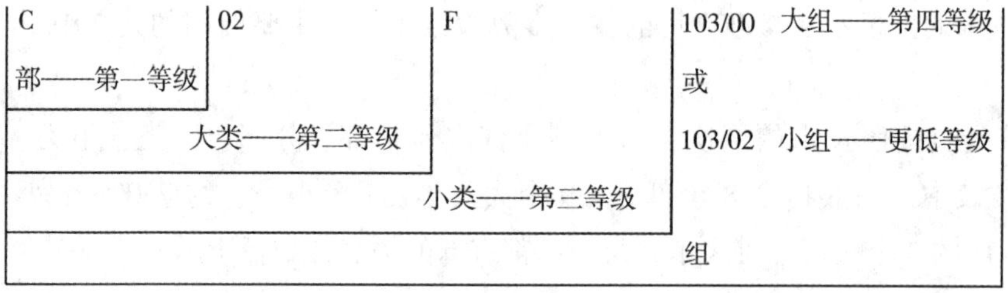

图 5-1-3　完整的分类号各部分代表（图中以 C02F103/00 和 C02F103/02 为例）

2. CPC 分类①

CPC 分类是由欧洲专利局联合美国专利局，在欧洲专利分类号 ECLA 分类体系的基础上，结合美国专利分类 USPC 开发的一个新的分类体系。该体系于 2010 年发表，2013 年起，美国和欧洲专利局正式启用该分类体系，中国和韩国也有部分专利采用了该体系进行分类。

CPC 分类表的编排参照了 IPC 标准，形式与 IPC 接近。其保留了 ECLA 的全部内容和结构，同时沿用了 ECLA 的分类方法、分类原则和规则，新增了部分内容，包括合并 ICO 标引码（由 EPO 对计算机领域标引的代码）和一些关键词码，并增加了部分 USPC 分类号。例如交叉文献的参考分类号、商业方法分类号等。

CPC 的分类条目多达 25 万条，分为 9 个部，分别用 A～H 和 Y 表示，其中 A～H 与

① 联合专利分类（CPC）简介［EB/OL］.（2015-05-21）［2021-04-29］. https://x.zhihuiya.com/wenzhang/124.

IPC 的部相同。Y 部是 CPC 分类表中比较特殊的部分，由 ICO 的 Y 部直接移植过来，主要用于标识新技术的发展，如上述 A~H 的交叉技术。此外，CPC 体系还增加了 2000 系列的附加信息代码。

CPC 类号由主干类号和引得码组成。

主干号既可标引发明信息，也可以标引附加信息，由 ECLA 类号和镜像 ICO 转换而成，ICO 为完全对应 ECLA 类号的 ICO 码，区别在于 ICO 首字母与 ECLA 首字母不同。

引得码只用于标引附加信息，由细分 ICO、垂直 ICO 和 IPC 引得码转换而成。细分 ICO 为 ICO 码中进一步细分小组，一般是对镜像 ICO 的细分。垂直 ICO 为单独存在的特定 ICO 码，此类 ICP 引得码引号（“”）以前的数字为 200 以上。

CPC 体系中的 Y 部类号的使用规则与引得码相同，只能用于标引附加信息。

CPC 体系中，2000 系列附加信息代码实际上是一个虚拟的分类号，它的作用在于指示附加信息所针对的主分类号，如 G01W2001 实际上是 G01W1/00 的附加信息。

3. USPC 分类

美国专利分类表于 1831 年建立，最早是将不同的技术领域分为 16 个组，将所有专利文献按 16 个组进行划分，并在文献上标注分类号，到 1837 年，正式建立了分类表，设置了 22 个大类。1968 年 IPC 分类体系生效后，1969 年起，美国在专利文献上同时列出了 USPC（等同于“UC”）及其相对应的 IPC 分类号。2010 年，美国专利商标局与欧洲专利局共同发布了 CPC 分类体系，对 IPC 分类进行细分和扩展，2013 年两局正式启用 CPC 分类，2015 年起，美国不再使用 USPC 分类体系。

USPC 分类表中有 450 个大类，是将类似的技术范围设置为大类，大类由类名和类目构成，大类序号从 002 至 987，其中有许多空缺号；小类是在大类下进行细分，以一个及以上的圆点表示，每个小类的排列是由其上级大类决定的。USPC 分类表中的小类约有 15 万个。

USPC 分类号采用“大类号/小类号”的形式来表示，如“604/367”。

美国专利分类体系完整，类目详细，但是十分复杂，需要结合美国专利商标局编制的《专利分类表定义》《分类表索引》和《分类表修正页》一起使用。

4. FI/FT 分类

1978 年，日本特许厅对 IPC 分类进行了扩充和细分，形成了一个新的分类 FI（File Index）。FI 系统共有 19 万多个细分类，技术主题涵盖约 7 万个 IPC 的小组分类，涉及所有技术领域和所有专利文献，该分类系统一年更新两次，与技术发展保持同步。FI 分类号采用类似 IPC 分类号逐层递降的等级结构对技术整体进行分割，使得在一个小组内的文献细分/扩展之后，其文献量限制在几百甚至更少，提高了检索效率。

在FI系统中，代表专利技术领域的分类号用四种模式表示：

(1)“IPC分类号”。与国际IPC分类一致，如G01S11/14。

(2)“IPC分类号@文件识别符”。其中，文件识别符（File Discrimination Symbol）是由日本特许厅对IPC或IPC细分类符号进一步细分的表示符号，由A~Z中除I、O之外的1位字母构成。其中Z表示“其他”，用于表示那些不属于已出现的文件识别符表示的小组中的主题，或者涉及一个以上文件识别符表示的小组中的主题，如G01S11/14@A。

(3)“IPC分类号，IPC细分号”。IPC细分号是IPC小组下的细分类，由三位数字组成，如G01N33/543，515。

(4)“IPC分类号，IPC细分号@文档细分号”，如G01N33/543，515@M。

为了提高专利检索效率，日本特许厅于1984年在FI和IPC分类体系的基础上，专门开发了FT（F-Term）。FT借助特殊的技术术语，从权利要求的具体特征技术中提炼分类，对权利要求中出现的任何技术内容尽可能给予分类号，并根据不同的技术主题，如目的、用途、材料、结构、制备方法、控制装置等，对专利分类进行再分类或者细分类，大人加强了检出文献的可能性与准确性。至今，FT已归类了3300多个技术主题。这些技术主题与IPC和FI分类体系中的相同技术主题对应，形成了FT主题表。目前，FT主题表的FT分类号由“五位字符主题码+两位字母观点符+两位数字符”表示。

其中，5位主题码表示技术主题，表示方式为“1位数字+1个大写字母+3位数字”，第1位数字为2~5中任一数字，第2位的大写字母为B~N中的一个。其中，2开头的FT分类的第2位的大写字母不为“I、J、L、M”，3开头的FT分类中的第2位的大写字母不为“I、M、N”，4开头的FT分类中的第二位的大写字母不为“I、N”，5开头的FT分类中的第2位的大写字母不为“N”，如3B012。

2~5每个数字分别表示一个大范围的技术主题：

2=其余技术（Residual Technology）

3=机械（Mechanics）

4=化学（Chemistry）

5=电力（Electricity）

两位字母观点符表示发明的目的、功能、结构、材料、用途、制造方法、使用或运行方法、控制装置等。

两位数字符是对观点符所表示的技术特征的进一步细化。

例如，分类号“4H011AA02”的五位主题码“4H011”代表农用化学品和相关化学品，两位字母观点符“AA”表示功能，两位数字符“02”表示具体功能，即功能是工业杀细菌剂，因此“4H011AA02”在FT中表示用作工业杀细菌剂的农用化学品和相关化学品。

5. LOC 分类

洛迦诺分类（LOC 分类）由《建立工业品外观设计国际分类洛迦诺协定》（1968 年）（简称《洛迦诺协定》）建立，用于对工业品外观设计注册进行国际分类的分类体系。《洛迦诺协定》的参加国组成了“洛迦诺联盟”，目前，全球有 59 个国家是该联盟的缔约国，包括中国、美国、英国、日本、澳大利亚、韩国、法国、德国等。缔约国的主管局通常会在其公开的外观设计专利和专利登记簿上标注 LOC 分类号。除了缔约国的主管局之外，非洲知识产权组织（OAPI）、非洲地区工业产权组织（ARIPO）、比荷卢知识产权局（BOIP）、欧洲联盟知识产权局（EUIPO）和产权组织国际局也在其登记簿和公布的文件上使用 LOC 分类号。

与 IPC 分类相似，LOC 分类也有分类表，包括 32 个大类和 223 个小类的分类表和按字母顺序排列使用工业品外观设计的商品目录（包括这些商品分成大类和小类的分类标记和 6600 个不同类型的商品的分类说明），以及分类表的用法说明。LOC 分类表大类如表 5-1-6。

表 5-1-6　**LOC 分类表大类及相关内容**

大类	包含内容	大类	包含内容
1	食品，包括人类食品、动物食品和保健品，不包括食品包装	8	工具和硬件，包括手动工具，即使机械动力代替了肌肉力量，例如电锯和电钻；不包括机器或机床
2	服饰，不包括玩偶服装、火灾危险防护、事故预防和救援专用设备和动物服装	9	货物运输或装卸用包装和容器
3	其他地方未指明的旅行物品、箱子、太阳伞及个人物品	10	钟表和其他测量仪器、检查和信号仪器，包括电力驱动的上述物品
4	刷子	11	装饰品
5	纺织品、人造和天然板材	12	运输和起重工具，包括所有的交通工具和仅与一辆汽车有关的零部件；不包括车辆模型
6	家具，不包括纺织品	13	电力制造、分配和转换的设备，仅包括电流制造、分配和转换的装置和电马达；不包括电力驱动的装置（如电表）和电流测量装置
7	其他地方指明的家居用品，包括用手操作的和电动的家用电器和用具；不包括用于制作食物和饮品的机械和电器	14	记录、通信和数据记录设备

续表

大类	包含内容	大类	包含内容
15	其他地方未指明的机器	24	医疗和实验设备
16	摄影、拍摄和光学仪器，不包括摄影或拍摄用灯具	25	建筑单元和建筑构件
17	乐器，不包括乐器盒或录音或复制声音的设备	26	照明设备
18	印刷和办公机械	27	烟草和吸烟者用品
19	文具和办公设备、艺术材料和教材	28	医药和化妆品、卫生用品和器具，不包括包装
20	销售和广告设备、标志	29	预防火灾和救援的装置和设备
21	游戏、玩具、帐篷和体育用品	30	动物护理和处理用品，不包括动物食品或动物用药品和化妆品
22	武器、烟火制品、狩猎、捕鱼和杀虫用品	31	其他地方未指明的制备食物或饮料的机器及器具，不包括提供或准备食物或饮料的手动器具、仪器和器具，或菜刀、切肉刀
23	流体分配设备，卫生，加热，通风和空调设备，固体燃料	32	图形符号和标志、表面图案、装饰

LOC 分类号由“大类类号-小类类号”的方式构成，大类由两位数字构成，如果分类数字位数不够，前面补“0”，小类也由两位数字构成。如“01-03”为“奶酪、黄油和黄油替代品、其他乳制品”。每个分类中都有一个其他杂项分类，用“大类类号-99”表示，如“01-99”为“食品分类中的没有分到其 01 大类中下属小类的其他类目”。

除了上述著录项目出现在扉页上之外，专利文献摘要也会出现在扉页上。专利文献的摘要为申请人撰写的用于简单描述专利技术方案信息的文献，它仅仅具有技术情报的作用，不具有法律效力。但是在查找专利文献，摘要可以作为检索的重要线索 。

（七）权利要求书

专利权利要求书一般出现在专利文献的扉页后面，是专利文献重要的组成部分。权利要求书记载了专利要求保护的技术方案的内容，以说明书为依据，说明专利的技术特征，并清楚写明要求专利保护的范围。

权利要求书通常由一个或者多个权利要求项构成，通常包括独立权利要求项和从属权利要求项。

在专利申请的审查过程中，审查员通常以现有技术为基础，对比申请书中的权利要求项，从而判断权利要求的新颖性和创造性。在专利发生法律纠纷时，也会以权利要求书为依据，进行对比分析，判断是否侵权。

(八) 专利说明书

专利说明书是记载专利技术方案的详细内容。它能够清楚完整地反映专利技术方案，是解释权利要求的重要依据。

专利说明书通常包括发明名称、技术领域、背景技术、发明内容、附图说明、具体实施方式、说明书附图几个部分。

其中，发明名称是简要描述发明技术主题内容的文字，与独立权利要求前序部分中写明的要求保护的技术方案的主题名称相应，一般不超过25个字，对于化学领域或者特殊领域，不得超过40个字。

技术领域指要求保护的发明或实用新型技术方案所属或者直接应用的具体技术领域，而不是上位的或者相邻的技术领域，也不是发明或实用新型本身。技术领域应当体现发明或实用新型的主题名称和类型，其内容可与独立权利要求的前序部分相应，也可以更简洁。

背景技术是发明创造所对应的现有技术状况，专利法规定，在专利说明书中，应当写明对发明或者实用新型的理解、检索、审查有用的背景技术，并且尽可能引证反映这些背景技术的文件，而这些被引证的文件可以是任何形式的公开文献。引用时需要注明出处。

发明内容是详细写明发明所要解决的技术问题、解决问题所采用的技术手段和达到的有益效果的内容。技术问题是与发明创造最接近的现有技术所呈现出的缺陷；技术手段是发明创造的实质内容，与权利要求书相应，它用于解决技术问题的必要技术手段；有益效果是发明创造针对技术问题所达到的甚至产生的意料不到的效果，如成本降低、性能改善、效率提高、克服技术偏见等。

附图说明是用于描述说明书附图具体反映的信息内容的文字。附图说明相当于常规文献中插图的标题。有些专利说明书可以没有附图，因而也可以没有附图说明。

具体实施方式是说明书的重要组成部分，它对于充分公开、理解和再现发明或者实用新型，支持和解释权利要求极为重要。具体实施方式通常是根据发明创造技术方案选择某些具体参数或者角度详细介绍如何根据发明内容逐步实现发明创造的内容，是专利申请人根据说明书描述的实施发明内容的优选方式。一般在专利说明书中，至少要包含一个具体实施方式（实施例）。对于涉及数值范围的发明，至少给出两端数值的具体实施方式。数值范围较大时，还应该包括一个中间值的具体实施方式。对于外观设计专利文献，具体实施方式即为各个设计图片或者照片。

附图的作用是用图形补充说明文字部分的描述，使人能够直观地理解发明的技术特征和整体技术方案。有些专利申请可以没有附图，但对于机械领域、电学技术领域和实用新型专利申请，说明书中必须有附图。

第二节　专利文献信息源

与其他学术文献不同，专利文献的产生是由于技术保护、市场保护、竞争的需要而产生，技术方案源于发明人，各种权利属于权利人，但赋予其技术方案法律效力使其成为一种权利的是各个国家的相关法律制度。因此，专利文献的初始来源是各国的知识产权局。之后，随着人们知识产权意识的不断提高和专利的重要性不断凸显，人们对专利文献资源的需求不断增大，各种商业的专利数据库陆续出现。因此，本节的专利文献信息源主要介绍重要官方政府网站上的专利资源和商业性专利数据库。

一、官方政府网站专利资源

（一）中国国家知识产权局网站专利文献资源

中国国家知识产权局是我国政府设立的负责保护知识产权工作的部门，主要负责商标、专利、原产地地理标志的注册登记和行政裁决以及指导商标、专利执法工作等。我国国家知识产权局官方网站设置了专门针对专利申请、检索、审查信息查询等专利相关事务信息模块，用户只需根据指引进入链接，即可查看相关信息、办事流程等。点击专利检索模块，即可进入专利检索与分析系统（图 5-2-1）。

该检索系统共收集了 103 个国家、地区和组织的专利数据，同时还收录了引文、同族、法律状态等数据信息。其中，中国专利数据、国外专利数据、同族以及法律状态等几个方面每周更新；引文数据每月更新。

利用该系统进行专利文献检索，可以采用常规检索、高级检索、导航检索、药物检索和命令行检索五种方式。

1. 常规检索

该系统的常规检索支持布尔逻辑检索、词组检索（“”）、日期检索、地区检索、字

图 5-2-1 我国国家知识产权局的专利检索与分析系统

段检索等，如表 5-2-1。

表 5-2-1 **我国专利局专利检索与分析系统常规检索规则**

检索运算规则	使用说明	检索示例
布尔逻辑检索	AND、OR、NOT，检索词要用英文半角引号("")括起来，同时表达多个逻辑关系时，不能在同一级使用，要用英文括号()进行分割。布尔逻辑词不区分大小写	例 1："二维材料" NOT "石墨烯" 例 2："(手机 NOT 病毒)AND 智能"
空格规则	多个关键词之间用空格隔开。常规检索中多个关键词之间是“OR”关系	例：输入"智能 手机"，检索到的是含有"智能"或者"手机"或者"智能手机"的文献
半角括号算符	使用半角()改变系统执行检索的先后顺序	例：输入"国产（智能 手机)"，检索时先检索括号中的"智能 手机"，然后将所得结果与"国产"进行 AND 运算
日期间隔符	支持如下格式：YYYY-MM-DD、YYYY.MM.DD、YYYYMMDD、YYYYMM、YYYY	例：2021-05-09

续表

检索运算规则	使用说明	检索示例
检索词中包括空格、保留关键字、运算符或者冒号	需要将符号作为检索词的整体用半角引号括起来	例 1:"其特征在于：所述" 例 2:"WILLIAMS AND LANE INC" 例 3：检索分类号为 G06K 9/00 的专利文献，检索式为"G06K 9/00"
地区检索	鼠标停留在检索框左侧的地球图标即可显示可选择检索的地区范围，选择后输入检索词即可进行检索	例：选择"中国发明申请"，输入"智能 手机"，检索到的是含有"智能"或者"手机"或者"智能手机"的中国发明专利申请文件
字段检索	鼠标停留在检索框左侧的小三角形处选择字段即可进行字段检索。支持 7 种特定字段和智能识别字段进行检索	例：选择"发明人"字段，输入"蒲慕明"，即可检索发明人为蒲慕明的专利文献

2. 高级检索

高级检索也叫表格检索。在高级检索界面，可以选择检索字段和专利的国家地区范围进行限定检索。高级检索的界面可选择检索字段有 40 个，包括申请号、申请日、权利人、申请人、公开号、标题、摘要、分类号、说明书、代理人、权利要求等。而且，部分字段，如申请号、公开号、IPC 分类号、优先权号等书写方式，在高级检索界面有嵌入式的详细介绍，可以在对应的字段位置悬停鼠标显示说明内容。在常规的检索界面只显示了部分检索字段，可以通过右上角的“配置”键选择更多的检索字段，如图 5-2-2。

此外，在高级检索界面，还可以采用布尔逻辑算符和检索字段编辑检索式进行检索，还利用扩展功能对检索词进行扩充。如“关键词 =（收集 AND 电池）OR 摘要 =（智能 OR 手持设备）”。

3. 导航检索

导航检索主要是根据专利的 IPC 分类号进行检索或者利用检索词的中英文查询技术的分类号，也可以直接浏览界面右侧的分类，查看相关分类号下的专利文献。

4. 药物检索

药物检索功能与高级检索功能相似。除了可以使用高级检索的字段组合和布尔逻辑组配检索规则外，还可以进行方剂检索和结构式检索。药物检索界面除了专利的常规检索字

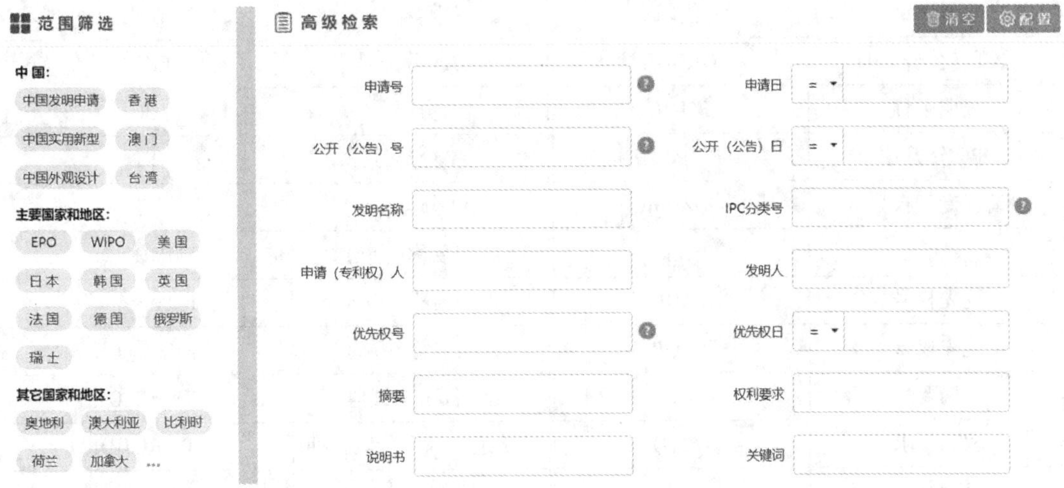

图 5-2-2　我国专利局专利检索与分析系统的高级检索界面

段外，还包括药物相关的字段，如生物方法、分析方法、制剂方法、物理方法、相似疗效、治疗作用、相互作用、方剂味数、CAS 登记号、化合物中英文名称等。

在药物检索界面，除了检索功能，还设置中药词典和西药词典，检索时可以查询相关药物的别名、俗称、英文名称、拉丁文名称、拉丁植物名称和结构图等，帮助用户扩充检索词，提高检全率。

在方剂检索模块，可以直接输入方剂组成的药物味数，并输入至少一种药物成分即可进行方剂专利的检索；在结构式检索界面，可以输入药物的分子结构式进行检索。

5. 命令行检索

命令行检索等同于一般数据库的专业检索，系统将专利文献的著录项目中的字段表示为各种代码，使用布尔逻辑算符、位置算符、截词算符、词组算符等进行组配即可进行检索。常见的字段及代码如表 5-2-2。

表 5-2-2　**我国专利局专利检索与分析系统命令行检索字段及代码**

字段名称	代码	字段名称	代码
申请号	SQH	申请人邮编	SQRYB
申请日	SQR	申请人地址	SQRDZ
公开（公告）号	GKGGH	申请人所在国（省）	SQRSZGS

续表

字段名称	代码	字段名称	代码
公开（公告）日	GKGGR	ECLA 分类号	ECLA
发明名称	FMMC	UC 分类号	UC
IPC 分类号	IPC	FT 分类号	FT
申请（专利权）人	SQZLQR	FI 分类号	FI
发明人	FMR	发明名称（英）	FMMC_EN
优先权号	YXQH	发明名称（法）	FMMC_FR
优先权日	YXQR	发明名称（德）	FMMC_DE
摘要	ZY	发明名称（其他）	FMMC_QT
权利要求	QLYQ	PCT 进入国家阶段日期	PCT_JRGJJDRQ
说明书	SMS	摘要（英）	ZY_EN
关键词	GJC	摘要（法）	ZY_FR
外观设计简要说明	WGJYSM	PCT 国际申请号	PCT_GJSQH
代理人	DLR	摘要（德）	ZY_DE
代理机构	DLJG	摘要（其他）	ZY_QT
PCT 国际申请公开日期	PCT_GJSQGKR	PCT 国际申请日期	PCT_GJSQR
CPC 分类号	CPC	PCT 国际申请公开号	PCT_GJSQGKH
C-SETS	C-SETS		

此外，该系统还具有热门工具和专利分析功能。热门工具提供了专利同族查询、引证/被引证查询、法律状态查询、国别代码查询、关联词查询、双语词典、分类号关联查询、申请人别名查询和 CPC 查询；专利分析主要对检索结果进行分析，分析维度包括申请人分析、发明人分析、区域分析、技术领域分析、中国专项分析、高级分析等。

（二）美国专利商标局网站专利文献资源

美国专利商标局是美国商务部设立的一个部门，其职能是授予专利保护和商标注册。该部门还利用专利信息的保存、分类、传播为政府机构提咨询和协作，处理知识产权所有国的内外事务。

在美国专利商标局的网站上，可以了解到美国的专利和商标相关的政策、申请注册事项、相关国际条约、专利申请文件的撰写要点说明等全面的帮助申请人按照规定格式准备申请文件的细节信息、法律援助资源、知识产权政策等。

此外，在美国专利商标局网站上，可以进行专利的检索。该网站建立了两个专门的专利文献数据库，即美国专利全文及图片数据库（USPTO Patent Full-Text AND Image Database，PatFT）和美国专利申请文件全文和图片数据库（USPTO Patent Application Full-Text AND Image Database，AppFT）。

PatFT 主要收录了 1976 年至今的美国专利 PDF 全文和 1790 年以来的专利文件扫描图片。在检索相关专利或图片时，可以采用关键词、技术主题等多个策略进行检索，但对于 1790—1976 年专利文件图片，只能使用专利号或分类号进行检索。

AppFT 主要收录美国专利申请文件的全文和扫描图片版的申请文件。用户可以按照普通的专利文献的检索方式选择字段和逻辑组配关系，或者利用分类号或申请号等检索相关专利。

PatFT 和 AppFT 在实际的专利文献检索方式上，均分为以下三种。

1. 快速检索

PatFT 和 AppFT 的快速检索类似于表格检索。在检索时，可以同时选择两个字段输入检索词进行检索。

PatFT 的快速检索字段有 53 个，包括标题、摘要、出版日期、专利类型、发明人、分类号、代理人、权利要求等。但是，对于 1790 年到 1975 年的专利文献，使用 PatFT 的快速检索功能进行相关专利文献的检索时，可选的检索字段只能是发行日期、专利号、目前的美国专利分类号。

AppFT 的快速检索字段有 38 个，主要是专利申请至授权前公开的专利文献的著录项目中和说明书、权利要求书中所包含的字段或关键词。

快速检索支持布尔逻辑算符、词组检索（""）、日期范围检索（->）和右方截词算符（$）。

2. 高级检索

高级检索相当于专业检索。在检索框内输入检索字段及相应的检索词，利用布尔逻辑算符、位置算符等完成组配即可进行检索。PatFT 和 AppFTDE 高级检索方式相同，只在检索字段上有差别。

在高级检索界面，检索词与检索字段构建检索式的方式为“检索词”或“检索字段代码/检索词”，同一字段有多个检索词时，将所用检索词用布尔逻辑词连接并用括号括起来。前一种检索表达方式因未限定检索字段，因而只要专利文献中出现了所输入的检索词，即为检索结果。后一种检索表达式因为限定了检索字段，检索到的结果只为检索词出现在所设定的字段中的文献。例如，检索式为 ttl/(tennis AND (racquet OR racket))，检索结果为在标题中含有“网球和网球拍”专利文献。

当同时检索多个字段时，分别将不同字段的检索词进行逻辑组配后再进行字段间的逻辑组配。例如，在标题位置检索合成孔径雷达，在权利要求位置检索角反射器，检索式为 ttl/("Synthetic Aperture Radar" OR SAR) AND aclm/("corner reflector $" OR "angle reflector $" OR CR)，其中，“$”为右方截词符。对于短语检索，需要用词组符引号（""），将其作为整体，或者使用连字符“-”或“*”将每个单词连接起来，否则就需要将每个词之间用布尔逻辑词“AND”连接。如上述检索式中的“Synthetic Aperture Radar”，用词组符表示时为“"Synthetic Aperture Radar"”，用连字符表示时为“Synthetic-Aperture-Radar”，用布尔逻辑词连接时则为“Synthetic AND Aperture AND Radar”。但是，各种方式连接所得检索结果会有一定差别。各种连接方法的检索式和检索结果如图 5-2-3。

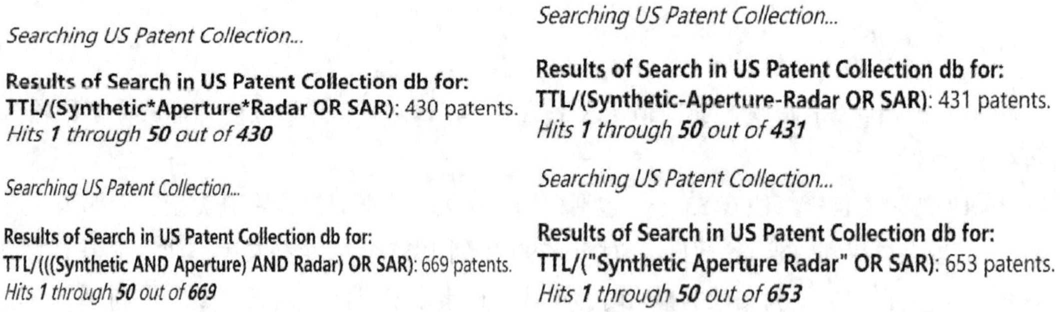

图 5-2-3　美国 PatFT 和 AppFT 的高级检索词组检索示例

3. 专利号/公开号检索

在 PatFT 数据库中，对于确定的专利文献，可以使用专利号进行检索。该库使用的专利号是授权专利的发明专利号、植物专利号、再版专利号、防卫性专利的专利号、法定登记号、修改再公开的专利号等。检索时，在检索框内输入专利号即可进行检索，如果同时检索多个专利号，专利号之间以空格分开，如果号码中含有其他字符，如“OR”“AND”，则该专利号将无法被识别。除了外观设计专利号外，其他专利号的检索必须为 7 个字符长度的号码，逗号不算作一个字符长度。对于外观设计专利号，其号码必须为 7 个或 8 个字符长度，逗号也作为一个字符长度计算。如专利号“6923014”和“6，923，014”“D339，456”和“D339456”均为同一专利号的两种写法。

在 AppFT 数据库中，主要是进行公开的专利申请文本的检索，因而可以利用专利申请号检索专利申请文本。与 PatFT 数据库检索规则相似，检索时，在检索框内输入申请号即可进行检索，如果同时检索多个申请号，那么申请号之间以空格分开即可。

（三）日本特许厅网站专利文献资源

日本特许厅网站上的专利资源包括1885年以来公布的所有日本发明专利、实用新型专利和外观设计专利，包括1950年至今的修正专利说明书、1971年至今的专利申请文本、1979—2012年的PCT国际申请的国内再公布文本、1979年至今的PCT国际申请的日文文本、1992—1996年审查通过的专利申请公开文本、1992年至今的通过审查的实用新型注册文本、1996年至今的专利授权文本等。

在日本特许厅网站上，专利文献的检索可以采用以下四种方式实现。

1. 一站式检索

一站式检索可以同时对发明专利、实用新型专利和外观设计专利进行检索，也可以选择专利类型进行检索。检索时，如果选择“All law categories”，在检索框内输入检索词即可检索到所有类型的专利文献；当将检索范围限定在“Patents/Utility Models”，检索词可以是标题、申请人、发明人、摘要、权利要求，检索结果为发明专利/实用新型专利文献；当将检索范围限定为“Designs”时，在检索框内可以输入外观设计专利技术方案相关的学术论文、外观设计的简要说明、外观设计专利相关的描述文献、申请人、权利人、设计人。当有多个检索词时，可以使用布尔逻辑词进行连接。对于词组检索，可以使用连字符（-）将单词相互连接成为一个整体。

此外，在一站式检索框内，还可以使用专利文献的文档编号进确定专利文献的检索。使用文档编号进行检索时，如果所输入的号码开头为“0”或一串“0”，则该号码不被识别为文档编号，而是被当成检索关键词。具体的专利文档编号方式如表5-2-3。

2. 号码检索

在日本特许厅网站上，可以利用专利的相关号码实现具体文献的检索。检索时，对于发明专利/实用新型专利，可以将检索范围限定为文档检索或者OPD检索。当进行文档检索时，检索到的文献将为公开出版的发明专利或实用新型专利的公开文本、外文文本、非专利文本（包括技术内容相关的期刊论文）。当选择OPD检索时，检索结果为各国专利局拥有的专利申请信息和审查信息；对于外观设计专利，号码检索并不限定检索范围。

除了限定检索外，进行号码检索时，还需要在检索框内输入相应的号码。在发明专利/实用新型专利的号码检索中，可以在检索框内仅输入专利号（多个专利号之间以空格隔开），也可以输入号码范围（主要用于检索号码差别不大的一组专利文献），还可以输入DOCDB号（带有国家/组织代码的专利号）。在外观设计专利的号码检索中，只适用于前两种输入方式。

表 5-2-3　**日本专利文档编号方式**

常见的编号方式	适用专利类型	组成部分
Xyy-nnnnnn	发明专利 实用新型专利 外观设计专利	一个日本时代的名称符号（X）+两位日本年份+连字符（-）+六位数的序列号 日本时代符号： “R”或“R”代表 Reiwa（令和） “H”或“H”代表 Heisei（平成） “S”或“S”代表 Showa（昭和） “T”或“T”代表 Taisho（大正） “M”或“M”代表 Meiji（明治）
yyyy-nnnnnn		四位数的公元年+连字符（-）+两位数的序列号
nnnnnn		六位数的序列号
nnnnnnn		七位数的序列号
AAyyyy-nnnnnn	发明专利/ 实用新型专利	专利文献类型代码+四位公元年+连字符（-）+六位数字序列号
AAXyy-nnnnnn		专利文献类型代码+一个日本时代符号+两位日本年份数字+连字符（-）+六位数字序列号 日本时代符号使用汉字形式，如“令”“昭”“大”“明”等
AAnnnnnn		专利文献类型+六位数字序列号
AAnnnnnnn	发明专利	发明专利标识+七位数字序列号
AAnnnnnnn	实用新型专利	实用新型专利标识
AAyyyy-nnnnnn	发明专利/ 实用新型专利	PCTJP+四位公元年份数字+连字符（-）+六位数字序列号
意愿 yyyy-nnnnnn	外观设计专利	意愿+四位公元年+连字符（-）+六位数字序列号
AAnnnnnnn 号		登录+七位数字序列号+号
DM/nnnnnnX-nnn		DM/+六位数字序列号+一个大写字母+连字符（“-”或“/”）+三位数字序列号
国际登录 DM/nnnnnnX-nnn		国际登录 DM/+六位数字序列号+一个大写字母+连字符（“-”或“/”）+三位数字序列号
AAnnnnnnn 号		意匠+七位数字序列号+号

进行号码检索时，对于发明专利/实用新型专利，相应的检索号码为专利申请号、专利公开号、PCT 日文版的专利公开号、修改专利申请的公开号、发明专利号（B、C 类型）、发明/实用新型专利诉讼号、已审专利的公开号等；对于外观设计专利，相应的检索号码为申请号、注册号、国际注册号+设计号、诉讼号、公开材料号、登记号（美国公报）。

3. 关键词检索

在日本特许厅网站上是利用关键词进行专利检索，主要是从发明专利/实用新型专利申请文、授权文本、修改文本、再版文本和其他版本的文献的著录项目、摘要、权利要求等中抽取关键词汇作为检索词，检索专利的公开文本、外文文本、非专利文档；或者从外观设计各种版本的公开文本中抽取关键词汇作为检索词，检索日本专利公报、公开文本、国外专利公报等。

采用关键词进行检索专利文献时，可以选择输入日文或者英文检索词，检索的方式类似表格检索，选择相应的检索字段，输入对应格式的关键词即可。还可以设置排除字段及相应的关键词，提高检索的准确性。发明专利/实用新型专利文献的检索字段与外观设计专利文献的检索字段有部分差别，但检索界面基本相似。发明专利/实用新型专利文献的关键词检索界面如图 5-2-4。

4. 分类号检索

该种检索方式主要利用日本的专利分类体系或者 IPC 分类体系进行专利检索。可以在检索框内输入分类号进行检索，也可以输入分类的技术主题词检索相关分类号。三种专利文献的检索方式基本相同。

（四）欧洲专利局网站专利资源

欧洲专利局网站上收录了来自世界各国的超过 1.2 亿的发明专利、实用新型专利和外观设计专利的技术文本，数据每周三更新。在欧洲专利局网站上可以免费检索 1782 年至今的专利和技术信息，并为每件专利文本提供了附加信息，通过附加信息可以了解到专利是否授权、目前是否有效，还可以免费在线访问欧洲专利局出版的所有欧洲专利文件、搜索欧洲专利申请（A 文档）和授予的专利（B 文档），并监视新出版物的出现。它具有高级搜索功能，包括全文搜索。该界面有英文、法文和德文三种语言模式。对于这些资源的检索和浏览，该网站既提供了针对各类资源版块的检索入口，也可以在网站首页上利用一站式检索、高级检索和分类号检索的方式搜集相关专利文献。其中一站式检索与高级检索等同，在一站式检索中，可以利用字段代码和逻辑算符对相关检索词进行组配后检索，与

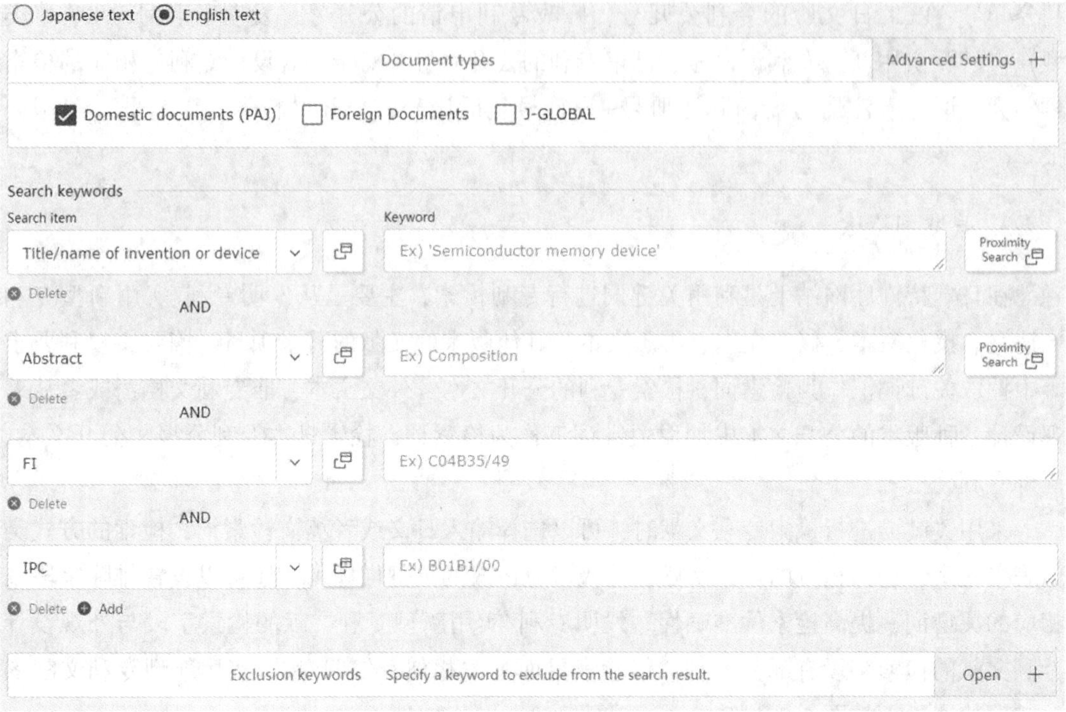

图 5-2-4　日本专利特许厅发明专利/实用新型专利文献的关键词检索界面

高级检索选择检索字段和选择逻辑关系的思路一致。因此，本节主要通过一站式检索和分类号检索介绍欧洲专利局网站专利文献的检索。

1. 一站式检索

该网站的一站式检索也叫“Smart Search”，等同于期刊论文数据库的专业检索功能。

用户可以直接在检索框内输入检索词进行检索，此时的检索范围不限，只要检索结果的任何地方出现了检索词，即判定检索正确。

用户也可以在检索框内以字段限定的方式输入检索词检索相关文献，如“ntxt =(Deformation OR earthquake OR slide OR volcano OR subsidence OR ground-subsidence OR founder OR crustal-movement)”“Ntxt=("Deformation detection" OR earthquake OR slide OR "volcano observation" OR "subsidence" OR "ground subsidence" OR "rock burst" OR "rock uplift" OR displacement OR settlement) AND claims=(crust movement OR Glacier displacement OR Ground Motion)”。

但是，在一站式检索或高级检索中，同一字段的不同检索术语最多不能超过 10 个，如果检索术语为词组而非单个单词时，会按照单词个数计算，因此对于词组类型的检索词，需要用双引号或者连字符（-）绑定，如“Deformation detection”，当其作为一个短语不加双引号或者连字符时，它将被当成“Deformation”和“detection”两个术语计算；当检索表达式有多个字段时，所有字段的术语总数加起来不能超过 20 个。

在一站式检索和高级检索方式中，可用的检索术语如图 5-2-5 所示。

Field identifier in Smart search		Description / Equivalent search field in Advanced search	Example
in new Espacenet	*in classic Espacenet*		
nftxt	-	All text fields or names	nftxt="extreme uv lithography"
ntxt	*txt*	Title, abstract or names	ntxt=microscope lens
ti	*ti*	Title	ti="mouse trap"
ab	*ab*	Abstract	ab="mouse trap"
desc	*desc*	Description	desc=lens
claims	*claims*	Claims	claims=laser
ta	*ta*	Title or abstract	ta="laser printer"
ctxt	-	Title, abstract or claims	ctxt=milking ctxt=robots
ftxt	*extftxt*	All text fields (title, abstract, description or claims)	ftxt=nanoparticles
in	*in*	Inventors	in=smith
pa	*pa*	Applicants	pa=siemens
ia	*ia*	Inventors or applicants	ia=apple OR ia="ries klaus"
pd[1]	*pd*	Publication date	pd=20180107
pr	*pr*	Priority number	pr=ep20050104792
pn	*pn*	Publication number	pn=ep1000000 pn=EPB1[2]
ap	*ap*	Application number	ap=jp19890234567
num	*num*	Numbers	num=ep1000000
ipc	*ipc*	IPC	ipc=A63B49/08
cpc	*cpc*	CPC	cpc="A61K31/13"
cpcc	*cpcc*	CPC C-sets	cpcc="C08F297/02"
cl	*cl*	IPC or CPC	cl=C10J3
ct	*ct*	Cited documents	ct=ep1000000

图 5-2-5　欧洲专利局网站可检索字段

此外，在网站上检索文献时，还可以使用布尔逻辑词、右方截词（“*”“?”“#”）、时间范围检索（“:”“,”“within”）、比较检索（“>”“<”“<=”“>=”“=”），如表 5-2-4。

表 5-2-4　　**欧洲专利局检索技巧**

分类	表达方式	含义	检索举例
布尔逻辑词	AND	检索结果交集	输入“pa = bosch AND pa = siemens”将检索申请人为 bosch 和 siemens 的专利文献
	OR	检索结果并集	输入“in = smith OR in = hube”将检索发明人为 smith 或 hube 的专利文献
	NOT	检索结果排除	输入“txt = laser NOT semiconductor”将检索全文中包括“laser”但不包括“semiconductor”的专利文献
右方截词	*	截断右边任意一个字符	输入“car * ”将检索出“car”“cars”“card”“cart”“care”“carbon”等
	?	右方截断一个以下字符，问号可以是多个，则检索出问号个数以下的词汇	输入“car?”将检索出“car”和“card”“cars”“cart”“care”等，但不会检索到“cards”“carbon”等
	#	右方截断一个字符	输入“car#”将检索出“card”“cart”“care”“cars”等，但不会检索出“car”
时间范围	:	表示某个时间段	输入“1998：2008”将检索 1998 年至 2008 年的文献
	within	多个时间中的任意时间或者某个时间范围内	输入“pd within 1998，2008”将检索 1998 年或者 2008 年的文献
			输入“pd within 199801：200812”将检索 1998 年 1 月至 2008 年 12 月的专利文献
比较检索	>	某段时间以后	输入“>1998”将检索 1998 年以后的文献
	<	某段时间以前	输入“<1998”将检索 1998 年以前的文献
	=	赋予字段检索的内容	输入“pa=siemens”将检索申请人为“siemens”的文献
	>=	某段时间及以后	输入“>= 1998”将检索 1998 年及以后的文献
	<=	某段时间及以前	输入“<= 1998”将检索 1998 年及以前的文献

2. 分类号检索

分类号检索可用于检索某一具体技术所属的国际专利分类的分类号，也可以检索某个分类具体涉及的技术领域。确定具体的分类号后，可以直接转入专利文献的检索。

在分类号检索中，除了可以利用 IPC 分类号检索专利文献，还可以使用 CPC、CPC 的

2000 系列分类号、引得码，对所要检索的技术进行更详细的分类，从而帮助提高检准率。

二、商业性专利数据库

（一）Incopat 专利数据库①

Incopat 是国内首个将全球顶尖的发明智慧深度整合，并将数据翻译为中文，为中国的企业决策者、研发人员、知识产权管理人员提供科技创新情报的专利信息平台，收录了全世界范围内 120 个国家、地区和组织约 1.5 亿的专利文献。该数据库对专利著录信息、法律、运营、同族、引证等信息进行了深度加工及整合，24 小时动态更新。其中，对于法律和运营数据，主要收录了中国大陆、中国台湾、美国、日本的诉讼数据，中国大陆和美国的转让数据，中国大陆的许可、质押、海关备案、复审、无效和口审数据。对于在中国大陆公开的专利，IncoPat 还提供了其英文的著录信息；而对于非中文专利，IncoPat 不仅收录了其英文著录信息，部分小语种的标题和摘要信息，还提供了其中文的标题和摘要信息。因此，在 IncoPat 系统中，可用中、英文检索和浏览全球专利，快速提升了检索和阅读效率。另外，在专利基本信息、权利要求和说明书标签页还提供了中、英、日、韩、德等互译功能。

Incopat 数据库包括原始数据库和同族数据库两个子库。原始数据库按照专利申请的国家/地域，将每件专利文本分开进行检索和展示；同族数据库将专利家族作为一项进行检索和展示。

Incopat 数据库的专利文献检索功能非常强大，包括简单检索、高级检索、批量检索、引证检索、法律检索、AI 检索、语义检索、扩展检索和图形检索功能。

1. 简单检索

简单检索是一种较模糊的检索方式，在检索框中输入任意信息即可实现同时对多个字段的检索。另外，默认检索字段可自定义设置，即设置是否需要在说明书字段中进行检索。

2. 高级检索

高级检索是一种精准的检索方式。在检索区域选择检索字段，输入对应的检索要素就

---

① 系统说明［EB/OL］.（2021-05-13）［2021-05-18］. https：//www.incopat.com/help/sysdoc/help1-1.html.

可检索，而且字段内部以及多个字段之间可以进行逻辑运算。另外，还可自行编辑逻辑关系复杂的检索式来检索。高级检索界面的“主要信息”字段（包括“主要著录信息”和“主要著录信息或说明书”），其功能等同于简单检索。

高级检索的界面分为“选择数据范围”“表格检索”和“指令检索”三个区域。如图5-2-6。

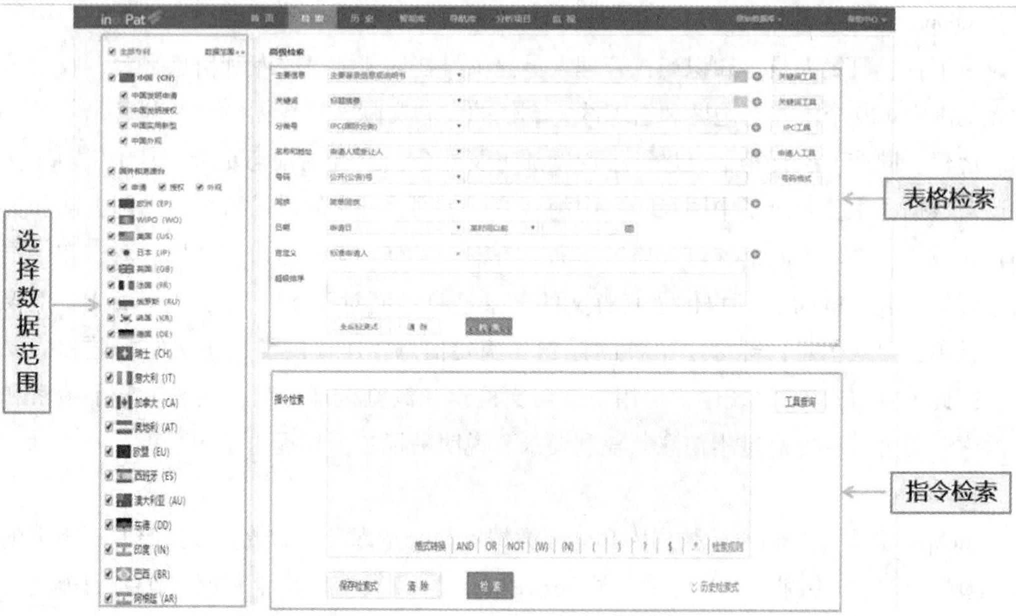

图 5-2-6　Incopat 数据库的高级检索界面[3]

3. 批量检索

批量检索是一种号码检索，主要利用专利的公开、申请号、优先权号或者所有号码进行专利文献检索。批量检索可以实现一次输入 5000 个号码进行检索，或者输入 100 个号码提取 PDF 格式的专利说明书。批量检索界面还可查看号码的匹配情况，包括重复号码的提示，而且对未查到的号码可以通过模糊匹配检索是否有其他公开版本。目前，可同时查看 2000 个号码的匹配情况，未匹配到的号码详情还可以下载到本地。

4. 引证检索

引证检索是检索已知专利文献的施引专利文献或者其引用的专利文献，也可以根据用户提供的申请人、发明人、技术术语、分类号等，查找相关的施引专利文献和被引专利文献。

5. 法律检索

法律检索入口包含6个子入口，分别为“法律状态检索”“专利诉讼检索”“中国专利许可检索”“专利转让检索”“中国专利质押检索”“中国复审无效检索”。在“法律状态检索”入口可检索法律状态全文中所包含的文字信息、检索专利的有效性（包含有效获得授权且法律状态全文中未公布失效、失效和审中三种状态）和专利当前的详细法律状态；在“专利诉讼检索”入口可以利用表格检索中国大陆、中国台湾、美国、日本的诉讼信息，也可将诉讼当事人、法律文书内容、裁决发生地等信息与专利基本著录信息进行联合检索；在“中国专利许可检索”入口可以利用表格检索在中国知识产权局进行许可备案的数据检索，也可将许可人、被许可人与专利基本著录信息进行联合检索；在“专利转让检索”入口可以检索中国和美国专利的转让数据，也可将转让人、受让人与专利基本著录信息进行联合检索；在“中国专利质押检索”入口，可以检索出中国知识产权局登记的质押信息，也可结合出质人、质权人等信息与专利基本著录信息进行联合检索；在“中国复审无效检索”入口，IncoPat将复审申请和无效宣告申请进行了区分，并增加了相关口审的检索，可以通过表格检索的方式将请求人、决定全文等信息与专利基本著录信息进行联合检索。

6. AI检索

AI检索利用知识图谱及人工智能技术，实现发明内容的精准识别、精准匹配。AI检索有三个子入口，分别为“查新检索”“无效检索”和“侵权风险检索”。

在“查新检索”入口，在“技术描述”栏输入一段文字，可匹配出一些可能会影响新颖性、创造性的对比文件。当输入的技术描述为中文，数据范围为中国时即可进入第二步——绘制DNA图谱；在“无效检索”入口，通过输入无效对象的专利号进行检索，检索结果将自动排除申请日之后的专利。当输入的号码为中国专利号码且数据范围选择中国时，则“下一步”进入DNA图谱绘制界面；在“侵权风险检索”界面中，输入一段技术描述的文字，可自动检索出可能存在一定侵权风险的相关专利。

7. 语义检索

语义检索是根据用户输入的专利公开号或一段文字，根据语义算法模型自动匹配出一些相关度较高的专利，不需要选择检索关键词及编写检索式，是一种快速的检索方法。

8. 扩展检索

扩展检索是根据用户输入的专利公开号或一段文字，系统自动提取出一批关键词，并列出这些关键词的扩展相关词（包含同义词、近义词、关联概念、上下位概念等）后，利用字段和逻辑关系组配形成检索式，检索专利文献的一种方法。

该种检索支持中英文的技术信息、检索词、段落或者篇章的术语扩展及检索。

9. 图形检索

图形检索类似于百度识图。在图形检索界面支持上传的图片单独检索，或与其他条件结合检索。即在图形检索时可同时限定“关键词（标题摘要）、申请人、洛迦诺分类号、公开国别”等条件，系统会根据输入的内容，在外观设计专利数据中进行匹配，提供相似的结果。通过点击或者拖拽图片到图形区即可上传图片。

图形检索比较适合实用新型专利文献的检索。

在检索规则上，Incopat 数据库支持布尔逻辑算法、位置算符、截词算符、同句算符、同段算符、数字范围、时间范围。

除此之外，Incopat 数据库具有丰富的专利文献数据统计分析功能，包括常规的宏观统计分析、聚类分析、3D 专利沙盘和引证分析。

（二）全球知识产权数据库

全球知识产权数据库（Orbis Intellectual Property，Orbis IP）是 Bureau van Dijk（BvD）旗下子库，它将 BvD 现有的 2.8 亿家企业数据与全球专利数据打通而成。因此，在 Orbis IP 数据库中，用户不仅可以看到专利信息，还可以看到一个公司信息及专利组合信息。

该数据库的信息实时更新，对于所有实时更新的专利信息，不仅包含了专利的基本信息的更迭，还包含了专利所有权的更迭信息（包括更迭次数和具体时间）。

除了基本信息外，用户可以通过 Orbis IP 实时跟踪并购交易，以便当并购交易中涉及无形资产的买卖时，或者是专利的独立出售时，随时监控专利所有权变更。而且，Orbis IP 还支持对于特定部门或行业的交易的识别和分析。

在 Orbis IP 中，可以检索专利、公司和诉讼数据。其中，公司数据包括公司的地理位置、活动、所有关系、金融、股票和收益估计、并购和专利组合。在专利检索方面，该数据库提供了一站式的检索方式（支持布尔逻辑词），可以在检索框内输入检索词进行检索，并提供了分别按照专利文本（出现在摘要、权利要求、说明书、标题中任一地方）、名称（包括申请人名称、权利人名称、发明人名称）、数量（权人数量、发明人数量、申请人数量）、概况、申请号、公开号、日期、分类、专利价值、专利家族、收购和异议等的检索入口或结果精简方式，如图 5-2-7。

此外，Orbit IP 数据库还记录了用户每一个检索步骤，可以使用布尔逻辑词（AND、OR、AND not）或者“From”将各个检索步骤组配进行优化检索。

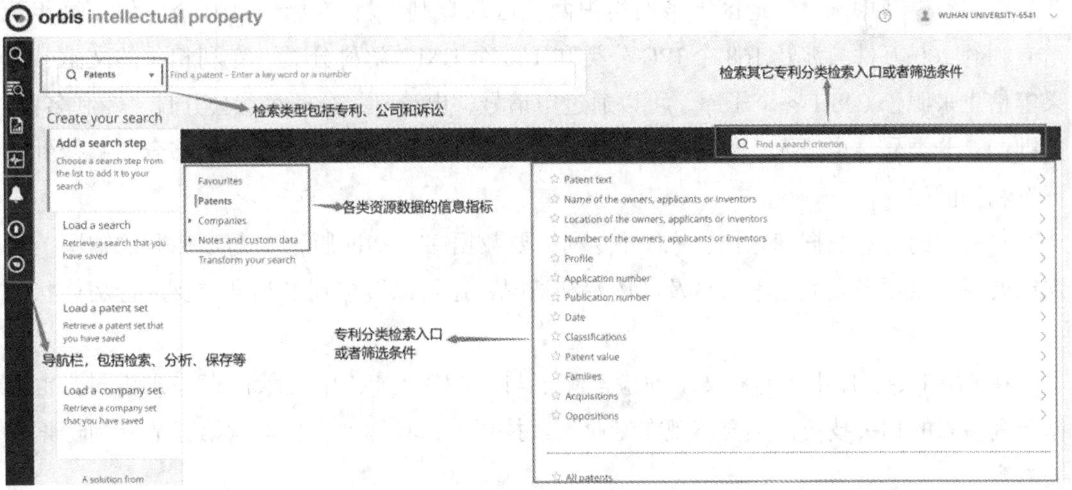

图 5-2-7 Orbis IP 专利检索界面

（三）CNKI 专利库

中国知网（CNKI）专利库由《中国专利全文数据库（知网版）》和《海外专利摘要数据库（知网版）》构成，收录的专利包括中国专利和海外专利。

1.《中国专利全文数据库（知网版）》

《中国专利全文数据库（知网版）》收录了 1985 年以来在中国大陆申请的专利文献，包括发明公开、发明授权、外观设计和实用新型四个子库中专利文献，共 3360 余万件，每年新增专利约 250 万件，涉及 168 个 IPC 分类、LOC 专利分类和 168 个 CNKI 学科分类，能够准确地反映中国最新的专利发明。专利相关的文献、成果等信息来源于 CNKI 各个子库。可以通过申请号、申请日、公开号、公开日、专利名称、关键词、分类号、申请人、发明人、优先权等检索项进行检索，并一次性下载专利说明书全文。

与通常的专利数据库相比，《中国专利全文数据库（知网版）》每项专利的知网结集成了与该专利相关的最新文献、科技成果、标准等信息，可以完整地展现该项专利产生的背景、最新发展动态、相关领域的发展趋势，可以浏览发明人与发明机构的更多的论述及其在各种出版物上发表的文献。

2.《海外专利摘要数据库（知网版）》

《海外专利摘要数据库（知网版）》收录了 1970 年至今的来自美国、日本、英国、德国、法国、瑞士、世界知识产权组织、欧洲专利局、俄罗斯、韩国、加拿大、澳大利亚、中国香港及中国台湾地区十国两组织两地区的专利，目前共计9250余万件，每年新增专利约200万件，涉及168个IPC分类和168个CNKI学科分类。专利相关的文献、成果等信息来源于CNKI各个子库。可以通过申请号、申请日、公开号、公开日、专利名称、关键词、分类号、申请人、发明人、优先权等检索项进行检索，专利说明书全文链接到欧洲专利局网站。

与通常的专利数据库相比，《海外专利摘要数据库（知网版）》每项专利的知网节直观地展现了该项专利的基本信息及同族专利情况，还可以链接到专利全文及进行法律状态查询。

在CNKI专利库中，专利文献的检索除了与一般的CNKI中文献检索方式相同，也遵循专利检索的相关技巧，主要体现在专业检索技巧上，具体内容见本章第三节专利检索相关内容。

（四）Patentsight

Patentsight是律商联讯（LexisNexis）公司旗下的产品，其实质上是一个专利数据分析工具。它吸收了律商联讯对于世界各国法律文献及数据的精准及时特性，将全球105个国家/组织的专利文献数据进行了集成，数据最早可追溯至1782年。Patentsight数据库中的专利数据是以专利家族为单位计数的，即将享有相同优先权的一组专利的申请文本、授权文本、修改文本、再版文本等合并，记作1个专利家族。截至2021年5月13日，该库收录了71039686个专利家族的数据。在Patentsight数据库中，可用于专利文献检索的字段有93个，涉及费用、地域、机构、法律状态、技术、文本等类别，如图5-2-8。

在Patentsight专利数据库中，专利文献的检索有表格检索和语法检索两种方式。

1. 表格检索

表格检索（Visual search）界面如图5-2-8。在表格检索中，需要选择检索字段，如Owner、IPC、Number、Time等，也可以点击“More”选择其他更加细化的字段进行相关检索。Patentsight数据库中的专利文献数据不仅包括有效发明专利、实用新型专利数据和外观设计数据，还包括无效的实用新型专利数据和无效外观设计专利数据。在检索时，默认是在有效专利的数据库中进行检索的，因此，如果用户需要的数据包括无效专利数据，需要选择无效的实用新型专利数据和无效外观设计专利数据选项。

利用表格检索时，可以使用多个字段进行逻辑组配。Patentsight数据支持布尔逻辑词（算符）、位置语法（算符）、截词检索、词组检索和括号优先级。其用法与普通数据库中的算符用法基本相同，本节不做详细介绍。

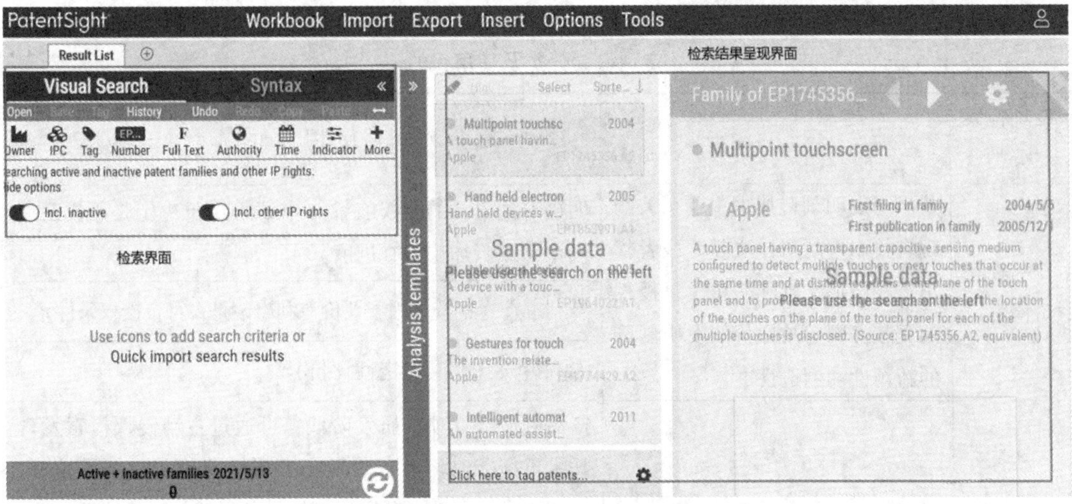

图 5-2-8　Patentsight 专利数据库检索界面

2. 语法检索

利用语法检索方式检索专利文献时，主要是利用字段将对应的检索词使用了逻辑关系、位置算符等组配构建检索式进行检索，构建方式与普通数据库的构建方式基本相同，可用的检索字段或代码与表格检索相同，因此不再赘述。

(五) 其他专利数据库

除了上述较为丰富且检索方式多样的商业数据库外，还有万方专利数据库、Patentics、德温特专利数据库、Innography、智慧芽、innojoy 等。因笔者访问权限问题，所以本部分不对这些数据库进行详细的介绍。

第三节　专利文献检索方法

一、专利文献检索分类

与传统的期刊文献、图书等检索不同，专利文献的检索会根据专利文献的使用目的进行不同类型检索，各个类型的检索所采用的策略需要根据使用目的进行有侧重点的调整。

常见的基于专利文献使用目的专利检索及内涵如表 5-3-1。

表 5-3-1　**专利检索分类及使用目的**

专利检索分类	内　涵	使用目的
专利查新检索	找出与发明创造技术主题相关的现有技术中的对比文献，或者找出抵触申请文献和防止重复授权的文献，判定被评价的发明创造的新颖性和创造性	明确专利申请的授权前景（申请人用于决定是否提交专利申请或者加快审查进度）
		专利审查（审查员用于评价专利申请是否符合授权条件）
		专利诉讼（权利稳定性评价）
专利侵权检索	分为主动侵权检索和被动侵权检索。主动侵权检索即防止侵权检索，是指为避免发生专利纠纷而主动针对某一产品或方法进行专利检索，找出其可能侵权的专利或专利申请并且评估侵权风险，也称为“自由实施（Freedom To Operate，FTO）专利检索”。被动侵权检索是指被别人指控侵权时进行的检索，判断专利侵权指控是否成立，找出对受到侵害的专利提出无效诉讼的依据	产品制造（立项、研发阶段，可通过主动侵权检索发现技术雷区，以便有针对性地开展规避设计、技术挖掘、专利许可、失效专利利用等来避免侵权并降低涉诉风险；生产阶段，可以通过主动侵权检索评估侵权风险，使所生产加工的产品及其零部件、模具、机器、设备等不侵权，所使用的方法不侵权，所制造产品的外观不侵权）
		产品上市［产品推销（展销、广告、传真、网上发布消息、新闻等各个途径使消费者知晓产品销售的要约行为）、产品销售、产品进口前，可以通过主动侵权检索避免所推销、销售或进口的产品及零部件发生侵权问题］
		专利诉讼（遇到专利侵权纠纷时，被控侵权人应进行被动侵权检索，运用专利无效抗辩、滥用专利权抗辩、未落入涉诉专利范围抗辩、现有技术抗辩等策略积极应诉）
		防范他人侵权（为防范他人侵犯专利权，专利权人可以进行防侵权检索，查找与标的专利技术方案相关的第三方专利、专利申请或产品，监视和跟踪他人已经或即将发生的侵权行为）
专利技术主题检索	专利技术主题检索主要用于专利技术二次开发，以引进和利用专利文献为基础，通过消化、吸收、创新、发展来突破技术壁垒，从而形成具有自主知识产权的新技术和新产品	专利挖掘（挖掘现有技术，提高研发起点，挖掘技术空白点、热点、重点，针对性采取研发和保护策略）
		专利导航（确定现有技术，明确研发方向和路径）
		专利布局（针对竞争对手、技术方向和技术投放地域）

续表

专利检索分类	内　涵	使用目的
自主知识产权认定检索	自主知识产权是发明创造的单位或个人能够独立实现某种技术知识产权资产的所有权。自主知识产权明确容易被交易，风险小；自主知识产权不明晰的技术侵权风险大，交易时需谨慎	判断交易过程中技术出让方的是否就正在交易的技术具有自主知识产权，防止侵权
		侵权纠纷中的权利归属确认

二、专利文献检索内容①

专利文献检索内容会根据检索类型的不同而有所区别，主要分为号码检索、法律状态检索、人物检索、专利同族检索、引文检索和技术信息检索。

（一）号码检索

号码检索通常是用户已经掌握了某专利文献的申请号、申请公开号、授权公告号或者优先权号，希望通过这些已知的信息，找出对应的专利文献。号码检索在大多数专利资源库中都有相应的字段，在号码字段位置输入对应的号码即可精确检索指定的专利文献。

号码检索在很多场景都有应用，常见的有专利确权、专利详细技术信息的确认、专利评估等。

（二）法律状态检索

专利法律状态检索是专利检索中最常见的内容，具体是指根据用户提供的专利号码信息或者技术方案等信息，对确定的专利进行检索，确认专利所处的法律状态，如授权、申请、实质审查、无效、驳回、撤回、终止、专利申请日、专利权人、授权国别等。

专利法律状态检索的应用场景非常多，主要有五种情形。

① 肖沪卫，瞿曼丽，路炜．专利战术情报方法与应用［M］．上海：上海科学技术文献出版社，2015.

1. 专利转移转化

专利权发生转移或者专利进行转化过程中，即进行专利技术引进、合资、合作、并购、专利权质押、作价投资、技术许可、融资担保等活动，专利法律状态的检索是非常重要的环节。专利法律状态的检索在这些过程中主要是用于确认出让人或许可人是否为专利权人，防止上当受骗；或者确认专利权有效性，避免引进非专利、无效专利或剩余保护期限过短的专利，减少不必要的损失。

2. 规避侵权风险

专利的保护是有期限的，当一件专利到期后，其技术方案就成为公共技术，任何人和单位都可以自由实施该技术。因此，在技术研发生产、产品上市或进出口过程中，专利法律状态的检索可以有效地帮助研发生产人员、企业了解自己所感兴趣的专利技术还有多久能成为免费技术，从而提前做好生产实施的准备，保证产品尽快上市，抢占商机；或者了解根据自己的专利技术生产的产品是否会在即将上市的地区存在侵权风险；或者进行自主知识产权认定，防止侵权或上当。

3. 专利侵权诉讼

专利侵权诉讼过程，为了帮助双方当事人确认权利是否有效，首先应该进行专利法律状态检索。因此，专利法律状态的检索在侵权诉讼中主要是为了提供应诉或者诉讼证据。

4. 专利性评价

专利法律状态检索在专利性评价中不常见，因为对于专利申请或者授权专利，其专利性参考的主要是现有技术，而现有技术是申请日前的技术方案中所记载的内容，只要能从公共渠道获取即可，并不关心该技术方案是否获得专利权。然而，如果一件专利具有同族专利，可以通过同族专利的法律状态，考虑其检索报告或检索结果，推出等同专利的新颖性和创造性，为审批专利或无效专利提供参考。

5. 项目申报或者科研绩效评价

专利法律状态检索在项目申报或者科研绩效评估中比较常见，因为，在项目申报过程中，特别是科研机构或者高校与企业合作时，企业会参考合作者的申请了多少专利，有多少专利获得授权，用以评价合作者的研发和技术布局实力；在科研绩效评价中，专利常常作为众多被评价的成果中的一部分，有效的专利往往会给被评估者的绩效带来加分的机会，特别是发明专利的法律状态。

此外，在科创板公司上市时，会对即将上市的公司的专利进行法律状态检索，评价其上市风险。

（三）人物检索

人物检索主要是指用户以专利申请人、权利人、发明人、专利代理人等相关人物信息为线索，检索有关专利文献或信息。

专利的人物检索应用场景常见的有专利挖掘、专利布局或专利导航中的技术研发、人才引进或技术跟踪、技术转移转化等。

1. 技术研发

借鉴他人技术是技术研发过程中必不可少的环节。在专利挖掘、专利布局或者专利导航过程中，利用专利申请人、发明人、专利权人检索，对于竞争对手的技术分析和跟踪，可以帮助用户挖掘行业内的领军企业和竞争对手，找出差距，针对竞争对手的技术做出规避设计从而避免上市侵权或者重复研发。

2. 人才引进或技术跟踪

专利发明人是对专利技术方案作出实质性贡献的自然人，是实际掌握技术的人。通过专利发明人分析或者检索，掌握发明人的技术特点及其活动规律，以便发现技术合作者或技术竞争者，或者对相关发明人的专利技术进行评估，为人才引进提供参考。

3. 技术转移转化

专利转移转化是专利从技术层面向价值层面转变的重要表现形式。在科研机构或者高校的专利转移转化过程中，专利技术的合作申请人或者技术引用者是转移转化过程的潜在合作对象，因而需要进行人物检索与评估。

（四）专利同族检索

专利同族检索是以某一专利申请号（包括优先权号）或者文献号为线索，查找与其同属于一个专利族的所有同族专利。

专利同族主要是用于克服语言障碍，帮助用户通过自己熟悉的语言了解专利技术方案的具体内容；或者用于评价一项专利技术的地域分布状况，了解其全球市场布局，在产品进出口中防止侵权；或者用于在对一件专利进行评估时，获取其同族数量作为评价指标；或者通过同族的法律状态，考察同族专利的检索报告或者检索结果，推出等同专利在其他地域申请的授权前景或权利稳定性。

（五）专利引文检索

专利引文检索是针对特定的专利检索其引用或者被引信息。通常情形下，以下情形可能需要进行专利引文检索：了解某项具体技术的发展脉络，分析判断技术在发展过程中所处的位置；掌握专利技术被引用的发展态势，有效获取前沿技术的变化信息；确定某技术领域的研究热点和核心技术；参考对比相关技术，避免发生技术侵权行为；定量评价科研机构的学术水平和科研绩效等。

（六）技术信息检索

专利技术信息检索是指根据专利的技术主题、分类号、关键词、权利要求、摘要等进行相关专利文献检索，了解某一技术主题相关的技术信息，用于专利查新、专利技术二次开发等。

1. 专利查新中的技术信息检索

专利查新检索主要为了评价专利申请或者已授权的专利是否具有新颖性和创造性而进行的检索，其检索的文献主要为申请日（有优先权的指优先权日。专利申请是申请日，已授权专利也为其申请日）前的专利文献、非专利文献（包括期刊论文、图书、手册、宣传资料、产品资料等），或者在申请日提出申请、但在申请日后公开的专利文献。

因此，在专利查新中的技术信息检索主要基于待评估专利申请的技术方案和专利的申请日，利用主题词、关键词、分类号、申请人或权利人检索相关现有技术。

2. 专利技术二次开发中的技术信息检索

专利技术二次开发即用户或者技术情报需求方要求受托方基于现有的专利技术信息进行分析，判断特定技术目前的发展现状趋势、技术重点、技术空白点、技术热点、技术所处的生命周期阶段、技术竞争态势等，监测最新的技术动态，找出现有技术的不足，或者针对性评价自身技术在技术领域中所处的地位，从而帮助其进行新技术研发、技术改进、技术引进、技术布局、申请研究项目等。因此，技术信息的检索常被用于专利挖掘分析、专利布局分析和专利导航中。

三、专利文献检索技巧

专利文献的检索可以分为基于某一或某一批已知的专利文献的号码（申请号、专利申请公开号、授权公告号等）、人物信息（专利权人、发明人或者申请人等）或者标题等具体信息进行的检索，以及基于相关技术信息而进行检索。

在大多数专利资源平台中（包括各国专利局网站、商业数据库），专利的号码信息、人物信息、标题、摘要是基本的检索字段或检索途径，因此，利用这些信息进行特定专利的检索方便快捷且准确，检索时只需要根据相应的资源平台格式要求输入对应的内容即可进行检索。

然而，对于技术信息的检索，由于用户或委托方要求从实际的技术方案出发，找出相关文献评价其技术方案的新颖性和创造性（如专利查新检索中，拟申请专利的技术主题和技术方案已知），或者仅给出一个范围较大的技术主题，要求检索分析者根据技术主题检索相关文献，对具体的产业或研究领域进行战略导航（如进行产业导航时，用户一般只提供产业信息，不告知具体的技术方向或者自身也不清楚产业全部的分支技术），因此，技术信息的检索不同于特定专利文献的检索，且比特定的专利文献检索要繁琐得多，其通常伴随多种字段的组合，必要时还会运用多种逻辑关系等进行搭配形成复杂的检索式才能达到检准或者检全文献的目的。从检索者的角度来说，这种技术信息的检索可以分为专利性检索（即专利查新检索）和主题检索。二者的区别与共性如表5-3-2。

表 5-3-2　　**专利性检索与主题检索的区别与共性**

<table>
<tr><th>技术信息检索分类</th><th>区　别</th><th>共　性</th></tr>
<tr><td>专利性检索</td><td>1. 专利性检索主要用于判断技术方案发明点的新颖性和创造性
2. 找出的文献称为“对比文件”
3. 侧重查准率
4. 检索的文献为专利文献和非专利文献
5. 检索文献范围为申请日以前的文献</td><td rowspan="2">1. 二者都是从技术信息角度上进行的检索
2. 检索过程中，从技术文本或者现有技术中提取关键词和分类号有助于技术信息的检索
3. 都需要对专利文献进行检索</td></tr>
<tr><td>主题检索</td><td>1. 主题检索主要用于科研立项前的研发策略制定、技术引进、了解技术现状、研发过程中的技术参考等
2. 找出的文献称为“参考文献”
3. 侧重查全率
4. 检索的文献为专利文献
5. 检索文献时间范围由具体需要确定</td></tr>
</table>

对于专利性检索，由于其主要目的是用于评价客户自己的技术方案的新颖性和创造性，因而检索时并不强调检全所有相关文献，只需要检索出一篇或几篇能够影响客户技术方案新颖性/创造性的文献即可，即强调文献的检准率。

对于主题检索，由于其主要应用于技术研发、产业导航、技术分析等，因而其涉及的面较为广泛，要求检索的文献范围也比较大，所以较为注重检全率。

对专利性检索和主题检索，虽然有一些区别，但是二者在检索策略制定上的思路基本相同，检索流程也基本相同，如图 5-3-1。

在专利检索基本流程中，专利检索要素的确定对整个检索结果的全面性和准确性有重要的影响。对于专利文献的检索，检索要素不仅包括检索关键词，还包括技术分类号。因此，本节主要从检索要素的确定中的关键词的确定、分类号的确定以及二者组合使用方面简述专利文献检索技巧。

（一）检索词的确定

一份完整的专利技术方案主要包括技术领域、技术问题、技术手段和技术效果。技术领域是专利技术方案所涉及的具体技术领域，不是其上位领域，也不是相邻的技术领域，可能是技术应用的领域，也可能技术自己所属的领域；技术问题是专利技术方案中的发明创新点所要解决的技术问题；技术手段是技术方案的发明创新点具体内容，可能是全新的方法、产品或者设计，也可能是针对现有技术的改进形成的改进方法、产品或者设计；技术效果是发明创新点所产生的有益效果，有可能是节约成本、改善功能、产生新功能、克服了技术偏见等。

专利检索过程中，上述专利技术方案四个方面的内容均可以作为或者从中提取具体的检索词。

1. 将技术主题/技术领域作为检索词

技术方案的技术主题/技术领域相对于具体的技术方案来说是一个上位概念，但对于技术主题分析或者产业导航来说，由于检索者得到的信息往往只有一个大概的研究方向或者技术领域，此时，可以该技术领域作为初步检索的检索词进行检索。如检索“偶会动眼睛的制作”相关专利文献，通过该技术名称或者技术主题可以提取的检索词为“玩偶”“眼睛”“活动”“制作”，各自进行检索词扩充（检索词扩充方法详见本书文献检索策略相关章节），因此，如果以检索词作为检索要素构成检索表达式，则为“(玩偶 OR 玩具娃娃) AND 眼睛 AND(会动 OR 活动 OR 转动 OR 滚动) AND(制作 OR 制造 OR 生产)”。

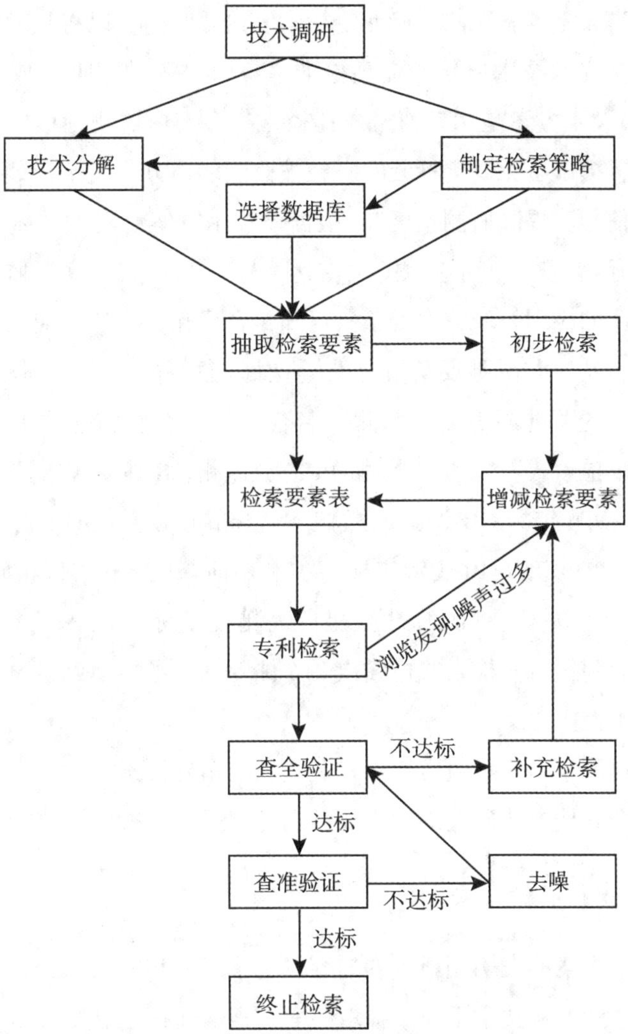

图 5-3-1　专利检索流程①

2. 从技术问题中提取检索要素

技术问题反映的是技术方案所针对的具体问题，也是现有技术中存在的未解决但在技术领域内非常有必要解决的问题。一般情况下，技术问题不作为检索要素或者不从技术问题中提取检索要素，只有当一个技术方案或者客户给出的技术主题过于宽泛时，无法利用

① 马天旗，郭大为，丁志新．专利分析：检索、可视化与报告撰写［M］．北京：知识产权出版社，2019.

技术方案的名称或者无法从技术方案的具体内容中提取检索要素时，或者从技术方案具体内容中提取检索要素太零碎、无法准确制定检索表达式时，可以将技术问题作为一个检索要素或从技术问题中提取技术要素，提高检准率。如“一种用于合成孔径雷达的定标装置”，该发明的具体技术方案是“针对合成孔径雷达在变形监测领域中对地质形变的监测雷达信号干扰问题，提出了无源定标装置，在被监测的地方安装定标装置，通过定标装置可以有效增强雷达信号，提高监测精度”。根据该技术方案针对的技术问题，可以提取的检索词有“合成孔径雷达”“变形监测”“雷达信号”“定标”，变形监测是合成孔径雷达在本检索案例中具体的应用领域，根据检索可知，合成孔径雷达的应用领域十分广泛，如果仅以“合成孔径雷达”与其他要素组合进行检索，很可能产生很大噪音，因而，本案例以技术问题中的提取的关键词“变形监测”替代“合成孔径雷达”制定检索式，扩展检索词后可以组建两个检索式：“(变形监测 OR 滑坡监测 OR 地质灾害监测)AND(雷达信号 OR 雷达卫星信号)AND(定标 OR 无源定标)”“(合成孔径雷达 OR 雷达)AND(雷达信号 OR 雷达卫星信号)AND(定标 OR 无源定标)”，利用前一检索式可以精确检索出两件专利，该专利名称为“用于雷达卫星和 GNSS 卫星的高精度定标定位装置”（CN111624637A、CN212364597U），而利用后一检索式检索出 216 件专利，虽然达到检全文献的目的，但牺牲了检索结果的准确性。

从技术问题中提取检索要素通常用于专利查新的精确检索，大多数时候该种方式确定的检索要素还需结合其他方法确定的检索要素进行组配多次检索，才能保证检全率。

3. 从技术手段中提取检索要素

技术手段是技术方案的发明创新点的内容，包括产品和方法两种，因而是最常见的容易提取检索要素的位置。从技术手段中提取检索要素的前提是已知技术手段，所针对的具体应用场景是专利授权前景评价、专利诉讼或者专利审查。如检索“一种通用分子动力学模型”相关的专利文献，用于评价专利申请的授权前景，其采用的技术手段是“定义一种度量作为固体材料和凝聚态物质系统中任意微观结构转变过反应坐标的通用表达式，以该表达式作为多粒子动力学的‘集合变量’、多粒子动力学的扩展变量，将多粒子系统所在三维空间的坐标系与动力学扩展变量的向量方向联合组成四维空间体系，构建一组用于描述多粒子凝聚态物质系统动力学行为的四维扩展郎之万动力学方程组，以该四维扩展郎之万动力学方程组用于固体材料和凝聚态物质的计算机分子动力学仿真模拟研究，实现对现有的普通分子动力学仿真模拟方法在时间尺度上的超越”。从该技术手段中，可以提取的检索要素有“分子动力学”“郎之万动力学方程”“集合变量”“扩展变量”“时间尺度”。

进行检索词扩充后，检索式为“(分子动力学 OR 加速分子动力学 OR 粒子动力学) AND (集合变量 OR 集体变量 OR 集团变量) AND(郎之万动力学方程 OR 扩展郎之万动力学方程) AND(时间尺度 OR 时间跨度)”。

4. 从技术效果中提取检索要素

技术效果是反映一个技术方案具有创造性的重要衡量标志。在专利的技术分类体系中，有很多分类体系将技术效果作为专门的技术分类角度，如 FI/FT 分类体系、CPC 分类体系、IPC 分类体系等。因而，技术效果不仅可以用于表达一个技术领域，还可以作为一种检索要素。另一方面，技术效果本身用于评价技术手段，也可能成为技术手段的一部分，如前述例子“玩偶会动眼睛的制作”，技术效果是“玩偶的眼睛会动，这样才会使娃娃逼真”。因而在检索时需要加上技术效果“会动”。再比如，前述例子“一种用于合成孔径雷达定标的装置”，根据技术方案，知道该定标装置的技术效果是提高监测精度，因此，可以将“精度”加入检索要素中，形成检索式“变形监测 AND(雷达信号 OR 雷达卫星信号) AND 精度”，检索结果为 3 件专利。

（二）分类号的确定

专利文献的检索过程中，使用分类号组合检索，是保证文献检索准确性的有力武器。

分类号的确定通常是根据所要检索的技术所具体属于的技术领域确定其分类号，或者根据所要检索的技术具体应用的技术领域确定。

对于以技术具体所属的技术领域来确定分类号的方法，目前属于比较常规的手段。如前述案例中，检索“一种用于合成孔径雷达的定标装置”，采用了两个检索式进行检索，结果相差很多。第一种方式中，直接以合成孔径雷达所直接应用的技术领域，即变形监测领域作为该技术所属的技术领域，但是，由于变形监测没有确定的技术分类，因而使用合成孔径雷达领域来代替，对应的 IPC 分类号为“G01S13/90（使用合成孔径技术的无线电反射或再辐射系统）”。因此，对上述的第二个检索式进行优化，将检索式修改为“G01S13/90 AND(雷达信号 OR 雷达卫星信号) AND(定标 OR 无源定标)”，检索结果精简为 28 条，并且该 28 件专利均为高相关专利文献。

对于以技术所应用的技术领域确定分类号的方法，主要存在于理论研究、方法研究的技术方案中。如前述例子中，“一种通用的分子动力学模型”。由其技术名称可知，该技术主要针对分子动力学研究一种模型，该种模型是能够通用于各种类型的分子动力学计算中。因此，本例中，将该技术所属领域确定为“分子动力学”。通过查询其 IPC 分类可知，

“分子动力学”划入“G16C10/00（计算理论化学，例如特别适用于量子化学、分子力学、分子动力学等的理论方面的ICT）”这一分类，因此将其检索式确定为“G16C10/00 AND 模型 AND 通用”。

除上述方法外，分类号的确定还可能是对一个技术的各个技术分支拆分得出的多个分类号。如检索技术主题为“一种用于锂离子电池的石墨烯电极的制备方法”相关专利文献，从技术主题中提取检索词有“太阳能电池”“石墨烯”“电极”“制备”，查询IPC分类表，可知“锂离子电池”的分类号为“H01M10/052（摇椅式电池，即其两个电极均插入或嵌入有锂的电池；锂离子电池）”，“石墨烯”的分类号为“C01B32/182（石墨烯）”。因而，本例中，可以将检索式确定为“H01M10/052 AND C01B32/182 AND 制备 AND 电极”，检索结果为76件专利。

在这里，读者需要注意，本节仅以IPC分类体系来确定检索主题的分类号的，但是由于世界各国专利文献体系目前没有达到完全统一的分类体系，在早期，各国的专利分类体系存在较大的差别，因而，为了保证检索专利文献的全面性，还需要使用其他分类体系来补充分类号，如CPC、UC（即USPC）、FI/FT等。这些分类号的确定可以在我国国家知识产权局专利检索与分析平台上的热门工具中，使用分类号关联查询得到。对于新兴技术领域，查询分类号时，可以先查询CPC分类号，因为它对IPC分类进行了细化和补充，特别是新兴领域的技术主题。

（三）检索词与分类号的组合规则

从前述各个检索实例中，读者可能注意到，有的实例中是单独利用关键词组建检索式进行检索，有的是使用检索词与分类号组配进行检索。什么时候单独使用检索词？什么时候需要将二者进行逻辑组配呢？以下简单总结了四条规则。

1. 技术主题与分类号属于等同关系的情形

当分类号与技术主题属于同等关系，即分类号下面仅含有该技术主题的文献时，而该技术主题的文献也仅存在于该分类号下。这时如果是技术主题作为检索词，容易因为技术主题下属分支等问题造成检索结果的遗漏，因而只需使用分类号作为检索要素进行检索。如技术主题为“玩偶会动眼睛的制作”，其分类号为“A63H3/42”，且该分类下面只含有这一种技术主题，使用该IPC分类号进行检索，检索到330件专利，均属于玩偶活动眼睛制作的主题文献。而使用“(玩偶 OR 玩具娃娃) AND 眼睛 AND(会动 OR 活动 OR 转动 OR 滚动) AND(制作 OR 制造 OR 生产)”组配检索式，检索出文献97条，且有噪声，包括“泡沫制品及生产”“人物玩具的脸部动画装置”等不相关的专利。因而检索时使用该分类号检索要比用关键词组合进行检索的检索结果要准确全面。

2. 分类号包含技术主题的情形

当分类号与技术主题属于包含关系，即分类号下不仅含有该技术主题的文献，还包含其他技术主题的文献，而该技术主题仅存在于该分类号下，此时，除了选择该分类号作为检索词外，还应该将该技术主题的概念词也作为检索词，二者之间使用“逻辑与”的关系进行组配。或者，使用该分类号其他技术主题的概念词与该分类号，使用“逻辑非”构建检索式，表示排除其他技术主题相关的文献。如检索“眼镜的清洗方法”相关专利文献时，发现“眼镜的清洗”属于“G02C13/00（眼镜；阳镜或与眼镜有同样特性的防护镜、隐形眼镜的组装、修理、清洁）”，因而在该分类号下面，还包含了眼镜的组装和修理方面的专利文献，所以在检索时，为了提高检准率，需要将技术主题词与分类号联合使用，本例中，组合后的检索式为“(眼镜 AND(清洗 OR 清洁)) AND G02C13/00”。

3. 技术主题与分类号属于交叉关系

当技术主题与分类号属于交叉关系，即技术主题的文献可以划入不同的分类号下，且这些分类号本身也包含其他技术主题的文献。在这种情况下进行检索时，需要将不同的分类号之间使用“逻辑或”组配后与技术主题的概念词之间使用“逻辑与”组配构建检索式。如检索“大脑疾病诊断方法”主题相关的专利文献，从中提取的概念词有“大脑”“疾病诊断”。“大脑”涉及的分类号较多，如 CPC 分类号中，细分含有“大脑”相关的分类号包括“A61B2018/00446 大脑神经系统治疗的装置、仪器、方法”“A61B2576/026 大脑医疗成像设备或图像处理设备”“C07K16/3053 皮肤、神经、大脑肿瘤细胞抗体”等，其涉及的主题包括脑疾病治疗的设备、方法、数据处理方法、药物等（本案例仅选择上述三个分类号，并未罗列所有分类号），而这些分类本身也含有其他技术主题，如“C07K16/3053 皮肤、神经、大脑肿瘤细胞抗体”，不仅含有大脑相关主题，还含有皮肤、神经相关技术主题文献，属于交叉系列的分类号。因而构建检索式为“(大脑 OR 脑) AND (疾病 OR 病) AND 诊断 AND(A61B2018/00446 OR 61B2576/026 OR C07K16/3053)”，检索到 118 件专利。

4. 技术主题属于不同的分类

当所要检索的技术主题相关文献属于不同的分类，并且这些技术主题构成发明创造的技术要点时，则需要将技术主题进行多重分类。分类的角度可依照技术所产生的具体效果或功能、技术方案所涉及的方法、技术方案所涉及的产品等进行多重分类，保证检全率。如检索“太能电池用的电极材料”，主题词为“太阳能电池”“电极”“材料”，然而，经检索 IPC 分类号发现，“太阳能电池”涉及多个分类号：“H01L31/0445 包括薄膜太阳能电池，如单个薄膜 a-Si、CIS 或者 CdTe 太阳能电池”“H01L31/075 只是 PIN 型势垒的，例如非晶硅 PIN 太阳能电池”“H01L31/745 包括 AIVBIV 的异质结，例如 Si/Ge，SiGe/Si 或 Si/SiC 太阳能电池”等，因而需要将这些分类号用“逻辑或”组配后与其他主题词进行“逻辑与”组配构建检索式，本案例中构建的检索式为“(H01L31/0445 OR H01L31/075 OR H01L31/745) AND 电极 AND 材料”。

◎ 思考题

2020 年，全球最大动力电池生产商宁德时代起诉塔菲尔专利侵权索赔 1.2 亿元一案拉开了国内动力电池专利战序幕。此案由福建省高级人民法院受理，被称为国内首起的动力电池专利侵权案。2021 年，经由福建省高级人民法院一审判决，裁定江苏塔菲尔新能源科技股份有限公司、东莞塔菲尔新能源科技有限公司侵害了宁德时代实用新型专利权，两家公司共同向宁德时代赔偿各类费用总计约 2330 万元。此外，宁德时代还对塔菲尔新能源提起了另外四项专利侵权诉讼，涉案标的金额达 8000 万元。五个专利权涉诉金额高达 1 亿元以上。从这三家公司的专利权纠纷案件不难看出，专利权对打击竞争对手、获得高额利润具有重要的意义。但是进行侵权判定前，法院会根据诉讼各方提供的证据进行判断、现场考察等。在各类证据中，对专利权的确认、侵权判定是非常重要的。而对这两种证据的取得，需要进行专利检索。

案件参考：https://mp.weixin.qq.com/s/Yh4nmOIkT9urpuc4Rko7dw.

本案中，涉及专利权确权与侵权判定需要进行何种类型的检索？各种需要关注的重点是什么？请认真阅读本案，理出检索思路。

◎ 检索题

1. 目前，随着人工智能研究的高速发展，智慧医疗也不断进步，在许多发达国家广受青睐。请使用分类号与关键词组合的方式检索智慧医疗领域相关的专利。

2. 下图展示的是一篇美国的专利，请使用三种不同的方式将它检索出来，并比较三种方式的特点。

US 20190148021A1

(19) **United States**
(12) **Patent Application Publication**
Styner et al.

(10) **Pub. No.: US 2019/0148021 A1**
(43) **Pub. Date: May 16, 2019**

(54) **METHODS, SYSTEMS, AND COMPUTER READABLE MEDIA FOR UTILIZING BRAIN STRUCTURAL CHARACTERISTICS FOR PREDICTING A DIAGNOSIS OF A NEUROBEHAVIORAL DISORDER**

(71) Applicants: **The University of North Carolina at Chapel Hill**, Chapel Hill, NC (US); **The Royal Institution for the Advancement of Learning/McGill University**, Montreal (CA); **College of Charleston**, Charleston, SC (US)

(72) Inventors: **Martin Andreas Styner**, Chapel Hill, NC (US); **Sun Hyung Kim**, Durham, NC (US); **Donald Louis Collins**, St-Lambert (CA); **Vladimir S. Fonov**, Montreal (CA); **Brent Carl Munsell**, Mount Pleasant, SC (US); **Joseph Piven**, Pittsboro, NC (US); **Heather Cody Hazlett**, Durham, NC (US)

(21) Appl. No.: **16/235,379**

(22) Filed: **Dec. 28, 2018**

Related U.S. Application Data

(63) Continuation of application No. PCT/US2017/040041, filed on Jun. 29, 2017.

(60) Provisional application No. 62/356,483, filed on Jun. 29, 2016.

Publication Classification

(51) **Int. Cl.**

G16H 50/30	(2006.01)
G16H 50/20	(2006.01)
G06T 7/00	(2006.01)
G06N 7/08	(2006.01)
G06N 20/10	(2006.01)

(52) **U.S. Cl.**

CPC ***G16H 50/30*** (2018.01); ***G16H 50/20*** (2018.01); ***G06T 7/0012*** (2013.01); *G06T 2207/20081* (2013.01); ***G06N 20/10*** (2019.01); *G06T 2207/30016* (2013.01); ***G06N 7/08*** (2013.01)

(57) **ABSTRACT**

Methods, systems, and computer readable media for utilizing brain structural characteristics for predicting a diagnosis of a neurobehavioral disorder are disclosed. One method for utilizing brain structural characteristics for predicting a diagnosis of a neurobehavioral disorder includes receiving brain imaging data for a human subject of at least one first age. The method also includes determining, from the brain imaging data, measurements of brain structural characteristics of the human subject and inputting the brain structural characteristics into a model that predicts, using the measurements of the brain structural characteristics, a diagnosis of a neurobehavioral disorder at a second age greater than the at least one first age.

第六章
数据资源检索

大数据时代的到来使数据资源成为信息资源中的重点类型，而数据获取和利用的特殊性和复杂性又使得数据素养（Data Literacy）成为信息素养中的难点。关于数据获取与利用我们将分为数据资源检索和数据清洗、处理与分析两个部分进行讲授。本章主要介绍数据资源检索的内容，具体包括：数据基础知识、数据信息源及数据资源检索方法。数据清洗、处理与分析见第七章第二节。

第一节　数据基础知识

一、数据的定义

数据贯穿于我们日常生活的各个环节中，其定义根据应用场景、产生方式、发挥效能等的不同而具有不同的定义。根据《牛津词典》的解释，“数据”一词源于拉丁文 data，于 20 世纪中叶开始广泛流行，是事实或信息，多用于描述计算内容；根据《大不列颠百科全书》的定义，数据是指用于推理、讨论或者计算的事实信息，特别是在计算机中以数值形式存储的信息；根据《中国电力百科全书》，数据是指能被计算机接收和处理的各种描述事物属性的表示，包括整数、实数、字符、文字、表格、图形、图像和声音等。数据是程序设计的加工对象，能输入计算机中，按人们的要求加以处理（如编辑、存储、传送、分类、计算、转换、检索、制表和模拟等），以得到所需要的结果。数据经过解释并赋予一定的意义以后，便成为信息；按照《新时期新名词大辞典》的定义，数据也叫资料，是由观测、量度和用各种方法取得的，用以概括或推断一般性结论的各种信息的总称。未经组织整理过的数据叫原始数据，经加工整理后的数据则叫二级数据。

由此可见，数据是源于客观世界的用于描述事物状态的符号记录，用数值和类型表示，如文字、图片、数字、符号、声音等，是一些孤立分散的记录，它们能够被计算机存储、加工，但其本身不具备任何实际意义，只有经过筛选和加工之后，才会形成信息。以人体为例，数据即为人的年龄、体重、身高、血项指标、心跳速度等，而将这些数据之间建立关联，形成人的健康状态与身体各个指数之间的关系曲线就是信息，基于这些信息，可以开发出相关保健产品，适合不同年龄阶段的人群使用。数据与信息的关系如图 6-1-1 所示。

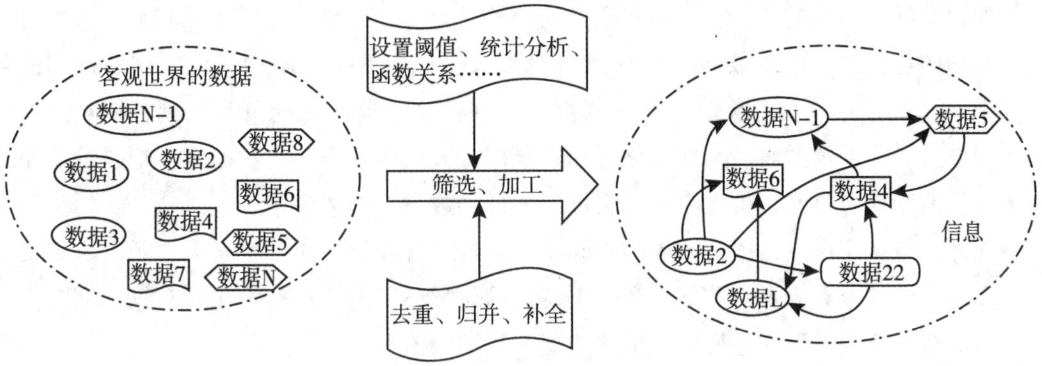

图 6-1-1　数据与信息

二、数据的分类

数据是描述客观事物的符号记录，它可以以不同的形式存在，且具有不同的格式，也可以存在于不同的领域中。因此，数据可以按照不同的方式来进行分类。

按照形式来分，数据可以分为数值型数据和非数值型数据。数值型数据主要是可用于科学计算的数据，可以是小数、整数、正负数、复数、幂数等；非数值型数据则是包括文本型、日期型、逻辑型数据等，它们可以进行比较或连接运算、提取运算和逻辑运算，可以是文本、日期或时间、逻辑运算值等。

按照数据格式来分，数据可以分为很多种，依赖于存储介质和数据读取技术的不断更新，目前主要有 txt、pdf、MP3、MP4、tif、jpg、swf、XML、xlsx 等格式，以文字、数字、图片、视频、音频等形式存在。

按照来源来分，数据可分为一手数据和二手数据。一手数据（Primary Data）即为原始数据，是处在自然科学、社会科学和医学等领域的工作者在学习、研究等过程中通过实验、观测、访谈、询问、问卷、测定等方式直截了当获得的数据；二手数据（Secondary Data）是通过非数据生产者收集、整理而得到的数据，包含数据库中的文献信息和能在搜索引擎上搜索到、社会媒体上发布或产生的用户使用痕迹、评论或者用户自发上传的文件数据等。

按照产生方式来分，数据可以分为计算数据、实验数据、观察（调查）数据和记录数据。其中，计算数据是指研究者们在执行计算模型、仿真或工作流程中，撰写的大量关于硬件、软件、输入数据、中间过程的文档以及最终的数据模型和计算结果。如经济学家对某地区市场与资源交互进行建模、理论物理领域学者为了解物质特性与物质结构关系建立的模型等；实验数据是指在获得数据的过程中，对数据产生的条件实施了控制而得到的数据。如化学反应产物的质量、物理实验检测出的材料性能参数等；观察（调查）数据是在获得数据的过程中，不对被调查（观察）对象数据产生的条件施加任何控制而得到的数据。观察（调查）数据通常是观察（调查）者在使用仪器的情况下意识到、注意到的事实或现象。如借助仪器监测天气变化得到的数据、人们体检得到的数据等；记录数据是指记录人类活动或者自然现象等产生的文件、图片、数字、档案等。

此外，数据还可以根据其产生的不同学科背景进行分类。如产生于天文观测、天文模拟计算领域中的数据为天文数据，产生于特定的化学环境中的数据为化学数据，在对人或者动物进行治疗或者研究过程中产生的数据为医学数据等。

三、数据的价值

数据的价值在于能够直接或者间接地为人们提供有用信息。数据的价值体现具有三个特点。

第一，数据的价值并不是直接呈现的，它需要结合不同数据使用者的角度或者特定的使用场景，才能产生特定的价值。例如，在我国古代，天文学家通过天气变化、星象变化数据推算出四季演变、天文历法等，但对于普通人而言，这些数据的变化不过是因季节不同而产生的，只能作为人们耕种收割的依据。

第二，数据的价值并不一定是数据本身，有时候数据的使用也会带来意想不到的价值。比如，于网络购物者而言，展现在购物平台上的商品信息是其决定是否购买相关商品的前提，但于购物平台的管理者而言，消费者们的消费记录或者浏览记录，是其进行定向推销的重要依据。

第三，数据的价值可能一开始不能体现出来，它需要随着时间的推移、人们意识的转变以及社会的进步慢慢呈现出来。例如，在科学引文分析发展之前，研究者们并未意识到学术论文中的参考文献除了能够解释或佐证文献的学术观点之外，还会具有何种价值，直到 1927 年，P. L. K 格罗斯等人对某些化学期刊的参考文献进行分析，得出了化学教育方面的核心期刊，才让研究者逐渐意识到了科学引文分析的意义。1961 年，《科学引文索引》（SCI）的问世，极大地推动了引文分析的发展，并由于引文数据的特殊性，其发展为一个独特的领域。至今，SCI 仍是世界许多国家机构进行科研评价的重要工具。

总之，站在不同的用户角度，在不同的场景中，数据价值的大小是不同的，不仅数据本身具有价值，数据的使用同样具有价值。并且，有些数据的价值需要经过时间的积淀才能慢慢呈现出来，因此，在科学技术快速发展的今天，作为数据产生者和数据使用者的广大学子们，应该更加注重数据的使用和传播，合理保护数据的价值。

第二节　数据信息源

数据信息源是一些具有各自独特含义的数据形成的具有一定规模的集合。

数据信息源分为一手数据资源和二手数据资源，一手数据资源包括计算、实验、调查得来的数据，但这些数据主要掌握在数据生产者的手中，一般不对外公开，并不能成为公众利用数据获得科学结论的主要素材。因此，本节主要介绍二手数据资源。

常见的二手数据资源主要分为数据型数据库、政府及国际组织开放数据平台、科学数据共享媒介和自媒体信息门户。

一、数据型数据库

从宏观意义上来说，数据包含数值、图片、文本、音频、录像、口述资料、手稿等，因此，包含数据的数据库很多，涉及的种类和学科十分广泛。

数据型数据库按资源类型来分，包括事实型数据库、数值型数据库和工具型数据库等带有数据特色的数据库。其中，事实和数值型数据库简称“事实数据库”，与学术论文（包括期刊、会议、学位论文）及图书等文献数据库相比，事实数据库所提供的是最原始的客观事实、统计数字、音像图谱等可以直接利用的信息；① 事实数据库以直接向用户提供原始或者经过加工存储的事实为目的，这种“事实”既有数字类型的数据，也有文字类型的统计资料、历史档案、人物传记、自然及社会资源统计资料、社会调查、公共信息

① 事实型数据库［EB/OL］.（2017-06-22）［2021-01-26］. https://baike.baidu.com/item/%E4%BA%8B%E5%AE%9E%E5%9E%8B%E6%95%B0%E6%8D%AE%E5%BA%93/7259193?fr=aladdin.

等;① 在事实数据库中查找到的信息可能是单一的数值、一组数据或者某一个事实。

按照内容和编排体例的角度来分，数据型数据库可分为数值、公式、数表与表册数据库，电子化字（词）典、辞典，电子手册及专业手册数据库，电子百科全书，图像、图录数据库，年鉴、统计资料数据库，组织机构指南，传记资料。

不管以何种方式分类，目前国内外常见的数据型数据库主要为资讯类数据源、统计类数据库、参考工具类数据库。为了与传统文献数据库进行区分，本部分所述数据型数据库基本不包含学术文献信息，主要数据为行业资讯或者行业数据。

（一）资讯类数据源

资讯类数据源主要提供各个行业信息动态及数据，数据主要采集自各大新闻媒体、地方政府和行业权威机构等。

国内专门从事行业资讯的数据源较多，包括中国资讯行数据库、中国机构数据库、中国经济信息网、新华网、国务院发展研究中心信息网（国研网）等；国外的数据型数据库大多带有统计分析功能，本书将其归类为统计分析类数据库，而目前常见的纯资讯类的数据库较少，如 EMIS 全球新兴市场商业资讯数据库、日经数据库等。

受资源使用权限限制，本节仅以中国资讯行数据库为例介绍资讯类数据源的特点及检索方式。

中国资讯行数据库（http：//www. infobank. cn/）（图 6-2-3）由中国香港资讯行有限公司于 1995 年开始营运的数据库系统。该数据库每天对全国 1200 余家媒体、国外几十家媒体进行实时监测，并与国内 60 余家官方和行业权威机构合作，为用户提供 197 个行业的原始数据，帮助用户了解行业现状、竞争对手、企业动态等信息。中国资讯行包含的数据涉及人物、机构、企业产品、法律法规、医疗健康等多个领域，其用户包括国内外企业、政府机构、金融机构、教育机构，目前国内有 72 所高校是中国资讯行用户。中国资讯行数据库产品在高校用得较多的主要为高校财经数据库和搜数网。

1. 高校财经数据库

高校财经数据库（图 6-2-4）下属子数据库多达 14 个，部分信息可免费浏览。

（1）中国经济新闻库。该数据库主要收录了中国范围内及相关的海外商业经济信息，以消息报导为主，数据源自中国千余种报纸与期刊，以及部分合作伙伴提供的专业信息，按行业及地域分类，共包含 19 个领域 197 个类别。

（2）中国商业报告库。该数据库收录了经济专家及学者关于中国宏观经济、金融、市

① 杨守文，郭湘玲，高彦静．数字信息资源检索与利用［M］．北京：中国轻工业出版社，2012.

图 6-2-3　中国资讯行数据库主页面

场、行业等的分析研究文献及政府部门颁布的各项年度报告全文，主要为用户的商业研究提供专家意见的资讯。

（3）中国法律法规库。该数据库收集并增补了中华人民共和国自 1949 年以来的各类法律法规及条例案例全文（包括地方及行业法律法规）。

（4）中国统计数据库。该数据库中大部分数据收录自 1995 年以来国家及各省市地方统计局的统计年鉴及海关统计、经济统计快报、中国人民银行统计季报等月度及季度统计资料，其中部分数据可追溯至 1949 年，亦包括部分海外地区的统计数据。

（5）中国上市公司资料库。该数据库收录了中国上市公司（包括 A 股、B 股及 H 股）的资料，内容包括在深圳和上海证券市场的上市公司发布的各类招股书、上市公告、中期报告、年终报告、重要决议等文献资料。

（6）中国医疗健康库。该数据库收录了中国一百多种专业和普及性医药报刊的资料，向用户提供中国医疗科研、新医药、专业医院、知名医生、病理健康资讯。

（7）INFOBANK 环球商讯库。该数据库保存了 China INFOBANK 网站自 1998 年以来实时播发的“环球商讯”的全部新闻文献。

（8）中国人物库。该数据库提供详尽的中国主要政治人物、工业家、银行家、企业家、科学家以及其他著名人物的简历及有关的资料。此库文献内容主要根据对中国八百多

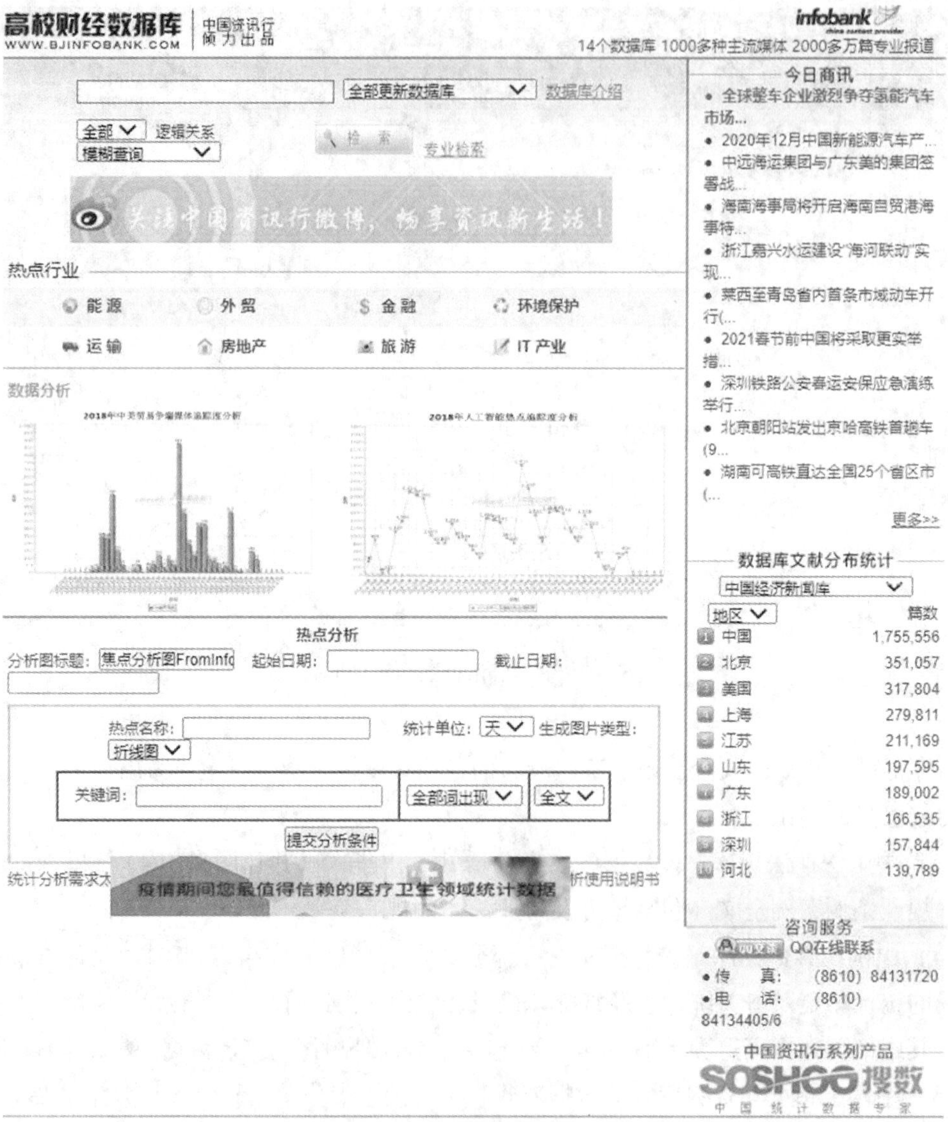

图 6-2-4　高校财经数据库首页

种公开发行资料的搜集而生成。

（9）中国中央及地方政府机构库。该数据库保存了中央国务院部委机构及地方政府各部门的资料，内容包括各机构的负责人、机构职能、地址、电话等主要资料。

（10）中国拟建在建项目数据库。该数据库收集经国家计委、国家经贸委以及地方计（经）委批准建设的各行业投资总额在人民币 1000 万元以上的各行业拟建和部分在建项目的详细资料，包括项目概况、项目规模、主要投资者简介、所需关键设备、负责人简历及联系方式等。行业的范围覆盖全国交通、能源、电信、市政、环保、原材料加工、石油、化工、医药、机械、电子、农林水利和旅游开发等领域。

（11）中国企业产品库。该数据库收录了中国27万余家各行业企业基本情况及产品资料。文献分为十三个大类。

（12）香港上市公司资料库。该数据库收集了中国香港1000多家上市公司1999年以来公开披露的各类公告及业绩简述。可按公司代码、行业分类、公告型进行分类检索，为用户提供一个全面了解香港上市公司动态的有效途径。

（13）名词解释库。该数据库主要提供有关中国大陆所使用的经济、金融、科技等行业的名词解释，以帮助其他地区的用户更好地了解文献中上述行业名词的准确定义。

（14）English Publications。该数据库收录了部分英文报刊的全文数据及该网站传播的新华社英文实时报道。

高校财经数据库的数据检索功能分简单检索和专业检索。

（1）简单检索。高校财经数据库的简单检索框位于数据库首页上方，在检索框中，输入需要检索的关键词，选择需要检索的子库和逻辑关系即可进行检索。检索时，如果需要同时检索含有多关键词的内容，可在检索框中输入，以空格隔开。进行简单检索时，可以选的子库有7个，为“中国法律法规库”“中国经济新闻库”“中国商业报告库”“中国上市公司文献库”“中国统计数据库”“中国医疗健康库”“历史库”；可选择的检索字段为“全部”和“标题”；检索时的逻辑关系是用于确定检索框中输入的多个检索词之间的空格含义，包括模糊查询、任意词命中、全部字词命中、全部字词不出现4个选项，除模糊查询外，其他3个逻辑关系分别对应的布尔逻辑关系为逻辑或、逻辑与、逻辑非。

（2）专业检索。专业检索（图6-2-5）入口为简单检索的右侧，进入专业检索界面后，需要选择一个子库才可进入检索。与简单检索相比，专业检索增加了检索限定条件，只是针对各个子库稍微不同。针对检索词，专业检索可以进行行业、地区、文献出处、检索字段、起始日期、逻辑关系的限定。

（3）在结果中检索。该数据库的结果中检索有3个限定条件，包括选择子库、检索字段和逻辑关系。另外，在结果检索界面还可以重新进行检索或者跳转到专业检索界面。

2. 搜数网

搜数网（图6-2-6）是北京精讯云顿数据软件有限公司开发的专门面向统计和调查数据的专业垂直搜索网站，专门向客户提供各种有关中国和世界各国经济和社会统计数据表格，属于中国资讯行重要产品之一。用户通过全文检索或路径索引的方式，查找目标统计信息，可以下载Excel格式的统计表格。截至2021年1月28日，搜数网拥有10598本统计

图 6-2-5 高校财经数据库的专业检索界面

图 6-2-6 搜数网首页

资料，涵盖2493010张统计表格和492178572个统计数据，涉及54个行业、34个行政区域。搜数网的数据来源于国家及各省市地方统计局的统计年鉴及海关统计、经济统计快报、中国人民银行统计季报等月度及季度统计资料，其中部分数据可追溯至1949年，以及部分海外地区的统计数据。

搜数网首页设置查询模块导航，包括统计表格查询、核心统计指标查询、统计资料来源查询、English SOHOO、最新更新、本站统计数据分布。搜数网下面设置有5个子库，分别为中国大陆统计数据库、中国港台统计数据库、中国大陆统计文献库和统计词典，检索时需要选择子库之后，在检索框内输入检索词进行检索。该库有两种数据检索方式：

（1）快速检索导航。通过键入关键字词、选择关键字词的检索范围（全部 OR 标题）、选择逻辑关系（全部字词命中 OR 任意字词命中 OR 全部字词不出现）来进行直接垂直搜索。

（2）专业检索导航：点击专业检索，通过设置检索限定条件即可进行专业检索（图6-2-7）。搜数的专业检索的限定条件有行业分类、地区分类、数据来源（数据提供）、检索字段范围（全部 OR 标题）、逻辑关系、检索时间范围。

图6-2-7 搜数网的专业检索界面

此外，对常见的资讯类数据库进行比较，如表 6-2-1。

表 6-2-1　　常见的资讯类数据源

数据库名称	收录的数据类型	涉及的学科	功　能
中国资讯行数据库	新闻、报告、法律法规、公告、数据表格	全学科	新闻检索、数据检索下载、简单的数据分析
国研网	学术文献、新闻、研究报告、政策法规、数据表格、专家介绍	经济、金融、信息、房地产、石油化工、能源、冶金、交通、医药、服务、装备、教育等	新闻检索、数据检索下载
巨灵财经资讯系统	新闻、报告、数据表格、法律法规、评论	金融证券期货类	新闻检索、数据浏览下载
中国经济信息网	新闻、报告、评论、数据表格、政策	全学科	新闻检索、数据检索下载
新华网	新闻、政策法规、数据图谱	全学科	新闻检索浏览、数据检索浏览
财新网	新闻、政策法规、数据图表	金融类	新闻检索浏览、数据检索下载
EMIS 全球新兴市场商业资讯数据库	新闻、报告、数据	能源、化工，汽车，电子，人工智能，地产、保险、医疗、交通、零售、机械制造、教育、旅游等	新闻浏览检索、数据检索下载、报告检索下载
日经数据库	新闻、数据表格、人事信息	经济、金融类	新闻检索浏览、数据浏览检索下载
Financial Times	新闻、分析、评论、数据图表	经济类	新闻检索浏览、数据浏览检索

总之，资讯类数据除了提供数据下载功能，一般还会专门收集大量的行业资讯，主要来自各大新闻媒体、政府机构和行业权威机构。资讯类数据库主要以提供信息为主，检索方式支持逻辑运算和一定的限定条件，部分数据含有简单的数据分析功能。

（二）统计分析类数据库

统计分析类数据库主要以提供数据、表格为主，并含有一些自主开发的分析模块，具有强大的可视化分析功能，能够帮助用户快速了解宏观的行业信息。

国内外的统计分析类数据库很多，包括 EPS 数据平台、中经网统计数据库、中国经济社会大数据研究平台、国泰安 CSMAR 数据库、塔塔统计数据库、BvD 全球金融分析与各国宏观经济指标数据库、WRDS、Compustat 数据库、ESI、Incites 等。

下面就几种常见的国内外统计分析类数据库进行简单介绍。

1. EPS DATA

EPS 数据（图 6-2-8）成立于 2008 年，是一家国家高新技术与中关村高新技术的双高企业，专注于数据服务，是专业的数据图书馆解决方案提供商和数据资源提供商。其先后开发出了“EPS 数据平台”“EPS 知识服务平台”“中国微观经济数据查询系统”“国家战略发展科研支撑平台”以及即将上线的“知图学术平台”。

（1）EPS 数据平台是集数值型数据资源和数据分析处理系统为一体的覆盖多学科、面向多领域的综合性信息服务平台。该平台通过对各类统计数据的整理和归纳，形成一系列以国际类、区域类、财经类及行业类数据为主的十个专业数据库集群，共 89 个数据库，涉及经济、贸易、教育、卫生、能源、工业、农业、第三产业、金融、科技、房地产、区域经济、财政、税收等众多领域，数据总量超 40 亿条，分属于 10 亿条以上的时间序列，并集成了数据处理、建模分析、可视化展现等强大系统功能，可为高等院校、科研院所、金融机构、政府部门、企事业单位的教学、科研、投资与决策提供数据支持。

（2）中国微观经济数据查询系统。该系统是一款以企业层面微观数据为基础，集数据查询、数据匹配、数据可视化于一体的微观数据查询系统。该系统对传统的光盘数据进行了专业的清洗与处理，围绕数据获取与数据应用两大用户核心需求进行设计，包含“单年查询”“时间序列”“数据可视化”和“跨库查询”四大功能模块，是一款微观数据查询、统计与可视化展示平台。

（3）国家战略科研支撑平台。该平台由长江经济带大数据平台和中国革命老区大数据平台两个子平台组成。长江经济带大数据平台集成长江经济带相关的多类别数据资源，并建立独创性的城市指数评价系统，是进行长江经济带区域研究的数据支撑平台。该平台定期发布长江经济带 110 个城市的发展评价指数，并生成城市发展简报，还提供长江经济带 1000 以上个县，15000 以上个乡镇的超过 24720 条时间序列数据；中国革命老区大数据平台数据涉及中国五个跨省重点革命老区，八个连片革命老区和中央苏区，覆盖全国 1500 余个县级革命老区，包含“老区要闻”“老区概况”“精准扶贫”“政策措施”“电子期刊”“指数监测”“统计数据”“微观数据”“空间数据”“调查数据”共十个专题模块，为国家战略探究提供的数据支撑。

（4）知识服务平台。EPS 知识服务平台基于知识发现、应用集成、开放互联的理念进

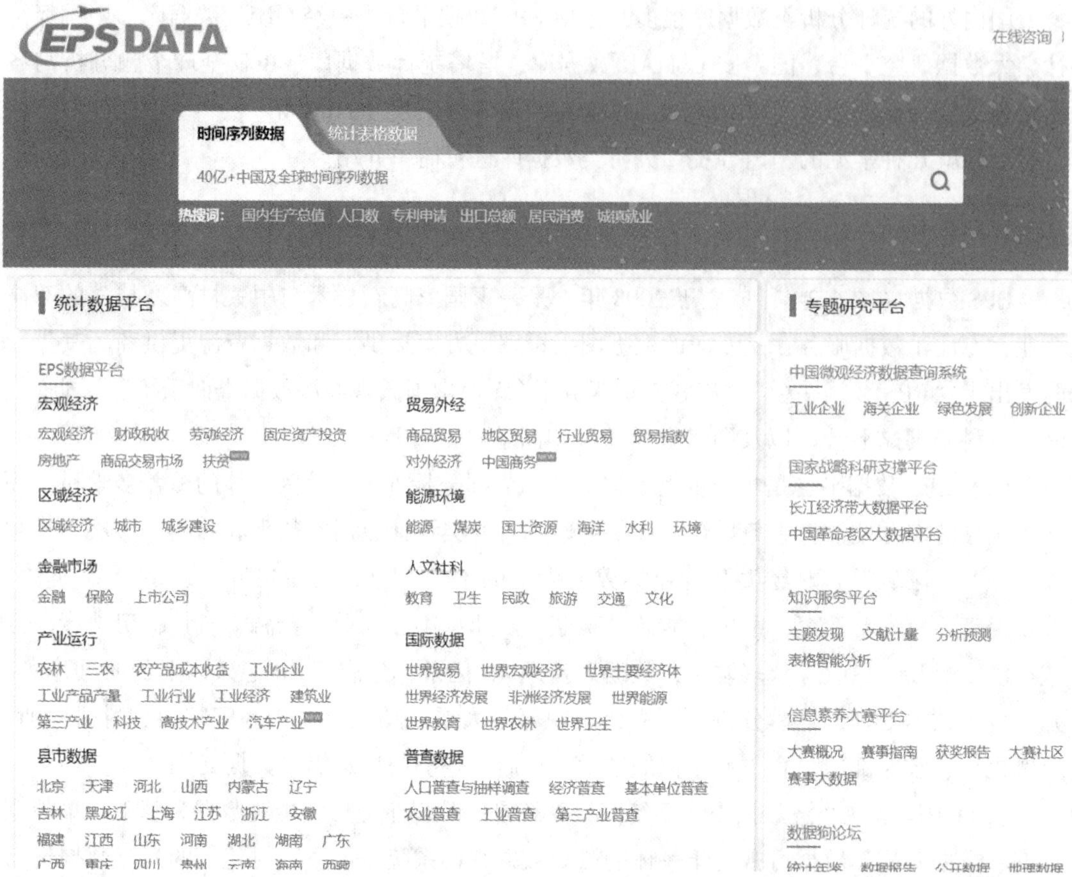

图 6-2-8　EPS 数据平台首页

行设计，摒弃数据资源的简单堆砌，通过深挖异构数据内在联系，以及数据分析、智能表格分析、可视化图谱等知识发现工具的集成，着力解决用户在实证研究过程中存在的“从查阅文献到收集数据、从利用数据到得到结论”环节中所缺失的数据发现与数据分析服务。

（5）知图学术平台。该平台是一款以内容生产与知识服务为核心，以提升图情研究与从业者的学术水平与职业技能为目标，以推动图书馆管理能力与服务能力建设为使命的学术社区。平台为具有相同研究方向与专业背景的用户建立寻找知识与寻求帮助的场所，让更多有价值的研究成果与实践成果得到更直接的交流、更快速的分享、更有效的展现与更广泛的传播。

此外，EPS DATA 还专门制定了“数据狗论坛”和“信息素养大赛平台”，为用户的特定需要提供快速数据使用途径。

（1）数据狗论坛。该论坛是EPS数据建立的一种综合数据资源分享平台。该平台数据包括1981—2020年中国行业年鉴，涉及中国保险、财政、残疾人事业、城市建设、电力、港口、高新技术产业、人口与劳动就业、环境、县城建设、商品交易市场、农产品价格调整等49个行业；包括1981—2020年以来中国地区年鉴，涉及34个省、自治区、直辖市的综合情况、国民经济核算和人口与就业、农业、自然资源、财政和金融、工业、交通运输业等统计信息；包括2011—2019年以来25个国家或国际组织的经济、人口、资源、环境、教育与医疗、货币等统计数据。此外，数据狗论坛还设有数据资源共享、大数据、软件交流、交流中心等论坛模块，满足用户共享数据、软件使用交流、大数据挖掘与分析技术交流等需求。

（2）信息素养大赛平台。该平台是EPS数据建立的发布大规模信息素养赛事的平台，用以满足用户提升信息素养、参与信息素养活动的需求。

EPS DATA平台提供了时序数据检索和统计表格数据检索两种数据检索模式，检索结果可以按照数据“统计频度”“最新时间”“区域”“数据来源”进行条件筛选、可视化或者下载等。

2. 中经网统计数据库

中经网统计数据库（图6-2-9）是国家信息中心经过多年数据资源积累，组织开发的、拥有数十亿条数据的经济社会统计数据库群，包括全国宏观月度库、全国宏观年度库、海关月度库、分省宏观月度库、分省宏观年度库、城市年度库、县域年度库、OECD月度库和OECD年度库9个子库，内容涵盖宏观经济、产业经济、区域经济以及世界经济等领域，为政府、高校、金融机构和企业提供全面完备的经济数据支持。

中经网统计数据库还设置专门的数据入口，帮助用户能够快速查找产业数据、世界经济数据库、“一带一路”特色数据资源和各地区经济区的年鉴时序数据。其中，产业数据库中的数据涉及的产业有宏观产业、农业、煤炭、石油、化工、钢铁、有色金属、机械、汽车、车船、电子、家电等28个行业；“一带一路”数据库是中经网着眼于服务“一带一路”倡议目标，利用统计数据资源优势和专业经验，围绕“一带一路”五大合作重点，包括政策沟通、设施联通、贸易畅通、资金融通、民心相通，构建的“一带一路”统计数据库。数据库包含“六大经济走廊”和“海上丝绸之路”七条线路的核心子库，全面提供沿线65个国家、国内重点省市和相关港口的主要经济统计数据；年鉴时序库提供了各个省份、经济区域的年鉴按时间顺序分类年鉴的报表检索和时序检索功能。

中经网统计数据库的数据检索支持布尔逻辑关系，检索分为模糊检索和精确检索。

3. BvD全球金融分析与各国宏观经济指标数据库

BvD全球金融分析与各国宏观经济指标数据库（Bureau van Dijk Electronic Publishing,

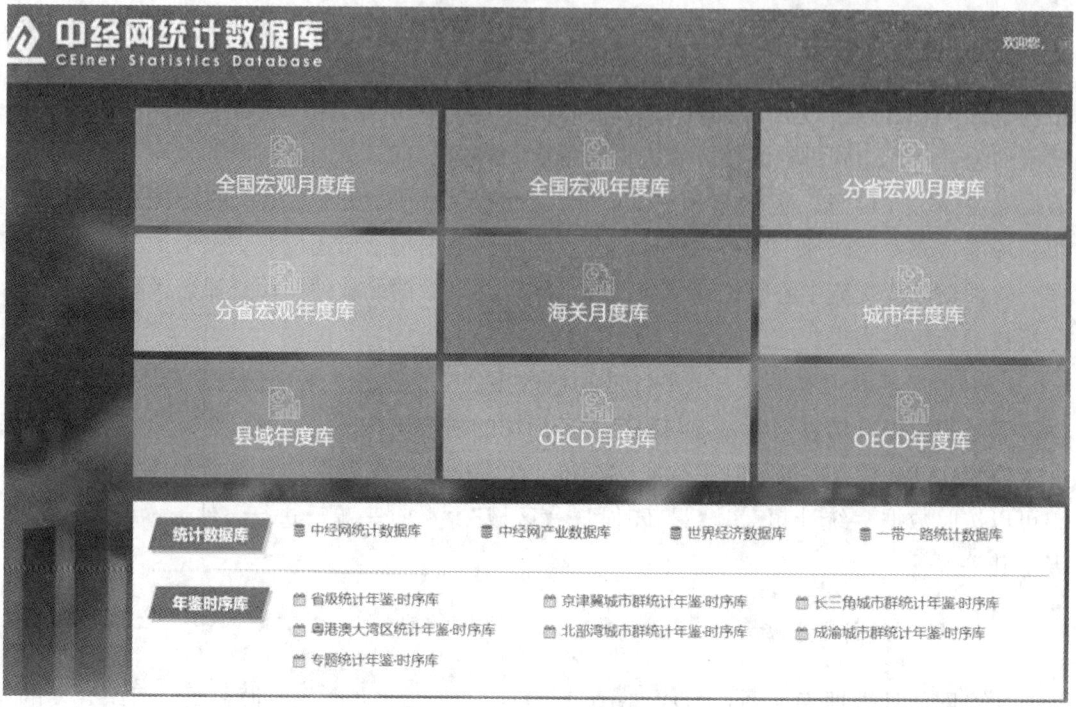

图 6-2-9　中经网统计数据首页

BvD）是全球知名的财经专业实证数据库，为欧美各国的政府研究部门、金融与证券投资机构、咨询公司、跨国企业、经济与管理类大学、大型公立图书馆等提供全球金融与宏观经济、跨国企业财务经营、企业并购交易等历史与当前的基础分析数据。

BvD 数据库共包含 8 个子库，分别涉及全球的上市公司、交易并购、保险公司等数据及分析报告。各子库具有高级的数据分析功能，有多达 200~300 项高级检索条件，便于用户快速提取统计值、进行全球范围内的对比、数据图形转换以及多项统计分析等。目前，在各高校、政府机构和企业中用得较多的为以下几个 BvD 子库。

（1）Osiris 全球上市公司分析库。Osiris 主要对全球权威的行业研究报告、行业新闻、并购交易、公司主页、公司财务状况、版税协议、行业规范、知识产权、股票数据和盈利预测、公开招标等信息进行加工整理，为用户提供 155 个国家超过 4 亿家公司和实体的信息，其中 4000 万家拥有详细的财务信息（包括中国深沪及海外上市公司数据），以及深入分析各国上市公司所需的详细财务经营报表与分析比率、股权结构、企业评级数据、历年股价系列、企业行业分析报告等（含已下市公司数据）。此外，该库可以进行上市公司的证券投资分析、企业战略经营分析、跨国企业转让定价、公司财务分析等研究领域中广泛使用的知名实证分析。为适应不同用户的需求及准确开展跨国、跨行业检索与分析，该库将各上市公司的财务数据按不同财务格式分层呈现，由标准模板深挖至原始财务数据。

（2）Zephyr 全球并购交易分析库。Zephyr 是国际并购研究领域知名的并购分析库，每天在线向用户发布全球并购、首发、计划首发、机构投资者收购、管理层收购、股票回购、杠杆收购、反向收购、风险投资、合资等最新的交易信息。目前 Zephyr 收录了全球各行业 200 万笔并购记录，每年新增约 15 万笔。数据可追溯至 1997 年，并涵盖亚太地区及中国的交易记录。

（3）BankFocus 全球银行与金融机构分析库。BankFocus 是银行研究的专业解决方案，是全球银行数据研究的一种新方法，结合来自 Bureau van Dijk（BvD）和穆迪投资者服务公司的核心数据以及穆迪分析公司的专业知识所创造的一个全面的银行数据库，即 BankFocus 全球银行与金融机构分析库。该库用来识别、分析和研究银行和其他金融机构。BankFocus 具备数据检索与分析功能，为用户提供全球超过 10 万家银行的详细、标准化的报告和比率。还提供了多重财务分析模板，包括全球标准格式（57 行项目和 38 个关键比率）、扩展全球详细格式（超过 650 个指标项目）、国家格式模板（超过 60 种“已公开”的国家格式，扩展到超过 3000 行项目）、IFRS/GAAP 和伊斯兰银行模板等。

（4）EIU Countrydata 国家数据。EIU Countrydata 是一种全面获取全球各国宏观数据分析工具，提供全球 201 个国家与地区宏观经济历史与预测数据，每个国家 320 个指标系列，含年度、季度、月度数值，包括 1980 年至今的数值和预测值，涉及 7 类数据，即人口统计和收入类（主要指标：人口及人均 GDP）、国内生产总值类（主要指标：GDP 增长和名义 GDP）、财政及货币指标类（主要指标：预算差额、消费价格、汇率、贷款利率和股市指数）、国际支付类（主要指标：经常项目差额、融资要求、对内直接投资及国际储备）、外部债务存量（主要指标：总外债及人均外债）、对外贸易（主要指标：总出口—离岸价、总进口—到岸价）、外债偿还类（主要指标：已支付的总外债偿还及支付的偿债率）。同时，还提供全球 45 个地区和次地区的经济总量数据、各国近期经济展望综述报告。

（5）Orbis Intellectual Property 全球知识产权数据库。Orbis Intellectual Property 将全球范围的专利数据与企业数据结合起来，帮助管理者在知识产权领域更从容地进行管理和规划，节省时间并做出更好的商业决策。截至 2021 年，Orbis IP 将 1.1 亿专利申请人数据与 Bureau van Dijk 现有 2.8 亿家公司的信息打通，用户可以拥有一个包含公司信息及其集团专利组合的数据视角。用户可以通过 Orbis IP 实时跟踪并购交易，随时监控专利所有权变更。该库还支持对特定部门或行业的交易的识别和分析。

（6）ORBIS 全球企业数据库。ORBIS 全球企业数据库是一个包含了全球超过 3.9 亿家企业的财务、管理层、董监高管、评级报告、原始财务报表、新闻与并购记录和行业信息的企业分析库。通过 ORBIS 全球企业数据库，用户可按地区、国家、所在城市、所在行业、产品类别、雇员人数、企业的资产规模、企业的盈利状况、企业的行业排名等指标查询、筛选出符合开展贸易与合作条件的目标企业，了解目标企业的当前与历史经营状况、公司组织结构及背后的控股公司等商业信息。

4. WRDS

WRDS（Wharton Research Data Services）是由宾夕法尼亚大学沃顿商学院于1993年开发的金融领域的跨库研究工具，被学术界、政府机构、非营利性组织以及公司的用户广泛使用。该库数据主要来源于德国2IQ、美国医院协会（American Hospital Association）、美国审计分析公司（Audit Analytics）、美国Boardex、BvD、美国Calcbench等50多家公司或者组织的600个数据集。该平台不仅提供数据库检索功能，还具有强大的数据分析功能（图6-2-10）。目前，该平台已经提供了6类研究主题、34个领域的数据分析模板，用户可以利用该平台上的数据进行相关主题分析，分析结果可以保存为文本、表格、压缩文件包和多种数据软件的可读形式。

总之，统计分析类数据库作为一种数据源，虽然不具备传统的文献数据库所拥有的强大检索功能，但是也基本支持普通的逻辑关系检索和一定的限定条件。此外，统计分析类数据库还提供了多个领域的丰富数据资源和强大的数据分析可视化功能，是提高广大学生数据素养必备的工具之一。

（三）参考工具类数据库

参考工具就是汇集某一方面系统的知识和资料，按一定的方法编排，专门为读者提供确切的事实资料和具体数据，并解决各种疑难问题的工具。按照其收录的内容，可将参考工具分为字典、词典、百科全书、年鉴、手册、表谱、知识库、图录等类型。参考工具类数据库其实就是各类参考工具电子化后，按照数据库的数据编排规则形成的一类主要起参考指导作用的数据库。

参考工具类数据库具有参考工具的普遍特点，即查考性、概述性、易检性。

按照学科类型来分，参考工具类数据库可以分为人文社科类参考工具数据库和自然科学类参考工具数据库。

1. 人文社科类参考工具数据库

此类数据库大多是汇集综合学科或者某一学科的专门知识，以及对各类社会资源的调查、统计和历史记载等，因此人文社科类参考工具数据库又主要分为百科全书类数据库和历史档案与地理类数据库。

（1）百科全书类数据库。

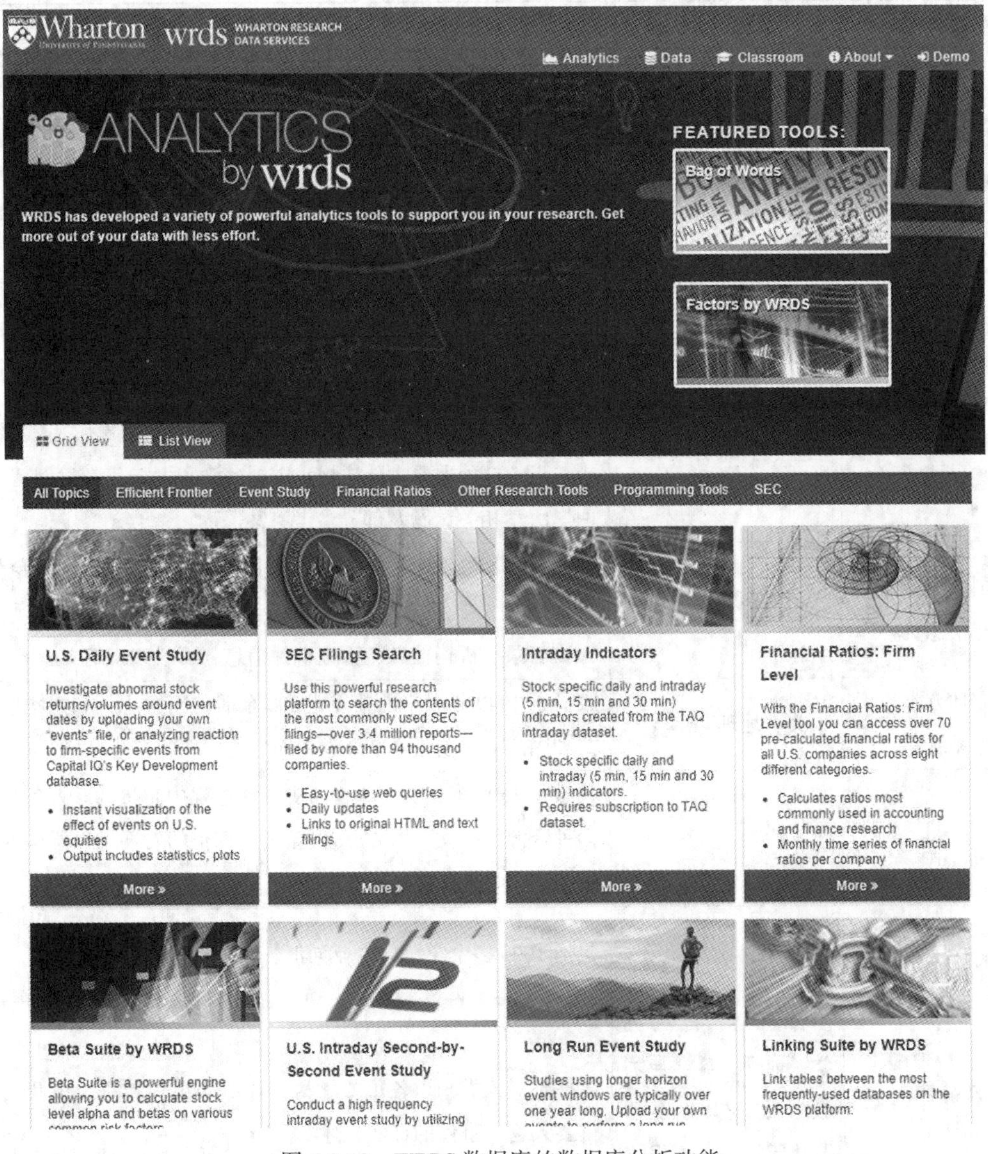

图 6-2-10　WRDS 数据库的数据库分析功能

百科全书类数据库主要收录各个学科门类或某一门类知识的工具书的数据库。其作用是提供人们查询必要的知识和事实资料。国内外有许多著名的百科全书被电子化后形成了百科全书类数据库，如 Oxford English Dictionary、Britannica Academic、月旦知识库、中国知识产权文献与信息资料库、中国知网工具书总库、Encyclopedia Britannica 等。常见的百科全书类数据库如表 6-2-2。

表 6-2-2　　常见百科全书类数据库简介

数据库名称	覆盖学科	收录数据范围
中国知网工具书总库	人文社会科学、自然科学、工程技术、医学、农学、教育、管理、信息等各个专业领域	汇集了 9000 余部工具书、2000 余万词条、100 余万张图片，分为语文、专业和百科分库。收录专业词典、汉语语文字词典和其他语种的语文词典、手册、图录图鉴、年表、史书、教材和大部头专著等；收录了历史、文化、科普、鉴赏、生活等方面的百科全书、辞典、手册、图录等工具书
月旦知识库	法律、教育、人文、艺术、心理、医药、卫生、公共管理等	收录数据包括期刊文献、论著文献、法规、裁判、教学资源、试题篇目、PDF 与 HTML，包括《元照英美法词典》《英汉法律词典》《英汉法律用语大词典》《英汉法律缩略语辞典》，共约 16000 笔词条；6600 种中国台湾和大陆两岸常用重要法规，近 500 种重要大陆法规；中国台湾和大陆裁判案例精解；两岸法学相关试题及部分参考答案等
中国知识产权文献与信息资料库	知识产权	知识产权相关法律法规、案例、学位论文、期刊论文、专著、会议论文、学习专用书、年鉴年报、统计资料、科研项目、人物名录、机构信息、重大事件信息、百科知识等
万方地方志知识服务系统	人文、地理	收录了 1949 年以来的共计 40000 余册的新方志，和中华人民共和国成立之前近 80000 卷的旧方志
Oxford English Dictionary	语言	收录了 1500 多年英语语言历史发展过程中超过 300 万条来自多种资源的引文，对 60 多万条英文词汇的发展予以明确的记录
Britannica Academic	全科	包括 1000 多个学科的专业词汇、图片、视频
Encyclopedia Britannica	生命科学、自然科学、地理、哲学与宗教、人文艺术、运动与休闲娱乐、工程技术、社会科学	囊括了对人类知识各重要学科的详尽介绍，和对历史及当代重要人物、事件的详实叙述
Max Planck Encyclopedia of Public International Law Online	法学	包括了许多新的条款的国际组织和国际间的合作，以及覆盖面的热点问题，涵盖了国际公法各个领域

续表

数据库名称	覆盖学科	收录数据范围
SAGE 研究方法在线数据库	社会学、行为学、计算机科学、经济学、健康学等	资源涵盖从研究方法理论、研究设计、数据收集、数据分析等相关问题提供宝贵的理论研究、案例分析等广泛材料；770多个定量、定性与混合研究方法术语及主题；研究方法领域的6部字典、9部百科全书、6部收录研究方法领域经典文献的大部头典籍；社会科学“小绿书”“小蓝书”系列；20万余页的专著、期刊和参考文献
Global Plants	植物学	收录植物类别标本、分类结构及科学文献等相关数据；收录数据类型有类别标本、绘画、素描及类似和辅助材料

（2）历史档案与古地理数据库。

历史档案数据库主要记载历史事件发生的地点、事件与影响，多为历史档案资料；地理类数据库主要记载因为历史原因造成的迁移运动和地理信息的变化信息，多以可视化地图和文字材料记载。常见的历史档案与地理类数据库如表6-2-3。

表6-2-3　　**常见历史档案与地理类数据库简介**

系列	数据库名称	覆盖学科	收录数据范围
历史档案类	Declassified Documents Reference System	军事、政治、历史、外交、新闻业、对外和本土政策等	提供100000份档案资料、超过600000页美国政府以前的解密档案。
	State Papers Online	经济、政治、外交、法律与法规、宗教政策等	收藏了16—17纪英国都铎王朝和斯图亚特王朝国王和女王改为首相和君主时期的英国政府文件，包括政府机关内的档案及英国大臣与君王间的通讯数据之手稿；还收录了历史学家提供了约300000页的访问国王乔治一世、国王乔治二世和国王乔治三世的内容，涵盖了军事、海军、人工、郡县治安官名单及苏格兰和爱尔兰的政府文件等。
	Cambridge Archive Editions 剑桥档案编研	民族遗产、国家政治发展、领土和民族问题、领土、法律	收录了18—20世纪的关于民族遗产、国家政治发展、领土和民族问题的国家传真文件、地图；东南亚的政治经济报告、中东边界形成、索赔和纠纷，阿拉伯半岛和波斯湾的现代政治发展的史料等；中国、日本、韩国、马六甲海峡等的政治经济报告。

续表

系列	数据库名称	覆盖学科	收录数据范围
历史档案类	Churchill archive	政治、历史等	超过 80 万页 1874—1965 年的原始文件。记录了包括丘吉尔的私人信件、和各国政要的往来信件、英国王室的文件、一战、二战时期英国政府的文件等。
	Confidential Print	历史、政治、经济等	资料种类有报告、急件、政治领导策略描述报告、每周政治总结、月度经济报告等。内容覆盖美国、加拿大、加勒比地区乃至部分南美地区的全部资料。
	ProQuest History Vault	历史、政治、军事	收录了第二次世界大战的战争计划、作战行动、情报、轴心国战争罪行和难民的美国文件；1960—1975 年越南战争和美国外交政策；1911—1944 年美国军事情报报告；1914—1945 年美国机密外交邮件档案；1941—1961 年美国战略情报局和美国国务院情报研究报告。
	Gale Archive unbound	历史、政治、经济、宗教、哲学、法律、种族研究、女性研究、社会文化、女权主义、国家研究等	1812—1974 年中国、美国及东南亚国家军事、经济、政治事件及政府当局的机密文件、通信信息、手稿、研究报告、调解文件等
地理类	古地图数据库	地理、历史	数据库分为坤舆、全国、郡县、山图、水图等十几个大类，目前已经收录古地图 3000 余张，每年增加 1000 张左右，其中绝大部分为高清晰地图
	National Geographic Virtual Library	人文社科	1888 年至今的《国家地理》中有关人、动物、地理环境的图片

2. 自然科学类参考工具库

自然科学类参考工具库的主题单一、专业性较强，大多是科学研究、实验、观测和工程开发中的各种数据的汇集与精选，数据包括图谱、化学反应、视频等。

（1）微谱数据库。

微谱数据库（图 6-2-11）目前是全球最大的核磁共振碳谱数据库，现收录有机化合物 110 余万个，基本包含已发表的天然产物，适用于药学、化学、生命科学等学科领域，是专门为从事中药现代化研究、有机合成和药物开发等领域研究而设计的工具型数据库。该库以研究人员所测化合物的碳谱值为索引，在库中搜索、比对，寻找出与之相同或者相似的已经报道的化合物，进而快速确定化合物结构的类型和构型，也为新化合物或新骨架提供依据；同时，还设计了碳谱模拟图，便于直观的精细对比。数据输出结果还包含源引的文献、作者等相关信息，便于对原数据进行核查。

图 6-2-11 微谱数据库首页

该库提供了五种碳谱（^{13}C-NMR）数据查询方式，即精确查询、模糊查询、深度查询、基团查询、不精确库查询，以及化合物相关信息检索，分别为化合物名称检索、分子式检索、作者名称检索、植物名称（属名或种名）检索。

（2）ISI Chemistry。

ISI Chemistry 是一个事实型的化学数据库，是专门为满足化学与药学研究人员的需求所设计的数据库，收集了全球核心化学期刊和发明专利的所有最新发现或改进的有机合成方法和化学反应综述和详尽的实验细节、化合物的化学结构和相关性质、化合物制备与合成方法。ISI Chemistry 包括 Index Chemicus（IC）和 Current Chemical Reactions（CCR）两个数据库，目前都集成在 Web of Science 数据库中，可以提供引文方式的检索途径。用户不仅可以利用书目信息检索，更可以借助“Structure Search”检索方式，用反应物结构式或其亚结构、产物结构式或其亚结构以及反应式进行检索，甚至可以用反应条件和化合物参数进行检索。绘制和显示反应式或结构式都需要下载并安装插件 Chemistry Plugin。目前，ISI Chemistry 集成在 ISI Web of Science-SCIE 中，进入数据库界面后，选择其中的子库 Current Chemical Reactions 和 Index Chemicus 进行检索。

（3）Primal Pictures 三维互动式解剖学数据库。

Primal Pictures 三维互动式解剖学数据库是以真实人体的 MRI 扫描数据为基础，建立全面准确的三维立体模型为依托。该系列全面汇集了超过 6500 个偏重于特定独立器官、身体部位或解剖系统的高精度三维动态互动式解剖模型，使用者通过数据库自带的三维动画即可查看精确地人体解剖模型，详细了解其结构与功能、生物学特性及治疗与手术操作过程等信息。

（4）Reaxys。

Reaxyss 从大量文献中摘取和物质性质相关的所有数据，是一个辅助化学研发的在线解决方案，它是将 CrossFire Beilstein、Gmelin、Patent Chemistry 等数据库进行整合，并增加一定功能而成的数据库。其收录了亚洲专利中的物质，可查询 500 种不同物质的理化性质；还可以查询部分文献中的 NMR 谱图和 5 亿条实验数据。此外，还可以利用 Reaxys 的 Synthesis Plan 涉及化合物的合成路线，也可以基础检索到的文献进行统计分析。

（5）Springer Protocols。

Springer Protocols 数据库收录了 1980 年至今的生物化学、分子生物学以及生物医学等学科的实验操作记录的数据库。该库提供了一些标准化的、可在实验室再现的“配方”或“方法”，包括按部就班的操作步骤、试验必需的原材料清单（原材料包括化学成分、硬件、软件等）、注释和提醒、使用者在试验过程中需要注意的问题以及如何解决问题等。目前，该库收录 70723 条实验指南。

除上述以外，参考工具类数据库还包括年鉴数据库。目前，国内比较著名的为中国年鉴网络出版总库，该库属于中国知网的子库，内容覆盖基本国情、地理历史、政治军事外交、法律、经济、科学技术、教育、文化体育事业、医疗卫生、社会生活、人物、统计资料、文件标准与法律法规等各个领域，包括 1912 年至今的中国国内中央、地方、行业和企业等各类年鉴的全文文献，共 5323 种、41607 本、37759592 篇。

参考工具类数据库的数据录入主要遵从参考工具书的分类、主题、时序、地序的编排规则，检索方式除了部分专业的数据库需要输入特定的检索内容（如化学结构式、微谱数据等）外，检索均不及专业的学术文献数据库复杂，常见的多为简单检索、高级检索两种，用户只需要输入关键词或者同时选定逻辑关系就可以检索所需数据。

二、政府及国际组织开放数据平台

（一）政府开放数据平台

由于互联网技术的快速发展，政府、公共机构等的各种工作开始电子化，伴随着产生的各种电子化的数据，即为政府数据。因此，政府数据即为任何由公共机构产生或受委托管理的数据和信息，或者对所有产生于政府内部或外部，并对政府活动、公共事务和公众生活产生影响、有意义的数据资源的总称。政府数据包括政府政务活动中所形成的政务数据和政府资金支持形成的公共数据。政务数据主要存在于电子政务系统，由政府资金支持而形成公共数据资源，主要包括医疗数据、城市交通、环境气象、健康防疫、人口调查、经济发展、商业信息、地理资源等。政府数据的开放对政府自身、公民、社会团体、市场经济、私人企业和公共服务具有很大的意义，可以改善政府问责制、透明度、反应能力和民主控制，促进公民自我赋权、社会参与和就业，培养更具活力和影响力的公职服务人员，促进政府服务创新、效率提升，刺激经济的发展。① 因此多年来，世界各国都在不断地增加政府数据的开放力度。

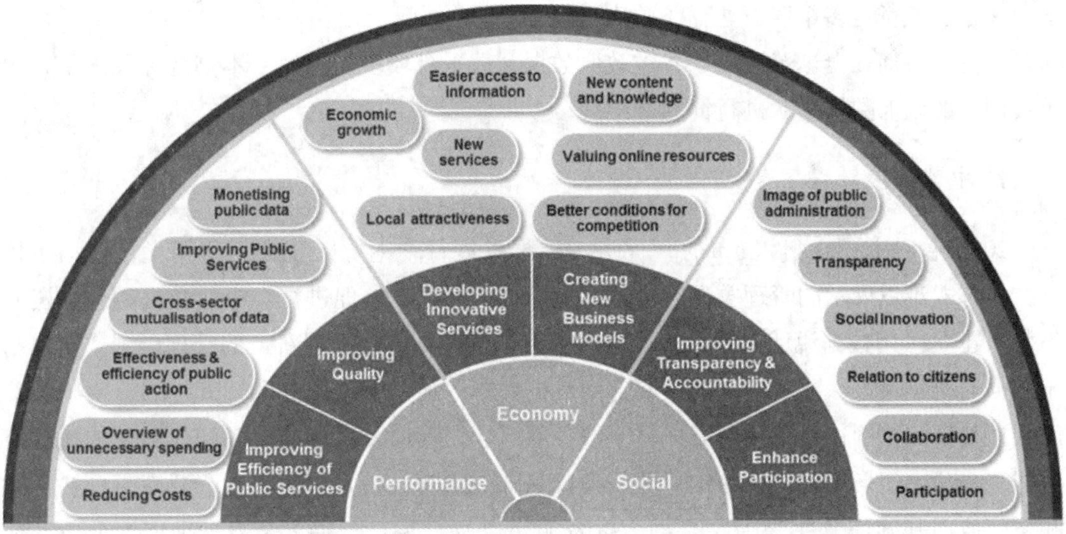

图 6-2-12 政府开放数据的重用的好处②

2009 年，奥巴马签署了《透明与开放的政府备忘录》，强调“公众可以轻松找到并使用”，之后奥巴马政府以透明度、参与度和协作的原则，以“让数据走出政府、得到更多的创新型应用、促进政府透明、增进公共参与”为目的，推出了首个政府数据开放平台

① Ubaldi B. Open government data: Towards empirical analysis of open government data initiatives [J]. Oecd Working Papers on Public Governance, 2013, 27 (3): 11-15.

② Open Data Goldbook for Data Managers and Data Holders—Practical guidebook for organisations wanting to ublish Open Data [EB/OL]. (2018-01-31) [2021-02-04]. https://www.europeandataportal.eu/sites/default/files/european_data_portal_-_open_data_goldbook.pdf.

“www. data. gov”，此后发布了大量的农业、气候、教育、能源、金融、健康、海洋、公共安全以及科学研究等数据，截至 2021 年 2 月 1 日，美国开放数据平台已发布 20 多万个数据集。与此同时，英国、美国、加拿大等国家也积极推动政府数据开放。2010 年 1 月，英国推出政府数据开放平台“Data. Gov. UK”，此后三年，不断推动公开数据利用、挖掘、数据开放方式、开放领域的研究和相关计划部署；2011 年 3 月，加拿大政府建立了政府开放数据平台，次年 4 月，发布了开放数据三年行动计划，包括收集数据，建立平台标准，开放新的门户网站；2013 年 6 月，八国集团首脑在北爱尔兰峰会上签署《开放数据宪章》，按计划有序公开重要的政府公共数据；2019 年 1 月，欧洲议会、欧盟理事会和委员会的谈判代表就《公共部门信息重用指令》达成协议，形成了一些数据共享集，并建立了欧盟成员国之间的开放数据平台等。我国自 2004 年起出台了一系列政策性文件，为国家完善政府数据开放的法律制度夯实了基础。自 2012 年起，上海、北京、贵州、湛江、天津、南京、成都等多个政府建立了政府数据开放平台。

可见，目前在全球范围内，各类政府数据开放平台较多，因此，本书选择我国及几个重要国家的政府数据平台进行简单介绍。

1. 中国政府数据平台

2015 年 8 月，国务院发布的《促进大数据发展行动纲要》提出，应用大数据揭示传统技术方式难以展示的管理关系，推动政府数据开放共享，促进社会事业数据融合和资源整合，建立“用数据说话、用数据决策、用数据管理、用数据创新”的管理机制，实现基于数据的科学决策，要大力推动政府部门数据共享，加强顶层设计和统筹规划，明确各部门数据共享的范围边界和使用方式，厘清各部门数据管理及共享的义务和权利，依托政府数据统一共享交换平台，大力推进国家人口基础信息库、法人单位信息资源库、自然资源和空间地理基础信息库等国家基础数据资源，以及金税、金关、金财、金审、金盾、金宏、金保、金土、金农、金水、金质等信息系统跨部门、跨区域共享。加快各地区、各部门、各有关企事业单位及社会组织信用信息系统的互联互通和信息共享，丰富面向公众的信用信息服务，提高政府服务和监管水平。结合信息惠民工程实施和智慧城市建设，推动中央部门与地方政府条块结合、联合试点，实现公共服务的多方数据共享、制度对接和协同配合。到 2018 年年底，建成国家政府数据统一开放平台。2020 年年底，实现信用、交通、医疗、卫生、就业、社保、地理、文化、教育、科技、资源、农业、环境、安监、金融、质量、统计、气象、海洋、企业登记监管等民生保障服务相关领域的政府数据集向社会开放。之后，我国政府建立了相应的政府数据开放平台（http：//www. gov. cn/shuju/index. htm），如图 6-2-13。

该平台一共分为数据聚焦、数据动态和数据专题三个板块。

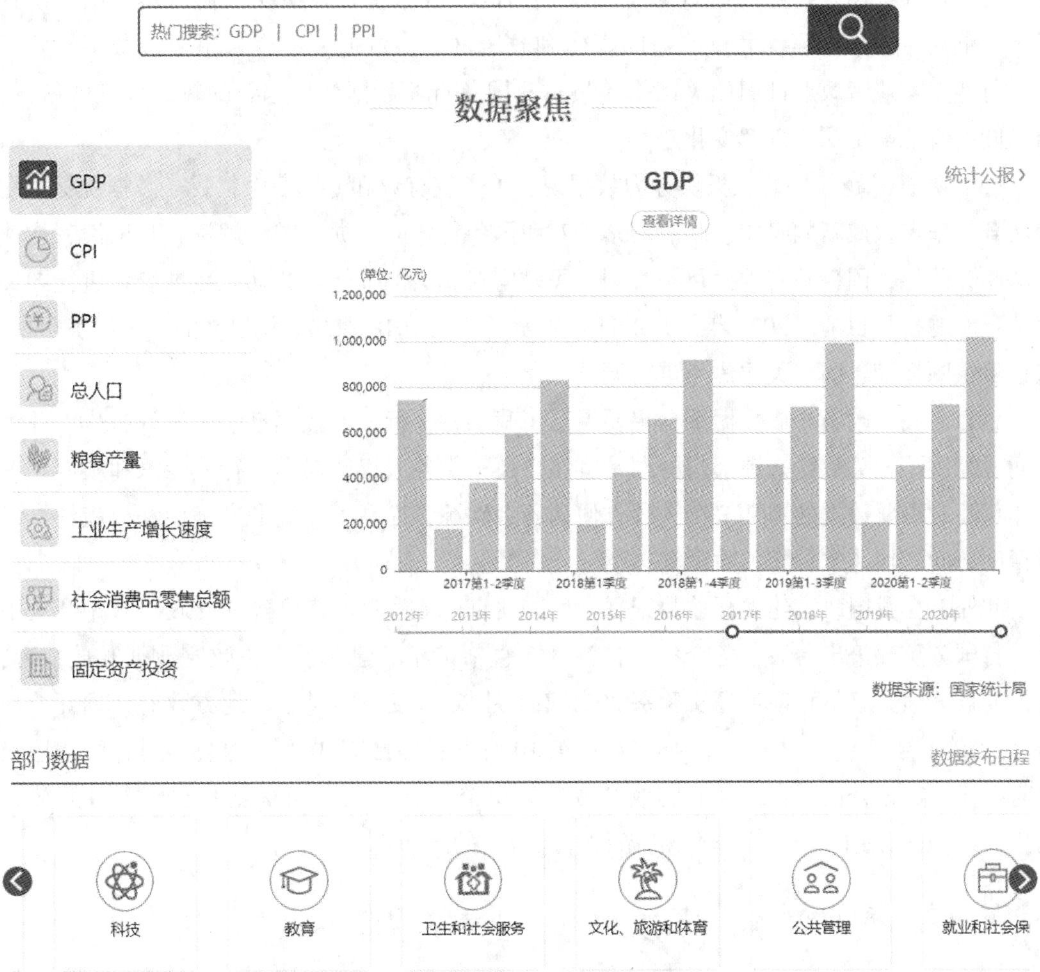

图 6-2-13　我国政府数据开放平台

（1）数据聚焦板块。该板块分为宏观经济运行情况和部门数据两个栏目。在宏观经济运行情况栏目，主要展示我国国内生产总值（GDP）、居民消费价格指数（CPI）、工业生产者出厂价格指数（PPI）、总人口、粮食产量、工业生产增长速度、社会消费品零售总额和固定资产投资的年度变化趋势，数据来源于国家统计局，点击每个指标，还可进入详细的指标解释和数据下载页面；在部门数据栏目，可以了解我国就业和社会保障、财政、资源和环境、能源、对外经济贸易、运输、邮电、金融、科技、教育、卫生和社会服务、文化旅游和体育、公共管理领域的分类统计数据，还可以从这些数据入口进入提供数据的原始国家机关网站查看相关公告、新闻资讯等。

（2）数据动态板块。该板块分为数据快递和数据解读两个栏目。在数据快读栏目，主要为用户提供我国各行业的统计数据增长期情况，数据主要来源于人民日报、国家统计局、外汇局、新华社等各大权威新闻媒体和政府网站；数据解读栏目主要转载了权威媒体、行业专家或者政府部门相关工作人员对我国各行业数据变化趋势的较为详细的解读，帮助阅读者能够更深刻理解变化趋势。

（3）数据专题板块。该板块分为数据说、国务院有数和专题三个栏目。数据说板块主要转载了来自权威新闻媒体、政府网站等对我国各行业的数据的图文解读，帮助读者快速了解相关信息；国务院有数栏目是我国人民政府对我国部分行业的动态数据统计进行图文解读；专题栏目目前（2021 年 2 月 1 日）展示了我国 2018—2020 年以来的中国经济年报，该栏目主题会随着国家关注焦点进行调整变化。

总之，我国政府开放数据平台主要展示了我国各个行业的数据动态、统计报告，并为访问者提供了相关数据来源部门的网站链接，还提供各大权威媒体、行业专家和政府相关工作部门对重要数据的图文解读，既方便访问者溯源，提高了数据的准确性和权威性，又能帮助访问者快速掌握相关数据动态。

此外，在我国政府建立开放数据平台前，北京、上海等城市已经建立政府数据开放平台，自国务院政策出台后，各个省、自治区、直辖市相继建立了多个政府数据开放平台，根据复旦大学数字与移动治理实验室 2021 年 1 月 20 日发布的《中国地方政府数据开放报告（2020 下半年）》① 显示，截至 2020 年 10 月，我国已有 142 个省级、副省级和地级政府上线了数据开放平台，拥有有效的数据集 98558 个，有约 74% 的平台无条件开放数据集，约 26% 的平台开通了对于有条件开放数据的申请功能。

2. 国家数据门户网站

国家数据门户网站（https：//data. stats. gov. cn/）（图 6-2-14）由我国国家统计局建立，收集了我国普查数据、全国国民经济各行业和生活消费水平指数等统计数据、各省和港澳地区的各行业和生活消费水平指数等统计数据、国际市场商品等数据、数据地图和可视化图表数据等，还包括了《中国统计年鉴》《中华人民共和国国民经济和社会发展统计公报》《国际统计年鉴》《金砖国家联合统计手册》的电子版本。

在该门户网站上可以利用简单查询和高级查询功能查询数据。可以对查询结果进行筛选、下载、在线可视化分析，还可以了解各个数据集中详细的指标含义。

---

① 复旦大学数字与移动治理实验室．中国地方政府数据开放报告（2020 下半年）［R/OL］.（2021-01-20）［2021-02-02］. http：//ifopendata. fudan. edu. cn/static/report/中国地方政府数据开放报告（2020 下半年）. pdf.

图 6-2-14　国家数据网站首页

3. 美国联邦政府数据平台

数据目录网站（http：//dataportals. org/）显示，全球有 590 个政府或组织的数据开放平台收录在该网站上，其中美国有 89 个，包括美国联邦政府和美国各个州建立的政府开放数据平台。美国联邦政府数据开放平台（http：//www. data. gov/）（图 6-2-15）于 2009 年由奥巴马政府推出，截至 2021 年 2 月 3 日共聚集了 218361 个数据集，涉及地方政府、教育、气候、老年人健康、能源、消费者、财政、法律、安全、海洋、制造、农业等 21 个主题，包括 CSV、JSON、XML、RDF、HTML、ZIP、KML、Esri REST、PDF、BIN、PNG、TEXT 等 49 种数据类型。在该平台的主页及数据（Data）子页面可以查询数据集或者按照主题、数据来源机构类型、数据类型、数据出版者、数据发布机构等进行浏览。

在美国联邦政府数据开放平台上还可以链接到相关数据资源仓库（Resources）和政府数据战略（Strategy）两个子平台。

（1）数据资源仓库子平台。该仓库包括美国相关的数据政策、数据工具、数据标准、案例研究、手册和有关如何管理和使用联邦数据的指南。其中，数据政策主要是支持实施

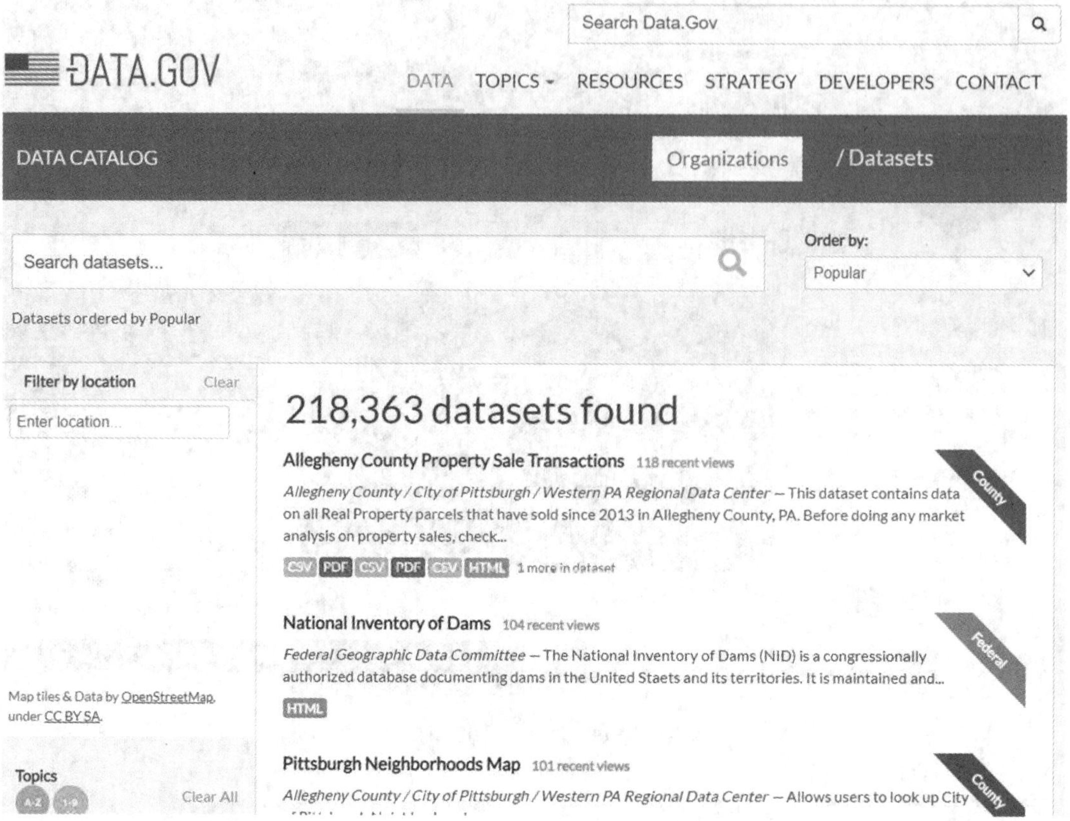

图 6-2-15　美国联邦政府数据开放平台数据页面

政策、创建数据治理结构以及联邦政府数据管理的日用资料、指南、模板和其他资源，包括 8 项政府数据开放原则、数据评估技巧、数据检索技巧、数据伦理框架、数据治理手册、数据创新、数据质量框架、开放数据参与指南等；数据工具提供数据软件和补充数据资源，包括数据管理系统（如 CKAN、DKAN 等）、数据可视化工具（如 Data Visualization Wizard）、数据格式转换软件（如 CSV to API）、数据采集工具（如 Tabula、pycsw、qu）、数据质量控制工具以及地理数据管理系统（如 GeoNode、Geoportal Server 等）；数据标准是该平台为了响应"《联邦数据战略 2020 年行动计划》的行动 20"建立的一个数据标准库，以加速跨机构数据标准的创建和采用。在数据标准栏目可以找到关于各种类型的现有标准（例如元数据、内容、分类）的信息，包括与使用自愿共识标准相关的政策、关于标准制定组织和政府内外实践社区的信息，以及联邦政府已经使用的数据标准目录。

（2）政府数据战略子平台。该平台是美国联邦政府为了满足不断变化的数据和需求而建立的协调和综合的数据战略，使数据能够更好地交付任务、为公众服务和管理资源，同时尊重隐私和保密性。联邦数据战略包括使命声明、原则和实践、政府年度行动计划。在该平台可以浏览美国的数据开放政策、政府的数据战略及历史数据相关的法案资源。

4. 英国政府数据开放平台

英国政府数据开放平台于2010年建立，有50534个数据集，涉及商业与经济、犯罪与司法、防卫、教育、环境、政府、政府支出、健康、领土地图、社会、城镇和运输12个主题，数据来自英国的政府和司法机构、地方议会、艺术协会、教育部等下属机构和公共组织。数据共分为CSV、ESRI REST、GEOJSON、HTML、KML、PDF、WMS、XLS和ZIP共9种格式。平台访问者不仅可以浏览特定主题的数据，还可以进行检索下载。

该平台还支持用户发布自己的数据集，方便用户管理和共享。

5. 加拿大政府数据平台

加拿大政府数据开放平台于2011年建立，有87728个开放数据集和开放信息，涉及农业、艺术、音乐、文学、经济及工业、健康及安全、历史与考古、劳动力、语言与语言学、信息与通信、法律、军事、自然与环境、人口、科学技术、社会文化、运输、过程和领域领土共19个主题，来源于88个加拿大政府机构、地方政府机构和公共服务组织，其中加拿大自然资源部提供的数据集最多。该87728个数据集分为ASCII Grid、AVI、CDR、CSV、JSON、DBF、PDF、PPTX、TXT等64种数据格式。该平台还对数据的资源类型、门户类型、更新频率等进行了分组，访问者可以浏览相关分组的数据信息。并且，在该平台上，可以在首页分类检索框内输入关键词检索相关数据集，也可以进入二级数据平台搜索、下载数据集或者信息。

该平台还提供了101种加拿大政府、公众和加拿大开放数据体验获奖者和参与者创建的移动客户端和基于Web的应用程序（Apps Gallery），可以针对不同行业的数据采用不同的APP在手机端采集浏览数据。

（二）国际组织开放数据平台

1. 欧盟组织数据开放平台

2010年3月，欧盟委员会公布了“欧盟2020战略”，该战略提出数据是一种创新资源，通过数据再利用，可以创造就业机会，刺激经济增长、政策创新、提高公共政策的透明度和政府决策及公共服务的水平。2010年11月，欧盟通信委员会向欧洲议会提交了“开放数据：创新、增长和透明治理的引擎”的报告，报告以开放数据为核心，制定了应对大数据挑战的战略。2011年12月12日，欧盟数字议程正式推进这一战略。欧盟委员会的开放数据战略主要围绕数据相关法律或指令、资金资助、研发与创新、公共信息平台、科学数据开放以及成员国的协调参与六个方面部署。2012 年建立了开放数据门户网站(图 6-2-16)(http://www. europeandataportal. eu)。

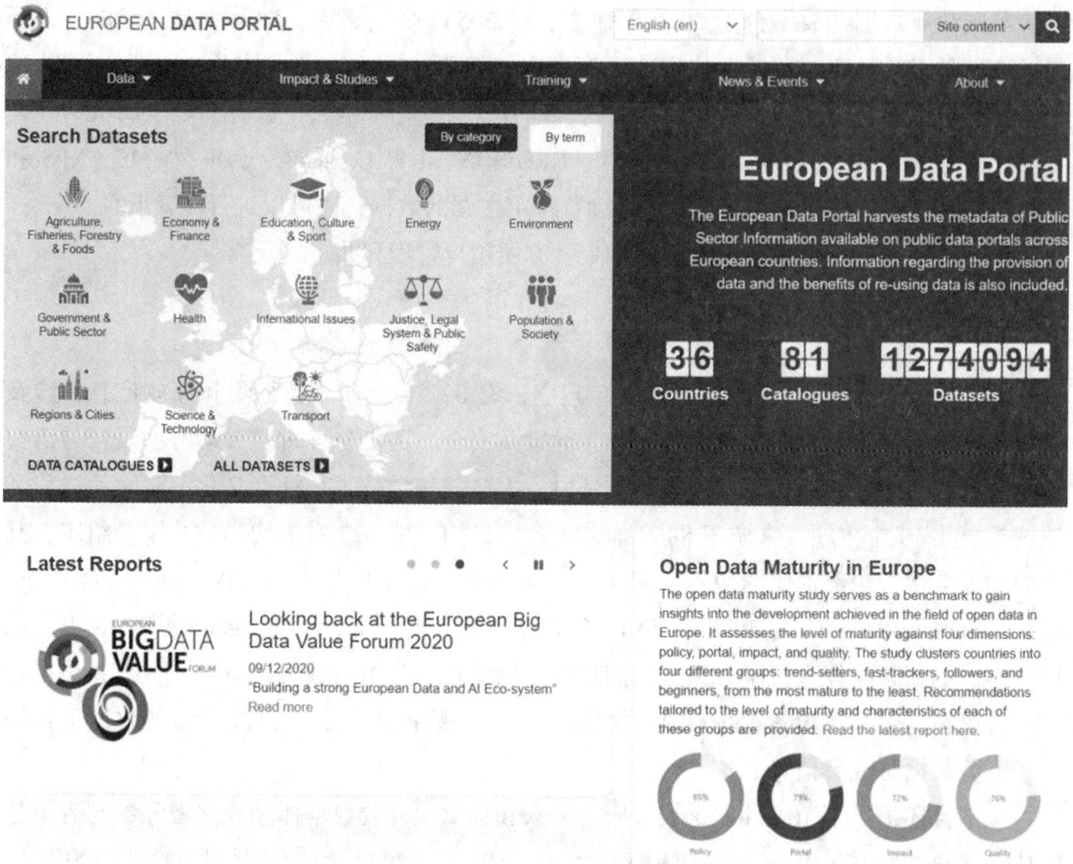

图 6-2-16　欧盟数据网站首页

截至 2021 年 2 月 3 日，欧盟数据网站拥有 1274094 个数据集，来自欧盟组织成员国和其他国家会员等 36 个国家，涉及 24 个主题，有农业、渔业、森林、食品、法律、立法系统、公共安全、环境、科学技术、政府和公共部门、经济与财政、运输、人口与社会、区域与城市、教育、文化、体育、健康、能源和国际问题等，其中，农业、渔业和森林主题的数据集最多，占总量的 23.5%。这些数据集分为 TIFF、CSV、PDF、WMS、HTML、EXCEL XLS、ZIP、WORD DOC、JSON、API、MXD 等 50 多种数据格式。另外，该平台数据集通过了 51 个数据管理组织的认证，数据的元数据质量分成优秀、良好和有效三个等级。在该平台上，访问者可以在检索框内输入主题词进行检索，检索结果可以按照发布机构、主题分类、元数据质量、认证组织、格式等进一步筛选，也可以进入数据集页面按照相关规定下载。在平台主要的数据集栏目上均可以检索数据集。

该平台除了提供数据外，还设置了影响与研究栏目和培训栏目。影响与研究栏目主要为访问者介绍欧盟数据开放项目成立以来的各国研究报告、各成员国对于数据开放的观点、欧盟组织每年执行数据开放的报告、数据开放研究报告和成功的数据使用案例等，为数据研究者的数据利用提供借鉴；培训栏目为访问者提供平台使用指南，包括开放数据的定义和意义、数据开放趋势，用户还可以阅读来自欧洲的成功案例，利用平台发布、访问和使用开放数据等。

2. 世界银行公开数据

世界银行是世界银行集团的简称，于 1945 年成立，由国际复兴开发银行、国际开发协会、国际金融公司、多边投资担保机构和国际投资争端解决中心五个成员机构组成。世界银行的宗旨是向成员国提供贷款和投资，推进国际贸易均衡发展。世界银行公开数据（https：//data. worldbank. org. cn/）是由世界银行集团公开的全球各国的发展数据。在该平台可以了解到最新的世界各地区的重要的新闻和世界发展指标，还可以找到各种数据资源。数据资源部分，分为数据目录、数据银行、微数据、可持续发展目标地图集、国际债务统计、国际比较项目、世界发展指标、融资、项目、开放数据工具包、生活水平研究和全球消费数据库 12 个数据栏目，如表 6-2-4。

表 6-2-4　　**世界银行数据平台资源栏目**

编号	栏目名称	栏 目 简 介
1	数据目录	提供一系列世界银行数据集，包括数据库、格式化表格、报告和其他资源
2	DataBank	一个包含各种主题时间序列数据的分析和可视化工具
3	微数据	提供通过对家庭、商业机构或其他机构的抽样调查获取的数据
4	可持续发展目标地图集	引导读者采用互动式故事阐述和创意图表来深入了解可持续发展目标的进展情况
5	国际债务统计	提供 120 个发展中国家详尽的年度外债存量及流量综合统计数据
6	国际比较项目	探索全球最广泛的统计合作背后的购买力平价（PPP）、价格水平、经济数据与方法
7	世界发展指标	世界银行通过官方认可的国际机构汇编的一系列主要发展指标
8	融资	有关世界银行集团财务的原始数据，包括全球资金的付款和管理

续表

编号	栏目名称	栏 目 简 介
9	项目	提供有关世界银行从 1947 年至今所有贷款项目的基本信息
10	开放数据工具包	帮助理解开放数据以及如何加快规划和实施一个开放数据项目
11	生活水平研究	支持各国进行多主题的住户调研，以产生高质量的数据、改进调研方法并建立相关能力
12	全球消费数据库	有关发展中国家居民消费模式的一站式数据来源

本书选择数据目录、数据银行、微数据和开放数据工具包进行简单介绍。

（1）数据目录。数据目录提供了地球七大板块国家的数据集，共有 19094 个数据集、指标和可视化图集。还设置了特色数据栏目，如统计能力数据栏目、世界银行开放数据栏目、影响力评估调查栏目，分为时间序列数据、微观数据和地理空间数据三种。其中，时间序列数据通常是全球、区域、国家和国家以下各级关于社会和经济指标的汇总数字。这些数据可以是一个连续时间间隔内有关指标的数据点序列，使用每两个连续测量值之间的相等间距。统计的指标为森林覆盖率、妇女劳动力参与率、消费物价指数、婴儿死亡率等；微数据是从抽样调查、人口普查和管理系统中获得的单位级数据。它们提供有关个人或实体（如家庭、商业企业、设施、农场，甚至村庄或城镇等地理区域）的特点的信息。通过研究现象之间的关系和相互作用，能够深入了解社会经济问题；GIS 数据或地理数据包含明确的地理定位信息，例如 GIS 中的公路网或地理参考卫星图像；地理空间数据包括描述在数据集中发现的要素的属性数据。在地理空间数据栏目包含两种类型的地理空间数据，即矢量和栅格。

（2）数据银行（DataBank）。该栏目提供分析和形象化工具，包含有关多个专题的时间序列数据。在该栏目可以创建自己的数据集查询，生成表格、图表和地图，并轻松地将其保存、植入和分享。在数据银行中提供了一定数量的数据集，涉及农业和农村发展、援助实效、经济政策和外债、教育、能源与挖掘、环境、财政部门、性别、健康、劳动力与会保护、隐私、科学技术、社会发展和农村发展 14 个主题 79 个数据集。用户可检索自己所需数据集，也可以按照使用次数、字母顺序、更新时间浏览数据集。

（3）微数据。该栏目包括 3258 个调查数据集，分为 3227790 个变量，被引 2592 次。微数据栏目提供的数据主要是关于发展中国家人民的生活、机构、环境、社区及经济运作信息，通过对世界各地区的家庭、商业机构和其他设施的抽样调查而来，也可能来源于人口、住房和农业普查或者通过行政数据采集程序得来。

（4）可持续发展目标地图集。该栏目地图集的数据来源于世界银行的世界发展指数数据库和世界科学家和其他研究者们的相关数据资源。其中，2020 年的世界可持续发展地图集呈现17个可持续发展目标的互动故事和数据可视化。它强调每个设定目标的发展趋势，介绍了如何衡量可持续发展目标的概念。该17个可持续发展目标分别关注消除贫穷、零饥饿、好的健康和生活环境、质量教育、性别平等、清洁用水和卫生、足量的清洁能源、体面的工作和经济增长、工业创新和基础设施、减少不平等、可持续城市和社区、有责任的消费和生产、气候运动、水生物、陆地生物、和平正义和强大的机构、合作目标。

（5）开放数据工具包。该栏目旨在帮助政府、银行工作人员和用户了解开放数据的基本观点，帮助提升制定规划和实施开放政府数据计划的速度，同时避免常见的陷阱。用户可以在这个栏目了解开放数据的基本要素，如定义、途径和案例，还可以下载技术工具、数据质量评估工具等。

3. 国际能源署

国际能源署于1974年11月成立，现有成员国30个，包括美国、日本、澳大利亚、德国、荷兰、加拿大、西班牙、希腊、意大利、英国等，巴西、中国、印度、印尼、新加坡、南非、泰国和摩洛哥为能源署盟友国家。国际能源署门户网站包括全球煤、二氧化碳排放、电能和热能、能源消耗、能源供应、能源传输指数、进口/出口、主要指标、天然气、核能、石油、价格、可再生和废弃能源、可持续发展目标的数据集的查询和下载栏目、区域工作相关资讯栏目、燃料与技术栏目、统计分析栏目、国际能源政策栏目。

其中，在数据集查询和下载栏目，用户可以按照不同的主题浏览相关能源数据，订购能源统计报告。还可以查看不同能源生产、进口、出口、居住、运输等消耗增加量，以及各个成员国或者组织的能源预算、石油价格变动、节能减排等能源动态的对比图表（共2564张）。该栏目还提供了在过滤器中输入检索词筛选相关能源数据的功能；在燃料与技术栏目，展示了各种燃料的现状、成员国及联盟国的能源政策和规划、各种能源的相关资讯和技术报告、能源开采、保护技术、设备、基础设施等技术的统计数据；在统计分析栏目提供了21种专题的数据分析报告，报告内容除了文字描述，还以各种形式的图表进行了详细的展示，如图6-2-17。该栏目还可以链接到相关专题的其他分析报告、新闻资讯等。

总之，国际组织的数据门户有很多，除了前述三种，还有经济合作与发展组织（OECD）数据平台、联合国数据平台、联合国教科文组织（UNESCO）数据平台、国际货币基金组织数据平台等。这些平台都是世界国家建立相关组织后在一些活动中产生数据形成的资源集合，大多为涉及国际民生、经济、人口、环境、资源、运输、安全等主题的数据。

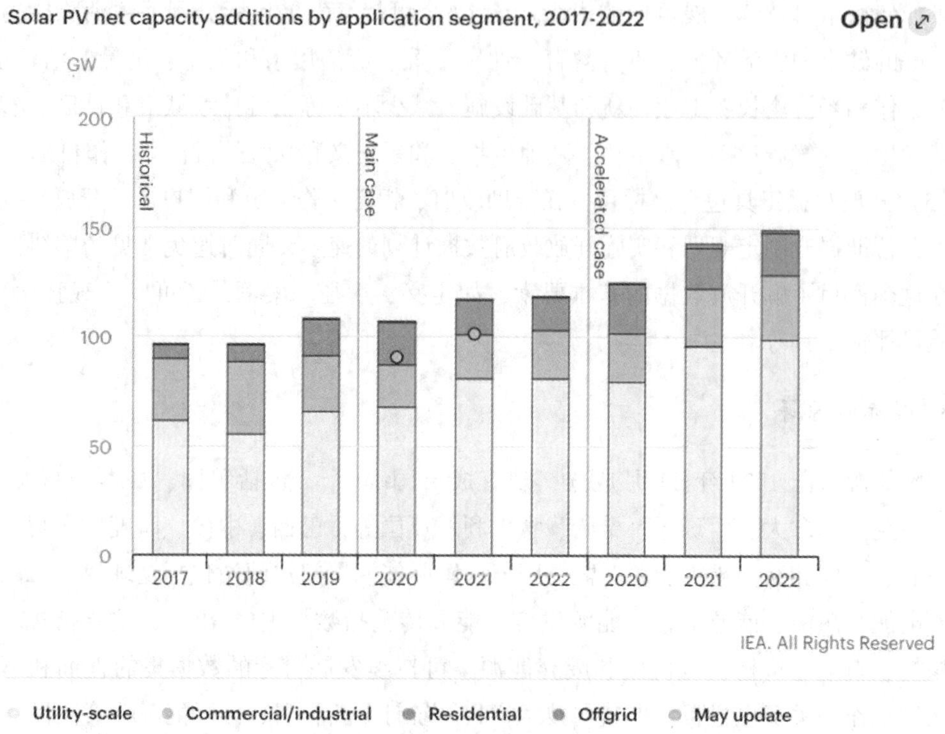

图 6-2-17　国际能源署统计分析报告图表示例

三、科学数据共享媒介

科学数据，英文名称为“Research Data”或者“Scientific Data”。我国《科学数据管理办法》① 对科学数据的定义为：科学数据主要包括在自然科学、工程技术科学等领域，通过基础研究、应用研究、试验开发等产生的数据，以及通过观测监测、考察调查、检验检测等方式取得并用于科学研究活动的原始数据及其衍生数据。经济合作与发展组织《OECD 关于公共资助科学数据获取的原则和方针》② 认为科学数据是用作科学研究原始来源的事实记录（数值、文本记录、图像和声音）和那些被普遍认为可用于验证科学发现的必要记录。科学数据集构成了研究内容的系统的、部分表现形式，但不包括实验笔记、

① 国务院办公厅关于印发科学数据管理办法的通知［EB/OL］.（2018-03-17）［2021-02-07］. http：//www. gov. cn/zhengce/content/2018-04/02/content_5279272. htm.

② Pilat D，Fukasaku Y. OECD principles and guidelines for access to research data from public funding［J］. Data Science Journal，2007，OD4-OD11.

初步分析、科学论文草稿、未来研究计划、同行评议、个人与大学机构交流或者实验样品（如实验样品、细菌菌株、实验动物等）。美国自然科学基金发布的《长期保存数据集增强 21 世纪研究和教育》报告①认为，科学数据是以数字化存储的在不同过程（包括观察、计算或实验）中产生的文本、数字、图片、视频或电影、音频、软件、算法、方程、动画、模型、模拟方程等。

总之，科学数据的定义非常多，包含的内容也比较广泛，一般认为，科学数据是在科学活动中产生的过程数据、笔记、操作步骤、手稿、初步分析结果、论文初稿、实验材料、实验参与人员信息、实验条件、实验目的等信息，可以是文本、数值、图片、视频、音频、模型、算法等，因而会随着学科的不同有不同的表现形式。

科学数据是伴随着科学研究和科研管理活动产生的，因此具有相对稀缺性；是基于客观实验、观察或者过程产生，是可以被复制和传播的，具有可复制性；随着数据的不断积累，会产生额外的价值，具有可增值性；由于不同学科产生的数据是不同的，因而具有领域性。科学数据的这些特性，决定了科学数据共享的必然发生。

科学数据共享是指机构或个人将科研观测、科研活动的成果进行共享、获取、使用和再利用的过程。科学数据共享可以监督学术不端行为、节约科技成本、促进跨学科研究，产生良好的社会效益、经济效益和科研效益。在科学数据共享过程中，有数据提供者、数据分发者、数据用户的参与，也有促进数据进行共享行为发生的数据共享促进者的参与。四种角色在这个过程中承担不同的作用，如图 6-2-18。

可见，以数据共享平台、数据仓储、数据出版物、数据共享服务网为主的科学数据共享媒介在科学数据共享过程中扮演着数据分发者的角色，是共享环节中的重要参与者。因此，各国十分重视科学数据共享媒介的建设。例如，1957 年，国际科学理事会组织成立了以地球科学、空间科学和天文学数据为重点的世界数据中心（WDC），开展地球科学、环境和空间科学领域的数据收集、整理、存储和交流共享；1960 年，美国组建了国家大气研究中心（NCAR），中心数据资源涉及卫星资料、大气分析格点资料、长年代的气候资料和海洋资料等；1962 年建立了美国政治与社会研究校际联盟（ICPSR），存储了大量社会调研资料，涉及老龄化、刑事司法、税收记录等；1990 年，美国航空航天局（NASA）组建了分布式数据档案中心群，目前已建立了 12 个分中心，涉及极地过程、合成孔径雷达产品、物理海洋学、冰雪、大气、水文、卫星遥感、气候与天气等领域；1998 年，澳大利亚制定了澳大利亚南极数据中心发展规划，将管理、组织等融入计划中，并对南极数据进

① Long-Lived digital data collections：Enabling research and education in the 21st Century［EB/OL］.（2005-05-26）［2021-02-07］. https：//www. nsf. gov/pubs/2005/nsb0540/nsb0540. pdf.

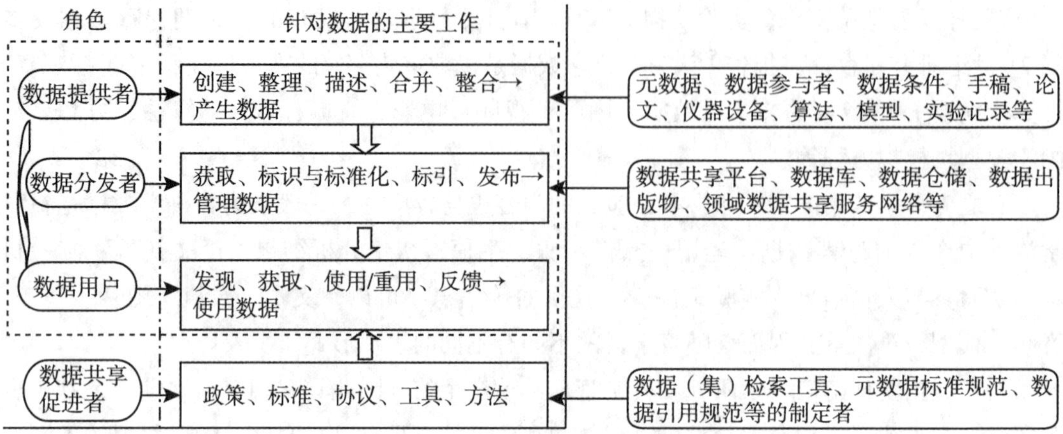

图 6-2-18　数据共享环节中各角色发挥的作用①

行统一组织、存储，以便提供开放共享服务；2008 年，莫纳什大学联合澳大利亚国立大学、澳大利亚联邦科学与工业组织启动了澳大利亚国家数据服务项目（ANDS），建立相关数据服务系统，提供海洋、核科学、医学等领域的科学数据存储与共享服务；2004 年，英国联合信息系统委员会启动组建了数据管理中心（DDC），促进科学数据的管理与共享；2013 年，欧盟委员会、美国国家科学基金会联合美国国家标准与技术研究院和澳大利亚创新部等组建了科学数据联盟（RDA），提供跨国、跨领域的科学数据共享；我国于 2001 年年底启动科学数据共享工程，目前已建成了国家科技基础条件平台、国家地球系统科学数据中心、国家人口与健康科学数据中心、国家农业科学数据中心、国家地震科学数据中心等多个跨学或专业学科的数据中心和平台等。

（一）国内科学数据共享媒介

1984 年 6 月，中国科学院代表中国作为国家会员加入了国际科学数据委员会 CODATA。同年 10 月，由中国科学院牵头组织国内有关部委成立了 CODATA 中国全国委员会。多年来，CODATA 中国全国委员会积极组织国内各有关部门和研究机构参加 CODATA 的各类学术活动，协调各学科领域的科学数据工作，包括数据库建设、数据交换、学术交流等；2001 年，我国启动“科学数据共享工程”；2002 年开始实施国家科技基础条件平台建设；2011 年建立了 23 个国家科技基础条件平台；2015 年创立了我国首个科

① 屈宝强，彭洁，刘蔚，等. 科学数据共享及其发展趋势［J］. 情报学进展，2020，13（00）：381-420.

学数据出版期刊《中国科学数据》，发布了《促进大数据发展行动纲要》；2018 年颁布了《国家科技资源共享服务平台管理办法》和《科学数据管理办法》。近几年，我国建立了各类科技基础条件平台、实验材料中心、仪器中心、国家科学数据中心等数百个，形成了一批规模强大的科学数据共享媒介。按照类型来分，我国的科学数据共享媒介可以分为科学数据共享平台、科学数据共享服务网、科学数据出版物。

1. 科学数据共享平台

科学数据共享平台是具有统一的数据库和共享服务系统，具有开放性，数据可以在其中长期保存。科学数据共享平台包括面向普遍性数据存储和共享的数据共享平台、面向特定学科数据存储和共享的学科数据中心、面向特定机构数据存储和共享的机构科学数据共享平台。

（1）面向普遍性数据存储和共享的科学数据共享平台。

我国面向普遍性数据存储和贡献的科学数据共享平台包括国家科技基础条件平台中心、国家基础学科公共学科数据中心、科学数据银行（ScienceDB）等。

国家科技基础条件平台中心（图 6-2-19）是我国科技部直属事业单位，致力于推动科技资源优化配置，实现开放共享。国家科技基础条件平台中心包含了 20 个科研领域的科学数据，涉及物理、基因、微生物、天文、青藏高原、冰川冻土、计量、地震、气候、海洋、农业、人口等领域；包含了生物种质与实验材料库，涉及野生植物、病毒、园艺种质、寄生虫、病原微生物、植物标本、岩矿化石标本、人类生殖与健康、遗传工程小鼠、啮齿类实验动物等 31 种生物类资源，资源包括模型、图片、物种、标本等；包括了重大科研基础设施库，涉及 83 个航海、超级计算、遥感卫星站、邮轮、支撑平台、数据处理平台等提供的数据集合；包含了大型仪器中心，涉及物理性能、电子测量、计量、海洋、激光器、大气探测、天文、分析等仪器相关的数据资源集合。该平台可以按照关键词检索数据资源目录。

该平台中心为各类数据资源或相关材料和设备建立了资源目录共 716040 个，对各个数据、材料、仪器设施的资源目录的来源单位、学科分类、共享途径、资源简介进行了详细说明，能够有效帮助资源需求者获取资源。

国家基础学科公共学科数据中心（图 6-2-20）由中国科学院计算机网络信息中心牵头组织，联合中科院、国内高校和其他科研院所共同建设，旨在联合相关单位在物理、化学、天文、空间、生物等基础科学领域的优势基础科学数据资源，按照统一的标准规范进行整合，实现数据资源物理分布、逻辑集成、统一访问和服务，形成一批面向主题领域的主题数据库和面向应用场景的专题数据库，从而为社会用户提供一站式、集成的数据资源发现、检索与下载功能，支持基于内容关联检索，并集成相关的数据分析工具，面向特定

图 6-2-19　我国国家科技基础条件平台中心

学科领域与应用提供一批特色服务。该中心目前拥有 718 个数据资源，约为 735TB。该平台可以按照关键字检索数据资源库，点击链接可以查看相关数据。

科学数据银行（ScienceDB）是一个公共的通用型科学数据存储库，主要面向科研人员、科研项目/团队、科研期刊、科研机构及高校等利益相关者，提供科学数据汇交、长期保存、出版、共享和获取等服务，支持多种数据获取与使用许可，在保障数据所有人权益的基础上，促进数据的可发现、可引用、可重用。ScienceDB 由中国科学院计算机网络信息中心建设维护。ScienceDB 出版数据符合主流数据标准或惯例的科学数据，旨在促进科学数据的可发现性、可访问性、互操作性和可重用性（FAIR principle）。该平台已出版各类数据集 491 个，存储的数据集有 1059 个，数据量约为 5615GB。该平台可按照数据集标题、关键词、摘要、作者、DOI、PID 进行检索。

（2）面向特定学科数据存储和共享的学科数据中心。

我国面向特定学科的科学数据中心有很多，涉及高能物理、天文、农业、生物、地震、人口与健康、材料与环境、核科学、工程化学、测绘科学、青藏高原、临床医学、公共卫生等多个学科，根据《国家科学数据资源发展报告 2018》统计，我国有各类学科数据中心 400 多个，近年来数量还在增长。这些数据中心分散在全国各地，根据学科特色对数据集进行了标引，方便用户查找。

（3）机构科学数据共享平台。

我国机构科学数据共享平台主要由全国高校、科研机构、地方政府或企业构建，为机

图 6-2-20　我国国家基础学科公共学科数据中心

构自身或者跨地区机构合作共享提供数据支持。目前，我国比较常见的机构科学数据共享平台有中国科学院数据云、复旦大学社会科学数据平台、北京大学开放数据研究平台等。

中国科学院数据云由中国科学院建立的立足中国科学院，面向科技界，逐渐建设形成共享开放、服务创新的国家级科技数据中心。平台目前拥有数据集 1270 个，涉及化学、天文、空间、地球科学、生物、农田水利、材料科学、信息技术 8 个学科领域。数据资源包括图片、文本、数值、报告等。另外，该平台包括 10 个模型工具、34 个数据管理工具和 35 个应用，用户可以用于数据访问、数据分析、数据输入、数据建模、数据管理、数据可视化等。

复旦大学社会科学数据平台主要是为了收集、整理和开发中国社会经济发展数据建立的，主要从事数据服务、定量研究方法教学和跨学科研究的业务。该平台整合了用户管理、权限管理、数据和分类管理、站点管理、收割管理、研究成果管理、衍生出版物管理、日志与统计等功能，拥有各类数据资源 4333 个，涉及社会科学、地球和环境科学、经济学和管理学、计算机与信息科学、药学健康和生命科学、艺术学与人文学、工程学、数学、法学等学科，数据类型包括办公文件、其他文件、表格数据文件、Zip 文件、图片文件、application、文本文件、networkdata 等。此外，该平台还建立长三角社会变迁调查、居民消费与碳排放数据库、复旦大学能源流向与碳排放因子数据集、应对老龄社会的基础科学问题研究专题数据资源库。在该平台上，可以直接输入关键词搜索相关数据集，也可以按照学科、描述文本、课题分类、作者姓名、作者机构、资源类型等进行检索。

北京大学开放数据研究平台由北京大学图书馆、国家自然科学基金—北京大学管理科学数据中心、北京大学科研部、北京大学社科部联合主办和推出，为研究者提供研究数据的管理、发布和存储服务，鼓励研究者开放和共享数据。平台为数据用户提供研究数据的浏览、检索和下载等服务，促进研究数据的传播、重用和规范引用。不仅如此，在该平台可以在线对数据进行统计分析，并提供了数据在线格式转换和子集拆分、数据可视化展示、数据变量搜索、数据关联出版物链接等功能。用户实名注册后，可以下载开放数据，或站内申请使用受限数据。该平台已经收录了北京大学中国调查数据资料库（包括中国家庭追踪调查、中国健康与养老追踪调查、北京社会经济发展年度调查等）、北京大学健康老龄与发展研究中心、北京大学可视化与可视分析研究组，北京大学生命科学学院生物信息学中心等跨学科的开放数据，拥有 70 个数据空间和 308 个数据集。平台数据检索方式与复旦大学社会科学数据平台数据检索方式相似。

2. 科学数据共享服务网①

科学数据共享服务网属于网络监测模式的数据共享模式，该模式中，采集的数据既存储在中心节点服务器上，又存储在本地服务器上，通过共享服务门户网站和各分节点合作为科研人员提供服务。监测网络一般依据具体的科研活动需要而建立，它是一种总中心集权管理模型，但各分数据中心具有各自灵活的数据管理方式，数据开放由总中心统一管理，其数据按照统一的标准采集。

我国的科学数据共享服务网络主要包括各类公共数据服务网，如中国气象数据网、中国地震台网、中国林业网等。

3. 科学数据出版物②

科学数据出版物是科研人员按照标准化的管理流程，采用与论文相似的方式，通过一定的公共机制发布科研数据集，便于公众根据相关规则发现、获取、评价和利用这些数据集的数据共享媒介。科学数据出版物基本参考了学术论文的出版流程，从出版形式来看，目前主要有三种数据出版形式，即数据附属于出版物的出版、出版物附属于数据的出版以及独立的不依赖于出版物的数据出版。其中，出版物附属于数据的出版是近年来出现的一

① 陈湘．大数据背景下我国科学数据共享模式研究［J］．科技视界，2019（17）：204-205，173.

② 郭华东．问渠哪得清如许，为有源头活水来——《中国科学数据》发刊词［J/OL］．中国科学数据，2016，1（1）．http：//www.csdata.org/paperView？id=55．DOI：10.11922/csdata.0.2016.0014.

种新的数据出版模式，它与现有的科研评价体系相适应，试图通过当前的利益机制协调，推动科学数据开放共享。

科学数据出版是科研共同体的防腐剂，通过出版数据，可以帮助人们清楚地看到公共经费支持项目所捕获“大数据”的真实情况；数据出版是科研共同体的试金石，通过数据论文与数据集的开放获取，科学数据的价值外延将逐步扩展；数据出版是科学前沿的探测器，通过推广数据出版，人们也将进一步感知国内外不同领域科学数据共享的创新进展。

我国目前的科学数据出版有《中国科学数据》、《地理学报》增刊、《图书馆杂志》等。科学数据的出版一般会含有数据集名称、数据作者、单位及地址、摘要、关键词、数据基本信息等便于帮助用户检索、理解数据集的元数据。图 6-2-21 为《中国科学数据》期刊的数据论文样例。

CSData 中国科学数据 www.csdata.org

ISSN 2096-2223
CN 11-6035/N

OPEN ACCESS　doi　ePIC Persistent Identifiers for eResearch

文献 DOI：10.11922/csdata.2020.0050.zh
数据 DOI：10.11922/sciencedb.j00001.00038
文献分类：地球科学

收稿日期：2020-06-28
开放同评：2020-08-17
录用日期：2020-10-22
发表日期：2020-12-29

专题　“海上丝绸之路”·海洋环境与新能源

2009–2018 年北印度洋海浪有效波高模拟数据集

庄居城[1,3]，杨少波[1,3]，李醒飞[1,3*]，郑崇伟[2]

1. 天津大学精密仪器测量与控制国家重点实验室，天津　300072
2. 海军大连舰艇学院，大连　116000
3. 天津大学青岛海洋工程研究院，青岛　266100

摘要：波浪能是清洁能源中的佼佼者，也是海洋中最富集的能源。本文借助欧洲中期天气预报中心风场的再分析数据展开研究，通过 WAVEWATCH-III 模式对有效波高逐 3 h 输出并处理，获取了北印度洋 2009–2018 年海浪近十年的有效波高数据，在浅水和深水、一般和特殊条件下验证数据有效性的同时，也提供了详细的数据获取途径。本数据的共享有利于数据被更好地获取和利用，为有需要的科研工作者们提供帮助，也为海洋能源的研究及开发提供支持。

关键词：北印度洋；WW3；有效波高；波浪数据集

数据集（库）基本信息简介

数据集名称	2009–2018 年北印度洋海浪有效波模拟数据集
数据作者	庄居城，李醒飞，杨少波，郑崇伟
数据通信作者	李醒飞（oceantjulxf@163.com）
数据时间范围	2009 年 1 月至 2018 年 12 月
数据量	39.4 GB
数据空间范围	30°E–100°E，30°N–15°S

图 6-2-21　《中国科学数据》期刊的数据论文样例

（二）国外科学数据共享媒介

国外的数据共享起步较早，在科学数据共享媒介的建设上，要比国内丰富得多，按照目前共享媒介的功能来分，主要包括国际组织或项目支持建立的单纯为用户提供直接使用数据的开放数据库（系统）和国家数据中心、用户参与数据资源建设的数据共享平台，以及数据出版物。

1. 开放数据库（系统）和国家数据中心

（1）开放数据库（系统）。

国外开放数据库（系统）主要由一些大型的国际合作项目或组织主导，为了支持研究计划中大型复杂数据集管理和使用建立的跨国、跨组织或跨领域的数据管理和共享媒介。目前，比较常见的国外开放数库（系统）有世界数据系统（WDS）、全球综合地球观测系统（GEOSS）、全球蛋白质数据库（wwPDB）、欧洲联合中心数据目录（JRC Data）、分布式数据档案中心（Distributed Active Archive Centers）、英国数据档案馆（UKDA）等。

表 6-2-5　　国外常见开放数据库（系统）

开放数据库名称	特　色	组建组织或国家
WDS	提供有质量保证的自然科学、社会人文科学数据、数据服务、数据产品和信息服务	国际科学理事会
GEOSS	帮助用户发现、获取来自全球数据提供者分享的地球观测数据和资源，可检索、下载数据和图片	欧洲宇航局
wwPDB	提供蛋白质分子、核酸和复杂集合的三维结构信息，包括宏观生物大分子的结构数据和元数据，促进全球结构生物学数据存储和交换标准的建立和发展	成员包括结构生物信息学蛋白质数据库联盟、生物磁共振数据库、日本蛋白质数据库、欧洲蛋白质数据库
JRC Data	数据涉及环境与气候变化、核安全与防护、创新与增长、安防、信息社会、标准、农业与食品安全、经济与货币联盟、健康与消费者保护领域的数据检索、下载	欧盟委员会

（2）国家数据中心。

国家数据中心是由各个国家政府投资或政府相关机构资助建立的用于公共事业的数据

集合中心。科学数据共享浪潮掀起以来，各国政府和资金资助机构争相加入建设数据中心的队伍中，美国、英国、日本等国建立了多个国家级数据中心，包括美国国家航空航天局（NASA）空间科学数据中心（DAACs）、英国剑桥晶体结构数据中心（CCDC）、日本海洋学数据中心（JODC）、美国国家生物技术信息中心（NCBI）、美国国家大气研究中心（NCAR）研究数据归档中心等。

表 6-2-6 国外常见的国家科学数据中心

数据中心名称	数据范围	功能
DAACs	美国 NASA 建立，有 12 个数据分中心，涉及基地过程与 SAR 产品、陆地过程、高空大气、全球生物圈、地理、物理海洋学、气凝胶、冰雪、人类环境、生物化学动力学、水循环、卫星遥感、气候等多个领域数据，包括 PNG、GIF 数字、影像、文本、HDF-EOS 等格式类型	可免费检索、下载数据，各分中心各有特色
CCDC	提供 110288 个关于结构化学的数据集合、软件、知识、应用案例、技术文档等的检索、下载，需要注册使用	晶体结构相关的检索、下载，还可以链接原始记载的文献，下载的元素信息需要特定的软件打开
NCBI	提供化学、生物、核苷酸、蛋白质、变异、基因表达、小分子、生物鉴定方面的数据与文献、工具	可检索、浏览、下载数据，可查看蛋白、分子等的化学结构，可下载各种生物分子的结构查看器
JODC	收集和管理日本各机构（包括政府机构、大学和其他海洋研究机构）50000 个以上观测站的海洋学数据	可查看、检索和下载海洋学数据和图片
NCAR	为大气和相关地球系统科学社区的研究人员提供包括超级计算、研究飞行器、尖端计算模型和科学数据集，涉及气象、野外活动档案、海洋学观测、植被与土地利用等领域	可检索、浏览、下载数据和图片，下载数据分析、计算建模和阅读软件，还提供了最流行的数据集的简介和下载途径

2. 用户参与数据资源建设的数据共享平台

用户参与数据资源建设的数据共享平台主要是指用户提供数据集的同时也会利用平台数据进行相关研究，形成了一个强大的可持续的数据共享圈。早在我国建立各种数据共享平台之前，国外机构（包括研究团体组织、大学、研究所等）已经建立了许多为人们所熟悉的数据存储与共享平台，包括一些通用型数据存储库或数据存储与共享平台（如

Figshare、Zenodo 等），也包括特定学科的数据存储与共享平台（如生物医学领域 Dryad、政治和社会科学领域 ICPSR、地球与环境科学 PANGAEA、心理健康领域 Samhda、DNA 序列领域 Genbank 等），① 还包括科研教育机构建立的存储和共享本机构科学数据的存储库（如牛津大学的 ORA-Data、哈佛大学的 Dataverse、埃塞克斯大学的 UKDA、澳大利亚莫纳什大学的 ANDS、南非开普敦大学 DataFirst 等）。

对于科学数据共享平台的发现，可以利用目前成熟的数据仓储目录，包括德国 TIB 发起的 re3data. org、诺丁汉大学发起建设的 OpenDOAR 等成熟的数据仓储注册体系。根据统计，截至 2021 年 1 月 15 日，在 re3data 平台上，全球有 79 个国家或组织单独建设或者共同建设了 2629 个科学数据共享仓储（平台），其中，美国注册的科学数据共享仓储（平台）最多，有 1102 个，其次是德国，有 433 个，第三名为英国，有 296 个。排名在中国前面的科学数据共享仓储（平台）如表 6-2-7。

表 6-2-7 **在 re3data 注册的部分国家组织科学数据共享仓储（平台）**

排名	国家/组织	平台数	数据特点
1	United States	1102	自然科学和生命科学数据偏多；大部分数据注册即可免费获取
2	Germany	433	人文社科、生命科学和自然科学数据量较多，工程科学数据量较少；大部分数据是开放获取或者有限制条件，有限制条件的数据需要注册或者通过其他途径获取
3	United Kingdom	296	人文社科、自然科学和生命科学数据量相当，工程科学数据较少；大部分数据属于开放和有一定限制数据，受限制数据的可通过注册或成为会员获取
4	European Union	280	人文社科和自然科学的数据量相当，生命科学数据最多，工程科学数据数较少；大部分数据属于开放和有一定限制的数据，受限制的数据通过注册或其他途径可获取
5	Canada	258	人文社科、自然科学和生命科学数据量相当，工程科学数据较少；大部分数据属于开放获取的，有限制的数据注册可获取
6	International（多国共建）	250	生命科学和自然科学数量较多，人文社科数据量排第二，工程科学数据较少；大部分数据属于开放获取的
7	France	110	自然科学的数据最多，人文社科和生命科学数据量相当，工程科学数据最少；大部分数据可开放获取，有限制的数据注册或成为会员可获取

① 屈宝强．中国科学数据基础设施建设及发展对策研究［J］．情报工程，2020，6（1）：11-21.

续表

排名	国家/组织	平台数	数据特点
8	Australia	92	自然科学和生命科学数据偏多；大部分数据属于开放和有一定限制数据，限制数据注册可获取
9	Switzerland	78	生命科学数据最多，其次是自然科学数据量，人文社科和工程科学数据量相当；大部分数据属于开放获取或者有限制条件的，有限制条件数据需要注册或者其他途径获取
10	Japan	61	自然科学数据最多，生命科学数据量排第二，人文社科和工程科学数据量相当；大部分属于开放获取数据，受限制的数据可以通过注册或其他途径获取
11	Netherlands	60	人文社科、自然科学和生命科学数据量相当，工程科学数据较少；大部分数据属于开放获取和受限制使用数据，受限制数据需要注册或者其他途径获取
12	India	51	生命科学和自然科学数据量相当，人文社科和工程科学数据量相当；大部分数据属于开放获取数据，受限制的数据需要注册或者其他途径获取
13	China	47	生命科学和自然科学数据量相当，人文社科和工程科学数据较少；大部分数据可开放获取的，受限制的数据需要注册或其他途径获取

3. 科学出版物

与国内科学数据出版物相比，国外的科学数据出版物出现较早。早期的数据出版物主要是国外各基金资助机构为了监督学术研究行为、预防损失、促进数据价值最大化等目的，要求各科研团队在提交科研项目申请时或者项目结题时，制订数据管理计划或者提交与成果相关的各类数据，后来，各大学术出版集团积极参与制定相应的数据出版政策，通过“数据提交、同行评审、数据发布、数据永久存储、数据引用和数据影响评价”等环节发布科学数据，分配统一的资源标识符（如 DOI 等），在保护数据生产者权益的基础上，推动科学数据资源的最大化使用。① 例如，2002 年，CODATA 创建了学术期刊 *Data Science Journal*，旨在帮助人们理解数据对科研和人类知识进步的推动作用，其中心目标是保证数据能够被有效地、高效地、合乎道德地用于支持传播与学习；2014 年 Nature 集团

① 柏永青，杨雅萍，孙九林．国内外科学数据管理办法研究进展［J］．农业大数据学报，2019，1（3）：5-20.

发行了数据期刊 *Scientific Data*，要求作者针对数据集进行详细描述，旨在帮助科研人员发布、发现和重用研究数据，并对这个杂志提出了六个关键原则：信用、重用、质量、发现、开放、服务；此外，AGU 旗下的期刊要求投稿者在提交论文草稿的同时将论文相关数据上传到数据仓储中；等等。

目前，国外的科学数据出版物主要有 *Scientific Data*、*Data Science Journal*、*Earth System Science Data*、*Geoscience Data Journal*、*Biodiversity Data Journal* 等。

四、自媒体信息门户

自媒体是指普通大众通过网络等途径向外发布他们自身产生、收集或整理的事实和新闻的一种信息传播方式。自媒体信息传播方式是互联网时代的产物，任何个人，只要是处在可以连接互联网状态，均可以是自媒体参与者，因此，自媒体具有私人性、普遍性和自主性。自媒体信息门户是随着“联盟”“集群”“社区”等团体性概念的出现而产生的，往往是用户为了表达其对相关领域或事实的看法产生，这些门户可能还搜集了各类资源、资讯等，属于一种开放式的、固定的数据发布者。与数据库、数据共享平台等网络资源门户不同，自媒体信息门户上的各类资源由访问门户的用户产生，格式变化多样，内容十分复杂，是大数据研究的重要研究对象之一。

自媒体的发展经历了三个阶段。第一个阶段是自媒体初始化阶段，它以 BBS 为代表；第二个阶段是自媒体的雏形阶段，主要以博客、个人网站、微博为代表；第三个阶段是自媒体意识觉醒时代，主要是以微信公众平台、搜狐新闻客户端为代表。就目前来讲，自媒体的发展正处于雏形阶段向自媒体觉醒时代的过渡时期。但是由于自媒体的诞生至今也不过十多年，这三个阶段其实同时存在，只不过现阶段是以微博、微信公众平台为自媒体的主体，其他的就相对弱小。① 因此，目前常见的自媒体信息门户包括各类论坛（BBS）、微博、微信公众平台、资讯销售网站等，如表 6-2-8。

表 6-2-8　**各类常见的自媒体信息门户**

门户类型	代　表	资源特点	数据特点
BBS	小木虫论坛、CSDN、豆瓣网、科塔学术、天涯论坛、Facebook、Yutube、抖音	综合类型，包括资源共享、讨论、专业工具、专题、资讯动态等板块	非结构化数据，包括数字、图片、视频、表格、程序、软件、职业发展等

① 自媒体［EB/OL］.（2020-08-06）［2021-02-16］. https：//baike. baidu. com/item/%E8%87%AA%E5%AA%92%E4%BD%93/829414？fr=aladdin.

续表

门户类型	代　　表	资源特点	数据特点
微博	新浪微博、科学网博客、网易博客	以资讯为主，用户可以参与互动，各版块主要结合经济社会发展或者针对专业学科设置	非结构化数据，包括数字、图片、视频、新闻、文献等
资讯、销售网站	淘宝网、安居客网、中国土地市场网等	针对特定领域的产品或者信息提供咨询、购买等信息	非结构化数据，包括数字、图片、视频、新闻等
微信公众平台	察言观数、DataCastle 数据城堡、科学知识前沿图谱、区块链大本营	包括数据源、数据处理与可视化分析方法、数据统计、精品文章等板块	非结构化数据，包括数字、图片、视频、软件、新闻等

第三节　数据检索方法

数据由于其包含的形式多样，涉及的各类资源也非常多，常规的文献检索技术不能完全满足数据的检索需要，因而对于数据的检索，需要根据资源类型的不同，采用不同的检索方法，有的甚至需要借助一定的工具来获取。

从前述数据资源类型来看，数据信息源分为数据型数据库、政府及国际组织开放数据平台、科学数据共享媒介和自媒体信息门户。其中，数据型数据库主要按照常规的数据库检索方式获取。本节主要介绍政府及国际组织开放数据、科学数据共享平台的数据和自媒体信息门户的数据获取方式及工具。

一、政府及国际组织开放数据检索

从宏观上讲，政府及国际组织网站上的开放数据资源属于常规的网络信息资源，其检索在一定程度上参考了网络搜索引擎的检索规则，因此，本部分首先对网络搜索引擎检索规则进行简单介绍，在此基础上引导读者探索数据资源的检索技巧。

1. 网络搜索引擎检索规则

目前，国内外功能强大的搜索引擎有百度、谷歌、搜狗、360 搜索、yahoo、Bing、Naver、Tiscali 等，这些搜索引擎共性的检索运算规则有：

(1) 双引号（“”）。与文献信息检索相似，搜索引擎的双引号在使用时也是为了保证检索词不被拆分，达到精确检索的目的。检索语法为：“检索词”。在百度搜索引擎中，除了采用双引号表达精确检索，还可以使用书名号表达精确检索。检索语法为：《检索词》（如图 6-2-22）。

图 6-2-22　百度书名号表达的精确检索示例

（2）通配符（?）。通配符表示在检索时省略检索词中间部分，保留前后部分，中间部分用引号代替的检索方式。用法与文献信息检索用法相同。

（3）减号规则（-）。在搜索引擎中，可以利用“-”去除检索结果中不想要的部分结果，检索语法为：检索词 1-检索词 2。其中，“-”与检索词 1 之间要有空格，而与检索词 2 之间无空格。

（4）Intitle。由于网页的标题通常包含了关键信息，因而使用“intitle”引领关键词，表示搜索结果必须在标题里，这样就可以去除文章内容含有关键词的无用搜索结果。检索语法为“intitle：关键词”。语法中的“：”必须为英文半角形式，与关键词之间不能有空格。如果有两个以上的查询词，可以在所有词前面加“allintitle：”。

（5）site。在检索时，用“site：”引领检索的网站域名，表示将检索范围限制在某一网址里，可以大大提高检索效率。检索语法为“关键词 site：站点域名”，如“生命科学 site：whu. edu. cn”，可以在武汉大学相关网站上找到含有生命科学的内容。

（6）inurl。网页链接中常常有很高的检索价值，在检索时用“inurl：”引领要在网址链接中出现的关键词，有助于在具体网页中找到想要的内容。检索语法为“关键词 1 inrul：检索词 2”，如“python inurl：zuotu”，可以在 python 相关网址中找到作图相关内容。

（7）Filetype。检索时用“filetype：”引领要检索的文件格式，可帮助用户快速找到关于某一内容的特定格式的内容，在搜索引擎中常见的文件格式有 xls、doc、pdf、ppt、png。检索语法为“检索词 filetype：文件格式”，如“新型冠状病毒 filetype：pdf”，可以检索到含有“新型冠状病毒”字样或内容的 pdf 文件。

（8）并行检索（｜）。在检索时，需要查询含有多个关键词中的一个或多个的内容时，可以在检索词之间加“｜”，相当于“OR”。

2. 政府及国际组织开放数据检索方法

许多国家政府或者国际组织都建立有自己的开放数据平台，这些平台下面设置有专门的数据栏目（data），因此，检索政府及国际组织开放数据时，可以采取两种方式，一种是用 filetype、site、inurl 规则在政府及国际组织开放数据网站检索其数据栏目。第二种是在网页浏览器中使用表 6-2-9 的方法检索。

表 6-2-9　　**政府及国际组织开放数据检索技巧**

检索技巧	检索语法	检索示例	示例说明
Filetype	关键词 filetype：文件格式	专利 filetype：excel	检索含有专利相关的表格文件
Site	关键词 site：站点域名	1. data site：www. usa. gov 2. shuju site：www. gov. cn	在美国联邦政府或中国人民政府网站上搜索数据栏目
inurl	关键词 1 inrul：检索词 2	1. edu inurl：data 2. china inurl：data	在教育机构网站或者中国相关网站上检索相关数据
混合语法	检索内容 site：站点域名 filetype：文件格式	table site：gov. cn filetype：pdf	在政府或地方政府网站上搜索 pdf 格式的表格文件
直接网址输入法	1. www. 机构名称缩写 . gov/data 2. www. 机构名称缩写 . gov/shuju 3. data. 机构名称缩写 . gov	1. www. us. gov/data 2. data. gov. uk 3. www. epa. gov/data	1. 查看美国政府网站上的数据 2. 查看英国政府网站上的数据 3. 查看欧盟政府网站上的数据

在检索到相关政府或国际组织的开放数据平台后，可以按照平台规定下载数据。一般

来说，政府开放数据用于公共目的，属于免费获取的数据，按照数据集指示路径下载即可。

二、科学数据共享平台上的数据检索①

对于科学数据共享平台上的数据检索，其关键在于检索到相关的数据共享平台。在全球范围内，各类科学数据共享平台较多，不可能逐一进入每个平台尝试检索，因而需要利用专门或综合性的开放数据仓储注册系统、目录或者数据集检索工具限定检索范围后再进行二次检索找到所需数据。

（一）专门或综合性的开放数据仓储注册系统或目录

目前，全球范围内比较常见的专门或综合性的开放数据仓储注册系统或目录主要有“re3data.org”（图 6-2-23）、“OpenDOAR”（The Directory of OpenAccess Repositories）（图 6-24）、“Dataportals.org”、“OAD”（Open Access Directory）、“ROAR”（Registry of Open Access Repositories）。

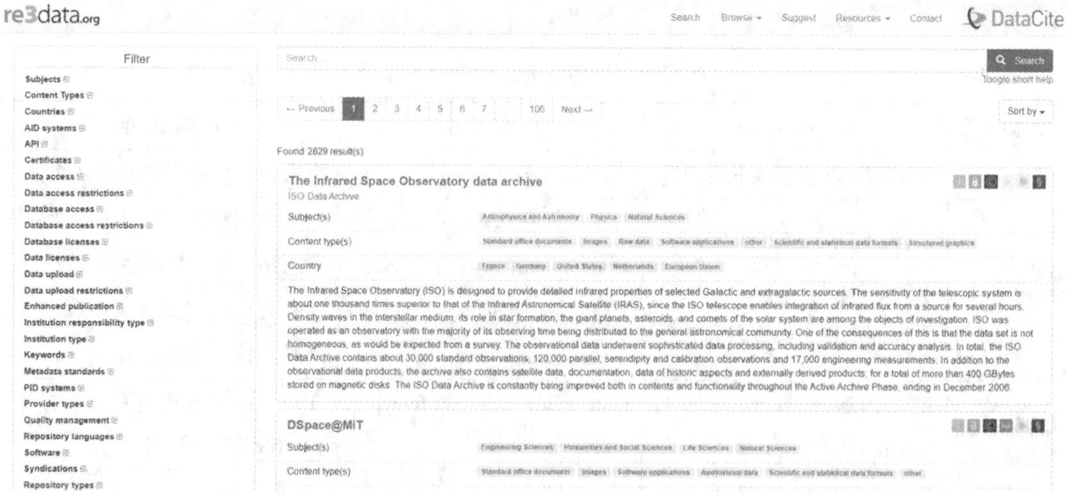

图 6-2-23　re3data 科学数据共享平台仓储

其中，“re3data.org”和“OpenDOAR”两个平台检索工具将全球范围内的科学数据共享平台按照国家（地区）、学科、关键词等进行了详细分类，便于检索数据共享平台；

① 黄如花，刘龙，陈萌．科学数据开放存取的途径［J］．图书馆，2016（11）：26-33.

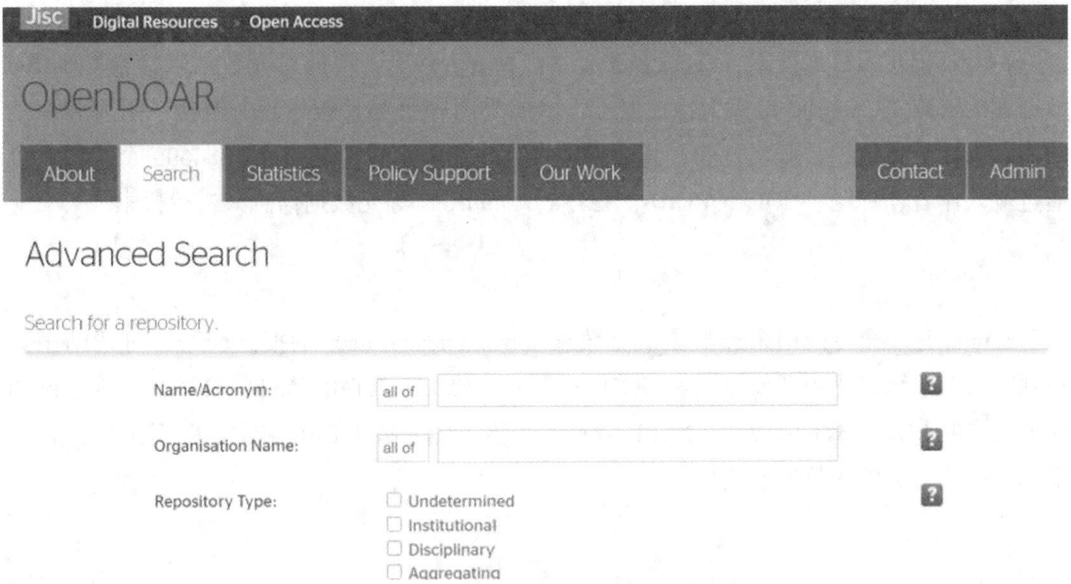

图 6-2-24 OpenDOAR 科学数据共享平台仓储

“Dataportals. org”收录了世界各地的 590 个数据仓储、数据仓储注册站点、目录以及其他数据门户网站等资源，包括联合国数据目录（UN Data）、欧盟开放数据（EU Open Data）、澳大利亚南极数据中心（Australian Antarctic Data Centre）等，并通过地图的形式显示各个开放数据仓储的分布地点；“OAD”是一个开放数据存储目录，收集了天文学、建筑学、生物学、计算机科学、能源科学、工程科学、地理学、社会科学等 100 多个学科的数据；“ROAR”是由英国南安普顿大学管理和运行，收集了 4725 个数据平台的信息，可以利用该仓储检索相关平台，再搜集数据集。

（二）科学数据集检索工具

科学数据集检索工具主要是直接检索所需内容的数据集合的工具，检索结果可能是元数据集或者数据文件。

1. DataCite 元数据搜索

DataCite 元数据搜索（DataCite Metadata Search）是一个通过搜索数据集在 DataCite 上注册的关键词、日期、位置、DOI、标题、创建者、出版者、贡献者、格式、主题、日期等相关元数据信息，来查找和获取某些特定数据集的数据检索工具。目前在该平台上整合了 2012 年以来的 21766116 个数据集或数据文件，还包括了 2234 个数据存储仓储。

2. CrossRef 元数据搜索

在 CrossRef 元数据搜索（Crossref Metadata Search）上，可通过元数据来检索 CrossRef 数据库的资源。CrossRef 是一个旨在促进学术成果内容更容易被发现、链接、引用和评定的非营利性会员组织，截至目前，其数据库收录的资源记录已超过 111884608 个，用户可通过输入作者、标题、DOI、ORCIDs、ISSNs、FundRefs 等元数据信息来进行检索。

3. Zanran

Zanran 是一个专门用来查找数值型数据（Numerical Data）的搜索引擎，可帮助用户找到网络上半结构化的开放数据，格式包括 PDF、Excel、HTML Tables 和 Images 等，比如他人发表的 PDF 格式的图表、EXCEL 格式的表格、图片或 HTML 格式的条形图等，其中很多是研究论文中的数值型数据。

4. 镝数聚

镝数聚是以武汉大学数据新闻研究中心、浙江大学 CAD&CG 国家重点实验室可视分析小组为研究基地，融合新闻学、信息学、统计学、计算机科学、艺术设计等学科，创建的数据库查找与可视化服务平台，目前已收录图表类数据 15158509 个。该平台不仅提供数据资源，还能帮助用户完成从数据获取、数据分析与处理、到数据可视化呈现与发布的全流程工作。

5. Dataset Search①

Dataset Search 由谷歌公司推出，截至目前，整个 Dataset Search 语料库包含来自 4600 多个互联网域名的 3100 多万个数据集，数据涉及教育、天气、癌症、犯罪、足球，以及动物等若干个子专题，主要集中在地球科学和社会科学，约占数据集的 45%。

6. Data Citation Index（DCI）②

DCI 是科睿唯安公司（原汤森路透）于 2012 年推出的科学数据集引用统计和共享平台，提供了包含多学科、链接多元知识库的高质量研究数据 。由于依托著名的文献数据库 Web of Science，DCI 一经发布就引起了学术界的广泛关注和使用。DCI 属于综合性的数

① Dataset Search 搜索工具：改善数据集的发现、重用和引用方式［EB/OL］.（2020-12-22）［2021-02-17］. https：//blog. csdn. net/jilrvrtrc/article/details/111569827.

② 杨波，赵扬，焦红．国际主要科学数据集检索平台对比研究［J］. 情报工程，2020，6（1）：22-33.

据检索平台，属于商业模式运营的平台，用户需要付费使用。

7. DataMed

DataMed 是由美国国家卫生研究院资助的 BD2K 项目开发的一个生物医学搜索引擎，其目标是从不同的数据存储库或者数据聚合器中发现生物医学数据并提供相关方式数据下载。目前该平台已收集了 2336403 个数据集、76 个数据仓储，包括 16 种数据类型。

三、自媒体信息门户的数据获取

在科学研究中，自媒体信息门户数据主要被用来研究某学科领域或者经济社会发展趋势的资源，由于自媒体信息门户非常多，数据格式也非常多，采用单一的工具很难将它们集中起来进行采集，因此，基于各类程序语言开发的网络爬虫工具应运而生。

（一）八爪鱼采集器

八爪鱼采集器以分布式云计算平台为核心，可以在短时间内从各个不同的网站或者网页获取大量的规范化数据，帮助任何需要从网页获取信息的用户实现数据自动化采集，编辑，规范化，摆脱对人工搜索及收集数据的依赖，从而降低获取信息的成本，提高效率。该采集器不需要手工编写代码，只需设定采集步骤或者使用模板即可实现，如图 6-2-25。八爪鱼采集有中文版和海外版，两种使用方法相同。

八爪鱼采集器的数据采集方式可以分为模板采集、智能采集、云采集、API 接口和自定义采集，还可以进行定时采集，可以设定某一天或是每周每月的定时采集，同时对多个任务自由进行设置，根据需要对选择时间进行多重组合，灵活调配自己的采集任务。采集的数据可以导出为 Excel、CSV、HTML、JOSN 等文件格式，也可以存储在个人云数据库中。

（二）火车采集器

火车采集器是一款互联网数据抓取、处理、分析、挖掘软件，可以抓取网页中大量非结构化的文本、图片等资源信息，然后通过一系列的分析处理，挖掘出所需数据，并可以选择发布到网站后台、导入数据库或者保存在本地 Excel、Word 等格式的文件中。

在使用火车采集器采集数据时，需要软件使用者有较高的技术要求，使用者要有基本的 HTML 基础，能看得懂网页源码、网页结构。同时，如果用到 web 发布或数据库发布，则对自己的文章系统及数据存储结构要非常了解。

图 6-2-25　八爪鱼采集器主界面

（三）Python 语言①

Python 语言诞生于 1990 年，由 Guido van Rossum 设计并领导开发，是一种脚本语言。虽然 Python 语言发展至今不过短短 30 多年，但是其相比传统的编程语言简单易于理解、黏性扩展好、类库丰富、模式多样、支持中文、免费开源、语法和动态类型，以及解释型语言的本质等特点，使它成为多数平台上撰写脚本和快速开发应用的编程语言，随着版本的不断更新和语言新功能的添加，逐渐被用于独立的大型项目的开发。利用 Python 语言，可以进行函数计算、调取函数绘制图表、完成统计与竞技分析、完成数据可视化、爬取网络信息资源等。

Python 语言的简洁性和脚本特点非常适合链接和网页处理，因此，在 Python 的计算生态中，与 URL 和网页处理相关的第三库很多，包括 urllib、urllib2、urllib3、wget、scrapy、requests 等，而从网页爬取到的内容，可以使用 re（正则表达式）、beautifulsoup4 等函数库来处理。所以，利用 Python 语言可以轻松采集网页数据信息资源，并完成后续文本分词、词频统计、绘制词云等操作。

① 嵩天，礼欣，黄天羽．Python 语言程序设计基础（第 2 版）［M］．北京：高等教育出版社，2017.

（四）Microsoft Excel 网页信息采集

Microsoft Excel 除了具有强大的数据处理、图表绘制功能外，还有一定的网页信息爬取功能（图 6-2-26）。利用 Excel 爬取网页信息时，只需打开 excel，点击“数据”菜单，选择“自网站”，在弹出窗口输入网址，等待跳转之后即可。但是，由于 Excel 爬取网页数据时，只能爬取网页所在的第一个页面信息，无法实现页面跳转，因此在实际中应用不多。

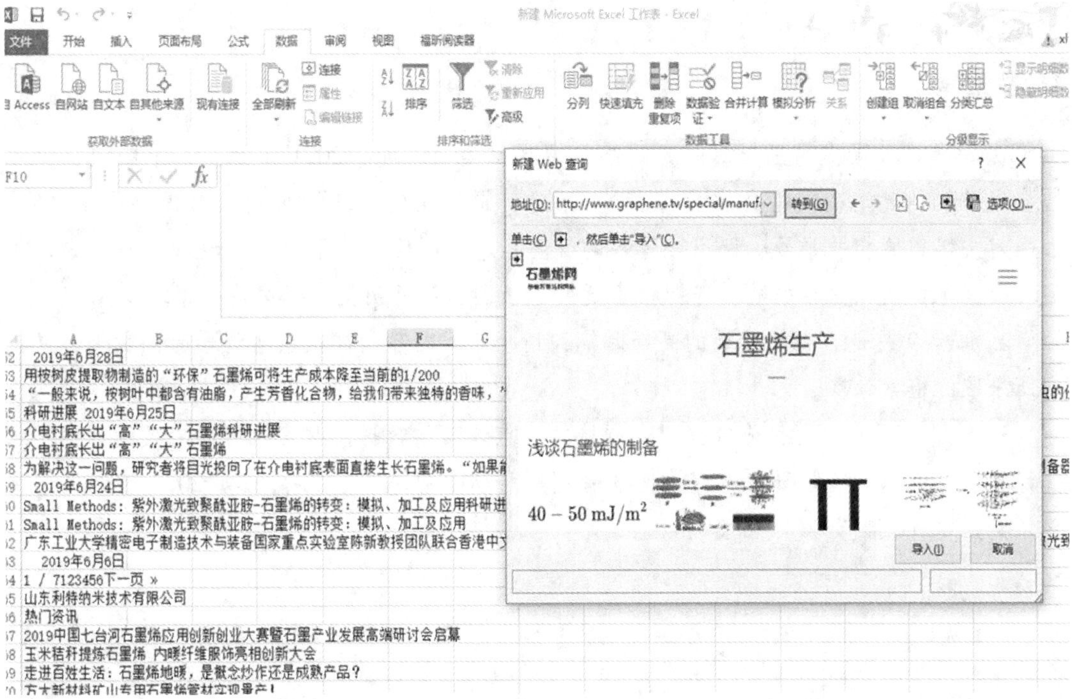

图 6-2-26　Excel 网页信息爬取功能

除了上述工具、软件或者程序语言外，还有集搜客、火狐浏览器自带的爬虫功能、谷歌浏览器的 Web Scraper 插件、猫爪等软件也可以用于自媒体信息门户数据的采集。

四、其他数据获取方式

除了上述三类数据获取方式，查阅开放数据期刊也是获取数据的途径之一，如前面介绍的《中国科学数据》、*Scientific Data*、*Earth System Science Data* 等。这些期刊自身作为数据分享者，通常会介绍其分享的特定数据集和功能，并附带了数据集，因此，可以作为一种可靠的数据获取途径。

◎ 思考题

数据在某些场合与学术文献具有明显的区别，因而在检索时也会与学术文献明显不同。请举例说说，在检索2008—2021年各年度人口数据的主题中，中国国家政府开放数据门户、中国经济大数据平台、世界银行三个数据资源的检索数据分别需要采取何种策略，并指出检索时是基于数据的哪些指标进行检索，如国家、主题、时间等。

◎ 检索题

1. 近年来，国内明星失德引起网络热搜现象屡有发生，2021年8月，中国演出行业协会发布《构建清朗网络文化生态自律公约》，提出拒绝为违法失德人员提供展示平台，加强对文娱领域相关账号、评论、弹幕的管理等。请问检索关于明星舆论的数据应该采用何种数据源？请利用相关数据资源检索近两年来国内各种明星失德舆论数据。

2. 每年9月是各高校开学的高峰时期，请检索我国各所高校新生开学时间数据，并说明所采取的检索策略。

3. 科研数据共享是目前数据研究领域的重点。科学数据的共享，可以有效地节约学术资源和人力资源，缩短研究周期。请读者利用科研数据共享平台，检索2020年诺贝尔奖化学奖主题（基因剪刀）相关的数据集。

第七章
信息筛选与分析

信息筛选与分析在整个信息利用流程中是非常重要的一环，也是体现学习者信息素养的关键能力之一。本章将介绍文献筛选与分析，数据处理与分析。

第一节　文献筛选与分析

通过筛选与分析，学习者可以判断检索出的文献是否符合自己的信息需求从而进一步决定是否需要修改最初的信息需求或寻求更多的信息源。除了特定需求下（如撰写计量文献类研究论文等）需要利用专门的文献分析工具（如 Citespace、VOSviewer、Histcite 等）对文献的主题内容及形式特征进行分析以外，一般需求下的文献筛选与分析实际上是融为一体，密不可分的。本节主要讲授的是针对一般需求的文献筛选与分析，针对特定需求的文献分析可见本章第二节数据分析工具与方法的介绍。

一、文献筛选与分析的指标与方法

筛选与分析文献主要依据文献内容的相关度以及文献的质量两个指标。

（一）文献内容相关度指标

因为与信息需求密切相关，文献内容相关度指标是学习者在筛选与分析文献时首先会考虑的指标。具体指标有：文献主题和出版时间。下面介绍几种常见的筛选与分析方法。

1. 利用“主题”“相关度”“relevance ”等与内容相关的字段排序进行筛选与分析

利用数据库提供的与“主题”相关的排序方式，如“主题”“相关度”“relevance ”

等，将检索出的文献按主题内容相关程度排序，越相关的越靠前（如图 7-1-1）。

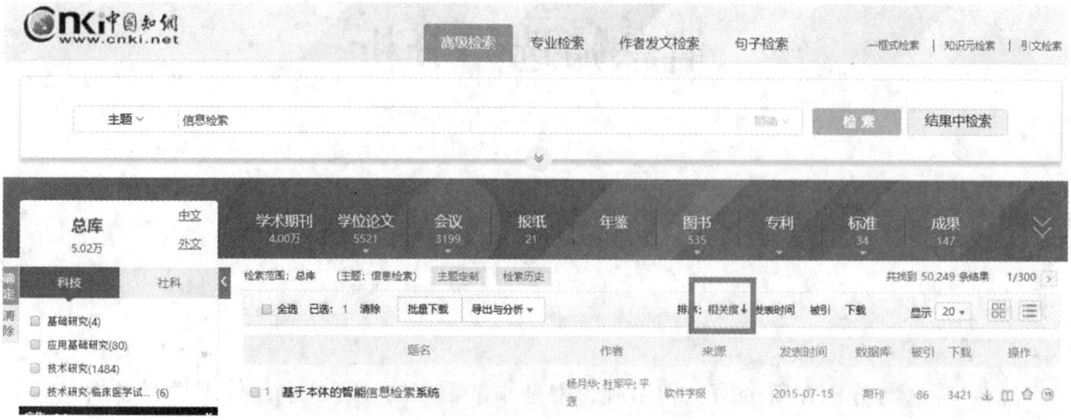

图 7-1-1　中国知网检索结果“相关度”排序

2. 利用“关键词”“类别”“研究方向”等与内容相关的精炼检索进行筛选与分析

利用数据库提供的检索结果二次精炼功能，选取其中与内容相关的“关键词”“类别”“研究方向”等字段进行筛选与分析，从而将文献内容相关度进一步提高（如图 7-1-2）。

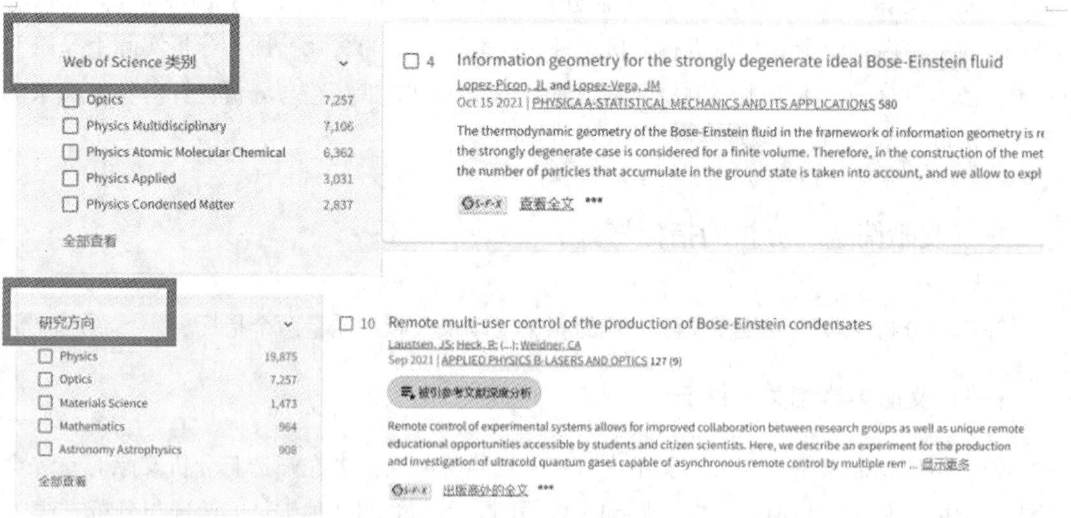

图 7-1-2　Web of Science 平台二次精炼功能

3. 利用“出版时间”“发表时间”“Publication Date”等与时间相关的字段筛选与分析

利用数据库提供的与文献发表时间相关的排序方式，如“出版时间”“发表时间”“Publication Date”等字段排序进行筛选与分析。这种排序方式表面看仿佛与文献内容相关性指标无关，但在实际的文献利用过程中，很多时候需要在主题筛选后再利用这种方式筛选出一批比较新的文献，对于许多研究新型技术、新的理论、方法以及现象的选题来说是非常重要的。所以，在文献相关度指标中，学习者必须重视“时间”这个辅助标识。

（二）文献质量指标

在实际的文献筛选与分析过程中，由于质量指标对应的信息需求不如相关度指标直接，所以往往容易被学习者忽略。文献质量筛选与分析中的具体指标有：出版物质量、被引频次、作者和机构、资助基金级别等。下面介绍几种常见的筛选与分析方法。

1. 通过来源出版物的质量筛选与分析

来源出版物质量是文献质量筛选中的主要指标之一，分别可以用国内外重要的学术评价工具、期刊影响因子以及会议级别等途径进行评价。

目前国外重要的学术评价工具有：Science Citation Index（科学引文索引）、Social Science Citation Index（社会科学引文索引）、Art&Humanities Citation Index（艺术与人文引文索引）、Coference Proceedings Citation Index（科技会议录索引）、Engineering Index（工程索引）。

目前国内重要的学术评价工具有：CSCD（中国科学引文索引）、CSSCI（中文社会科学引文索引）、中文核心期刊要目总览（北京大学）。国内学术评价工具需要注意不同的版本。

同一学科类别的期刊如果被同级别的学术评价工具收录，则可以比较其影响因子和分区。参考工具主要有 *Journal Citation Reports*（期刊引证报告数据库）、《中国科学院文献情报中心期刊分区表》。

会议文献的质量除了判断是否被 CPCI、EI 等数据库收录以外，还可以通过是否学科或行业内高端国际（国内）会议进行评价。

2. 通过文献的被引频次筛选与分析

文献的被引频次是指以一定数量的统计源（来源期刊）为基础而统计的特定对象被来源期刊所引用的总次数。被引频次可以直接说明此文献的质量与影响力，和来源出版物质量一样，也是主要的文献质量筛选与分析指标之一。重要的外文文摘数据库（如 WOS 平台）及中文全文数据库（如中国知网、万方数据库）都会提供检索结果的被引频次排序（如图 7-1-3）。

图 7-1-3　Web of Science 平台检索结果“被引频次”排序

2. 通过对某一主题中领先的机构、作者以及资助基金的级别等指标筛选与分析

某一主题中领先的机构、作者以及资助基金的级别等指标是可以用于文献质量筛选与分析的辅助指标。同样，重要的外文文摘数据库和中文全文数据库都提供了这些字段的分析功能。如 WOS 平台、中国知网、万方数据库的“分析检索结果”、EI 数据库的“精练检索”功能。通过这些辅助指标，可以对领域内领先的机构、作者及重要基金资助项目的研究成果进行筛选与分析（如图 7-1-4、图 7-1-5）。

二、文献筛选与分析的工具与技巧

在实际检索过程中，文献筛选与分析主要依靠学习者的自身知识结构和批判性思维，对照特定的信息需求，依据内容相关度和文献质量指标进行筛选与分析。当然，准确而恰当的工具也能辅助学习者完成这一过程。

文献筛选与分析常用的工具有以下几种。

（一）基于数据库功能的文献筛选与分析

目前，重要的外文文摘数据库和中文全文数据库中都会自带一些分析功能和个性化设置，学习者可以充分利用这些功能筛选文献。同样依据文献筛选的两个指标，可以将其划

图 7-1-4　EI 数据库“精练检索”功能

图 7-1-5　万方数据库“检索结果分析”

分为辅助内容筛选的工具和辅助文献质量筛选的工具。如利用文献网络图找出参考文献、施引文献和共引文献，利用主题分组浏览及关键词可视化分析找出最贴近需求的经典文献，利用文献类型精炼找出某一选题的综述文献等；相对内容筛选，辅助文献质量筛选的工具在数据库中更全面和准确，如被引频次和下载频次的排序、高被引及热点论文的标识、同一学科期刊的分区和影响因子比较等（如图 7-1-6、图 7-1-7、图 7-1-8）。

图 7-1-6 SCOPUS 数据库“分析检索结果”每一项都可以直接点击获得文献

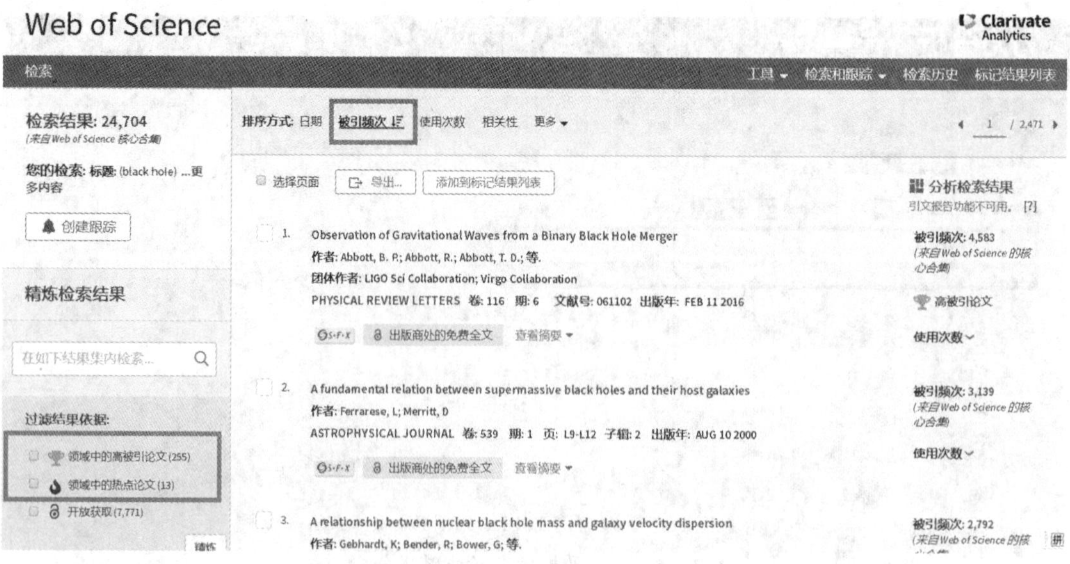

图 7-1-7 Web of Science 平台的高被引论文及热点论文

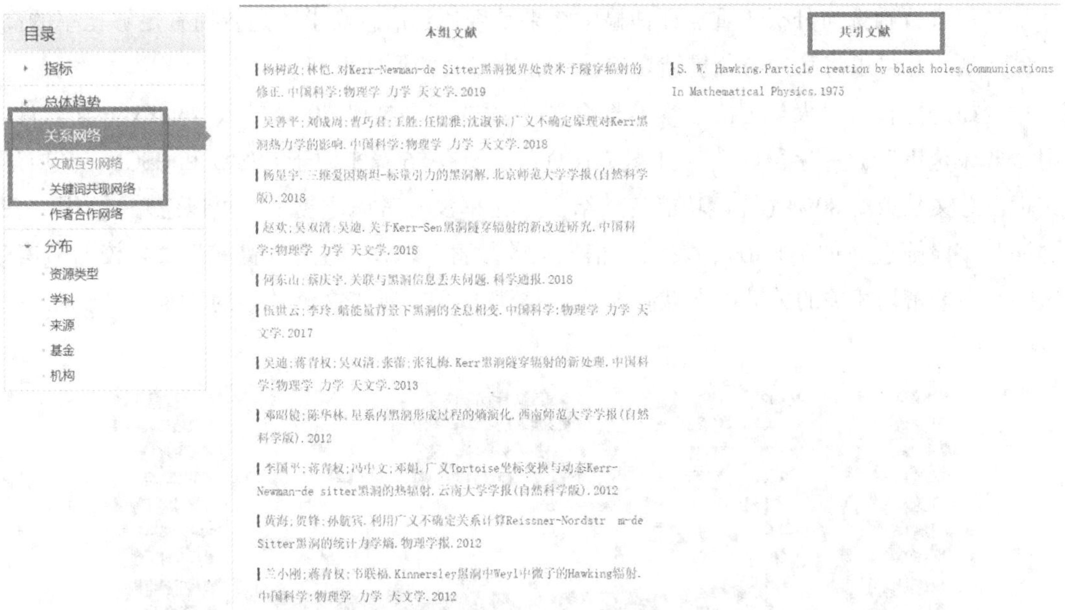

图 7-1-8　中国知网的共引文献分析

（二）基于参考文献管理软件统计功能的文献筛选与分析

随着参考文献管理软件功能的更新与完善，目前大多数参考文献管理软件不仅有写作和管理文献的功能，也兼具辅助文献筛选与分析的功能，主要可利用软件中的“文献统计”功能。基于参考文献管理软件的文献筛选与分析与基于数据库功能的文献筛选与分析相比，前者有个重要的优势是可以将多次检索结果导入后集中进行筛选与统计分析，不足之处在于受软件功能限制，并不是所有的字段都能够准确地进行筛选与分析。

下面以常用的两款软件“NoteExpress”“EndNote”为例做具体介绍。

1. NoteExpress 软件的“文件夹信息统计”功能

在 NoteExpress 软件的“文件夹”栏目中选择“文件夹信息统计功能”，这一功能类似于数据库的分析功能，提供多种字段用于文献筛选和分析。大致分为三类：第一类是与文献内容有关的字段，如“主题词”“关键词”“BibTeX 关键字”“简短标题”“评述项”“索取号”“学科分类”等；第二类是与文献质量有关的字段，如“被引用次数”“收录范围”“影响因子”“作者”“作者机构”“基金”等；第三类是按照自定义分类的字段，如“优先级（指用户自己划分的文献优先级）”“编号”“自定义”等。

学习者可以将同一选题的多次检索结果导入一个文件夹，然后使用“文件夹信息统计”功能进行筛选与分析。重点评估检索结果是否达到信息需求，是否拥有足够比率的高质量文献。并可以将筛选与分析结果单独查看或以文档形式保存。

例如：将有关“大学生信息素养教育”方面的期刊文献 70 篇导入 NoteExpress 软件，用“收录范围”这一字段筛选（如图 7-1-9），发现有 56 篇来源于 CSSCI 和 CSCD，高质量文献占总文献数的 80%（统计功能自动给出的比率没有考虑重复率，可以忽略），用“关键词”字段筛选（如 7-1-10），发现“信息素养教育”“大学生”“高校”“高校图书馆”这些与主题密切相关的关键词文献有 57 篇，密切相关文献占文献总数的 81%。

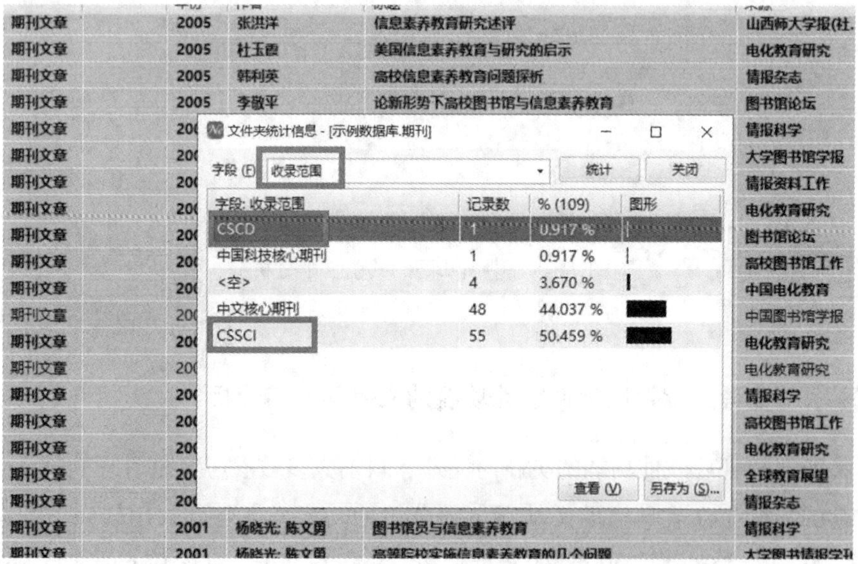

图 7-1-9 NoteExpress 软件的“文件夹信息统计”功能 a

2. EndNote 软件的“Subject Bibliography”功能

EndNote 软件也提供了对文献记录的基本统计分析功能，可以用于文献筛选与分析。具体方法是：点击 Tools——Subject Bibliography（如图 7-1-11），在弹出的 Select Fields 列表中选中统计量，点击 OK 即可查看统计结果（可点击 Records 进行排序）。其提供的统计字段和 NoteExpress 软件基本相同，同样分为与文献内容相关的字段、与文献质量相关的字段以及与自定义选项相关的字段。与 NoteExpress 软件相比，EndNote 软件提供的统计功能更适用于外文文献筛选与分析，尤其适用于 Web of Science 平台导出的文献，这与软件本身的提供商有关，其软件提供商隶属于 Web of Science 平台的 Clarivate（科睿唯安）。

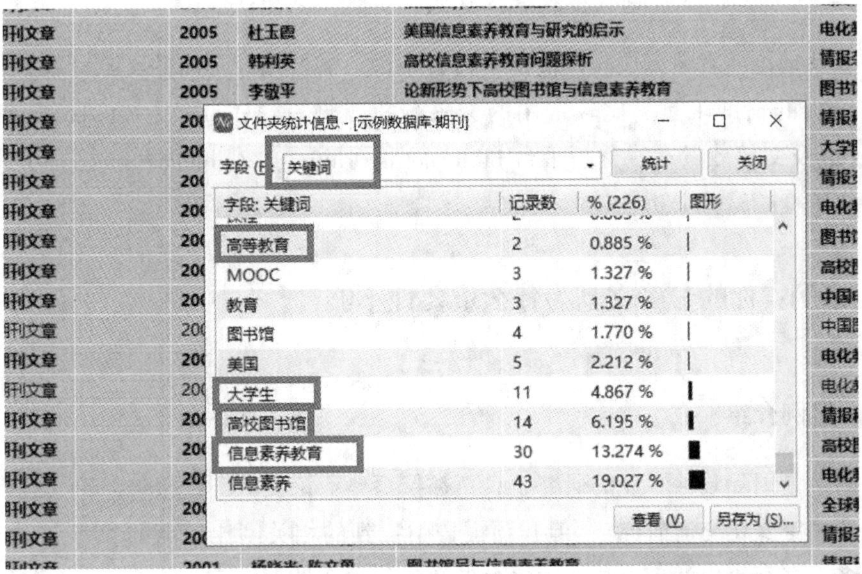

图 7-1-10　NoteExpress 软件的“文件夹信息统计”功能 b

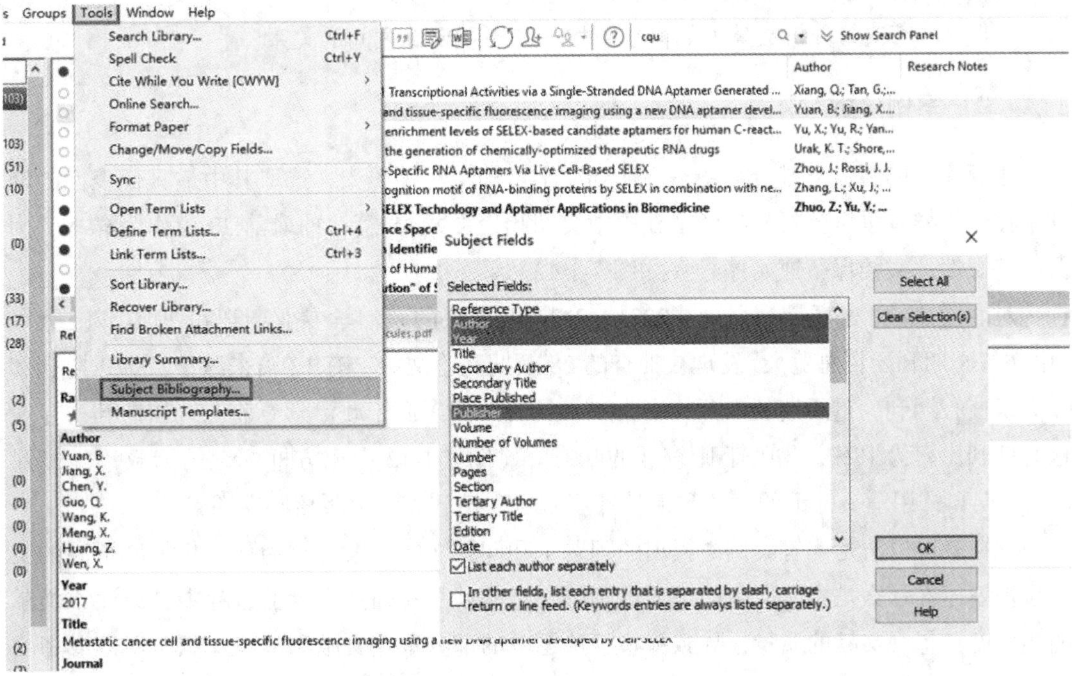

图 7-1-11　EndNote 软件的“Subject Bibliography”功能

2. 基于文献分析软件的文献筛选与分析

对于复杂选题或者研究层次较高的学习者来说，需要用到专门的文献分析软件作为文献筛选与分析的辅助工具。比较常用的文献分析软件有：HistCite、Citespace、BibExcel、VOSviewer 以及文献计量在线分析平台 bibliometric（https：//bibliometric. com/）等。本章第二节将详细介绍这些分析软件。

三、案例：你的参考文献为什么重要性不够？

（一）案例介绍

小颖同学是国际政治专业的研究生，正在撰写毕业论文的开题报告，论文题目为“中国与中东欧国家文化交流研究”，但开题报告中找到的相关度比较高的参考文献却被老师划掉了很多。老师给出的理由是：这些参考文献的重要性不够。

问题 1：为什么相关度很高的文献会被划掉？

问题 2：什么是参考文献重要性不够？

问题 3：筛选与分析文献时如何平衡相关度与重要性之间的关系？

（二）案例分析

小颖同学的参考文献分为图书、期刊、学位论文三种类型，选取其中最具代表性的期刊论文作为样本进行分析。参考文献中中文期刊论文共 48 篇，抽取前 28 篇作为样本，为保证客观性，文档保留原始序号（如图 7-1-12）。

对照《CSSCI 来源期刊目录（2021—2022 年）》的政治学专业期刊和 2020 年北大版《中文核心期刊要目总览》，发现被抽查的 28 篇期刊论文中，有 12 篇来源于 CSSCI 期刊和北大版核心期刊，重要期刊来源比率为 47%；有 7 篇来源于政治学专业 CSSCI 期刊，专业核心期刊比率为 18%，均处于比较低的状态。（图 7-1-12 中用方框标记的为政治学专业 CSSCI 期刊，用箭头标记的为非政治学专业 CSSCI 期刊和北大版核心期刊）

现在就可以清楚回答案例中提出的问题 1 和问题 2 的答案了，为什么相关度很高的文献会被划掉？什么是参考文献的重要性不够？指的就是在筛选文献的过程中，只注重文献的相关度，忽视文献的质量，导致漏检了选题中的部分重点文献和经典文献，所以参考文献的重要性不够。

为提高参考文献的重要性，小颖同学重新进行文献检索与筛选，中文期刊论文整体数量缩减到 40 篇，我们同样抽取前 28 篇作为样本来分析。

中文期刊：

7. 中国现代国际关系研究所中东欧课题组：《中国对中东欧国家政策研究报告》，《现代国际关系》，2003 年第 11 期。
8. 王明国：《中国对中东欧国家人文外交：发展、挑战与对策》，《江南社会学院学报》，2015 年第 2 期。
9. 王明国：《构建中国—中东欧国家人文交流与合作新格局》，《当代世界》，2016 年第 7 期。
10. 毛锋、孙秋霞、闫静文、何佩文：《从博弈论视角看中国与中东欧国家的文化传播》，《上海对外经贸大学学报》，2017 年第 2 期。
11. 朱晓中：《冷战后中国与中东欧国家关系》，《俄罗斯学刊》，2012 年第 1 期。
12. 朱晓中：《中国——中东欧国家关系发展的阶段及特点》，《世界知识》，2017 年第 1 期。
13. 朱晓中：《中国和中东欧国家关系的发展》，《领导科学论坛》，2016 年第 4 期。
14. 朱晓中：《中国——中东欧合作：特点与改进方向》，《《国际问题研究》，2017 年第 3 期。
15. 朱晓中：《中国中东欧研究的几个问题》，《国际政治研究》，2016 年第 5 期。
16. 朱晓中：《大国在中东欧的重新布局》，《当代世界》，2013 年第 9 期。
17. 吴志成：《"一带一路"倡议与中国—中东欧国家合作》，《统一战线学研究》，2017 年第 6 期。
18. 孔寒冰，韦冲霄：《中国与中东欧国家"16+1"合作机制的若干问题探讨》，《社会科学》，2017 年第 11 期。
19. 张迎红：《地区间主义视角下"16+1 合作"的运行模式浅析》，《社会科学》，2017 年第 10 期。
20. 鞠维伟：《中欧关系下的"16+1 合作"：质疑与回应》，《世界知识》，2018 年第 7 期。
21. 鞠维伟：《运用"丝绸之路经济带"发展中国与中东欧国家关系》，《当代世界》，2014 年第 4 期。
22. 刘作奎、鞠维伟：《"国际格局变化背景下的中国和中东欧国家关系"国际学术研究研讨会综述》，《欧洲研究》，2015 年第 3 期。
23. 孙晶：《"一带一路"倡议之民心相通：以文化交流为根基》，《贵州省党校学报》，2018 年第 1 期。
24. 蔡馥谣、曹波所著《中国与"一带一路"沿线国家文化交流大事记（上）》，《中华文化海外传播研究》，2018 年第 1 期。
25. 蔡馥谣、曹波所著《中国与"一带一路"沿线国家文化交流大事记（下）》，《中华文化海外传播研究》，2018 年第 2 期。
26. 赵立庆：《"一带一路"战略下文化交流的实现路径研究》，《学术论坛》，2016 年第 5 期。
27. 郎如香：《新时代中国文化软实力建设的路径探讨》，《河北能源职业技术学院学报》，2018 年第 3 期。
28. 曹印双、刘芸暄：《新时代提升我国文化软实力的重要意义与具体路径探析——习近平文化软实力思想研究》，《西安航空学院学报》，2018 年第 4 期。
29. 蔡亮，马利文：《中国—中东欧"16+1 合作"背景下宁波阳明文化的国际传播研究》，《三江论坛》，2018 年第 8 期。
30. 叶淑兰：《关于"一带一路"跨文化传播创新的思考》，《对外传播》，2016 年第 4 期。
31. 黄滢：《约瑟夫·奈：文化是中国最大的软实力》，《环球人物》，2014 年 1 月。
32. 李纬：《中国与波兰、捷克、匈牙利近二十年经贸合作发展述评》，《生产力研究》，2012 年第四期。
33. 崔大成：《中国整体合作外交评析——兼谈中国—中东欧国家合作》，《国际问题研究》，2015 年第 6 期。
34. 贾瑞霞：《开启中国与中东欧国家创新合作的新篇章》，《人民论坛》，2018 年 10 月下。
35. 冯敏、宋彩萍：《运用"一带一路"发展中国与中东欧关系对策》，《经济问题》，2016 年第 1 期。

图 7-1-12 中文期刊参考文献

修改后的数据，如图 7-1-13 所示，在前 28 篇被抽查文献中，有 20 篇来源于 CSSCI 期刊和北大版核心期刊，重要期刊来源比例为 72%，有 17 篇来源于本专业 CSSCI 期刊，专业核心期刊比例为 77%，两种指数都得到了很大的提升。可以确定修改后的参考文献把握了本选题的重点文献和经典文献，参考文献的重要性得以体现。

对照上节介绍的文献筛选指标，参考文献的重要性不够，归纳起来有以下具体表现：来源出版物质量不高；文献类型单一，漏掉了选题内重要的文献类型；缺少本选题著名研究作者或机构的文献等。

如“3D 打印在建筑行业中的应用”这样的选题，学习者筛选的参考文献中就不能忽视专利文献；“青蒿素的研究进展”选题中，学习者筛选的参考文献中就不能忽视屠呦呦的文献；在研究信息检索方面的选题，学习者需要重点关注武汉大学信息管理学院等国内

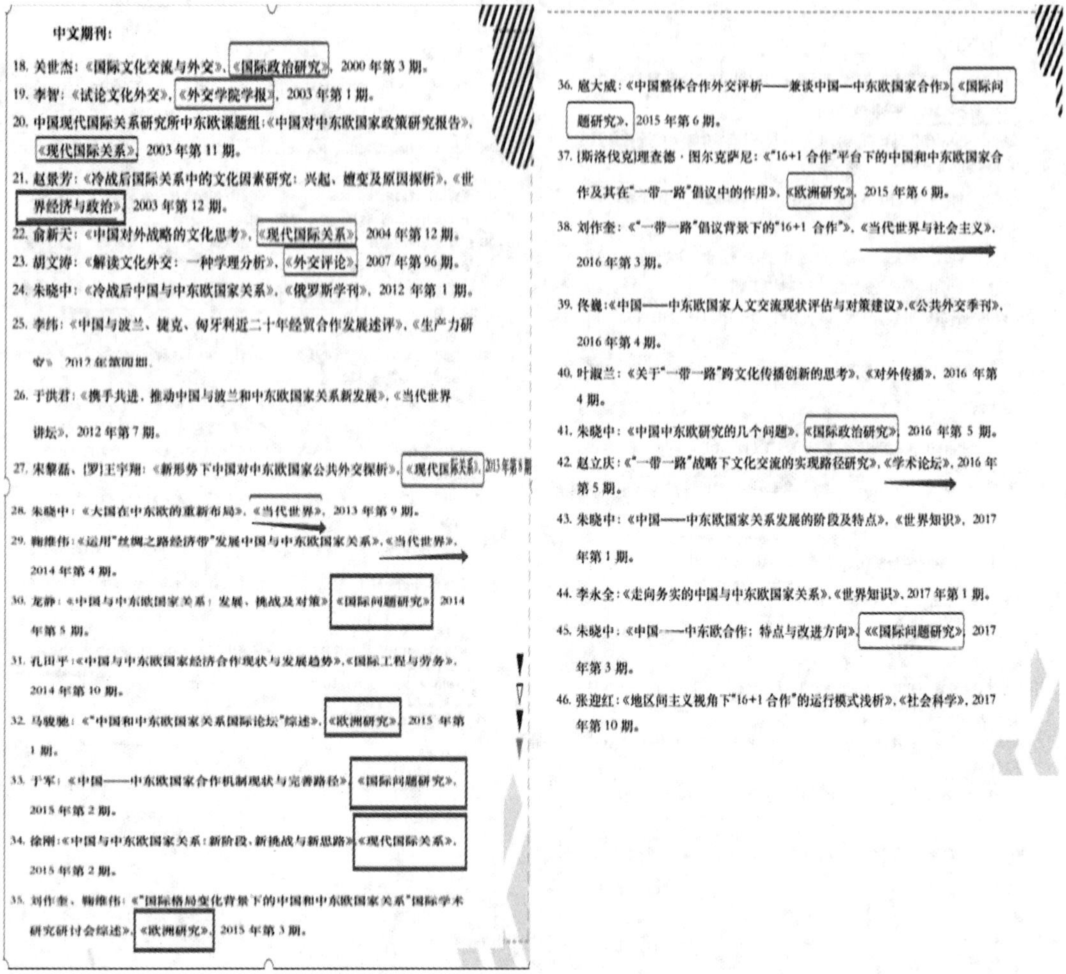

中文期刊：

18. 关世杰：《国际文化交流与外交》，《国际政治研究》，2000 年第 3 期。
19. 李智：《试论文化外交》，《外交学院学报》，2003 年第 1 期。
20. 中国现代国际关系研究所中东欧课题组：《中国对中东欧国家政策研究报告》，《现代国际关系》，2003 年第 11 期。
21. 赵景芳：《冷战后国际关系中的文化因素研究：兴起、嬗变及原因探析》，《世界经济与政治》，2003 年第 12 期。
22. 俞新天：《中国对外战略的文化思考》，《现代国际关系》，2004 年第 12 期。
23. 胡文涛：《解读文化外交：一种学理分析》，《外交评论》，2007 年第 96 期。
24. 朱晓中：《冷战后中国与中东欧国家关系》，《俄罗斯学刊》，2012 年第 1 期。
25. 李伟：《中国与波兰、捷克、匈牙利近二十年经贸合作发展述评》，《生产力研究》，2012 年第四期。
26. 于洪君：《携手共进，推动中国与波兰和中东欧国家关系新发展》，《当代世界讲坛》，2012 年第 7 期。
27. 宋黎磊、[罗]王宇翔：《新形势下中国对中东欧国家公共外交探析》，《现代国际关系》，2013 年第 8 期
28. 朱晓中：《大国在中东欧的重新布局》，《当代世界》，2013 年第 9 期。
29. 鞠维伟：《运用"丝绸之路经济带"发展中国与中东欧国家关系》，《当代世界》，2014 年第 4 期。
30. 龙静：《中国与中东欧国家关系：发展、挑战及对策》《国际问题研究》，2014 年第 5 期。
31. 孔田平：《中国与中东欧国家经济合作现状与发展趋势》，《国际工程与劳务》，2014 年第 10 期。
32. 马骏驰：《"中国和中东欧国家关系国际论坛"综述》，《欧洲研究》，2015 年第 1 期。
33. 于军：《中国——中东欧国家合作机制现状与完善路径》，《国际问题研究》，2015 年第 2 期。
34. 徐刚：《中国与中东欧国家关系：新阶段、新挑战与新思路》，《现代国际关系》，2015 年第 2 期。
35. 刘作奎、鞠维伟：《"国际格局变化背景下的中国和中东欧国家关系"国际学术研究研讨会综述》，《欧洲研究》，2015 年第 3 期。
36. 鲍大威：《中国整体合作外交评析——兼谈中国—中东欧国家合作》，《国际问题研究》，2015 年第 6 期。
37. [斯洛伐克]理查德·图尔克萨尼：《"16+1 合作"平台下的中国和中东欧国家合作及其在"一带一路"倡议中的作用》，《欧洲研究》，2015 年第 6 期。
38. 刘作奎：《"一带一路"倡议背景下的"16+1 合作"》，《当代世界与社会主义》，2016 年第 3 期。
39. 佟巍：《中国——中东欧国家人文交流现状评估与对策建议》，《公共外交季刊》，2016 年第 4 期。
40. 叶淑兰：《关于"一带一路"跨文化传播创新的思考》，《对外传播》，2016 年第 4 期。
41. 朱晓中：《中国中东欧研究的几个问题》，《国际政治研究》，2016 年第 5 期。
42. 赵立庆：《"一带一路"战略下文化交流的实现路径研究》，《学术论坛》，2016 年第 5 期。
43. 朱晓中：《中国——中东欧国家关系发展的阶段及特点》，《世界知识》，2017 年第 1 期。
44. 李永全：《走向务实的中国与中东欧国家关系》，《世界知识》，2017 年第 1 期。
45. 朱晓中：《中国——中东欧合作：特点与改进方向》，《《国际问题研究》，2017 年第 3 期。
46. 张迎红：《地区间主义视角下"16+1 合作"的运行模式浅析》，《社会科学》，2017 年第 10 期。

图 7-1-13　修改后的中文期刊参考文献

领先机构。

最后，我们来看看问题 3，如何平衡参考文献相关度和重要性之间的关系？

在筛选与分析文献的过程中，学习者很容易产生“如果优先注重文献质量，就挑选不到相关度高的文献”的顾虑。其实不然，首先学习者应该认识到在选题合理的情况下，参考文献的相关度是可以保障的。所以就文献筛选与分析的两个指标而言，参考文献的质量更重要，必须优先保证。如案例中小颖同学的参考文献，修改前和修改后文献来源大不相同，但并没有影响文献相关度。所以，文献筛选与分析中特别要注意的是重要文献的占比问题。其次，如果筛选出的重点文献中相关度都不高，则需要从检索和阅读文献出发，检查检索策略及步骤是否合理科学，阅读文献是否深入。因为每一个科学合理的选题，不可

能没有高质量的文献。

第二节 数据清洗、处理与分析

数据从产生到利用并不是一步完成的，常规来讲，至少需要经过数据存储入库、数据采集、数据集成、质量评估、数据清洗、数据抽取、数据分析、形成数据分析报告、模型或者相关产品，在这些步骤中，可能会由于各种问题重复某一个步骤或几个步骤多次（主要是数据质量评估和数据清洗过程），从而形成了一个复杂数据利用过程（图 7-2-1）。

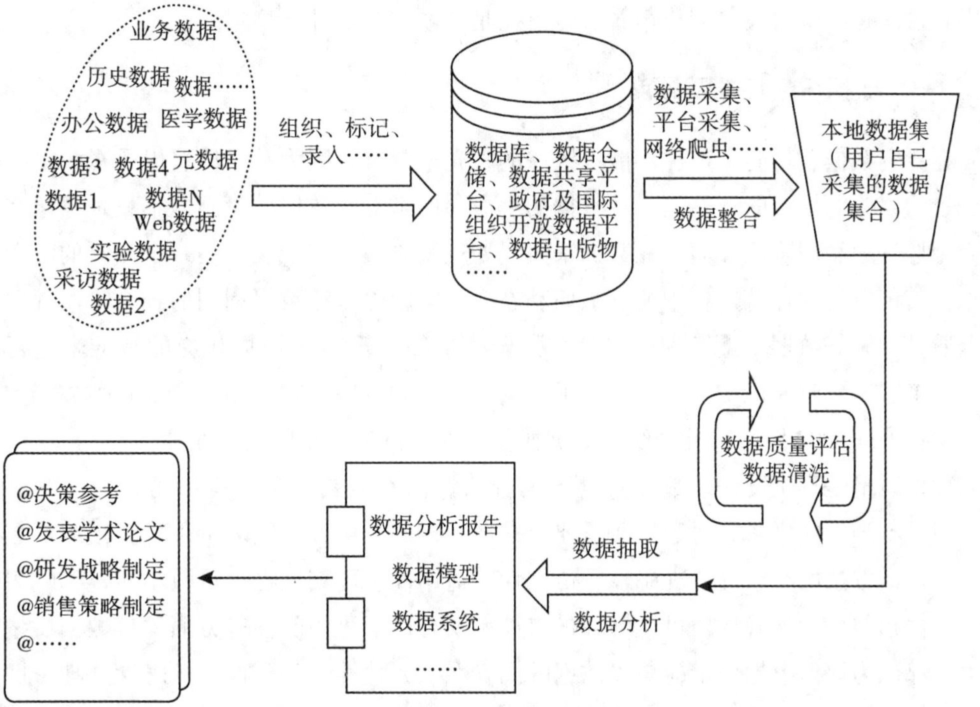

图 7-2-1 数据利用流程

一、数据质量评估

数据质量（Data Quality，DQ）是 20 世纪 70 年代前后开始出现的一个新兴词汇，是随着信息系统的发展而出现的，是指在业务环境下，数据符合数据消费者的使用目的，能满足业务场景具体需求的程度。在不同的业务场景中，数据消费者对数据质量的要求不尽相同，有些人主要关注数据的准确性和一致性，另外一些人则关注数据的实时性和相关性，因此，只要数据能满足使用目的，就可以说数据质量符合要求。“garbage in，garbage out”是数据质量领域的一个经典语句，意思是“垃圾进来，垃圾出去”，也即如果用于分析的数据质量本身不符合要求，用其进行分析并得出的结论必然也是达不到应用目的的。换言之，数据质量的好坏，会直接影响具体数据使用者对数据价值的认知，也影响其在具体应用中能否充分发挥其应有的作用。如果数据质量不高，有时会产生严重的影响或者造成重大损失 。例如，1998 年，德国科学家舍恩学术造假事件震撼了整个科学界，成为物理学史上最大的丑闻；1999 年，美国国家航空航天局（NASA）发射升空的火星气候卫星因数据质量单位的不统一造成造成了 1. 27 亿美元的经济损失。总之，数据质量至关重要，其影响可能是经济损失、人格声誉，也可能是国家安全、社会稳定。

（一）数据质量标准及维度

在界定数据质量时，往往不能以统一的眼光来看待，因为数据质量以是否满足特定应用场景的需要而界定的。然而，从数据的生命周期来看，数据质量问题不只是停留在最终的应用场景的利用阶段，而是在数据采集、处理等阶段也有涉及，是一个相对的和动态的概念，其价值会因存储过程中的衰减而动态变化。所以，在数据利用的各个阶段都要关注数据质量，做好数据质量管理。但是，数据质量的管理需要根据相应的标准来进行，因此，许多国家、政府机构及企业开展了大量的研究和应用实践，制定了一系列数据质量标准，包括 ISO 8000 国际标准、统计数据质量标准、科学数据质量标准等。

数据质量是有维度的。数据质量以是否满足消费需要、符合应用场景为标准进行判断，但是不同的应用场景对数据质量要求是不一样的，例如，国际货币基金组织从数据诚信的保证、方法的健全性、准确性、可靠性、适用性、可获取性评价数据质量，欧盟统计局从数据相似性、准确性、可比性、连贯性、及时性、可访问性等方面评价数据质量，美国国防部认为评价数据质量应该以数据的准确性、完整性、一致性、适时性、唯一性和有效性为指标等。这些国家部门或组织都有自己对数据质量的维度要求。此外，在不同的行业，数据质量维度也不同。例如，在烟草行业，数据质量维度表现为准确性、完整性、一致性、及时性、可理解性、可访问性；在军事领域，数据质量维度为完全性、一致性、准确性、唯一性、时效性、可解释性；在气象通信行业，数据质量维度为科学性、标准化、共享性、时效性、稳定性、可维护性；在医疗行业，数据质量维度应该为一致性、可靠性、可用性、适用性等。其他的数据质量维度还有可信度、相关性、适应性、可审计性、可读性、唯一性、权威性、时效性等。

在数据质量评估过程中，数据使用者可以直接根据数据质量维度，结合业务场景对数据进行评价，也可以借助包含了数据质量维度的数据质量框架来进行。

（二）数据质量评估的角度

数据质量问题可能发生在数据利用流程的每一个阶段，尤其是在数据采集和数据整合阶段，各种数据质量问题更容易出现。

在数据采集阶段，引起数据质量问题的因素主要是两点——数据来源和数据录入（数据采集方法）。而在数据整合阶段，最容易引起的数据质量问题是数据集成错误，主要是由于各个数据源的数据格式不一致、数据识别、数据重复等，其归根结底也是数据来源造成的数据质量问题。因此，对于数据质量的评价，可以从数据源的角度和数据采集方法的角度进行。

1. 从数据来源角度评价数据质量

数据来源有很多，按照加工层次可以分为一手来源和二手来源。一手来源即数据的直接来源，主要源于调查、实验研究、科学计算等未经过加工整合到某个数据存储位置的数据，二手数据源即本书第六章第二节介绍的各种数据源。

对于直接来源的数据，因为涉及科学方法的问题，因此可以首先通过请教领域专家，分析该种数据产生方法的合理性；其次，可以基于行业数据质量维度进行评价。

对于二手来源的数据，也就是间接来源的数据，需要从数据源的角度进行初步评价。二手数据源主要是网络数据源，因而可以借鉴网络数据源的可靠性评价来评价其质量。网络数据源的可靠性主要根据数据的发布单位或者数据域名判断。

2. 基于数据发布单位的数据质量评价

数据发布单位是考察数据权威性的重要依据。一般来讲，各国政府机构发布的官方数据准确性和权威性要高于其他来源的数据，其次是统计企业的数据，学科网站（包括数据共享平台）的数据准确性和权威性次之，自媒体平台的数据由于自由性较大，因此数据准确性和权威性稍微低（图 7-2-2）。

3. 基于数据来源的网址的域名评价数据质量

网址域名（Domain Name），又称网域，是由一串用点分隔的名字组成的 Internet 上某一台计算机或计算机组的名称，用于在数据传输时对计算机的定位标识（有时也指地理位置）。由于 IP 地址具有不方便记忆并且不能显示地址组织的名称和性质等缺点，人们设计出了域名，并通过网域名称系统（Domain Name System，DNS）将域名和 IP 地址相互映

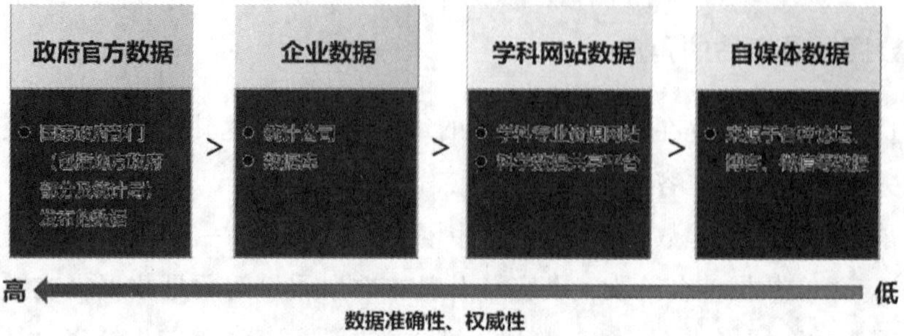

图 7-2-2　数据单位与数据质量关系

射，使人们能更方便地访问互联网，而不用去记住能够被机器直接读取的 IP 地址数串。① 常见的域名有“.com”“.org”“.edu”“.int”“.gov”“.info”等。域名一般可以反映某个注册网页的机构的性质，也通常为机构分类英文的缩写，因此，从域名来判断数据质量也是数据质量评估的常见方法。

在对数据质量进行评价时，如果在具有原始的数据来源网址或者搜集网址进行数据采集，可以根据域名代表的机构性质判断，如表 7-2-1。国家顶级域名代表的数据权威性和可靠性最为真实。

表 7-2-1　**各级域名性质**

域名	英文全拼	机构性质
.com	company	商业机构
.net	network	大多为网络服务供应商
.ac	academic	学研究机构
.org	organization	非营利组织，如国际货币基金组织的网址为：“https://www.imf.org/en/home”
.edu	education	教育机构，如武汉大学的网址为：“https://www.whu.edu.cn/”
.gov	government	政府机构，一般与具体的政府名称缩写联合使用，如美国联邦政府的网址为：“https://www.usa.gov/”

① 域名［EB/OL］.（2021-01-27）［2021-02-11］. https://baike.baidu.com/item/%E7%9F%9F%E7%90%8D/87072? fr=aladdin.

续表

域名	英文全拼	机构性质
. mil	military	军事机构，如中国空军招飞网址为："http：//www. kjzfw. mil. cn/"
. int	international	由条约而成立的国际性机构使用，如欧洲航天局的网址为："https：//www. esa. int/"
. cn/. us/. uk/ . ca/. jp/. au/……	China/US/England/ Canada/Japan/ Australia……	国家顶级域名，表示各个国家的政府机构，一般与具体政府名称或机构域名联用

4. 从数据采集方法角度评价数据质量

数据采集的方法包括一手数据采集方法和二手数据采集方法。对于二手数据的采集方法，由于二手数据是经过加工的，数据采集者只需要保证所采集的数据来源全面，采用合适的方法或工具下载即可，因此，从二手数据采集方法的角度评价数据质量主要还是归结到数据源的角度。所以，从数据采集方法的角度评价数据质量主要针对一手数据。

一手数据包括调查（观察）数据、计算数据、实验数据、记录测数据，相关的数据采集方法有调查法、观察法、计算法、实验法。① 各种方法在获取数据时各有优势和弊端，如表 7-2-2。

表 7-2-2　**数据采集方法比较**

采集方法	采集的数据种类	细分类	特　点
普查法	普查数据	—	主要用于国家大型普查，数据相对权威
抽样调查法	调查数据	普通抽样	依靠对被抽取的样本进行调查分析，数据结果与抽样样本密切相关
		随机抽样	
		综合抽样	
观察法	观察数据（记录数据）	人工观察法	依靠观察者本人的主观感觉或仪器采集数据，主观感受法采集的数据受观察者影响大，仪器观察法采集的数据依赖于仪器的性能
		仪器观察法	

① 马庆国．应用统计学：数理统计方法、数据获取与 SPSS 应用［M］．北京：科学出版社，2007.

续表

采集方法	采集的数据种类	细分类	特　点
实验法	实验数据	模拟实验	依靠设计实验采集相关数据，实验的过程、参数和步骤对采集的数据有较大的影响
		仿真实验	
		现场实验	
		……	
计算法	计算数据	纯数学计算法	计算法获取的数据质量主要依赖计算时采用的计算方法和辅助参数的设定等
		脚本语言计算法	
网络采集法	二手数据	数据库数据下载法	利用采集工具或程序语言采集，关键是数据资源搜索全，数据清理过程的合理性
		购买法	
		数据拥有者分享法	
		网络爬虫法	

除上述两种数据质量评估角度，还可以从元数据角度对数据质量进行评估。元数据是指数据的数据，即用于描述数据的数据，包括数据产生时间、数据生产者、数据采集方法、数据采集背景、数据内容简介、数据采集单位、数据文件格式、数据存储位置等信息。通过检验元数据的完整性、一致性和时效性可以判断数据是否满足应用场景的需要，达到评估质量的目的。

此外，从与数据受益对象互动的角度，可以采用用户反馈法、专家评议法和第三方评测法对数据质量进行评估。

（三）数据质量评估内容

数据质量评估的目的是根据数据质量维度确定待利用的数据是否存在质量问题，对评估的结果按照数据质量维度进行定性，然而，数据质量维度更适合作为数据质量框架的指标，在实际操作中，应该以具体的数据质量问题来进行定性更为合适，这就产生了人们常常提到的“脏数据”“数据完整性”和“数据时效性”概念及检验内容。因此，本部分将检验脏数据、检验数据完整性和检验数据时效性作为数据质量评估的内容进行介绍。

1. 脏数据检验

脏数据是指源系统中的数据不在给定的范围内或对于实际业务毫无意义，或是数据格式非法，以及在源系统中存在不规范的编码和含糊的业务逻辑的数据。脏数据包括的类型很多，常见的有重复数据、错误数据、缺失数据、不一致数据等（表 7-2-3）。

表 7-2-3 **常见的脏数据**

脏数据类型	质量问题分类		质量维度
重复数据	完全重复	在数据表中，除了主键编号（或系统自动赋予的一些其他编号）不同外，其余属性字段完全相同的数据	有效性
	相似重复	指客观上表示现实世界中同一个实体，但由于表示方式或拼写等问题而使数据库管理系统不能正确识别为重复的数据	
不一致数据	内容不一致	主要是由系统和应用造成的，如不同的数据类型、格式、粒度和编码方式等，数据更新不及时、软件、硬件等原因，也会造成数据不一致。不一致数据通常表现为存在前后矛盾、不匹配或者同一物理量的计量单位不同	一致性
	格式不一致		
	量纲不一致		
空缺数据	空值	指字段的值实际上并不存在而空值，如未婚者没有配偶，因此他们的配偶信息的值为空	完整性
	缺失值	指字段的值实际存在，但它的值是空的，如成年人都有居民身份证，如果某个成年人身份证号的值为空，就属于缺失值	
	不确定型空值	指无法确定所在字段是否应该为空值，且这类值需要后面的发现才能确定。这种空值除了填充空位外，不代表任何其他信息	
噪声数据	拼写错误	由人工输入原因造成，主要是数据大小写、单词输入错误、汉语拼写输入错误等	准确性、规范性、有效性
	逻辑错误	指数据集中的属性值与实际值不符，或违背了业务规则或逻辑	
	格式错误	指数据没有按照其代表的含义所对应的信息的正确格式呈现，如视频文件的格式却为 mp3 格式	
	孤立点数据	指数据库或数据仓库中不符合一般规律的数据对象，又称为孤立点或离群点。异常数据可能由执行失误、设备故障等原因造成	准确性
信息错位或归属不明数据	数据中出现的信息不对应，比如作者的姓名信息出现在地址栏目中		准确性

对于脏数据的检验，需要根据脏数据的类型采用不同的方法。其中，重复数据（特别是相似重复数据）检测和不一致数据检测属于难点。

2. 数据完整性检验①

数据完整性是指数据相对于所描述的客观世界的完整程度，也是数据的完整、一致、准确、可信和可靠程度，以及数据生命周期中数据这些属性得到维护的程度。② 数据应以安全方式采集和保存，这样数据方可被追踪、同步记录，是清晰、原始（或真实副本）和准确的。确保数据完整性要求具备适当质量和风险管理体系，包括坚持科学合理原则，然而，在现实中，常常由于数据源或人的因素，数据的某些信息缺失或属性缺失，形成不完整数据。

数据完整性包括实体完整性、域完整性和引用完整性。

实体完整性即需要保证一个数据表格中每一行是唯一的且没有实体缺失，因此也叫行完整性。实体完整性一般可以通过将待检测数据集与标准的完备数据集进行对比，从而检验是否存在数据遗漏问题。如果从数据源头上控制，可以通过 unique 约束（Office 277 系列函数）、primary key 约束（SQL）或 identity 属性（SQL）实现数据的实体完整性检验。

域完整性，也叫列完整性，是指列的值域的完整性，如数据类型、格式、值域范围、是否允许空值等。域完整性限制了某些属性中出现的值，把属性限制在一个有限的集合中。例如，如果属性类型是整数，那么它就不能出现带有小数点的数值。域完整性可以通过定义相应的定义数据类型、not null（非空值）、check 约束、unique 约束、default 默认值、identity 自增保证列的值域的完整性。

引用完整性，也叫参照完整性，是指被引用表中的主关键字和引用表中的外部主关键字之间的关系。当增加、修改或删除数据表中的记录时，可以借助引用完整性保证数据表之间数据的一致性。引用完整性是用于保证同一键值在所有表中一致。在现实生活中，这种引用关系经常存在。如一个学生的学籍信息与其在校成绩之间的关系（图 7-2-3）。其中，学号为主关键字，用其建立被引用表（图 7-2-3 中表 a）与引用表（图 7-2-3 中表 b）之间的引用关系，如果删除表 a 中的张三的学号，则表 b 中所有的该学号对应的课程信息都将被删除。反过来，假如修改表 b 中学号为 201702080620（李四）的课程编号为 107 的课程成绩，则李四的总学分也会发生变化。

数据完整性可以从数据格式、数值范围、数据属性方面检验数据的规范性；确保数据的唯一性，避免数据重复；确保数据的一致性，包括数据的元数据、核心数据和参考数据

① 戴维·赫佐格．数据素养：数据使用者指南［M］．沈浩，李运，译．北京：中国人民大学出版社，2018.

② MHRA GXP Data Integrity Guidance and Definitions［EB/OL］．（2018-02-09）［2021-02-02］. https：//assets. publish-ing. service. gov. uk/government/uploads/system/uploads/attachment _ data/file/787247/MHRA_GxP_data_integrity_guide_March_edited_Final. pdf.

表a 学生信息

学号	姓名	性别	专业	总学分
201702080619	张三	男	化工制药	54
201702080620	李四	女	化工制药	60

表b 学生选课成绩

学号	课程编号	课程成绩
201702080619	101	97
201702080619	102	85
201702080619	103	98
201702080620	107	96
201702080620	201	99
201702080620	221	88

图 7-2-3　引用完整性示意图

之间一一对应；也便于数据清洗、迁移、存储和管理过程的数据检验、追溯等。总之，数据完整性在保证数据质量方面具有重要意义。

数据完整性主要发生在数据迁移、软件发生故障、个人原因误操作、系统被恶意攻击等多种情形中，对数据的可用性造成了严重影响，因此，检验数据的完整性是数据被使用前必不可少的一道程序。数据完整性校验在不同的领域具有不同的侧重点，其检验技术很多，常见有计算机校验和法、奇偶校验码、循环冗余校验码、镜像和备份对比法等。这些方法对于数据的迁移、分享等流程比较适用，但是当数据采集后发现有质量问题时，如果需要快速识别数据中的质量问题，就需要从数据内容角度进行处理。数据完整校验的内容主要分为全局校验和细节校验。数据完整性校验可以通过 Excel 计数功能、透视表功能完成。

3. 数据时效性检验①

大数据时代，数据的价值和质量会随着时间的流逝迅速下降，在数据质量各个维度中，数据时效性扮演着重要角色。因此，对数据时效性的检查也是数据使用过程中的必经环节。

数据时效性包括绝对时效性和相对时效性。绝对时效性主要关注如何表达和判断给定

① 李默涵．数据时效性的理论和算法研究［D］．哈尔滨：哈尔滨工业大学，2017.

的数据项或者数据集合的时效性；相对时效性关注目标在表达和判断数据集合相对于用户或查询的时效性。绝对时效性主要采用时间戳法和规则法进行，相对时效性主要在分布式数据库环境中存在，在该环境中，数据的更新建模为泊松过程，计算当前查询结果是最新数据的概率，以这个概率作为数据时效性的度量。

二、数据清洗

如果把数据质量评估比喻成数据体检，那么数据清洗就是针对数据体检结果进行治疗。数据质量评估的目的是发现数据问题，数据清洗的目的是解决问题，使数据变成可用形态。

（一）数据清洗原理及分类

数据清洗在不同的领域要求是不同的。在数据仓库领域，数据清洗是 ETL（Extract-Transform-Load，抽取—转换—加载）过程的一个部分，不仅要考虑数据的集成，还要重视应用场景，主要是为了清除错误和不一致数据；在知识发现领域，数据清洗主要是去除噪声数据、无用数据等，提高数据的可用性。总之，数据清洗是要利用现有技术，如统计法、数据挖掘法、模式规则法等将脏数据转变为能够满足质量要求的数据。

目前的数据清洗方式可以分为四类：纯手工方式、编写专门的应用程序法、实时人机交互方式、异步人机交互方式，如表 7-2-4 所示。

表 7-2-4 **数据清洗方式**

数据清洗方式	含　义	优缺点	缺　点
纯人工方式	通过人工检查，发现问题数据并进行修正	检测和清洗的准确度高，适于财务数据等的清洗	需要足够的人力、物力、财力，效率低，不适用于大量数据清洗
编写专门的应用程序法	根据相应的数据处理规则和清洗算法，编写特定的数据清洗程序自动检测并修正问题数据	适合特定领域的数据清洗过程，节省人力成本	过程复杂，编写的程序需要动态调整，维护成本高
实时人机交互方式	通过后编写特定的数据清洗程序，为计算机无法自动处理的情况开发人机交互界面，利用手工方式及时处理	不需要太多人力，降低了清洗程序的复杂程度	程序过程需要人工参与

续表

数据清洗方式	含 义	优缺点	缺 点
异步人机交互方式	利用编写特定程序处理所有可自动清洗的数据，对无法自动完成的进行报告，由领域专家手工处理	节省了人力成本，保证了数据清洗的质量，适用于大批量数据清洗	需要领域专家参与

（二）数据清洗流程①

数据清洗过程随着数据类型和学科的不同，侧重点存在一定的差异，但一般会涉及五个步骤：准备、检测、定位、修正、验证，如图 7-2-4。

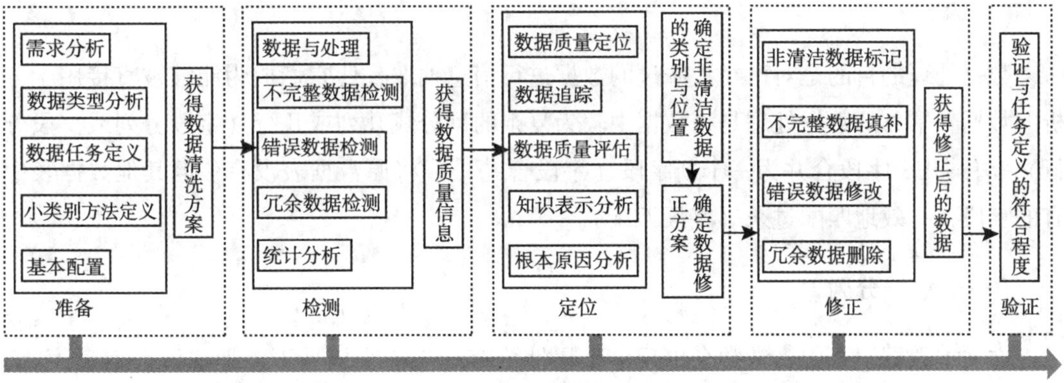

图 7-2-4 数据清洗流程

①准备。准备阶段包括需求分析、数据类别分析、数据任务定义、小类别方法定义、基本配置，以及基于以上工作获得数据清洗方案等。通过需求分析明确数据清洗要求，减少不必要的问题数据清洗。

②检测。检测阶段是针对数据本身及数据间的预处理检测，包括相似重复记录、不完整记录、逻辑错误、异常数据等，并且对检测结果进行统计，全面获得数据质量信息，并将相关信息整理归档。

③定位。该阶段主要对检测结果的归档信息进行数据质量进行评估。获得非清洁数据所处的位置并进行分析，判断哪些非清洁数据会对数据分析产生影响，并分析产生非清洁

① 蒋勋，刘喜文．大数据环境下面向知识服务的数据清洗研究［J］．图书与情报，2012（7）：17-21.

数据的原因，给出合理的清洁方案，做好相关信息的痕迹管理。这个过程可能会因为非清洁数据定位不明确，返回检测阶段重新检测，循环多次后转入修正步骤。

④修正。该阶段是在定位分析的基础上，对检测出的非清洁数据进行修正，包括非清洁数据标记、不可用数据删除、重复记录合并、缺失数据估计与填充等，并对数据修正过程进行存储管理。

⑤验证。该阶段可以采取抽样法、统计分析验证法等对修正后的数据与任务定义的符合性进行比对验证，如果结果与任务目标不符合，则做进一步定位分析与修正，甚至返回“准备”阶段调整相应准备工作。

总之，数据清洗过程可能是一个多次循环反复的过程，以能够符合预期任务目标为准。

三、数据信息提取

数据处理的目的是对已经清洗过的数据进行信息抽取，使它们成为能够被直接用于分析的数据。常见的数据处理是将数据中较为复杂的列分成几列或几行（字段分列或字段分行）、将某几个字段合并为一个新字段（字段合并）或将原数据表没有，但其他数据表中有的字段，有效地匹配过来（字段匹配）。

（一）数据分列①

在文本数据记录中，常常会出现多个属性值存在于一个属性下，形成混合信息模式，如来自 WOS 数据库中的作者信息“[Jeong, Hee-Sung; Jang, Jiwon; Jeong, Seungyeop; Choi, Jae-Hak; Koo, Jaseung] Chungnam Natl Univ, Dept Organ Mat Engn, Daejeon 24124, South Korea”。这条数据中，作者姓名与地址混合在一起，如果要对大批量数据的作者和机构地址分别进行统计分析，由于它们没有单独存在，所以无法准确统计，因而需要将作者与机构地址分开，这就需要对该属性值对应的列数据进行分列处理。

对数据进行分列，通常有两种方式，即数据表格中的菜单法和函数法。

1. 菜单法

菜单法是直接利用 Excel 数据表格中的分列功能对数据进行分列。具体步骤为：数据→分列→“文本分列向导—第 1 步”对话框中单击分隔符→单击下一步按钮→“文本分列

① 戴维·赫佐格．数据素养：数据使用者指南［M］．沈浩，李运，译．北京：中国人民大学出版社，2018.

向导—第 2 步”对话框中根据需要选择分隔符号→单击完成按钮，即可完成数据分列。

该种分列方式需要在待分列的数据中找到标志性间隔符号作为分列分隔符（如分号、逗号、冒号、空格等)，在待分列的数据列后面插入空白列，从而避免其他数据列被覆盖。但是，大多数时候，待分列的数据并不是等长度的或者所包含的标志性分隔符号数量也不一定相等，因而需要在待分开的列中找出标志性分隔符号最多的列，统计符号数量（N）后插入 N-1 个空白列，才能保证其他数据不被覆盖。此外，有时候待分列的数据可能来自多个数据源或者数据本身的不一致没有被检测出来，造成数据的分隔符号有多种类型同时存在，需要多次进行上述操作的分列过程。

2. 函数法

严格来说，函数法对数据进行分列其实是数据信息的提取过程，其前提是待提取的数据列的数据格式是函数能够识别的格式，如日期格式、时间格式、文本格式等。常见的有 LEFT 函数、RIGHT 函数、Mind 函数、Year 函数、Date 函数等。

①LEFT 函数。该函数是从字符串的左边提取指定数量的字符。常用表达方式为“LEFT（text，num_chars）”，其中，text 表示待提取信息的字符串，num_chars 表示提取的字符个数，如使用“= LEFT（" happy birthday to you!"，7）”，提取的是“happy birthday to you!”语句中从左往右数的 7 个字符，即“happy”。LEFT 函数表达式中的 text 可以是文本语句，也可以是文本类型的数字，在 Excel 表格中，还可以是属性为文本的单元格（如 A1、A2 等)。

②RIGHT 函数。该函数是从字符串的右边提取指定数量的字符。常用表达方式为“RIGHT（text，num_chars）”。其用法与 LEFT 函数相同，这里不再赘述。

③Mid 函数。该函数表示从字符串中间某个范围提取指定数量的字符。其表达式为 Midtext，start_num，num_chars)，其中，text 表示待提取信息的字符串，start_num 表示从第几个字符开始提取字符，num_chars 表示提取的字符个数。如使用 Mid 函数提取" happy birthday to you!" 语句中，第三个字符开始的 7 个字符，表达式为“= Mid" happy birthday to you!"，2，7）”，返回的结果为“ppy bi”。函数中的 text 与前两种函数中的 text 相同，可以是文本、文本型数字，也可以是属性为文本的单元格。

前述三种字符提取方式中，空格也可以作为字符串被提取。

④YEAR 函数。该函数主要用于从日期中提取年份。用法为“= YEAR（日期）”。如某数据表格单元格 A2 的内容为“2017/02/29”提取年份，可以使用“YEAR（A2）”，返回结果为“2017”。

（二）分行

数据分行的目的是将一个属性列对应的数据（表格中的列）进行分裂，使被分裂出来的内容不用单独占据空白列，而是直接接续在被分裂的单元格所在行的后面行的同一字段位置，且按照同一单元格内容的顺序接续完后再分裂下一单元格数据。例如，从WOS数据库中导出的某个领域的文献题录中，关键词以“METAL-ORGANIC FRAMEWORKS; GRAPHENE OXIDE; CO2 ADSORPTION; SULFUR-COMPOUNDS; GAS; H2S; COMPOSITES; CARBON; SITES; POLYETHYLENEIMINE”这种组的形式显示，为了统计这个主题的文献中各个关键词出现的次数，显然不能以每组为单位进行统计，需要将每个关键词单独分裂出来统计。如果使用前文所述的分列的方法，显然不可行也比较费力，因此，采用分行的方法比较合适，对该组关键词进行分行后，每个关键词单独占一行，使用透视表法即可统计各个关键词出现的次数。

对于数据的分行，最好用的方法就是使用OpenRefine工具。OpenRefine是谷歌公司基于Java程序开发的一款免费数据清洗工具，可以对数据进行聚类、分列、分行、批量修改、行列转换等。使用OpenRefine对数据列进行分行的过程跟Excel分列过程类似，首先也要找到被分裂的单元所在的列数据的标志性分隔符（如本部分前面介绍的关键词组中的分号、逗号、空格等），然后选择待分行的数据列的下拉菜单“Edit cells”中的下级菜单“Split multi-valued cells”，在弹出的对话框中输入标志性分隔符号即可完成分列。该种方法快捷方便，但是对符号有中英文区分，如果出现混合的分隔符，需要单独多次输入后方可分行。

（三）数据列合并

数据列合并应用的场景并不多见，主要是将多个列的数据合并成一列，其目的主要是形成某些特定格式的内容。例如，在分析从中国知网导出的文献题录数据时，为了分析作者发文数量，会对作者进行计数，但是，由于中国同名同姓的人较多，为了区分，必须将作者与单位联系在一起，如形成“张三（××大学）”的形式，尽量保证作者的唯一性，这个时候就需要对数据列进行合并，将分裂出来的作者姓名列与其机构列合并。

数据列的合并常见的有两种方式实现。

第一种是基于CONCATENATE（）函数。其使用语法形式为“=CONCATENATE（A, B）”将A列与B列合并，但是这样合并的数据之间不存在任何分隔符号，如上述例子中的括号，显然结果不够美观，如果需要加入分隔符号可采用“=CONCATENATE（A,"符号"，B,"符号"……）”形式进行合并。该表达式中的"符号"为用于区分的分隔符，如上述例子中（张三（××大学）），假如单元格A1=张三，B1=××大学，则合并所要格式的语法为“=CONCATENATE（A1,"（"，B2,"）"）”，第一个符号为左括号，第二个符号为右括号。如果想区分多个，可以继续添加“符号”。

第二种合并方式是使用“&”语法组合方式。上述例子中，可以使用“=A1&"（"&B1&"）"”的形式合并。假如要形成“张三（××大学）武汉，湖北”这种形式的，则可以组建语法为“=A2&"("&B2&")"&"武汉"&","&"湖北"”。

（四）数据匹配

有时我们需要的数据是跨表的，这就需要用到字段匹配，常用的字段匹配函数是VLOOKUP（），该函数的作用是在表格中查找指定的数据，并返回指定数据所在行的指定列处的单元格的内容。VLOOKUP 函数的用法“=VLOOKUP（查找的数据，查找的区域，返回值在查找区域的列数，匹配方式）”。其中，查找区域第一列必须是查找数据所在的列，匹配方式有两种 0 或者 false 为精确匹配，1 或者 True 为近似匹配。

三、数据分析

数据分析的目的是从收集到的数据中找到特定的规律，用于验证某些结论或者发现某种现状，从而为决策者提供理性依据。通常，从收集到的数据中发现规律，并不是一件容易的事情，往往需要采用一定的分析手段，选择不同的角度进行，才可能得出满足特定场景需要的结论。在采用分析手段进行数据分析时，不仅涉及数据的分类，还涉及各类数据之间的比较，因此，数据分析的基本原理是分类与比较。通过数据按照一定的标准或规则分类，然后对分类数据进行类间比较、不同类的比较等。在分类与比较中，数据由两个部分组成，即类别与度量值。

分类与比较有两种类型。第一，不同分类的同一度量值的比较。该种分析原理是将不同分类下的同一个度量（维度）进行固定，比较这些分类在该度量下的值。这类分析一般是为了了解一类主题数据的宏观概况而进行的比较。在一些应用场景，常见的这种宏观分析的类别有国家地区、机构、年份、学科、人员等。第二，同一分类的不同度量值的比较是将类别固定，比较不同度量的值。这类分析主要是为了了解一类主题数据中各维度地之间的关系、占比等，从而帮助形成一定的模型，帮助预测该类主题的各度量值的后续变化。该类分析主要用于具体领域的详细分析。

（一）数据分析种类

数据分析不管是针对何种目的，或者采用何种手段或模型，都可以分为两种类型的数据分析：定量数据分析和定性数据分析。

定量数据分析（Quantitative Data Analysis）是指依据统计数据，建立数学模型，并用数学模型计算出分析对象的各项指标及其数值的一种方法，用于揭示各个度量之间的比较关系、关联关系等；定性数据分析主要凭分析者的直觉、经验，凭分析对象过去和现在的延续状况及最新的信息资料，对分析对象的性质、特点、发展变化规律作出判断。在实践中，数据的定量分析与定性分析是统一的、相互补充的；定性分析是定量分析的基本前提，没有定性分析的定量分析是一种盲目的、毫无价值的分析；定量分析使定性分析更加科学、准确，使分析结果广泛、深入。

（二）数据分析要素

数据分析通常涉及四大要素：场景、数据、方法和工具。

1. 场景

场景即数据分析的结果所需要应用到的具体场合。在数据分析时，只有明确了具体的应用场景，才可能进行针对性分析，比如，在了解一个企业在相关领域的技术竞争力时，需要针对能够反映技术竞争力的指标进行分析，比如该企业相关技术的市场份额、产品的技术层次、知识产权保护程度、在同行中的地位等的分析。此外，不同的应用场景，其分析所涉及的侧重点是不同的，比如在医学领域的数据，关注的重点可能是疾病、病人的年龄、性别等，但在交通运输领域，关注的重点可能是交通工具类型、成本、地区等指标。

2. 数据

俗话说“有米才能下锅”，数据是进行分析的前提，只有拥有合适的数据才能进行特定场景的数据分析。在数据分析中，数据可能是不同类型、来源、特征或者质量层次的数据集合。

3. 方法①

数据分析方法包括两个层面，即数据分析思维层面和数据分析套路层面。

在数据分析思维层面上，主要考虑的是采用哪种方法理论对数据分析进行指导，实现分析目的。常见的数据分析思维如表 7-2-5。

表 7-2-5　　**常见数据分析思维**

数据分析思维	含　义	常见分析场景举例
对比	将不同类的数据、同类数据的不同维度值等进行比较	技术领域的年度变化趋势分析，技术领域的各个研究主题的占比

① 曹正风．从零进阶！数据分析的统计基础［M］．北京：电子工业出版社，2017.

续表

数据分析思维	含　　义	常见分析场景举例
拆分	将数据的某些维度值拆解成更为细小的组成部分，便于充分了解数据结构	数据分析中，有些指标的值本身是由其他值复合而成，比如计算学生期末总成绩时，平时成绩如果一次性打分，可能不清楚记分细节，可以将其分解成课堂纪律、考勤成绩、课堂互动和课后作业乘以它们各自的比重后相加的值
降维	将数据的重要维度去除，转换其他维度的组合	在一份展示我国各省（第一维度）各年度（第二维度）的人均收入的数据表格中，人均收入其实是第三个维度（度量值），如果只想了解其中某一个省份的各年度人均收入变化，就需要采用降维思维，将该省份各个年度的人均收入单独挑选出来进行分析，从而去除了省份维度，剩下的为年份（维度）和人均收入（度量值）
增维	与降低维度相对，增加数据的维度	属于逆向思维，同样是降维中的数据，当知道各省（非维度）各自在各年度（维度）的人均收入数据（度量值），想同时分析各省的年度人均收入变化趋势，则增加省份的维度（第一维度），进行年度（第二维度）收入（度量值）趋势分析
假设	假定某个条件，通过数据分析来验证	假设我国人口增长规律为线性变化，可以用我国历年的人口数据进行趋势分析，拟合曲线，进行分析验证是否为线性规律
分类	对数据进行分类，如数据范围、数据主题	在情报分析领域中，常常会按照主题、关键词等进行聚类，这种聚类分析就是利用了数据分类思维

在数据分析套路层面上，不同领域的数据有不同的类型和意义，分析时一般基于行业背景，提取重要的数据指标进行分析，分析需要涉及数据处理方法、数据工具的选择、数据需要呈现的方式等，这些数据分析涉及的内容可称为数据分析的套路。

数据分析方法是数据分析环节中非常重要的组成部分，选择正确的数据分析方法有利于提高数据分析结果的效率和准确性。基于不同的数据分析思维和套路，数据分析方法可以分为统计分析法和挖掘分析法。

统计分析法主要是以显而易见的数据维度及相应的度量值为对象进行分析，一般是对数据主题的宏观特性和规律进行分析。该种方法适用于大多数数据分析场景。统计分析法又主要分为描述性统计分析法、回归分析法、关联分析法、因子分析法和方差分析法。挖掘分析法并不对数据做出任何假设，也不直接依赖于数据的常见维度，而是以目的为导向，对数据进行未知性的探索，从中发现规律和重要信息。

4. 工具

数据分析工具是提高数据分析效率的有力武器。常见的数据分析工具可以分为统计型分析工具和挖掘型分析工具。下面一个部分将详细介绍常见的数据分析工具。

四、数据分析工具

（一）统计型分析工具

统计型数据分析工具将各种数据分析算法集成，形成图表模板，分析时只要选择合适的图表模板即可。常见的统计型分析工具分为两类：具有统计分析功能的数据库和专业的统计分析工具。

1. 具有统计分析功能的数据库

具有统计分析功能的数据库主要是针对数据自己拥有的文献数据或者按照数据库本身的录入规则集成的数据进行分析。常见的具有统计分析功能的数据库有中文和外文两种。

中文数据库有 EPS DATA、高校财经数据库、中国经济大数据研究平台、中经网统计数据库、中国知网等，这类数据库的功能本节不再重复介绍。

带有统计分析功能的外文数据库既包括对数值进行分析的世界银行数据库、SAGE 研究方法在线数据库，还包括对文献题录数据进行分析的 ESI、Incites、JCR、WOS 等数据库。

下面分别以世界银行数据库、WOS、ESI、中国知网数据库、中国经济社会大数据研究平台分别介绍具有统计分析功能的数据库的功能。

（1）世界银行数据库。

世界银行数据库除了各种数据资源和数据搜索功能外，还具有一定的分析功能。世界银行数据库的数据分析功能主要在其 DataBank 子版块中，主要对世界各国的 GDP、人口、教育、性别、健康营养等方面的数据进行统计与分析，在分析功能模块，用户可以选择数据时间段、国家、数据来源、统计单位等进行对比分析，结果多以图表、地图的形式呈现。

（2）WOS。

WOS 全称为“Web of Science”，是科睿唯安数据库公司旗下的产品之一。该库收录了 Web of science 核心合集（包括 SCIE、SSCI、A&HCI 等七个子库）、中国社会科学引文数据库、KCI-Korean 期刊数据库、Medline、俄罗斯科学引用指数库、SciELO 引用指数数据库的文献题录、全文、数据资源。其除了文献检索功能外，还具有相对强大的文献题录数据分析功能，包括文献所属 WOS 学科类别、文献类型、机构、来源出版物、国家地区、研究方向、被引等指标的统计分析，可以利用该库直接在线统计分析相关指标，也可以下载统计分析的数据后用于自定义分析。在线分析的图表以树状图或柱状图形式呈现，如图 7-2-5 所示。

图 7-2-5　WOS 在线数据分析图表样例

（3）ESI。

基本科学指标（Essential Science Indicators，ESI）是一个基于 Web of Science 核心合集数据库的深度分析型研究工具，其统计的学术论文数据来源于 SCIE/SSCI 两个子库，被引频次数据来源于 SCIE、SSCI、A&HCI 三个子库。ESI 可以确定在某个研究领域有影响力的国家、机构、论文和出版物，以及研究前沿，同时科研管理人员也可以利用该资源找到影响决策分析的基础数据。ESI 提供对 22 个学科研究领域中的国家、机构和期刊的科研绩效统计和科研实力排名，通过 ESI 可以对科研绩效和发展趋势进行长期的定量分析。ESI 数据库主界面如图 7-2-6 所示。

通过 ESI 可以实现以下数据分析功能：

①分析机构、国家和期刊的论文产出和影响力；

②按研究领域对国家、期刊、论文和机构进行排名；

③发现自然科学和社会科学中的重大发展趋势；

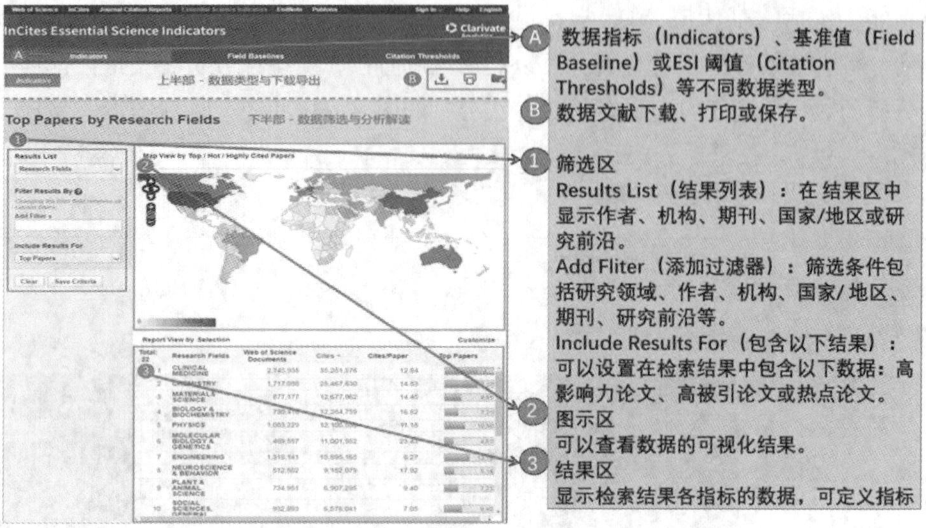

图 7-2-6 ESI 数据库主界面

④确定具体研究领域中的研究成果和影响力；

⑤评估潜在的合作机构，对比同行机构。

利用 ESI 数据分析功能形成的图表有地图、折线图。

（4）中国知网数据库。

中国知网数据库除了具有强大的中外文文献检索功能外，对检索结果还具有一定的统计分析功能。利用中国知网数据库的可视化分析功能，能够对检索到的全部文献的年度发表趋势、学科分布、来源机构分布、自主基金分布、文献类型、作者等进行分析，还可以选择不同的指标，如文献主题、学科、文献类型等进行对比分析，分析样图如图 7-2-7 所示。

（5）中国经济社会大数据研究平台。

中国经济社会大数据研究平台是一个集统计数据查询、数据挖掘分析、决策支持研究及个人数据管理功能于一体的大型统计年鉴（资料）数据总库，是一个为政府、高校、科研单位、企事业单位提供课题研究、政府决策分析、地区发展评价、项目或投资可行性分析及自由数据管理的多功能统计应用数据库。利用该数据库除了可以检索和浏览中国各行业发展指数、价格指数、财政金融保险、建筑房产、交通邮电、工农产品、固定资产投资、工业企业和海关外贸的进度数据和各地区的统计年鉴等之外，还可以按照地区、时间、指标（各行业相关的重要指标）对国内、国际、专题领域的行业数据进行分析，分析图表以曲线、饼图、散点图地等方式呈现（样例图表如图 7-2-8 所示）。

此外，该平台还提供了决策支持模块，嵌入了相关性分析、统计预测、科学评价、决

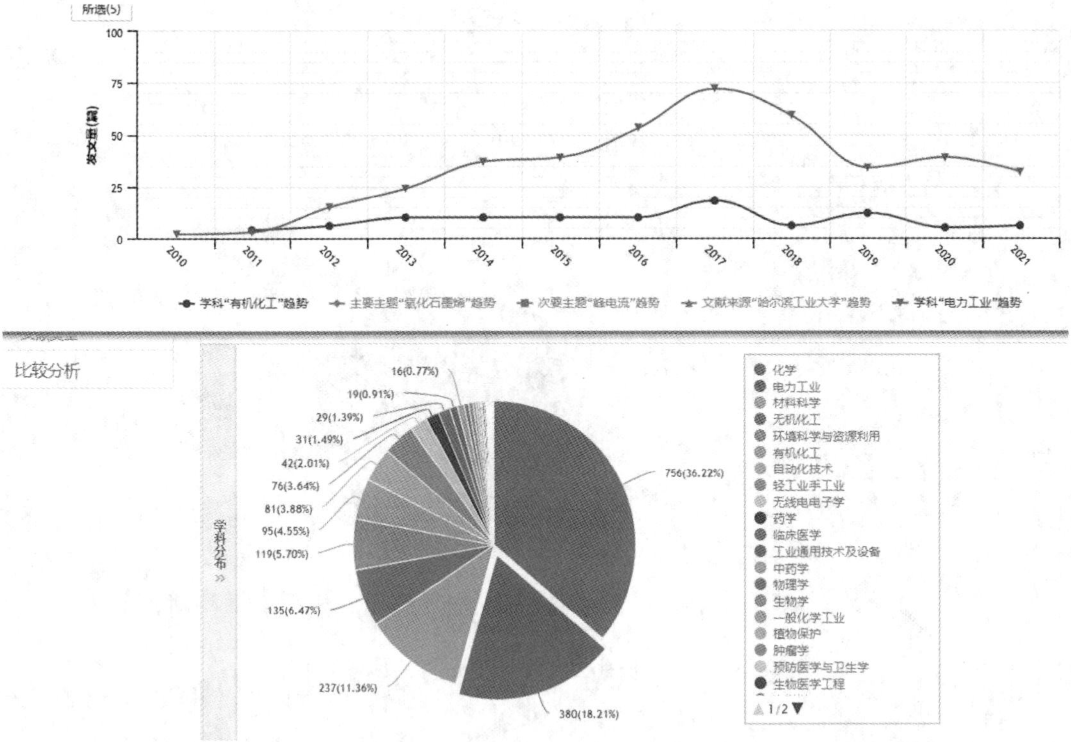

图 7-2-7　中国知网的数据分析图表样例（上：比较分析；下：学科分布）

策模型功能，利用关联规则挖掘、一元线性回归分析、多元回归分析、相关系数分析法对行业相关指标发展趋势进行分析和模拟，为高校、科研机构、政府、企业等提供决策支持。

2. 专业的统计分析工具

专业的统计分析工具不同于具有在线分析功能的数据库，其分析的数据主要以数据表格为主，分析的数据可能是从各类数据源直接下载的数据，也可能是来自各个文献数据库下载的题录数据。专业的统计分析工具一般具有强大的分析功能，基本能够满足各种需求场景的宏观现状分析。常见的专业统计分析工具有 Excel、SPSS、Tableau、SAS 等。

（1）Excel。

Excel 的数据分析功能概括来讲可以分为描述分析、T-检验分析、趋势分析、对比分析、相关分析、结构分析和其他常用分析。

利用 Excel 中的数据分析工具库基本实现上述几种分析功能。

① 描述分析。

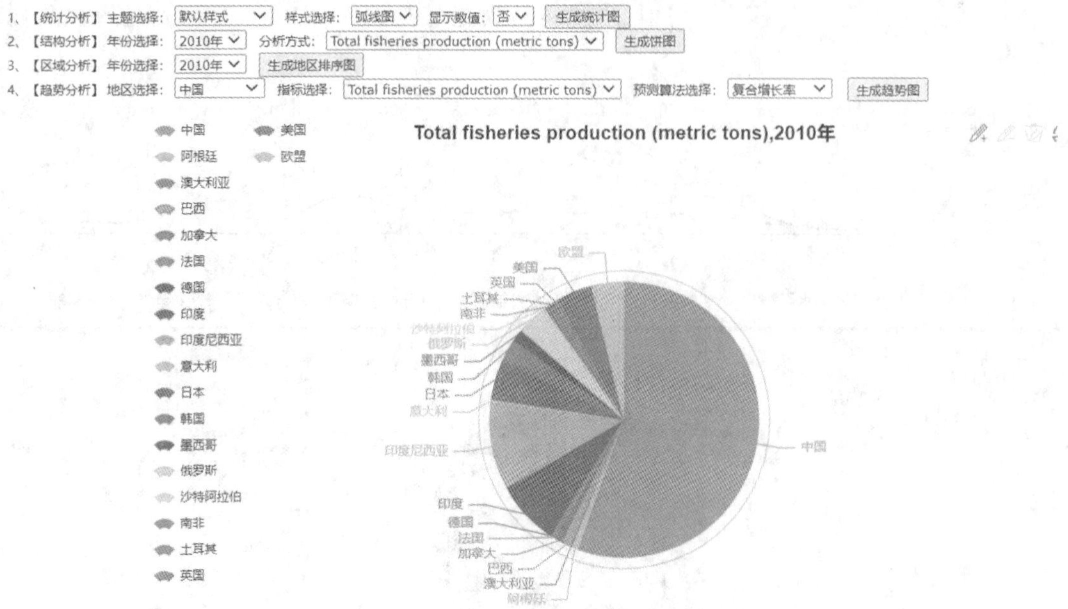

图 7-2-8 中国经济社会大数据研究平台数据分析图例

描述分析是指对一组数据的各种特征进行分析，以便描述测量样本的各种特征及其代表的总体特征。

Excel 中的描述分析可对分析样本的平均、标准误差、中位数、众数、标准差、方差、峰度、偏度、区域、最大值、最小值、求和、观测数进行一次性描述分析，方便快捷。

② 趋势分析。

趋势分析又叫时间序列分析法、比较分析法及水平分析法，它是通过将两期或多期连续数据按相同指标或比例进行定基对比和环比，得出它们的增减变动方向、变动数额和变动幅度，得出数据变化趋势的一种分析方法。大多时候用作数据趋势预测分析。利用 Excel 做数据趋势分析，常见的有六种方法，即简单平均法、简单移动平均法、加权移动平均法、指数平滑法、直线回归分析法、曲线回归分析法，如表 7-2-6 所示。

表 7-2-6 **Excel 趋势分析方法**

趋势分析方法	实 现 方 式
简单平均法	使用 average 函数，如 average（B2：B8），表示求 B2 到 B8 范围内的平均值
简单移动平均法	使用 Excel 中的数据分析工具，选择移动平均

续表

趋势分析方法	实 现 方 式
加权移动平均法	在简单移动平均法的基础上对所用的资料分别确定一定的权数，算出加权平均数即为预测数，如 sum（B2＊1+B4＊2+B7＊2）/7，其中，1、2、2 为加权数；再如成绩算法
指数平滑法	数据分析功能，在工具菜单中选取数据分析项后，选择指数平滑
直线回归分析法	利用 forecast 函数，如 forecast（A9，B2：bB，A2：A8）
曲线回归分析法	运用二次或二次以上的回归方程所进行的预测，如抛物线、指数曲线、双曲线等曲线形式，如采用 growth 函数

在利用 Excel 进行数据趋势分析时，可以形成折线图、散点图。如果形成趋势分析图，还可以利用 Excel 进行模拟，形成趋势线，用于预测数据的发展趋势和下一个位置点的数值。在 Excel 中，形成趋势线的算法有指数法、线性模拟法、对数模拟法、多项式法、幂数法、移动平均法。

③ 对比分析。

对比分析也叫比较分析，是将两个或两个以上的数据进行比较，分析它们之间的差异，从而揭示这些数据所代表事物的发展变化情况和规律。通过对比，可以很直观地看出事物在某方面的差距，并且可以准确、量化地表示出差距的多少。

对比分析分为横向对比和纵向对比。横向对比是在对同一类维度（指标）的度量值进行比较，如比较世界各国的 GDP；纵向对比是指对同一维度不同时期的度量值进行比较，如比较中国 GDP 在近 20 年的变化。

利用 Excel 进行对比分析时，需要注意进行对比的数据之间具有可比性，采用统一的度量单位、统计口径、计算方法，其数据的指标类型应该一致。

④ 相关分析。

相关分析是研究现象之间是否存在某种依存关系，并对具体有依存关系的现象探讨其相关方向以及相关程度，是研究随机变量之间的相关关系的一种统计方法。数据相关关系按照相关程度，可以分为完全相关、不完全相关和不相关；按照相关方向，可以分为正相关和负相关；按照相关形式，可以分为线性相关和非线性相关；按照变量数量，可以分为单相关、复相关和偏相关。利用 Excel 进行数据相关分析时，可以采用两种方式，一种是 CORREL 函数法，实现方式为“CORREL（array1，array2）”，其涵义为计算 array1 和 array2 之间的相关系数，如果该系数为正，则是正相关，反之，则为负相关。另一种方法是利用 Excel 数据分析库中的“相关系数”或“协方差”功能。

⑤ 结构分析。

结构分析是在统计分组的基础上，计算各组成部分所占的比重，进而分析某一总体现象的内部结构特征、总体的性质及总体内部结构变化规律的分析方法。

结构分析可分为构成分析和杜邦分析。

构成分析是体现部分与整体之间构成关系的分析方法，可以用饼图、漏斗图、瀑布图、润珠图等图表进行展示。目前的 Excel 基本具备这些分析功能。

杜邦分析是由杜邦公司发明的树形结构分析方法，适用于各关键指标间有明显结构关系的业务分析。Excel 中无此功能。

⑥ 其他分析功能。

除了上述分析功能，Excel 还有其他数据分析功能，如数据模拟分析，通过使用 Excel 中的调出模拟分析工具，可以在一个或多个公式中使用多个不同的值集来浏览所有不同结果。

Excel 附带三种模拟分析工具：方案管理器、单变量求解和模拟运算表。方案和模拟运算表使用输入值集并确定可能的结果。模拟运算表虽然仅适用于一个或两个变量，但可以接受这些变量的多个不同值。方案虽然可以具有多个变量，但最多可包含 22 个值。单变量求解与方案和模拟运算表原理不同，因为它使用结果并确定可能产生此结果的输入值。

（2）SPSS。

SPSS Statistics 软件原名 SPSS，是英文名称“Statistical Package for the Social Sciences”（社会科学统计软件包）首字母的缩写。后来，SPSS 经过调整，增加新的功能，将其名称改为“Statistical Product and Service Solutions”，即“统计产品与服务解决方案”，缩写仍为 SPSS。

SPSS Statistics 统计分析软件是一款在调查统计行业、市场研究行业、医学统计、政府和企业的数据分析应用中比较常用的统计分析工具，是世界上最早的统计分析软件，由美国斯坦福大学的三位研究生于 1978 年研制而成。1984 年 SPSS 首先推出了世界上第一个统计分析软件微机版本 SPSS/PC+，极大地扩充了它的应用范围，并使其能很快地应用于自然科学、技术科学、社会科学的各个领域。迄今为止，SPSS 软件已有 40 多年历史，用户遍布全球，涉及通信、医疗、银行、证券、保险、制造、商业、市场研究、科研教育等多个领域和行业，有多个语言版本。

SPSS 数据分析软件并不是仅具有数据分析功能，其涵盖了宏观意义上的数据分析的整个流程，包括数据获取、数据管理与准备、数据分析、结果呈现，特别适合设计调查方案、对数据进行统计分析，以及制作研究报告中的相关图表。

SPSS 的数据分析功能广泛，除了常见的摘要统计和行列计算，也包括基本统计分析功能，如数据汇总、计数、交叉分析、分类、描述性统计分析、因子分析、回归及聚类分析等，还设定特性的分析模块，可以直接应用。

①基本统计分析功能。

基本统计分析功能包括描述统计和行列计算，还包括常见统计功能，如汇总、计数、交叉分析、分类比较、描述性统计、因子分析、回归分析及聚类分析等，如表 7-2-7 所示。

表 7-2-7 **SPSS 的基本统计分析功能**

分析功能	分析维度或种类
描述统计和探索分析	包括频数、描述、集中趋势和离散趋势分析、分布分析与查看、正态性检验与正态转化、均值的置信区间估计
交叉分析	计数；行、列和总计百分比；独立性检验；定类变量和定序变量的相关性测度
二元统计分析	均值比较、T-检验、单因素方差分析
相关分析	双变量相关分析、偏相关分析、距离分析
线性回归分析	自动线性建模、线性回归、Ordinal 回归—PLUM、曲线估计
非参数检验分析多重相应分析	单一样本检验、双重相关样本检验、K 重相关样本检验、双重独立样本检验、K 重独立样本检验
预测数值结果和区分群体	K-means 聚类分析、分级聚类分析、两步聚类分析、快速聚类分析、因子分析、主成分分析、最近邻元素分析
判别分析	先根据已知类别的事物的性质，利用某种技术建立函数式，然后对未知类别的新事物进行判断以将之归入已知的类别中。判定维度有平均值、方差等
尺度分析	通过计算各变量之间的距离，根据距离在一幅二维或三维图形上将各变量描绘出来，探索事物之间的相似或者不相似性，具体包括信服分析和多维尺度分析
多重响应分析	交叉表、频数表

②建模分析。

在利用 SPSS 分析数据时，除了基本的数据分析外，如果还想建立分析过程数据模型，就需要使用其中的 Advanced Models 模块，为顺序结果建立更灵活、更成熟的模型，在处理嵌套数据时得到更精确的预测模型，可以分析事件历史和持续时间数据。SPSS 的数据建模分析主要包括广义线性模型、广义估计方程模型、混合模型、一般线性模型、方差成分估计模型、MANOVA、Kaplan-Meire 估计、Cox 回归、多因子系统模式的对数线性模型、对数线性模型、生存分析模型。其中，一般线性模型（General Linear Model，GLM）为描述一个结果变量和一组影响变量之间的关系提供了更多的灵活性，包括线性回归、ANOVA、ANCOVA、MANOVA 和 MANCOVA。GLM 也包含重复测量、混合模型、Post Hoc 检验、重复测量的 Post Hoc 检验、四种类型的平方和、边缘期望值配对比较、处理复杂的缺失单元及储存设计矩阵和结果数据。

除上述两种常见的数据分析功能外，SPSS 还具有决策树、对应分析、神经网络等功能，帮助数据分析者完成数据建模、分组预测等。

（3）Tableau。

Tableau 是斯坦福大学一个计算机科学项目的成果，由 Chris Stolte、Pat Hanrahan 和 Christian Chabot 开发。利用 Tableau，可以分析实际存在的各种结构化数据，生成美观的图表、坐标图、仪表盘与报告。利用 Tableau 的拖放式界面，可以自定义视图、布局、形状、颜色等，展现不同的自定义数据视角。

除了在线版的 Tableau，还有单机版的 Tableau，单机版分为专业版（Tableau Desktop）和公众版（Tableau Public），其中公众版本可以免费使用，只需用户完成注册即可。公众版的 Tableau Public（简称“TabP”）自带了多种数据分析模板，设置好相应的参数后，即可选择模板对数据进行可视化分析。Tableau 可以分析 Excel 和文本型文件中的数据，包括 CSV、JSON、PDF、空间文件、统计文件、Tableau 数据提取和 Hyper 数据提取。

Tableau 的数据分析功能主要是基本的统计分析功能和简单的数据模拟，基本与 Excel 的部分统计分析功能类似，但因为其比较注重分析结果的视觉效果，因此其功能上远比 Excel 简单，常见的分析包括数据指标（维度）的占比、词云分布、国家地区分布和趋势分析等，分析时可以按照数据指标的维度数、计数、平均值、中值、最大值、最小值、百分位、标准差等来进行展示。利用 Tableau 可以形成如图 7-2-9 所示样图。

除此之外，使用 Tableau 进行数据分析，还可以得到柱状图、饼状图、箱线图、面积图等，还可利用仪表板将多个图表布局到一张图上，进行对比分析。

（4）SAS。①

统计分析系统（Statistics Analysis System，SAS）是美国 SAS 软件研究所于 1977 年推出的一款统计分析软件，目前已广泛应用于金融、医疗卫生、生产、通信、运输、教育、政府决策及科学研究领域。该软件运用统计分析、时间序列分析、运筹决策等科学方法进行质量管理、财务管理、生产优化、风险管理、市场调查和预测等业务。利用 SAS 进行数据分析，其结果多以灵活多样的报表、图形和三维透视的形式直观展示。

SAS 不仅具有数据统计分析功能，它还具有数据访问、数据管理、数据显示等功能。

SAS 系统包括许多功能模块，可完成不同的任务，主要包括：

①Base SAS。该模块作为 SAS 系统的核心，负责数据管理，交互应用环境管理，进行用户语言处理，调用其他 SAS 模块。

---

① SAS——统计分析软件［EB/OL］.（2020-09-27）［2021-04-02］. https://baike.so.com/doc/2277942-2727727.html.

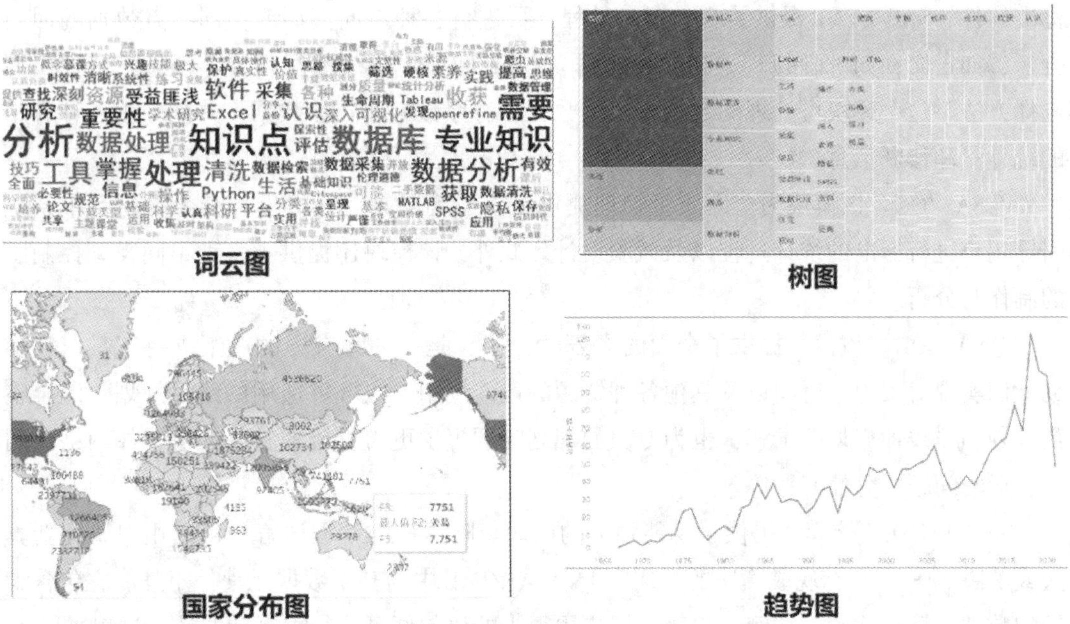

图 7-2-9　使用 Tableau 分析的数据图表示例

②SAS/GHAPH。该模块可将数据及其包含着的深层信息以多种图形生动地呈现出来，如直方图、圆饼图、星形图、散点相关图、曲线图、三维曲面图、等高线图及地理图等。

③SAS/ASSIST。该模块为 SAS 系统提供了面向任务的菜单界面，借助它可以通过菜单系统来使用 SAS 系统其他产品。它自动生成的 SAS 程序既可辅助有经验的用户快速编写 SAS 程序，又可帮助用户学习 SAS。

④SAS/AF。该模块是一个应用开发工具。用户使用 SAS/AF 可将包含众多功能的 SAS 软件作为方法库，利用 SAS/AF 的屏幕设计能力以及 SCL 语言的处理能力来快速开发各种功能强大的应用系统。SAS/AF 也了采用了 OOP（面向对象编辑）技术，使用户可以方便快速开发各类具有图形用户界面（GUI）的应用系统。

⑤SAS/EIS。该模块属于决策工具，也是一个快速应用开发工具，它完全采用新型的面向对象的编程模式（OOP）。EIS 以生动直观的方式（图或表）将关键性或总结性信息呈现给使用者。

⑥SAS/ACCESS。该模块提供了与许多流行数据库软件的接口，建立外部其他数据库的一个统一的公共数据界面，用户不必将此文件当作真正存储着数据的 SAS 数据集一样使用，而只需在 SAS 中建立对外部的描述（即 VIEW）文件，便可将此文件当作真正存储着数据的 SAS 数据集一样使用。

⑦SAS/STAT。该模块覆盖了所有的实用数理统计分析方法，是国际统计分析领域的标准软件。SAS/STAT 提供了八十多个过程，可进行各种不同模型或不同特点数据的回归分析，如正交回归/面回归、响应面回归、logistic 回归、非线性回归等，且具有多种模型选择方法。这个模块可处理的数据有实型数据、有序数据和属性数据，并能产生各种有用的统计量和诊断信息。

⑧SAS/QC。该模块为全面质量管理提供了一系列工具，并提供一套全屏幕菜单系统引导用户进行标准的统计过程以及试验设计。此外，该模块还提供了多种不同类型控制图的制作与分析。

⑨SAS/OR。该模块提供了全面的运筹学方法，是一种强有力的决策支持工具。它辅助人们实现对人力、时间以及其他各种资源的最佳利用，包含了通用的线性规划、混合整数规划和非线性规划的求解，也为专门的规划问题提供更为直接的解决办法，如网络流问题、运输问题、分配问题等。

⑩SAS/IML。该模块提供了功能强大的面向矩阵运算的编程语言，帮助用户研究新算法或解决 SAS 中没有现成算法的专门问题。SAS/IML 中的基本数据元素是矩阵。它包含大量的数学运算符、函数和例行程序，用户用很少的语句便可执行很复杂的计算过程。

（二）挖掘型分析工具

从概念和分析层次上来说，数据挖掘相较于统计数据分析，属于更深层次的数据分析。数据挖掘是有组织有目的地收集数据，通过分析数据使之成为信息，从而在大量数据中寻找潜在规律以形成规则或知识技术。数据挖掘的基础是算法，包括聚类算法、决策树、关联算法、贝叶斯算法、神经网络算法、回归算法等。数据挖掘是一门涵盖数据库技术、统计学、机器学习、可视化、信息科学和其他学科的交叉学科领域，因此，不论是从算法上还是数据挖掘所需要掌握的领域知识来说，都会对数据分析者带来很大的挑战，于是，数据科学家们开发了各种数据挖掘工具，将各类深层次的数据挖掘算法和图谱结合起来，帮助数据分析者快速地对数据进行挖掘分析并形成美观的图谱以便解读。常见的数据挖掘分析工具可以分为基于文献题录或结构化数据的可视化工具和基于其他结构的数据的可视化工具。如图 7-2-10 所示。

1. 基于文献题录的可视化分析工具

文献题录数据是从数据库中下载的具有统一格式的数据，文献题录数据中通常包括作者、年份、国家、机构、来源、基金、关键词、研究领域、参考文献的各种重要数据维度，利用数据分析工具对这些维度进行分析，可以了解一个学科领域的结构、发展脉络、研究热点、重要研究团队或个人等信息，从而利用这些信息为学术总结、研发策略制定提供理论参

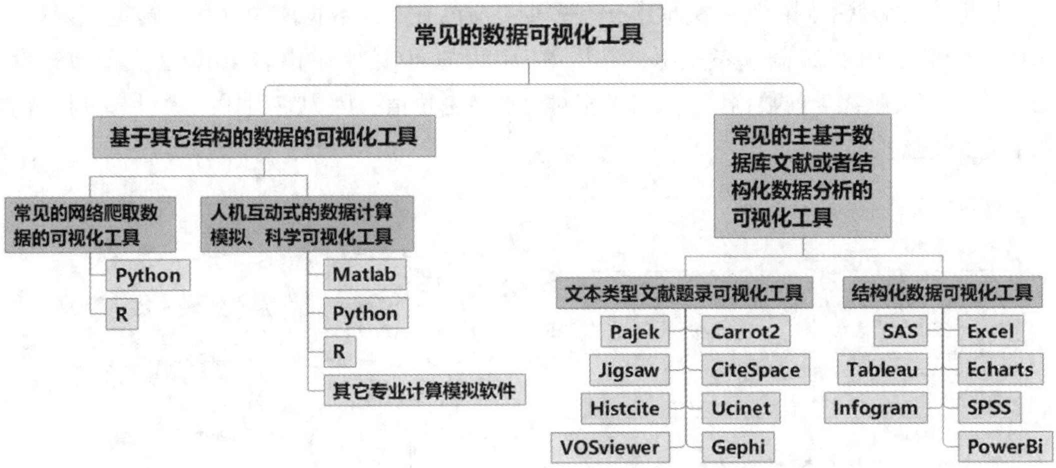

图 7-2-10　常见的可视化工具

考。目前，以文献题录数据为对象进行挖掘分析的可视化工具有很多，主要包括 Histcite、CiteSpace、VOSview、Pajek、Gephi、Carrot2、Jisgaw 等，使用最多的为 CiteSpace 和 VOSviewer。

（1）Histcite。

Histcite 是汤森路透公司创始人之一的尤金·加菲尔德开发的一款针对 WOS 数据库中文献的计量分析软件，其意思是“引文历史”，是利用文献之间的引用信息建立关联形成技术脉络，从而对某一研究领域或学科领域的结构、作者合作等进行分析，还可以定位重点文献，发现学术前沿、研究基础。

Histcite 的特色之处在于，当把从 WOS 数据库中下载的含有参考文献信息的题录数据导入该软件中时，会自动在本地形成一个数据集合，集合中的文献题录数据不仅包括分析者自己下载的题录数据，还包括本身存在于这些题录数据中的参考文献的题录数据，该软件自动对参考文献数据按照其默认的格式补全，增加到下载的题录数据中，也就是说，最终的本地数据集合由分析者自己下载的题录数据和题录中参考文献的题录数据组成。Histcite 利用本地数据集合组建了本地数据库，分析者可以对数据按照日期、作者或者期刊排序，也可删除数据。

在本地数据的默认界面，会出现 LCS、GCS、LCR、CR 四个栏目（如图 7-2-11），分别表示本地被引用次数、引用次数、本地参考文献数、参考文献数。LCS 是指某篇文献在当前数据库（本地数据库）中被引用的次数，GCS 是某篇文献在全球的被引次数，即 WOS 数据库中显示的被引次数，LCS 与 GCS 相对应，其值小于或等于 GCS。当 LCS 值越大，说明其在分析者想要了解的技术领域中占有很重要的地位，对应的文献越经典，对数据分析者了解领域的特点至关重要。如果某篇文献 GCS 高但其 LCS 低，则表示虽然该篇文献在全球范围具有较大的影响，但却与分析者研究的内容相关性不大；LCR 与 CR 相对应，是指某篇文献引用的所有文献中，有多少篇文献在本地数据库中。如果最近有两篇文章 P1、P2 都引用了 20 篇参考文献，其中 P1 引用的 20 篇文献中有 20 篇在当前数据库，P2 只有 2 篇文献在当前数据库。则 P1 相对更有参考价值，因为它引用了大量与分析者研究相关的文献。①

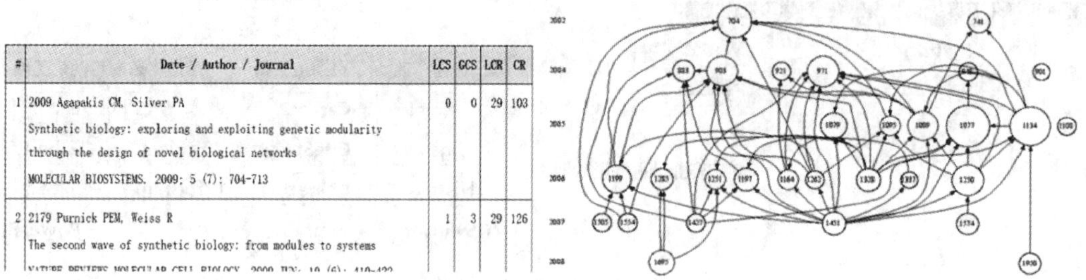

图 7-2-11　Histcite 本地数据库界面与分析图谱示例

（2）CiteSpace。

CiteSpace 是由美国德雷赛尔大学（Drexel University）信息科学与技术学院的陈超美教授使用 Java 语言开发的信息可视化分析软件（开源的）。它主要基于共引分析理论和寻径网络算法等，对特定领域文献（集合）进行计量，以探寻出学科领域演化的关键路径和知识转折点，并通过一系列可视化图谱的绘制来形成对学科演化潜在动力机制的分析和学科发展前沿的探测。所应用的数据来自 WOS、Scopus、PubMed、CNKI 和 CSSCI 等数据库，也可以对 CSV 数据进行分析。

利用 CiteSpace 可以对从数据库下载的题录数据进行共被引分析、文献耦合分析、合作网络分析、关键词共现分析、术语共现分析、领域共现分析等。

①文献共被引分析。

文献共被引指两篇文献同时被其他文献所引用。一般认为，如果两篇文章经常同时被引用，那么它们反映的主题很可能是相关的。因此用这样的一组文献构成一个网络，就可以作为研究领域分析的数据来源。共被引分析就是依托这些数据，利用聚类分析、因子分析、多维尺度分析、社会网络分析等手段反映研究领域的结构和特征。利用 CiteSpace 进行文献共被引分析主要针对的附有的参考文献的题录数据进行，如来自 WOS、CSSCI、Scopus 等数据的题录信息。在 CiteSpace 数据项目运行界面，选择参考文献，可以完成文

① 引文分析软件 histcite 简介［EB/OL］.（2011-11-12）［2021-04-02］. http：//blog. sciencenet. cn/blog-204787-282299. html.

献的共被引分析，在分析的图谱中，选择聚类能快速了解一个研究方向下属的各个子领域及重点文献等（如图 7-2-12）。

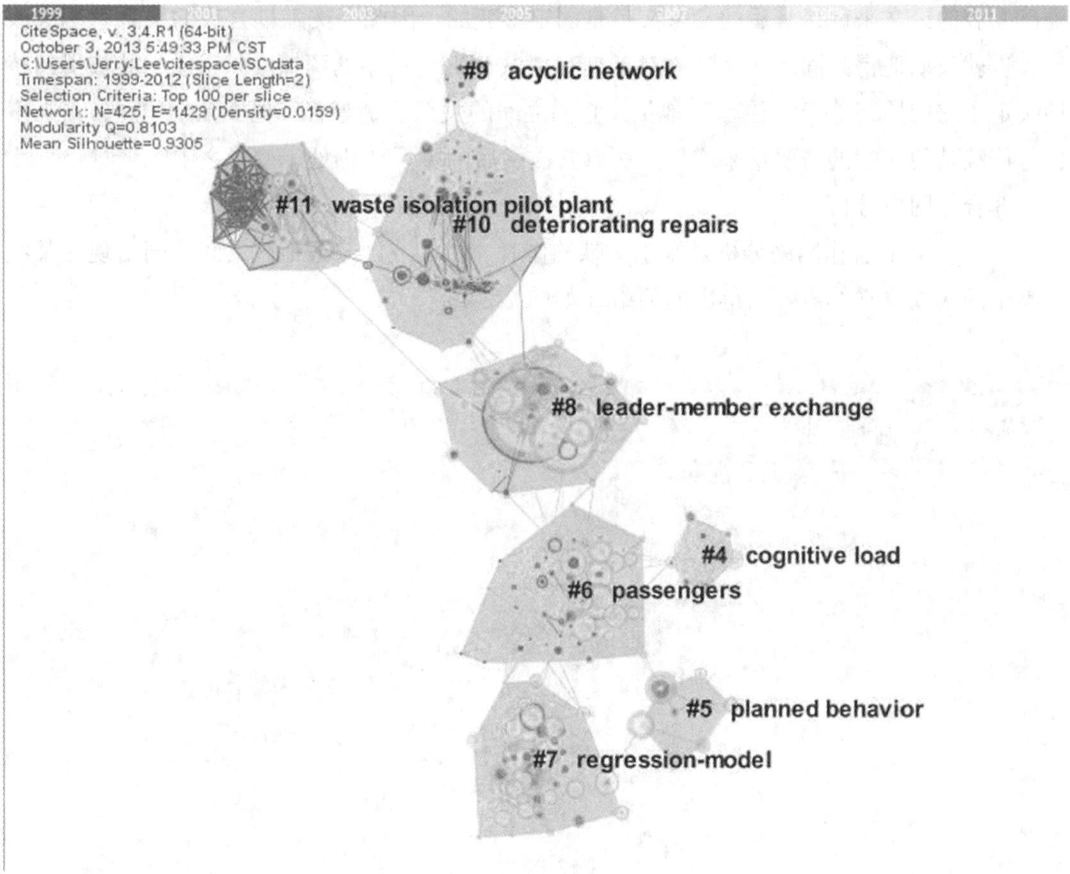

图 7-2-12　CiteSpace 文献共被引分析聚类示例①

②文献耦合分析。

文献耦合指两篇论文同引一篇或多篇相同的文献，通常可以用引文耦的多少来定量测算两篇文献之间的静态联系程度，引文耦愈多，说明两篇文献的相关性愈强。耦合的强度取决于共同参考文献（被引文献）的数量。文献耦合分为论文耦合、学科耦合、著者耦合以及期刊耦合等类型。此外，还有文献所属国别耦合、文献语种耦合等。文献耦合被应用于情报科学、文献计量学、科学学、未来学等学科领域当中。

① CiteSpace 练习［EB/OL］.（2012-10-02）［2021-04-02］. http://blog.sciencenet.cn/home.php?mod=space&uid=774179&do=blog&quickforward=1&id=729827.

文献耦合分析与文献共被引分析的虽然都是基于文献引用进行的分析，但前者是基于引用的文献进行的分析，而后者是基于文献自身被引证进行分析。在 CiteSpace 中，文献耦合强度是固定不变的，而文献共被引强度则随时有可能发生变化，这是因为对于任意两篇已发表的论文来说，其后的参考文献是固定不变的。因此，文献耦合后的关系就不会改变，也就长期地得到固定和承认。对于具有“共被引”关系的两篇文献来说，共被引的特性决定了它们始终处于“被动”地位，它们之间的关系总是等着其他文献来建立，其强度也是依赖其他文献的需要量来增加，所以共被引后的关系“仍处于变化之中”。

③合作网络分析。

CiteSpace 的合作网络分析是基于文献的作者、机构或国家或地区之间共同出现在某些文献中的次数建立的矩阵而得出的网络（如图 7-2-13）。

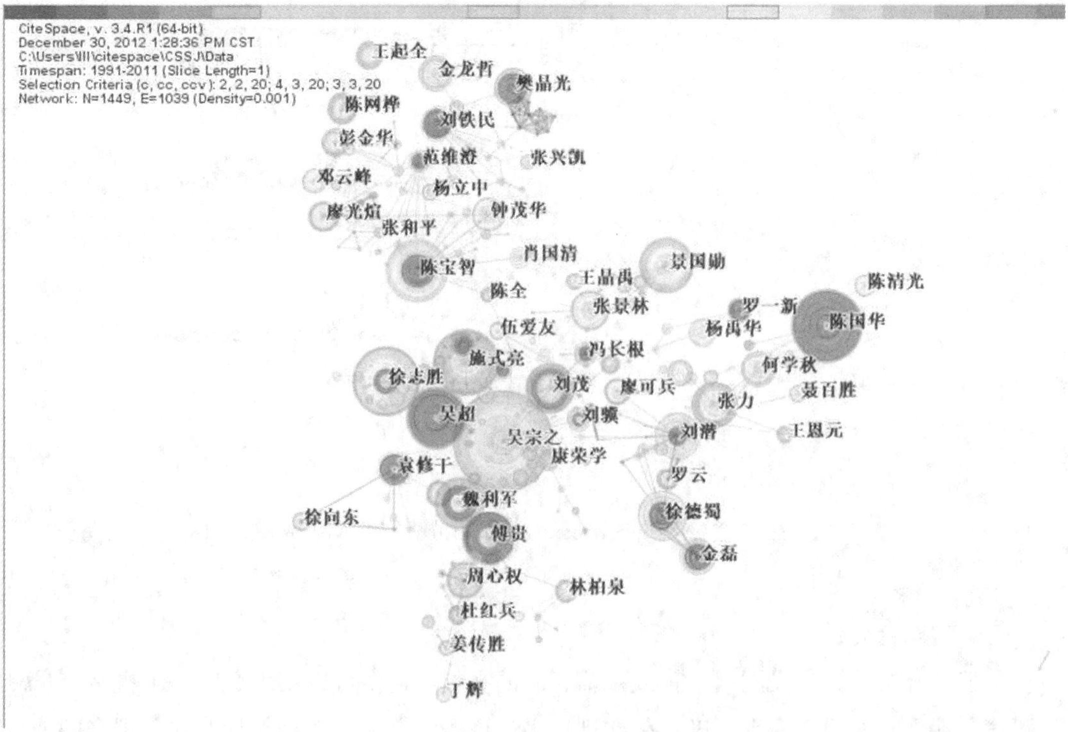

图 7-2-13　作者合作网络图谱实例①

④关键词、术语、领域共现分析。

---

① 安全科学研究学者网络［EB/OL］.（2012-12-20）［2021-0402］. http：//blog. sciencenet. cn/blog-774179-747874. html.

两个或多个关键词在同一篇文献同时出现叫关键词共现。关键词共现分析是通过分析关键词之间的共现关系描述某一学科领域内部组成关系及其结构，并揭示学科的发展动态和发展趋势。同理，术语（包括关键词、主题词）和研究领域共同出现时就构成了共现关系，相关分析即为主题共现分析或领域共现分析。利用 CiteSpace 进行关键词共现分析时，需要将节点类型设置为关键词。同样地，如果需进行主题共现分析或者领域共现分析，需要将节点对应的设置为名词性术语或者学科。

在使用 CiteSpace 进行各类网络分析时和得出图谱时，需要掌握以下几个术语①：

Betweenness Centrality（中介中心性）。中介中心性是测度节点在网络中重要性的一个指标（此外还有度中心性、接近中心性等）。CiteSpace 中使用此指标来发现和衡量文献的重要性，并用紫色圈对该类文献（或作者、期刊以及机构等）进行重点进行标注。

Burst 检测。突发主题（或文献、作者以及期刊引证信息等）。在 CiteSpace 中使用 Kleinberg J（2002）提出的算法进行检测。

Citation Tree-rings（文年轮环）。引文年轮环代表着文章的引文历史。引文年轮的颜色代表相应的引文时间，一个年轮厚度和与相应时间分区内引文数量成正比。

Thresholds（阈值）。在数据处理中，CiteSpace 会按照用户设定的阈值提取出各个时间切片满足的文献，并最后合并到网络中。

分析指标：CiteSpace 的分析指标有作者、机构、国家、参考文献、学科等。

（3）VOSviewer。

VOSviewer（Visualization of Similarities）是由荷兰鹿特丹伊拉斯姆斯大学的尼斯·简·凡埃克和鲁·沃尔特曼联合开发的一款针对文献题录数据进行可视化分析的软件。利用该软件可以基于作者合作、共现、引文耦合或者共引关系构建科学出版物、学术期刊、研究者、研究机构、国家、关键词或术语之间的关系图谱，所形成的图谱可以以网络图谱、叠加可视化图谱和密度图形式呈现。

可用于 VOSviewer 分析的数据可以是从 WOS、Scopus、Dimensions 和 PubMed 中下载的格式为 RIS、Endnote、RefWorks 的题录数据，也可以是通过 API 接口下载的来自 Microsoft Academic、Crossref、Europe PMC、Semantic Scholar、OCC、COCI 和 Wikidata 的数据。如图 7-2-14。

与 CiteSpace 相比，VOSviewer 只能形成单一术语（包括作者、关键词、期刊、机构等）网络，而不能形成如作者与机构混合形式的网络。

在利用 VOSviewer 绘制相关图谱时，可以用规范术语功能，自建规范术语文件，帮助

① 李杰，陈超美 . CiteSpace：科技文本挖掘及可视化［M］. 北京：首都经济贸易大学出版社，2017.

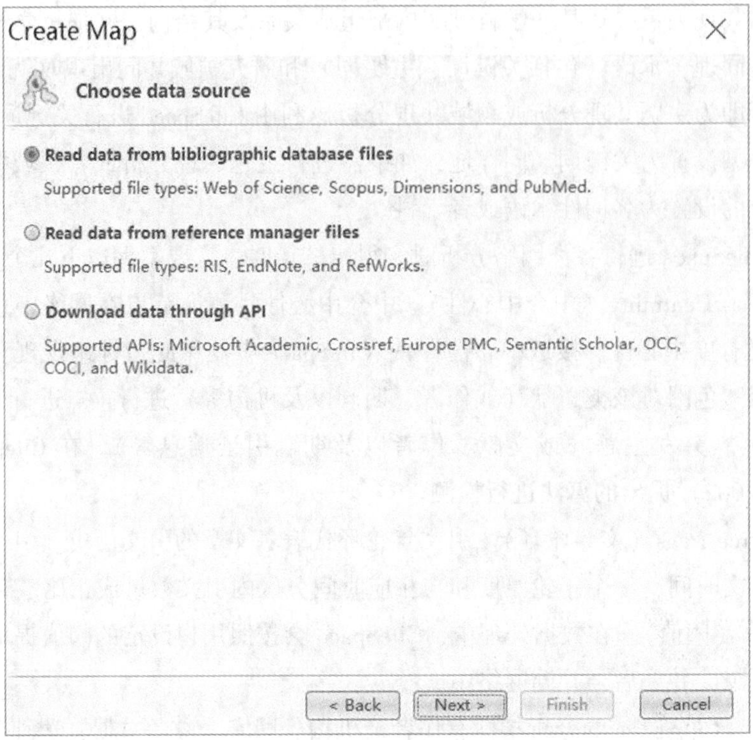

图 7-2-14　可用于 VOSviewer 分析的数据

用户合并文献中机构名称不一致、关键词书写错误、缩写全拼等形式的术语，达到净化网络的目的。

（4）Pajek。①

Pajek 软件是斯洛文尼亚卢布尔雅大学的 Vladimir Batagelj 和 Andrej Mrvar 共同开发的一款免费的可视化分析软件。Pajek 在斯洛文尼亚语中意为“蜘蛛”，以此说明使用 Pajek 内置的复杂算法和可视化能够构建类似蜘蛛网的网络，让数据解读起来简单易于理解。

Pajek 形成的网络可以是合作网络、化学有机分子网、蛋白质受体交互网、家谱网、因特网、引文网络、传播网等。

与其他的可视化软件相比，Pajek 有以下特点：

①快速。Pajek 可以为用户提供一整套快速有效的算法，用于分析节点数以万计的大型复杂网络。在 Pajek 中，由于所有算法时间复杂度都低于 0（n^2），从而使得 Pajek 有别于其他算法，它可以用来快速处理大型的复杂网络。

① 肖明．国内图书情报知识图谱实证研究［M］．北京：中国经济出版社，2017.

②可视化。Pajke 为用户提供了一个非常人性化的可视化平台，只要在 Pajek 里执行"Draw | Draw"的菜单命令，就可以快速绘制出网络图。用户还可以根据自己需要以自动或手动的方式对网络图谱进行调整。

③抽象化。Pajek 为分析复杂网络的全局结构提供了一种抽象方法，帮助用户能够看到图谱中各个类别的节点在整个网络中的作用。

2. 基于结构化数据的可视化分析工具

基于结构化数据的可视化分析工具除了本节前面介绍的 Excel、SPSS、SAS、Tableau 外，还包括 Echarts、PowerBi、Infogram 等，这几款软件中，Echarts 和 Infogram 属于在线图表制作工具，制作的图表与 Excel 类似。PowerBi 属于商用软件，制作的图表与 Excel 有很大的相似之处。因此，本部分不做详细介绍。

3. 基于其他结构数据的可视化分析工具

其他结构的数据包括半结构化数据（如 HTML、XML 格式的数据）和非结构化数据（如文本、图片、视频格式的数据）。这类数据结构不固定或者混合结构，无法被一种可视化工具读取分析，因此，人们开发出了一些程序语言，利用引入工具包，调取一定的算法对数据的某些信息进行提取分析，形成图谱，帮助分析者快速了解数据结构，找出重要信息。常见的这类工具有 Python、R 语言、Matlab 等。

（1）Python。

Python 语言诞生于 1990 年，由 Gudio van Rossum 设计并领导开发。经过 30 多年的发展，Python 语言已经发展成一个可快速渗透到各个学科中的强大的解释型、面向对象和动态数据类型的高级程序设计语言。相比于其他程序语言，Python 语言易于理解、可靠高效，并含有丰富的工具库，此外，还可以从外部调取工具包，对数据进行可视化分析。Python 是一款免费的开源工具，可进入"https://www. python. org/"下载安装。

实际上，Python 不仅包括数据分析，还包括数据图表绘制、文本分析可视化、词性标注、网络数据爬取与解析等功能。在按照各种需求使用 Python 语言时，可以方便地调取各类工具包进行分析。Python 语言常见的各类工具库包及功能如表 7-2-8。

表 7-2-8　　**常见的 Python 语言工具库**

工具库名	库作用	常见引入方式（*代表函数）
turtle	画曲线的函数，可以绘制圆、弧线、直线、折线等	>>>import turtle >>>from turtle import *

续表

工具库名	库作用	常见引入方式（＊代表函数）
math	数据计算标准函数库，可使用常数、数值表示函数、幂对函数、三角运算函数、高等特殊函数完成复杂的计算过程	①>>>import math >>>math cell（10.2） ②>>>from math import floor >>>floor（10.2）
scipy	高端科学计算工具包，用于数学、科学、工程学等领域，最优化、线性代数、积分、插值、拟合、特殊函数、快速傅里叶变换、信号处理、图像处理、常微分方程求解器等	>>>form scipy import ＊
NumPy	支持大量的维度数组与矩阵运算，也针对数组运算提供大量的数学函数库。该库经常与 scipy 配合使用	>>>import NumPy as np
pandas	pandas 是基于 NumPy 的一种工具，该工具是为解决数据分析任务而创建的，它纳入了大量库和一些标准的数据模型，提供了高效地操作大型数据集所需的工具。可用于数据清洗、计算、转换、统计分析、分组聚合	>>>import numpy as np >>>import pandas as pd
jieba	第三方库，主要用于中文词与待分词的内容进行比对，通过图结构和动态规划方法找出最大概率的词组。可以对中文文本进行分词	>>>import jieba >>>jieba. lcut（“文本”）
wordcloud	文本拆分成词组后，可以采用词云的方式呈现，即词云图。使用 wordcloud 可以实现词云图的绘制，wordcloud 通常配合 jieba 库使用	>>>from wordcloud import WordCloud
nltk	自然语言处理库。支持语言文本分类、标记、语义分析等	>>>import nltk
pyltp	封装的自然语言处理工具（轮子），提供了分词、词性标注、命名实体识别、依存句法分析、语义角色标注的功能	>>>from pyltp import ＊
PIL	图像处理的第三方工具库。支持图像存储、显示和处理。它能够处理几乎所有图片格式，完成对图像的缩放、剪裁、叠加以及向图像添加线条、图像和文字等操作	>>>from PIL import ＊
matplotlib	用于绘图的第三方工具库。提供了一整套和 matlab 相似的命令 API。通过 Matplotlib，可以仅需要几行代码，便可以生成绘图、直方图、功率谱、条形图、错误图、散点图等	>>>import matplotlib. pyplot as plt >>>from matplotlib import pyplot as plt

续表

工具库名	库作用	常见引入方式（*代表函数）
request	处理 HTTP 请求的第三方库。其程序编写过程与正常的 URL 访问过程接近。该库支持链接访问功能，包括国际域名和 URL 获取、HTTP 长连接和连接缓存、HTTP 会话和 Cookie 保持、浏览器使用风格的 SSL 验证、基本的摘要认证、有效的键值对 Cookie 记录、自动解压缩、自动内容解码、文献分块上传、HTTP（S）代理功能、连接超时处理、流数据下载等	>>>import request
beautifulsoup	Python 包里最有名的 HTML parser 分解工具之一。它提供一些简单的、python 式的函数用来处理导航、搜索、修改分析树等功能，也可以将用户输入的文本自动转换成 unicode 格式，转换成 utf-8 格式输出	>>>from bs4 import BeautifulSoup
gensim①	第三方 Python 工具包，用于从原始的非结构化的文本中，无监督地学习到文本隐层的主题向量表达。它支持包括 TF-IDF、LSA、LDA 和 word2vec 在内的多种主题模型算法，支持流式训练，并提供了诸如相似度计算，信息检索等一些常用任务的 API 接口	>>>from gensim import *
scikit-learn	Scikit-learn（sklearn）是机器学习中常用的第三方模块，对常用的机器学习方法进行了封装，包括回归、降维、分类、聚类等方法。该库建立于 NumPy、scipy、matplotlib 之上，需要同时配合使用	>>>from sklearn import datasets >>>from sklearn.<函数模块> import <分析算法>

Python 默认的运行环境为 IDLE，用户也可以调用 pip 工具下载 jupyter，安装后作为 Python 的运行环境。

（2）R 语言。②

R 语言是统计领域广泛使用的诞生于 1980 年左右的 S 语言的一个分支，是一款用于统计分析和作图的编程语言和软件框架，经由 GNU 通用公共许可证授权使用。R 语言包括数据集导入模块、数据集检查模块和执行建模任务模块。

在 R 语言中，所有的函数和数据集是保存在程序包里面的。只有当一个包被载入时，它

① Gensim 入门教程［EB/OL］.（2017-09-27）［2021-04-04］. https://www.cnblogs.com/iloveai/p/gensim_tutorial.html.

② R 语言［EB/OL］.（2021-02-11）［2021-04-04］. https://baike.baidu.com/item/R%E8%AF%AD%E8%A8%80/4090790?fr=aladdin.

的内容才可以被访问。一些常用、基本的程序包已经被收入了标准安装文件中，随着新的统计分析方法的出现，标准安装文件中所包含的程序包也随着版本的更新而不断变化。在另外版安装文件中，已经包含的程序包有：base——R 的基础模块、mle——极大似然估计模块、ts——时间序列分析模块、mva——多元统计分析模块、survival——生存分析模块等。

R 具有很强的互动性。除了图形输出是在另外的窗口处，它的输入输出窗口都是在同一个窗口进行的，输入语法中如果出现错误会马上在窗口中得到提示，对以前输入过的命令有记忆功能，可以随时再现、编辑修改以满足用户的需要。输出的图形可以直接保存为 JPG、BMP、PNG 等图片格式，还可以直接保存为 PDF 文件。另外，和其他编程语言和数据库之间有很好的接口。R 语言的下载链接为“https：//cran. r-project. org/bin/windows/base/”。

目前，对于 R 语言的使用，都是在其操作平台 RStudio 上实现的。RStudio 是一款 R 语言的 IDE（运行环境），R 自带的环境操作起来不太方便，RStudio 很好地解决了这个问题，此外，它还具有调试、可视化等功能，支持纯 R 脚本、Rmarkdown（脚本文档混排）、Bookdown（脚本文档混排成书）、Shiny（交互式网络应用）等。图 7-2-15 为 RStudio 的操作界面。

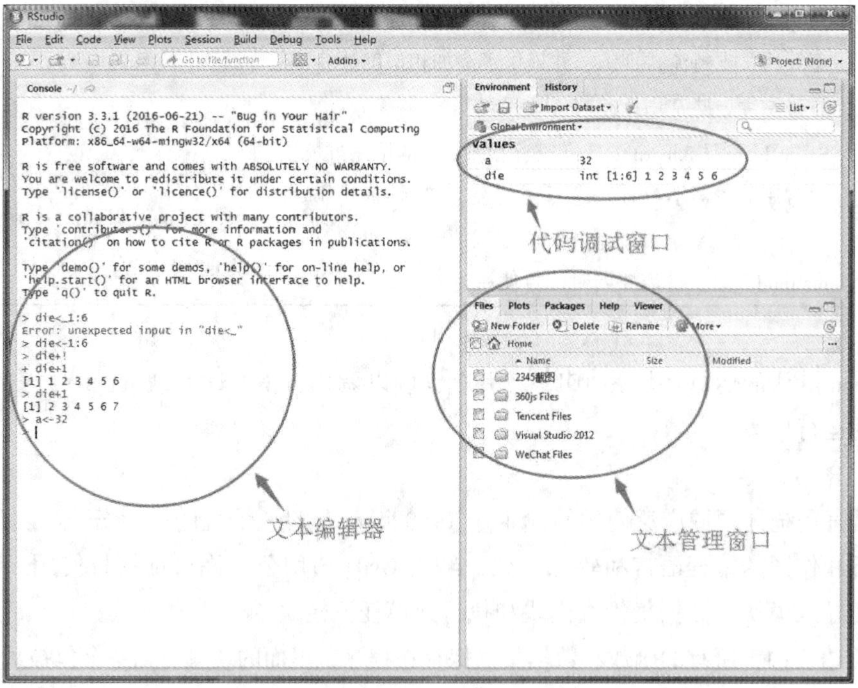

图 7-2-15　RStudio 操作界面①

① R 与 RStudio 的安装［EB/OL］.（2017-08-27）［2021-04-04］. https：//www. jianshu. com/p/1a0f27087e8b.

◎ 思考题

1. 面对某一特定主题的检索，怎样平衡检索结果的相关度和质量之间的关系？小信同学认为，可以为了文献质量而放弃一些相关度，对此，你怎么看？

2. 数据处理与分析是在数据采集之后、数据结论得出之前关键的中间过程。这个过程包括数据质量评估、数据清洗、数据信息提取、数据分析四个步骤。请比较这四个过程对数据结论产生的影响。

◎ 检索题

1. 请检索关于“诱导多能干细胞（Induced pluripotent stem cells）”的中外文文献，并利用任意一种文献分析工具（如 CiteSpace）对检索出的文献进行作者、机构、关键词、引文等字段的分析。初步了解选题的研究热点、重点文献及作者机构合作等。

2. 2021 年东京奥运会美国、中国和日本分别位居比赛奖牌榜的前三名。

2021 年东京奥运会奖牌榜前三名国家

国家	金牌数	银牌数	铜牌数	奖牌总数
美国	39	41	33	113
中国	38	32	18	88
日本	27	14	17	58

请读者检索相关数据，从参赛项目、参赛选手的年龄分布、参赛选手的身体素质、三种奖牌的项目分布等方面分析我国作为参赛国家，为了在各类国际运动赛场上保持优势，应该采取何种策略。

第八章
信息阅读与管理

信息阅读与管理贯穿信息利用的整个过程。无论是信息获取、筛选、分析、整合及创造的过程中都需要掌握信息阅读和管理的科学理论、方法及工具。本章将主要介绍在学术研究中如何进行主题阅读与快速阅读、如何利用工具进行文献阅读与管理，以提高学习和科研效率。

第一节　文 献 阅 读

一、主题阅读与快速阅读

阅读素养与信息素养是两种有交叉关系的素养。经济合作与发展组织（OECD）国际学生评估项目（The Program for International Student Assessment，PISA）提出：阅读素养是指学生为取得个人目标、形成个人知识和潜能及参与社会活动而理解、运用和反思书面材料的能力。① 文献阅读在信息素养中鲜少提及，但随着学术信息素养越来越强调情境化、与科研相结合，如何整合与阅读学术文献也成为信息素养教育中不可或缺的一环。当然，阅读素养是一个非常大的范畴，本节只探讨阅读素养与学术信息素养密切相关的部分，即学术文献的阅读。

（一）主题阅读

主题阅读是指以特定的主题为中心来选择和阅读多种文献的阅读方式，其内核与信息

① 王海芳．PISA2009 阅读素养测评及启示［C］// 中国教育学会基础教育评价专业委员会学术年会．中国教育学会，2010.

素养中系统性综述的阅读方法一致。

美国教育家莫提默·J. 艾德勒在其著作《如何阅读一本书》中将阅读分为四个层次：基础阅读、检视阅读、分析阅读和主题阅读。其中，主题阅读是阅读的最高层次，也是阅读的最终目标。到了这个层次，我们读书时就不再把某本书当作阅读的中心，而是以具体的主题为中心。主题阅读中需要用到前面三种阅读层次的所有阅读方法。

下面我们将莫提默主题阅读的方法与信息素养中系统性综述的撰写方法进行比较，让学习者更加清晰地了解在综合性研究课题中确定主题、选择文献、阅读文献的步骤和方法，厘清信息素养与阅读素养的关系。

莫提默将主题阅读分为两个阶段，即准备阶段和阅读阶段。

准备阶段：①针对要研究的主题，设计一份试验性的书目，可以参考图书馆目录、专家建议以及搜索引擎。②浏览这份书目上所有的书，确定哪些与主题相关。③就主题建立起清楚的概念（如图 8-1-1）。从以上三个步骤可以看出，主题阅读的准备阶段实际上是确定选题、文献检索和文献筛选的过程。值得注意的是，主题阅读的准备阶段强调了“就主题建立起清楚的概念”，这与信息素养中面对一个复杂选题需要在文献初检阶段不断调整到最终确定选题的思路是密切契合的。

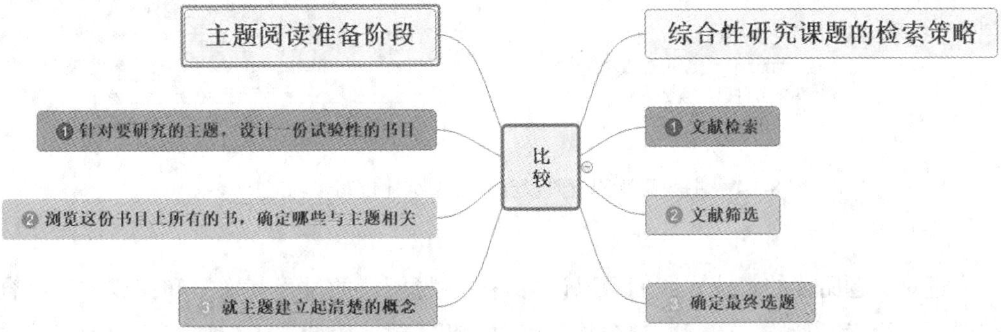

图 8-1-1 主题阅读准备阶段与综合性研究课题检索策略初检阶段对应关系

阅读阶段：①浏览与主题相关的书，找出最相关的章节。②根据主题创造出一套中立的词汇，无论作者是否实际用到这些词汇，但绝大部分作者可以用这套词汇来诠释（提取关键词）。③围绕一个主旨列出一些问题，保证绝大多数作者针对这些问题提供他们的回答（提出问题）。④界定主要及次要的议题，将作者针对各个问题的不同意见整理陈列。⑤分析这些问题和议题，整合出自己的观点。

如图 8-1-2 所示，主题阅读中阅读阶段的五个步骤与完成一篇系统型综述的步骤一一对应。主题阅读步骤①“找出最相关的章节”，在系统型综述撰写中可以对应“快速阅读文献全文，找出最相关文献或者章节”。在这个步骤中需要用到快速阅读的工具与方法，比如利用“排版式阅读”（学术论文通常会有固定的撰写架构）；步骤②和步骤③“根据主题创造出一套中立的词汇”“围绕一个主旨列出一些问题”实际上与系统型综述撰写中制定编码表和根据编码表提取文献信息高度契合，值得提出的是，这个步骤可以利用思维导图工具，将学术文献充分结构化以获得所需要的对应每个问题的文献信息；步骤④属于编码表完成后的问题分类和归纳；最后步骤⑤整合出自己的观点。

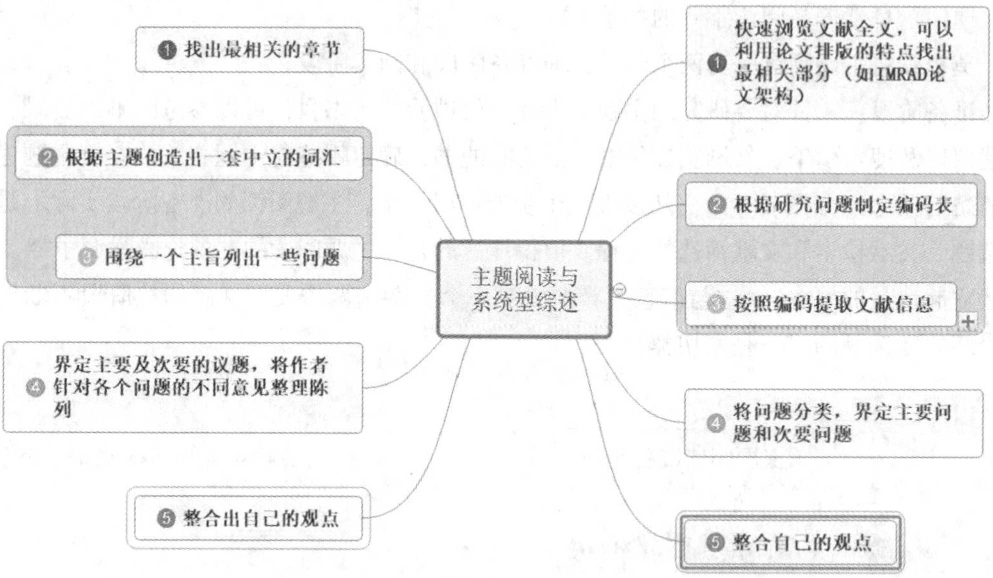

图 8-1-2　主题阅读阅读阶段与系统型综述撰写步骤对应关系

通过对主题阅读的解读，我们可以认为完成主题阅读的过程其实质和完成一项综合性研究课题的检索、筛选、阅读、整合与利用的过程一致。由此，不仅厘清了阅读素养与信息素养的关系，学习者也可以将主题阅读的方法和技巧充分运用到解决综合性研究课题的检索策略中。

（二）快速阅读

快速阅读也称速读，是区别于传统阅读（一字一句的阅读）的一种可以提高阅读效率的阅读方法。基础的快速阅读法包括跳读、略读和扫读，即根据阅读的目标、阅读材料的难度以及时间和精力等情况，有目的、有重点、有选择地进行阅读的方法；高级的快速阅读法是视读法，是指打破传统的一眼看一两个字的阅读习惯，经过训练，充分发挥我们的视觉能力，做到一眼看一句甚至一段的阅读方法。学术信息素养中探讨的是前者，即根据文献的特点利用适当的工具辅助阅读。

基于学术论文严谨科学的格式和内容，学术阅读与普通阅读最大的区别在于遵循写作规律，可以看作一种程式化阅读。所以，在阅读学术文献时，掌握流程化和结构化尤其重要。

快速阅读学术文献的方法有下述几种。

1. “排版式”略读

常见的略读法是通过阅读文献的封面、目录、前言、后记以及章节前后段落等重要内容来了解文献全貌的一种阅读方法。“排版式”略读法根据学术文献格式化的特点，在此基础上加以升级，通过事先掌握学术文献的几种常见撰写格式（学术论文、学位论文、科技报告等），阅读论文格式中的重点内容来了解全貌。

如外文文献中最常见的 IMRaD 论文架构图（如图 8-1-3），IMRaD 分别代表前言（Introduction）、方法（Methods）、结果（Results）和讨论（Discussion）。前言部分需要处理的问题是“为什么”（why），说明要进行的研究需要解决什么问题以及问题的重要性；方法部分要处理的问题是“如何进行研究”（how）；结果部分则是要回答“什么”

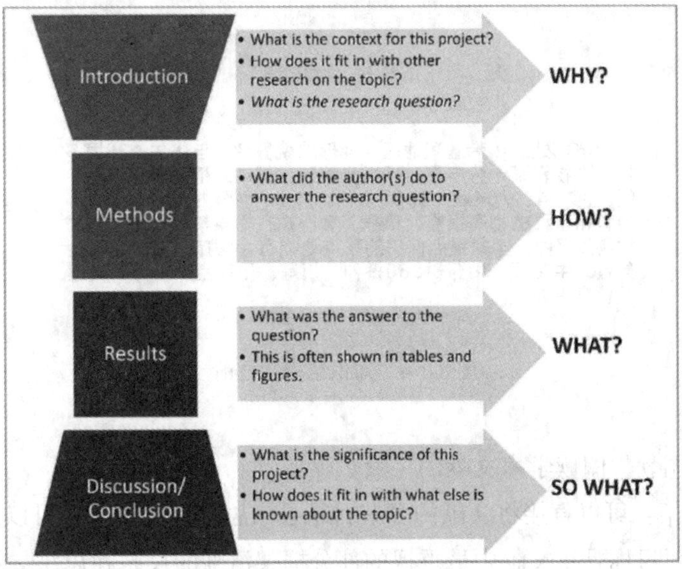

图 8-1-3　IMRaD 论文架构①

① 科学网．如何撰写世界一流论文 | 论文撰写顺序与 IMRaD 格式——理文编辑的博文［EB/OL］．［2022-01-09］．https：//blog. sciencenet. cn/blog-288924-1006131. html.

（what），只说结果，不需要进行评论和说明；讨论部分要说明研究结果有什么意义、为什么重要，与先前的研究得出的结果相对比，解释矛盾之处，列出研究的局限，提出日后可进行的研究工作，然后进行总结讨论。根据论文架构，在阅读多篇文献时可以快速提炼文献中的这些重点内容，起到事半功倍的效果。值得注意的是，并不是所有具备 IMRaD 论文架构的文献都会明确标出 IMRaD，阅读者需要具备提炼这些架构的能力。

2. 知识结构化

当代心理学研究表明，当知识以一种网络结构的方式进行储存时，可以大大提高知识应用时的检索效率。所谓结构化，是指将逐渐积累起来的知识加以归纳和整理，使之条理化、纲领化，做到纲举目张。

思维导图就是一种训练结构化思维的工具，将其功能运用在阅读文献时可以大大提高阅读速度，将碎片化的知识进行系统化的思考和处理，从而扩大思维的层次，更全面地思考和创新。

下面是一个关于知识结构化的案例：图 8-1-4 中这段话详细介绍了成都市的生物资源，初看上去毫无重点，比较杂乱。通过思维导图进行结构化的整理后，文献中的知识点一目了然，便于阅读和记忆（如图 8-1-5）。

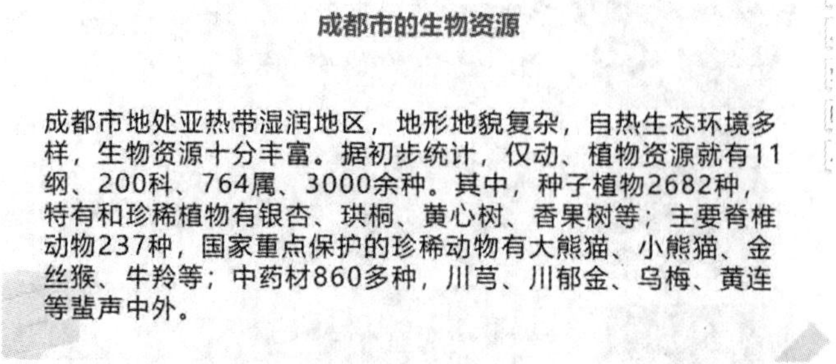
成都市的生物资源

成都市地处亚热带湿润地区，地形地貌复杂，自热生态环境多样，生物资源十分丰富。据初步统计，仅动、植物资源就有11纲、200科、764属、3000余种。其中，种子植物2682种，特有和珍稀植物有银杏、珙桐、黄心树、香果树等；主要脊椎动物237种，国家重点保护的珍稀动物有大熊猫、小熊猫、金丝猴、牛羚等；中药材860多种，川芎、川郁金、乌梅、黄连等蜚声中外。

图 8-1-4　知识结构化之前

利用思维导图软件阅读学术文献的一般步骤如下：

（1）构建框架：可以直接将文献的章节目录录入思维导图中，也可以选择比较重要的部分录入。其主要目标是将文献中最重视的部分框架清晰的反映在思维导图中（如图 8-1-6）。

（2）录入论证内容：这一部分主要是将文献中的重点论证部分录入思维导图，不必变更书中原句，简单的录入即可。如果觉得不够精练，也可以先提炼关键词，然后利用“注释”功能复制原句。一般包括两部分内容，一部分是论证内容，可以拖动到对应框架下，

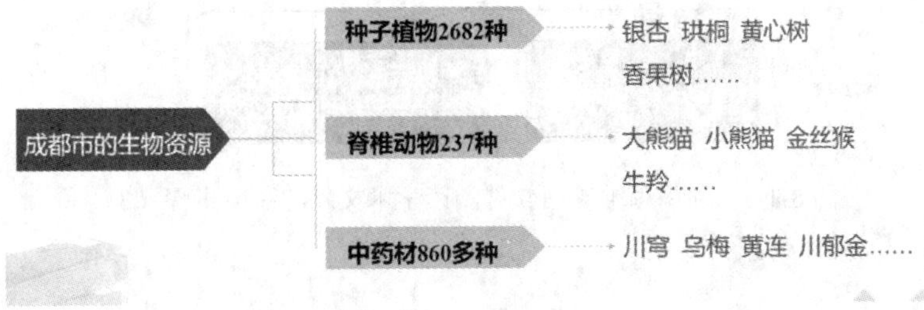

图 8-1-5 知识结构化之后

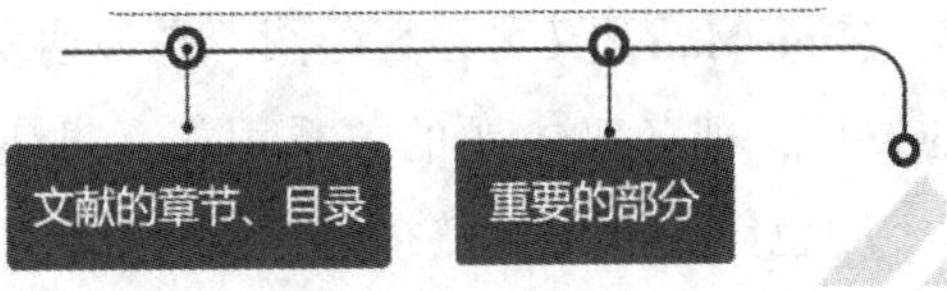

图 8-1-6 利用思维导图软件阅读学术文献的一般步骤（1）

另一部分是与框架不太相关的杂项内容，可以用“浮动主题”复制后放在一边（如图 8-1-7）。

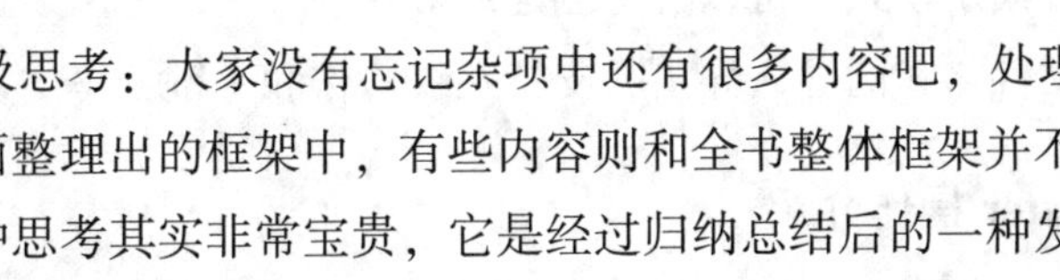

图 8-1-7 利用思维导图软件阅读学术文献的一般步骤（2）

（3）处理杂项及思考：大家没有忘记杂项中还有很多内容吧，处理一下这些句子，有些内容可以放入前面整理出的框架中，有些内容则和全书整体框架并不相关，只是阅读的延伸思考，只是这种思考其实非常宝贵，它是经过归纳总结后的一种发散性思维，往往是创新的源头（如图 8-1-8）。

（4）填补空缺：这一部分是对于阅读时遗漏的重要概念和观点进行梳理，填补空缺。

基于思维导图工具，这些看似很繁琐的步骤其实可以很快速地完成，前提是必须专注且形成习惯。

图 8-1-8　利用思维导图软件阅读学术文献的一般步骤（3）

二、思维导图软件 MindMaster 功能与操作

思维导图，英文是 The Mind Map，又名心智导图，是表达发散性思维的有效图形思维工具，运用图文并重的技巧，把各级主题的关系用相互隶属与相关的层级图表现出来，把主题关键词与图像、颜色等建立记忆链接。① 其核心作用是化繁为简，结构化知识与想法。可以应用于学习、生活和工作的任何场所，比如阅读书籍、撰写论文、项目管理以及头脑风暴等。

常用的思维导图软件有 MindMaster、Mindmanager、Xmind、MindMapper、百度脑图、等，其中 MindMaster 是为数不多提供免费版和专业版的一款软件。

（一）MindMaster 功能介绍

（1）MindMaster 提供 12 种布局，除了经典布局外，还提供鱼骨图、时间线、放射线、气泡图等更具风格的布局形式；自带 33 款主题样式，可以快速找到并直接运用。

（2）可以添加标注、关系线、概要、外框、超链接、图示、公式编辑器、甘特图、评论、注释、附件以及剪贴画。

（3）自带幻灯片演示模式，可以一键创建幻灯片。

（4）支持多种文件格式的导入导出，支持在线协作和一键分享。

（二）MindMaster 操作介绍

（1）创建一个思维导图。打开软件，点击新建“空白模板”，也可以选择系统自带的模板（如图 8-1-9）。

（2）添加主题。直接新建空白模板，会出现“中心主题”，Enter 键创建同级主题，Tab 键切换需要细化的主题。也可直接点击首页菜单左侧的“插入主题”“插入分支主题”

① 思维导图_百度百科［EB/OL］.［2021-08-14］. https：//baike. baidu. com/item/%E6%80%9D%E7%BB%B4%E5%AF%BC%E5%9B%BE/563801？ fr=aladdin.

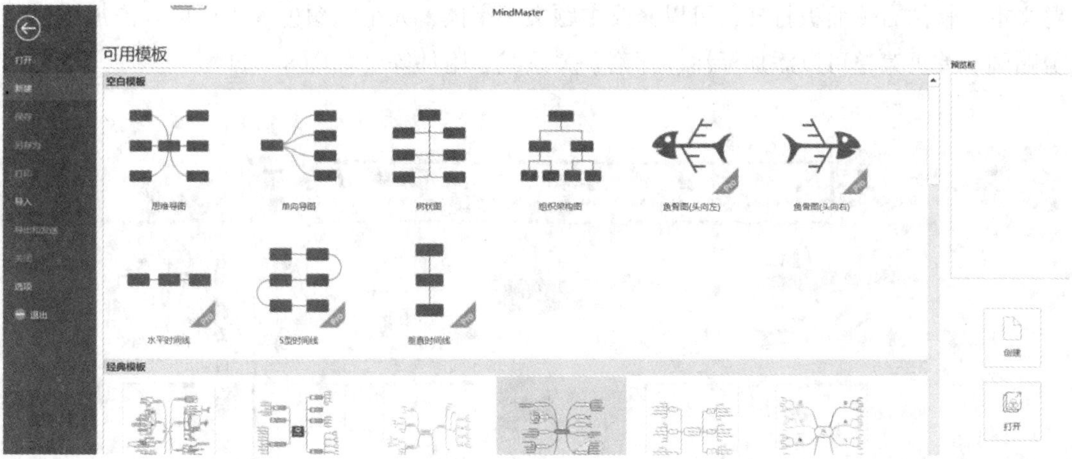

图 8-1-9　创建一个思维导图

等进行创建，值得注意的是，插入“浮动主题”功能比较重要，特别适合放置碎片化的知识和灵感。所有分支主题和浮动主题均可随意拖动（如图 8-1-10）。

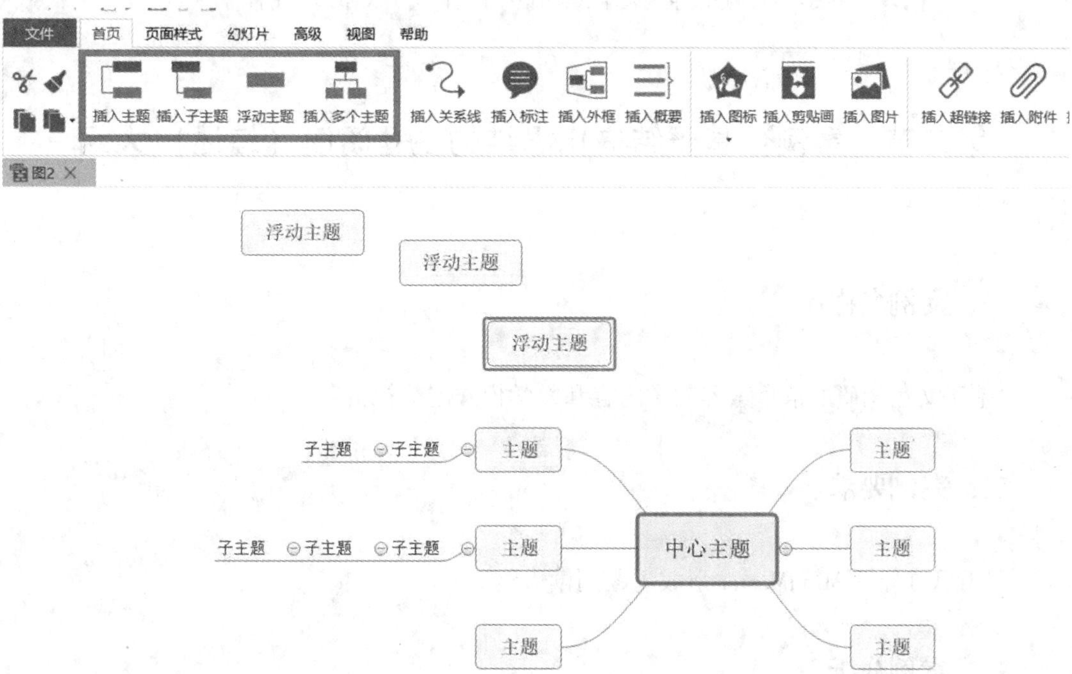

图 8-1-10　给思维导图添加主题

（3）修改主题文本，添加标注、评论、关系线、附件等。双击主题名称，即可修改主题文本。软件右侧面板打开，可以修改主题文字字体、大小、颜色等。还可以添加图标及剪贴画。首页菜单可以添加标注、评论、关系线、附件等（如图 8-1-11）。

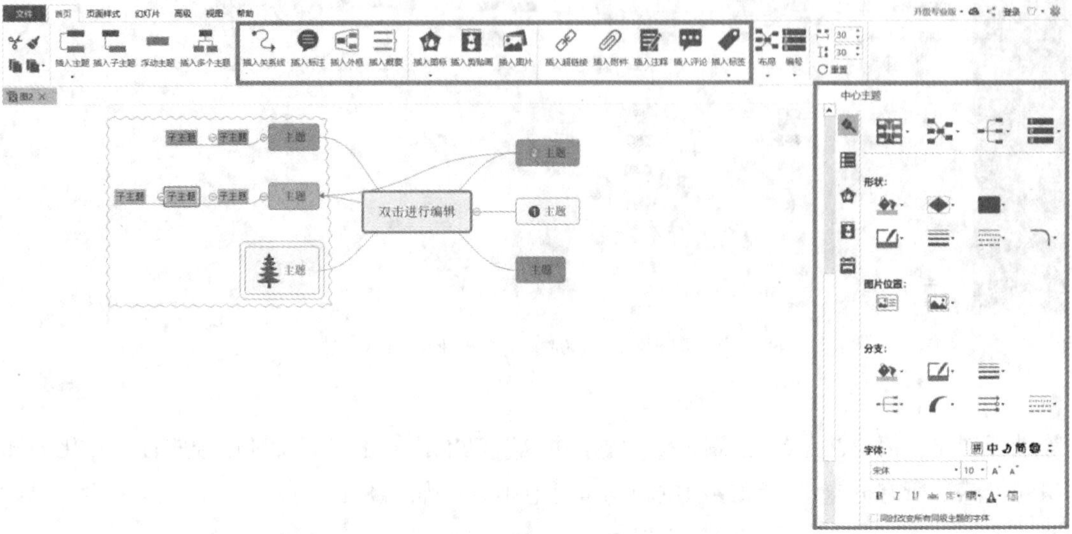

图 8-1-11　修改主题文本，添加标注、评论、关系线、附件等

第二节　案例：基于结构化思维的主题阅读（综述）大纲

一、案例名称

“基于文献调研的信息素养教学内容和教学模式趋势探析”。

二、案例要求

利用思维导图 MindMaster 形成主题阅读大纲。

三、案例分析

思维导图的核心作用是化繁为简，结构化知识与想法，进而引出发散性思维。在实际阅读学术文献的过程中，思维导图不仅可以由总到分，让思维呈现正金字塔形，如前文快速阅读中提到的由构建框架开始层层往下分，更重要的是它可以由分到总，让思维呈现倒金字塔形，使思维或者阅读过程中的碎片化信息迅速结构化，如整理课程内容、阅读综述文献、撰写开题报告大纲和项目申报计划等。因为篇幅关系，此案例只选取“信息素养教学内容”这一部分的阅读汇集，是一个典型由分到总的主题阅读案例。

四、案例步骤

（1）根据主题阅读的步骤，首先需要找出案例的“中立词汇”，提出一些问题。（在系统性综述中表现为制定编码表。）如图 8-2-1 中的“研究对象”“研究类型”“途径”“具体内容及方法”“效果”，按照“编码”提取文献信息。为了避免重复劳动，特别熟练的学习者此处也可以只制定编码，提取文献信息的工作由第二个步骤直接在思维导图软件中完成。

序号	文献	研究对象	研究类型	途径	具体方法	效果
1	Webber S. Josnston B. Conceptions of Information Literacy: New Perspecmes and Implications	英国谢菲尔德大学	信息素养教学内容	信息素养课程	在探究信息素养内涵时，特别增加了信息道德维度； 培训内容七大版块，其中包括“信息评估、使用以及合法性”	国内外高校纷纷将信息道德（信息伦理）内容加人信息素养的教学内容
2	Al—AufiA，Al—AznH. Information Literacy in Oman's Higher Education: Descriptive —Inferential Approach	阿曼卡布斯苏丹大学	信息素养教学内容	调查问卷	基于BIG6模型的信息素养问卷调查，显示，信息资源的访问意识及获取得分较高，而信息资源的访问技巧、分析总结得分较低 ——指出信息素养教育的重点在于有效地对不同的类型的信息进行批判性选择与评价	无
3	傅天真等 高校图书馆应对MOOC挑战的策略研究	清华大学图书馆	信息素养教学模式	MOOC课程	富媒体化——动态组织教材 围绕微课组织教材 微电影 游戏	无

图 8-2-1 根据主题制定阅读“编码”表

（2）将“教学内容”这个部分的每一条文献信息以浮动主题的形式录入（或者复制）思维导图中。值得注意的是，此时可以不用进行归纳总结，散乱放置即可。如 8-2-2 所示，数字序号表示文献序号，方便写作时直接插入。

（3）对浮动主题中散乱的文献信息进行归纳总结。这是阅读中最重要的步骤。基于思维导图软件的拖拽功能，学习者很容易看出多条文献信息中的逻辑，这一步可以快速将“编码”中的信息加以归纳总结。如图 8-2-3，可以清晰地呈现“教学内容”这一部分的逻辑，提取的文献信息被归纳为“强调信息道德”“信息管理与评价”“批判性思维”和“可迁移技能和学术技能”四个部分。这四个部分也成为学习者自己整合出的关于“教学

图 8-2-2　录入阅读后的文献信息

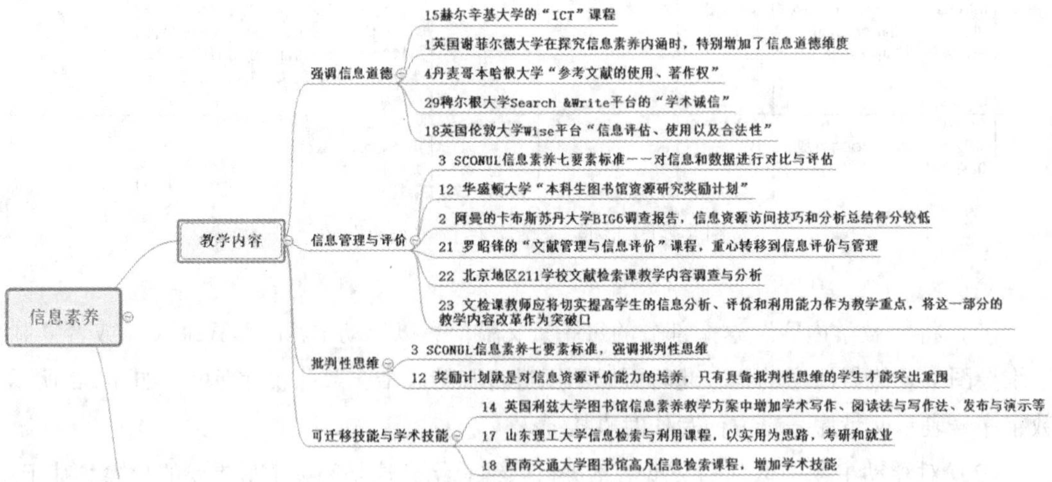

图 8-2-3　对浮动主题中散乱的文献信息进行归纳总结

内容趋势”的观点。

至此，主题阅读中“界定主要及次要的议题，将作者针对各个问题的不同意见整理陈列”以及“分析这些问题和议题，整合出自己的观点”已经完成。

基于思维导图软件直观的图形以及可以随意拖拽的“浮动主题”，完成由分到总的归纳总结比其他工具更快速而清晰。同时也可以更好地发现问题，查漏补缺以及发现新的思路。

第三节　文献管理

一、文献管理工具的价值及比较

工具的核心价值在于提升效率。在学术研究中，学习者对文献进行获取、阅读、整理、分类、筛选到整合成新知识后，大量参考文献的著录已成为一门必不可少又复杂繁重的必修课。学习者迫切需要提升科研效率，因此，各种文献管理软件应运而生。

基于手工著录参考文献效率低下，最开始文献管理软件的主要功能是帮助用户快速生成文后参考文献。随着软件功能的日渐完善和改进，目前文献管理软件已经成为学习者日常研究中快速检索、整理、阅读、筛选、分享文献的重要工具之一。比如快速实现一站式检索、数据分析、RSS 订阅、智能匹配投稿期刊等。“文献管理软件不仅仅是编辑参考文献的工具”是学习者需要重视的特性。

目前已有的文献管理软件较多，常用的文献管理软件有国外公司开发的 EndNote、RefWorks、Mendeley、Zotero 和国内公司开发的 NoteExpress 和 NoteFirst 等。这些软件各有特点，学习者可以根据自己的需求和习惯选择适合自己的文献管理工具。表 8-3-1 展示了国内外常用的文献管理软件。

表 8-3-1　**常用文献管理软件的核心功能**

软件属性 软件名称	EndNote	RefWorks	Mendeley	Zotero	NoteExpress	NoteFirst
软件开发商	Clarivate	ProQuest	Elsevier	Andrew W. Mellon 基金会等	北京爱琴海	西安知先
软件形式	单机版 网络版	网络版	网络版	浏览器插件	单机版	单机版 网络版
软件付费	付费	付费	免费	免费	试用+付费	试用+付费

续表

软件属性 软件名称		EndNote	RefWorks	Mendeley	Zotero	NoteExpress	NoteFirst
核心功能	文献导入	中英文均可	中文较差	中文较差	中英文均可	中英文均可	中英文均可
	一站式检索	支持学术数据库较多	支持学术数据库较少	支持网络学术资源较多	支持网络资源较多	支持学术数据库较多	支持学术数据库较多
	文献管理	提供多种文献管理功能	提供多种文献管理功能	提供多种文献管理功能	提供多种文献管理功能	提供多种文献管理功能	提供多种文献管理功能
	题录分析	多字段题录分析	无	无	无	多字段题录分析；数据分析	多字段分析
	协助论文写作	自动形成参考文献；智能匹配投稿期刊	自动形成参考文献	自动形成参考文献	自动形成参考文献	自动形成参考文献； 英文稿件模拟；	自动形成参考文献
	全文获取	英文文献获取效果较好	英文文献获取效果较好	英文文献获取效果较好	英文文献获取效果较好	中文文献获取效果较好	中文文献获取效果较好
	分享协作	支持	支持	支持	支持	不支持	支持

二、文献管理工具的核心功能

文献管理工具属于学习和工作中的常用工具，简单易用。对于此类工具的学习原则是：先掌握核心功能，力求快速上手，在使用中逐步了解其他有用的辅助功能。文献管理工具的核心功能主要分为“文献导入”“文献管理”“参考引文”三个方面。

下面以 NoteExpress 软件为例，介绍文献管理软件的核心功能。前文提到的所有文献管理软件都具备这些核心功能，使用方法也大致相同。

（一）文献导入

文献导入也可以称为“建立软件数据库”，是指从各种渠道将需要的文献资源导入软件中、建立自己的资源数据库。文献导入的方式有以下几种。

1. 在线检索

在 NoteExpress 软件工具栏中点击“在线检索”，选择在线检索数据库，如“PubMed”，在跳出的对话框中输入检索条件，选择检索结果，导入软件。此功能的好处是可以实现多种数据库一站式检索，需要注意的是，在线检索会受到资源权限和网络条件的限制（如图 8-3-1）。

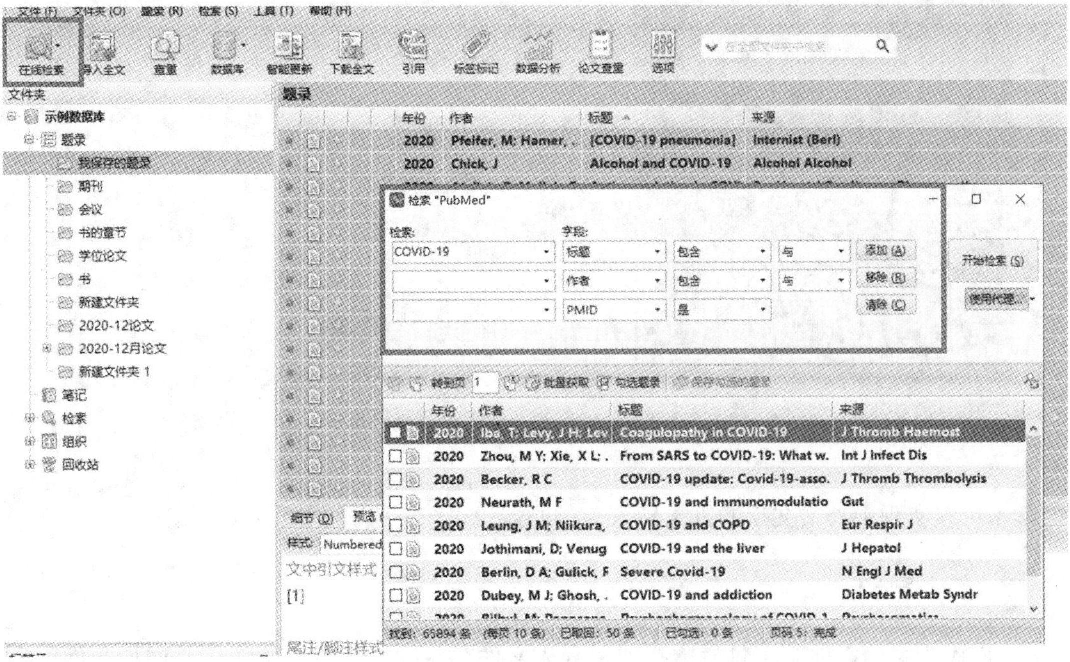

图 8-3-1　在线检索

2. 学术数据库或搜索引擎导入

以“Web of Science”平台为例，在检索结果页面，点击“导出”按钮，选择“其他文件格式”进行导出，系统会自动生成一个文本文档（如图 8-3-2）。

打开 NE 软件，在“文件”工具栏中点击“导入题录”，选择对话框中的“来自文件”，将上一步中保存在本地电脑的文本文档“savedrecs”选中，过滤器选择“Web of Science”，点击“开始导入”直到导入成功（如图 8-3-3）。

需要注意的是过滤器的选择，外文数据库导入选择的过滤器为各数据库平台名称，如“Web of Science”“Ebsco”等；中文数据库导入的过滤器则统一选择“NoteExpress”。百

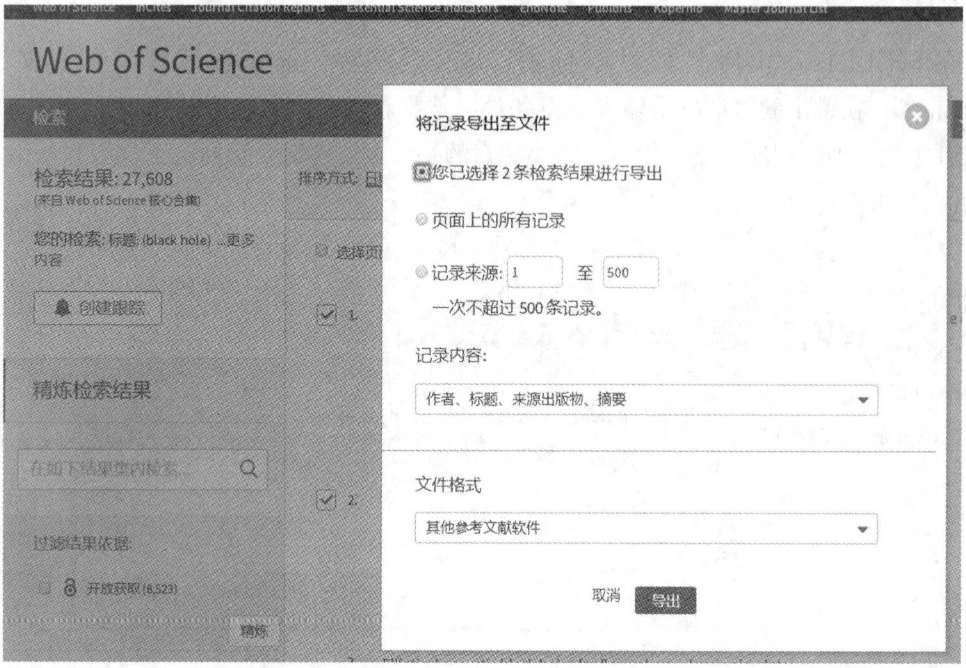

图 8-3-2　web of science 平台文献导出

度学术可以实现中外文文献的批量导入，过滤器也可统一选择“NoteExpress”。

3. 文件导入

NE 软件的“文件”工具栏中找到“导入文件”，在跳出的对话框中，“添加文件”和“添加目录”功能分别用于导入单篇和多篇全文文档（格式包括 PDF、文本文档等），导入成功后可以同时获得文献的题录和全文。需要导入的文件较少时，也可以采取整体拖曳的方式直接从本地电脑拖曳到 NE 软件（如图 8-3-4）。

文件导入是否成功取决于全文文档提供的标题是否准确，当出现少数文件导入后题录不全的现象时，可以在工具栏点击“在线更新题录”，选择“自动更新”，系统会自动补全和更新题录。前提是文件标题一定要准确无误（如图 8-3-5）。

4. 手工新建

在 NE 软件的“题录”工具栏中找到“新建题录”，跳出的对话框可以依次输入文献题录信息，输入后点击“保存”（如图 8-3-6）。此方法适用于文献数量少且不方便联网查找的情况。

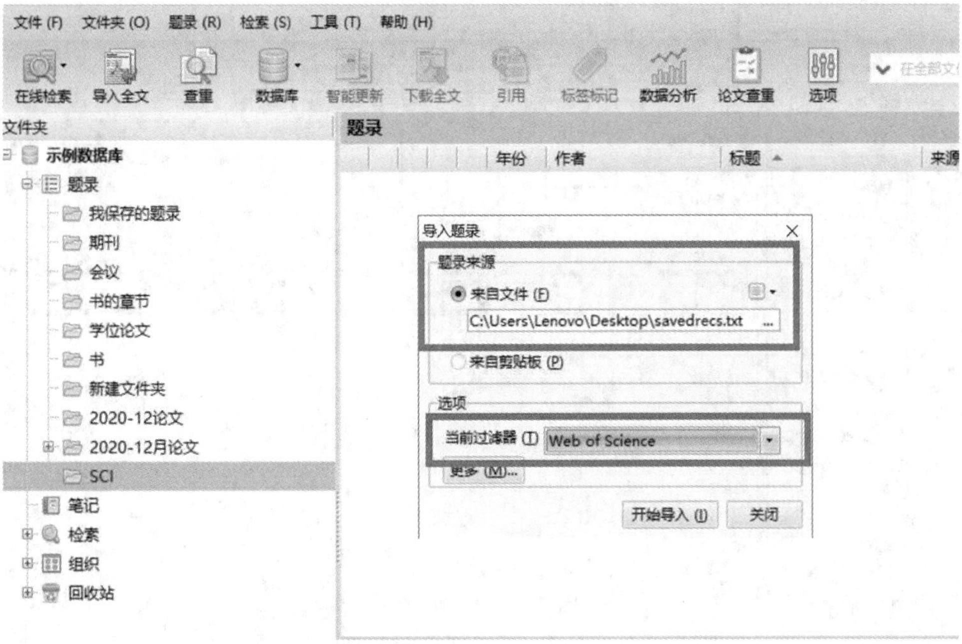

图 8-3-3 Web of Science 平台文献导入

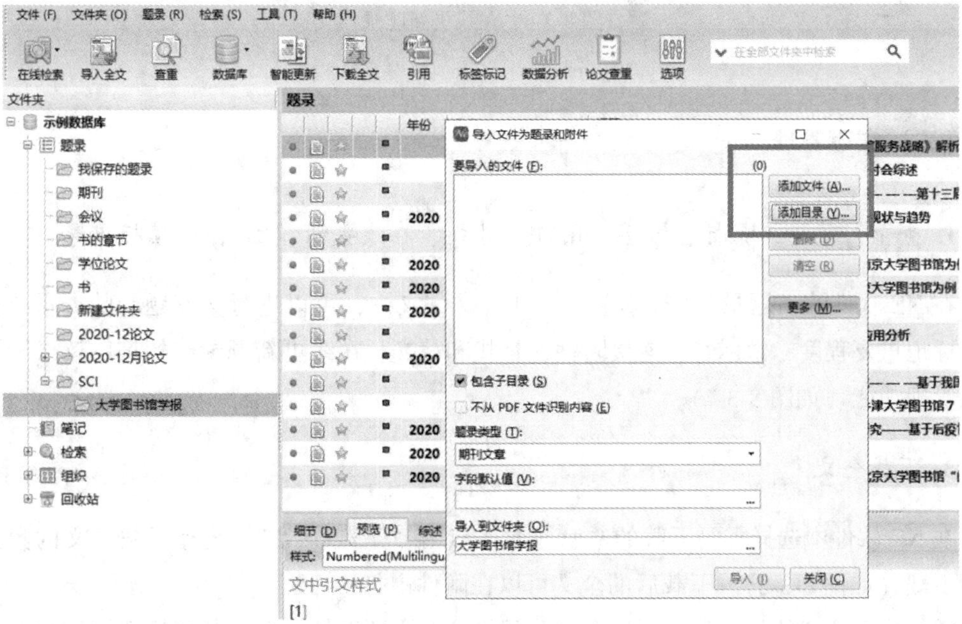

图 8-3-4 文件导入

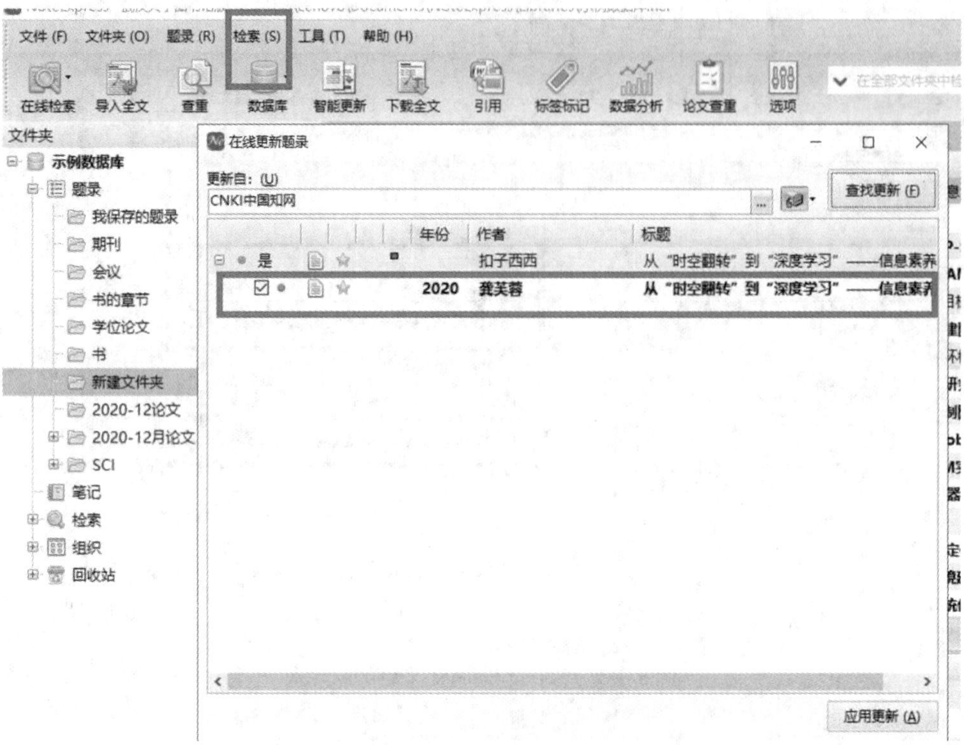

图 8-3-5　在线更新题录

（二）文献管理

1. 查重、笔记、星标、标签、附件、替换、在线更新、已读/未读标识等

在 NE 软件的“题录”“检索”“工具”文件夹中，可以进行文献题录的查重、做笔记、标记重要程度、做标签、连接附件、查找和替换、在线更新题录、标记已读或未读等文献管理功能（如图 8-3-7）。

2. 下载全文

在 NE 软件中选择需要下载的文献题录，点击“下载全文”，选择下载全文的数据库开始下载（如图 8-3-8）。下载后的全文可以在附件中打开。

需要特别注意的是，除了开源资源和网络免费资源以外，商业数据库资源需要购买权限才能下载全文。

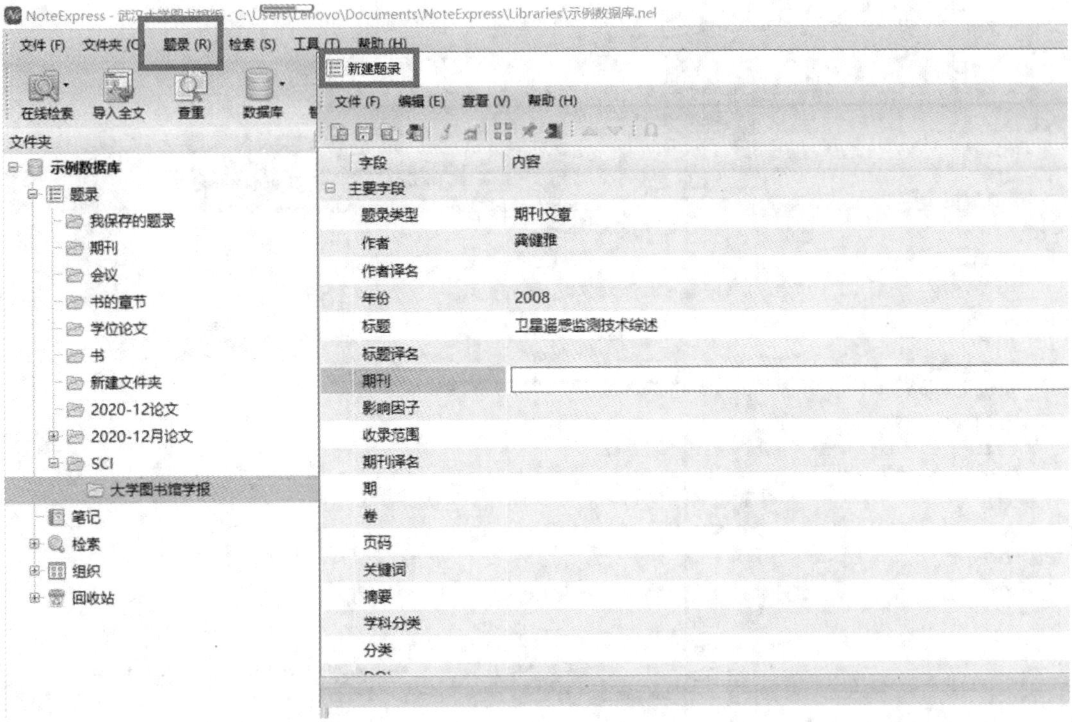

图 8-3-6　手工新建题录

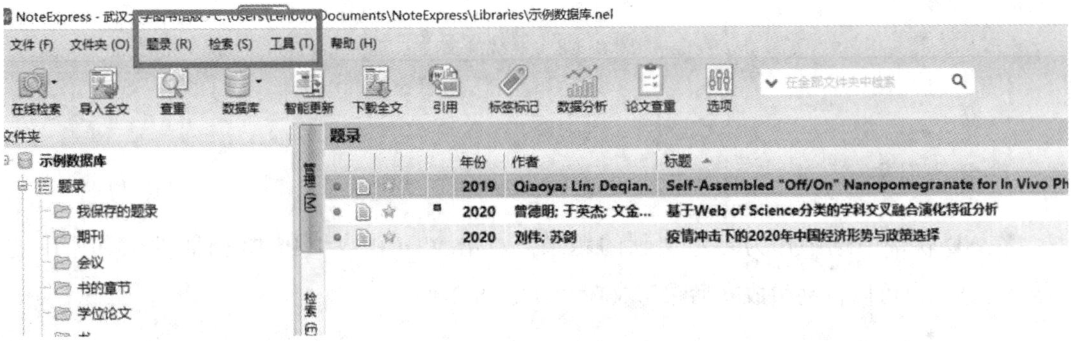

图 8-3-7　文献管理功能

(三) 参考引文

在写作中自动生成参考文献（尾注或脚注）是文献管理软件最主要的功能，其应用基础在于软件资源数据库中的题录信息。

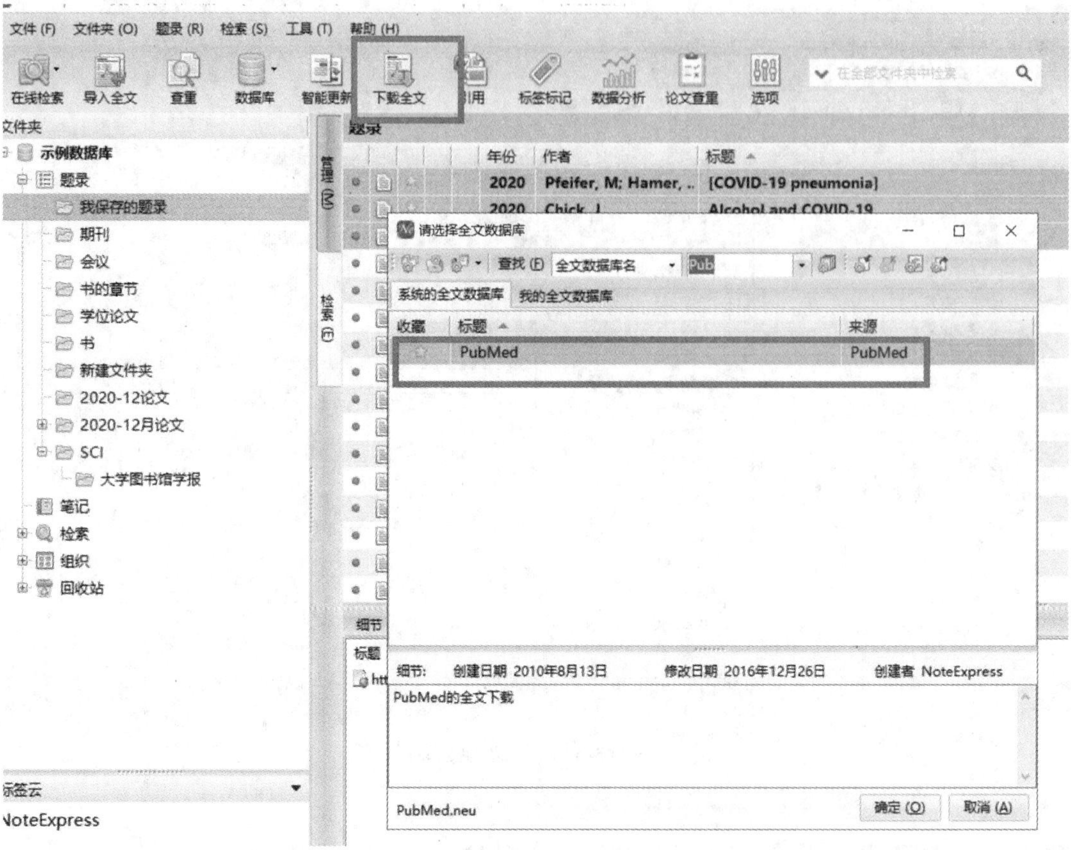

图 8-3-8　下载全文

1. 插入引文

在 NE 软件中选中作为参考文献的题录，点击 WORD 或 WPS 文档插件工具栏中的“插入引文”，可以自动生成文后参考文献（如图 8-3-9）。

2. 格式化参考文献

点击文档 NE 插件工具栏中的“格式化”，在弹出的对话框中选择需要的参考文献格式，可以更改参考文献格式（如图 8-3-10）。如选择国内期刊或学位论文用得较多的《中华人民共和国国家标准——信息与文献参考文献著录规则（GBT-7714-2015）》。

目前 NE 软件内置了 3400 多种国内外重要学术期刊和学位论文格式，参考文献可以在各种格式之间一键切换，同时软件还支持创建和安装自定义格式。

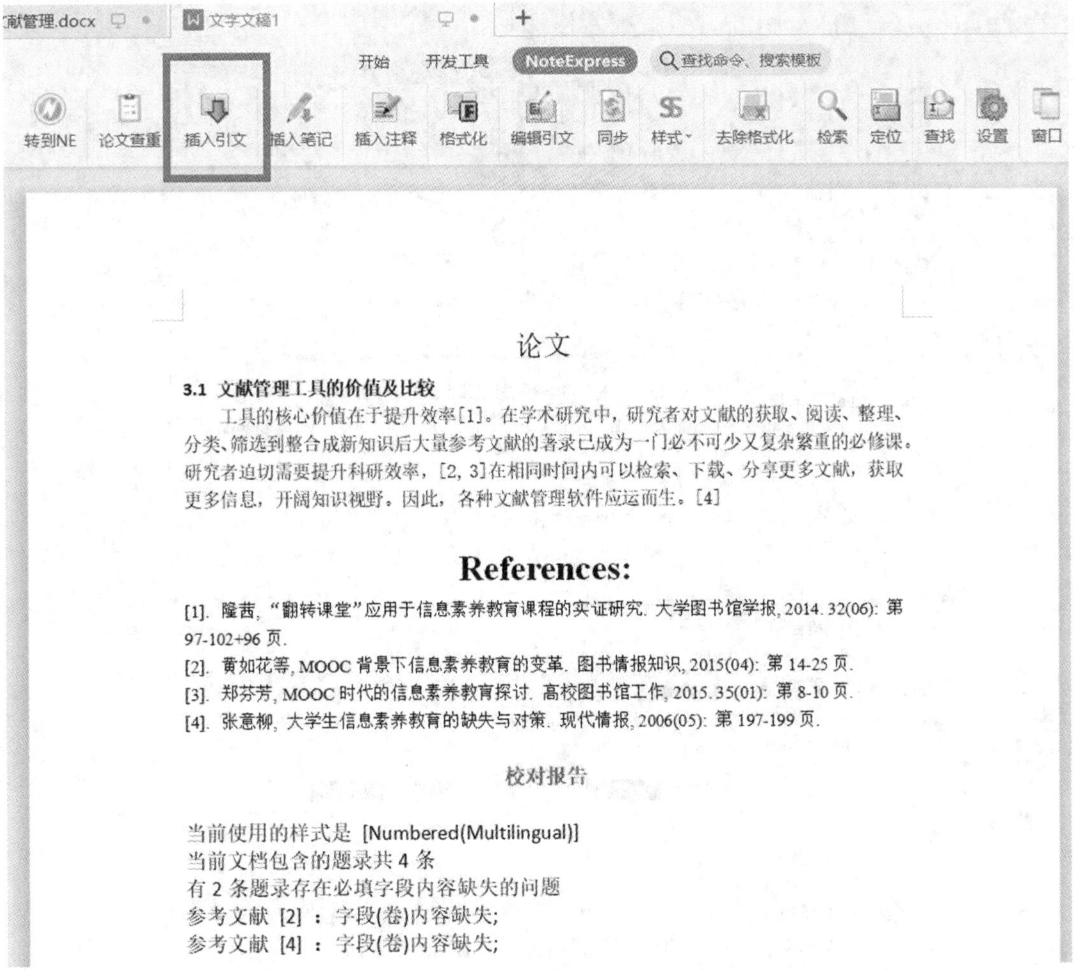

图 8-3-9 插入引文

3. 插入笔记、注释；检索、定位、同步、编辑引文；去除格式化

NE 插件工具栏中，找到相应的工具，可以插入笔记、注释到文档中；可以定位、同步以及修改引文；在最终确定参考文献不会再有改动以后，可以删除“校对报告”以及去除引文中的域代码（去除域代码的操作不可逆）。

三、文献管理工具辅助功能

随着文献管理工具的不断进步和完善，越来越多适应学术研究的辅助功能被开发出

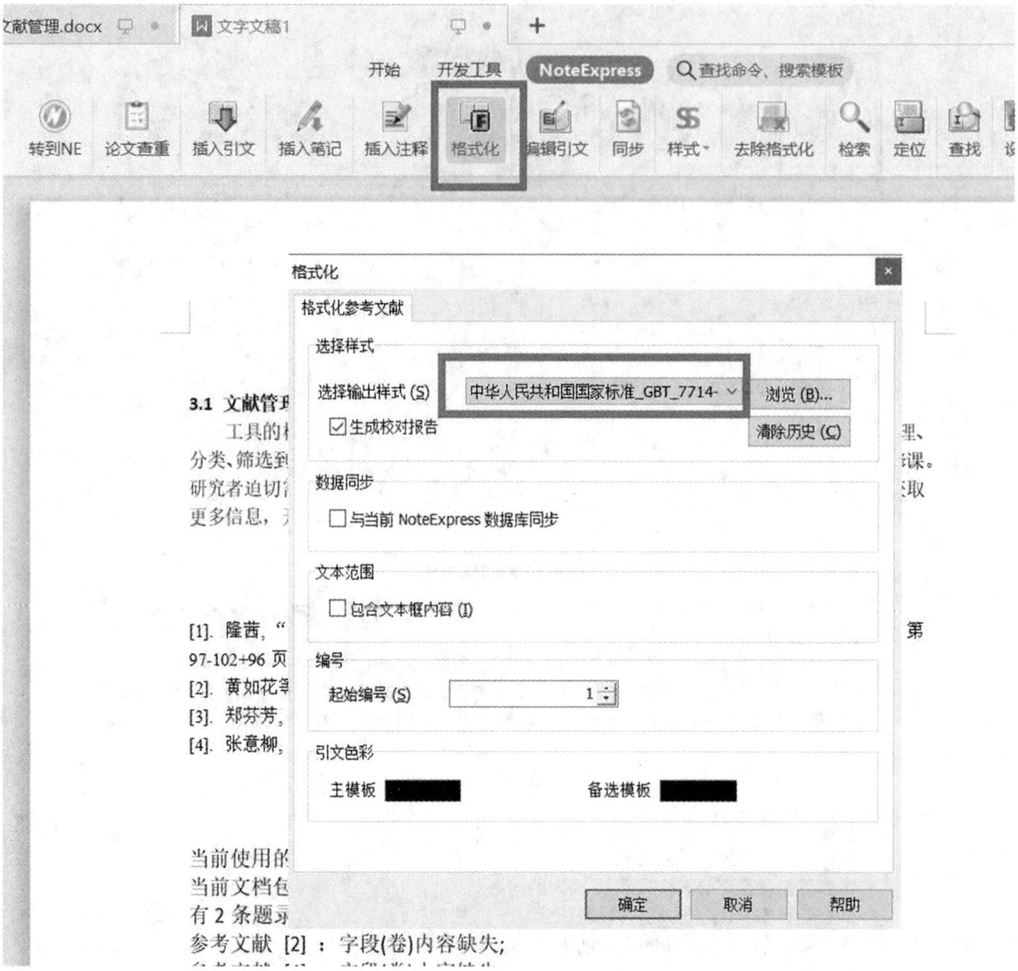

图 8-3-10　格式化参考文献

来。目前这些功能主要可以分为数据分析、知识获取、分享协作三个方面。

（一）数据分析

数据分析功能是对题录数据库中的文献题录进行定量分析的文献计量功能。优势在于可以将多次导入的海量文献进行统一分析。大部分文献管理工具都开发了此功能。在大数据分析进入常态化的信息时代，此项功能会被各种文献管理工具不断深化并最终成为核心功能。目前此功能优势较明显的是 NoteExpress 软件，不仅具备“文件夹信息统计”功能，还开发了可以形成词频云图及矩阵图的“数据分析”功能。下面以 NE 软件为例介绍文献管理软件的数据分析功能。

1. 文件夹信息统计

选中目标文件夹，在 NE 软件的“文件夹”工具栏中点击“文件夹信息统计”，跳出的对话框中选择需要统计的字段，点击“统计”呈现统计结果。并可以将结果另存为文本文档（如图 8-3-11）。

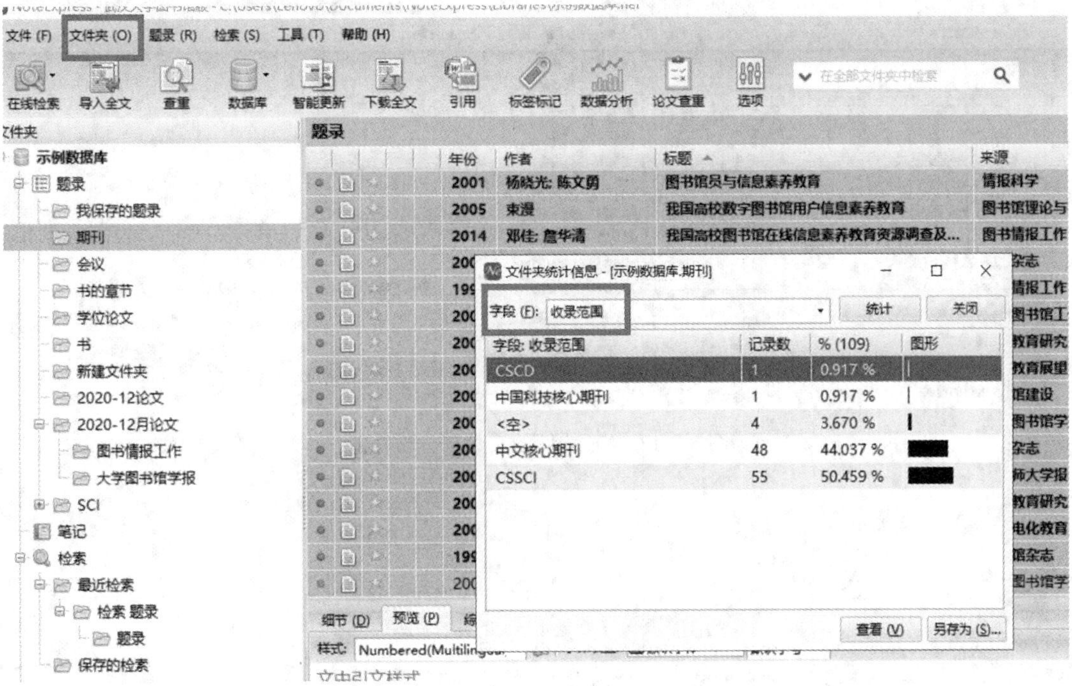

图 8-3-11　NE 软件的文件夹统计信息功能

软件提供了“标题”“作者”“期刊”“年份”“收录范围”“关键词”“主题词”“影响因子”等多种统计字段。特别值得一提的是“收录范围”的统计字段，可以统计导入期刊文献的刊物级别，直观地得到文献质量的一个重要指标，作为学术研究中筛选文献的标准。

2. 数据分析

选中目标题录文献，点击常用工具栏中的“数据分析”，选择分析字段，可以得到有关字段的“词频统计”“词频云图”“词共现矩阵”“词共现关系图”等分析结果（如图 8-3-12、图 8-3-13）。

图 8-3-12　NE 软件的文数据分析功能

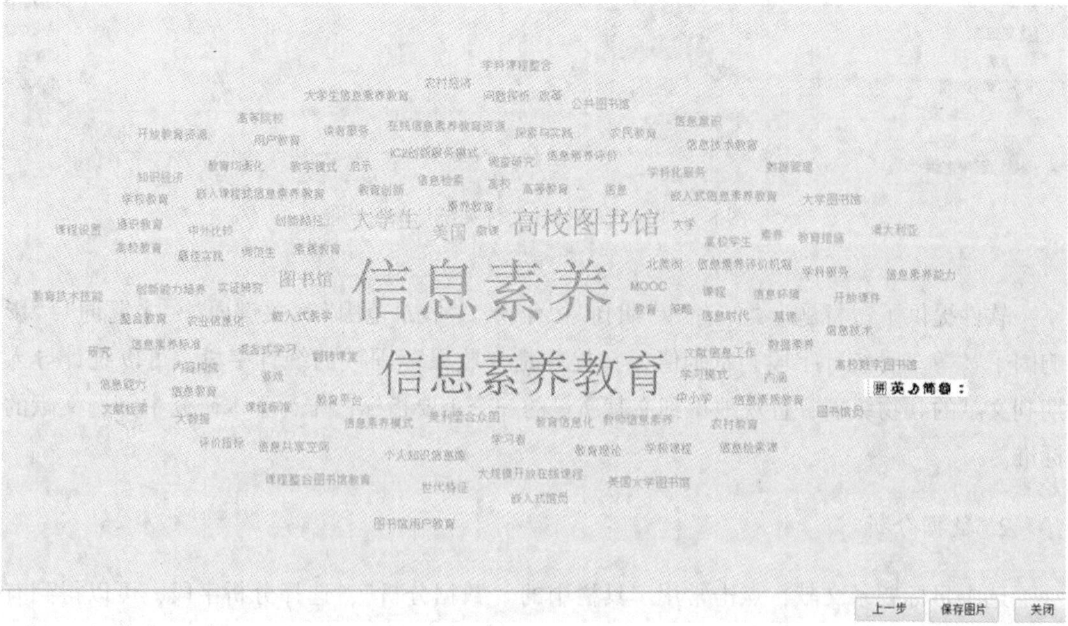

图 8-3-13　NE 软件的“词频云图”

（二）知识获取

1. RSS 订阅

简易信息聚合（Really Simple Syndication，RSS）是一种描述和同步网站内容的格式，是站点用来和其他站点之间共享内容的一种简易方式。用户可以在客户端借助支持 RSS 的聚合工具软件在不打开网页内容页面的情况下阅读网站内容。RSS 目前广泛用于新闻网站、社交网站等信息更新频繁的网站，国内外重要的学术数据库也大多支持 RSS 订阅功能。

目前只有 NoteFirst 软件提供 RSS 订阅功能。其支持用户通过 RSS 源或关键词订阅关注的网站、期刊等资源；支持用户将筛选过的文献直接进行在线更新题录。NoteFirst 软件提供网页、期刊订阅和主题订阅两种方式。

在 NoteFirst 软件工具栏中点击“RSS 订阅”，跳出的表单中选择“直接输入源 URL”，复制粘贴需要的 RSS 源即可（如图 8-3-14）。

RSS 源可以由学术数据库的具体期刊页面获得，也可以访问 NoteFirst 官网提供的“科学 RSS 列表”（http：//www. notefirst. com/product/default. aspx？ id=0px&rss）获得。

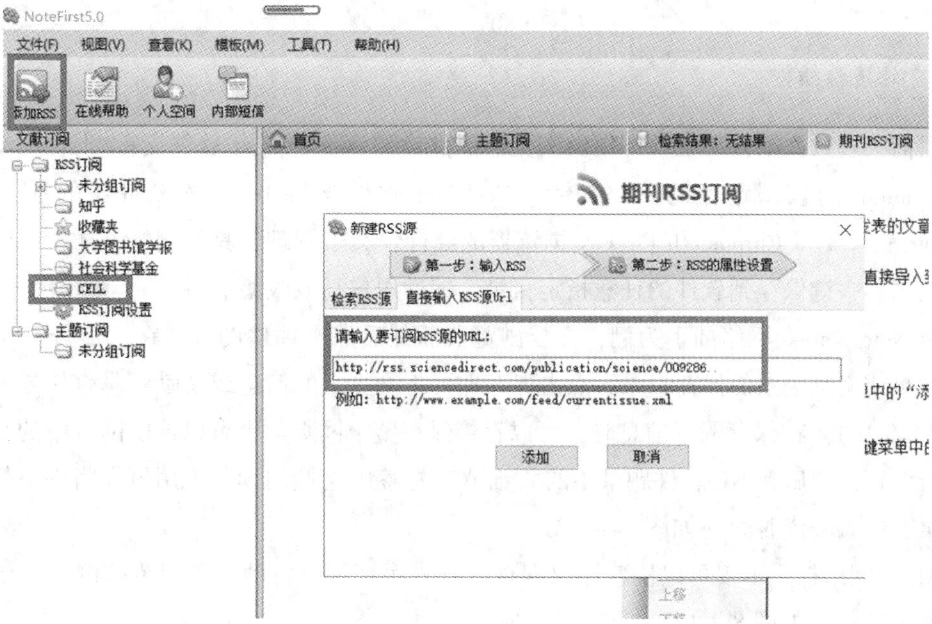

图 8-3-14　NoteFirst 软件的 RSS 订阅功能

主题订阅用于订阅某位特定学者、某研究领域的最新成果，可在数据库中通过关键词检索进行订阅。

在“文献订阅”标签下选择“主题订阅”，点击“高级检索”，系统提供“标题”“作者”“来源”“作者机构”输入框，输入相应信息后进行检索，将检索结构保存订阅后可查看相关结果的更新（如图 8-3-15）。

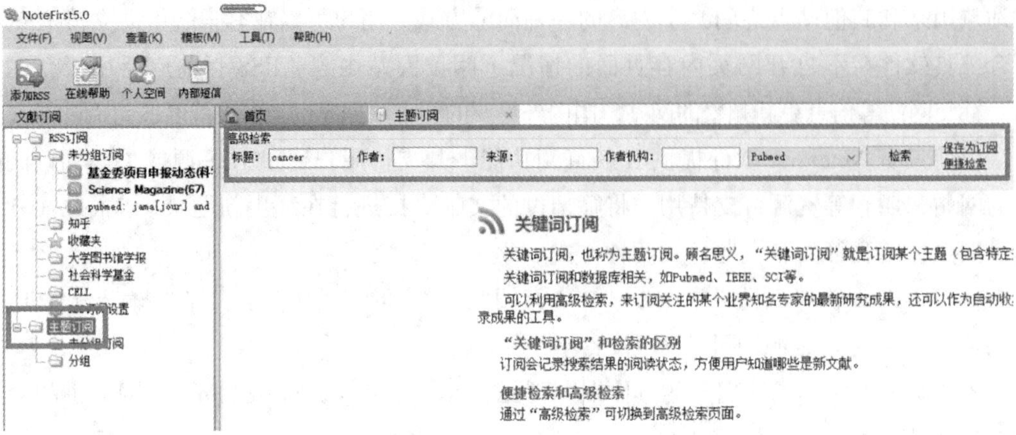

图 8-3-15 NoteFirst 软件的 RSS 订阅功能

2. 浏览器插件

目前大多数文献管理软件都提供浏览器插件。如 NoteExpress 软件支持 Chrome 浏览器及 Chromium 内核浏览器的网络捕手；NoteFirst 软件支持 IE 内核浏览器的插件以及 EndNote 软件支持 Chrome 和 FireFox 浏览器的插件。文献管理工具的浏览器插件可以将网页上的内容一键保存到软件的任意指定目录，辅助用户高效收集资料。

以 NoteExpress 网络捕手为例，安装浏览器插件后点击插件图标，在“展开”工具中选择网页或文献题录的保存目录，点击保存即可将网页上的信息或文献题录直接导入软件（如图 8-3-16）。在保存网页信息时，可以直接保存整个网页，也可以选中网页中的具体内容进行保存，然后在 NE 软件题录中的“细节”标签中直接阅读，不用再在附件中打开整个网页，节省阅读时间（如图 8-3-17）。

NE 的网络捕手不仅可以快速抓取网页信息，而且可以自动生成规范的网上电子公告参考文献模式（如图 8-3-18）。

（三）分享协作

分享协作是文献管理工具比较重要的一项辅助功能，开发了网络版的文献管理工具如

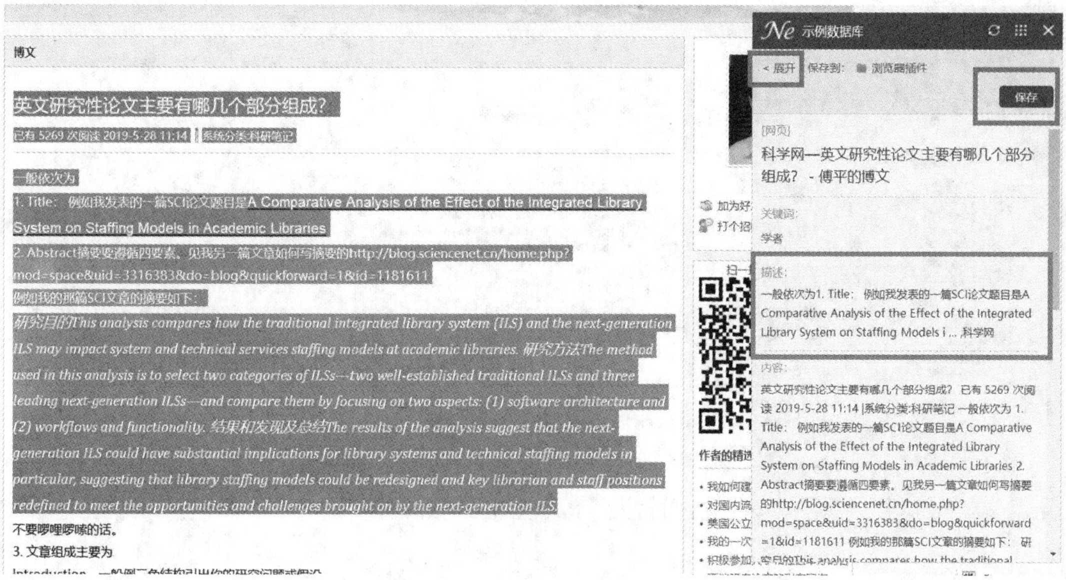

图 8-3-16 NoteExpress 网络捕手

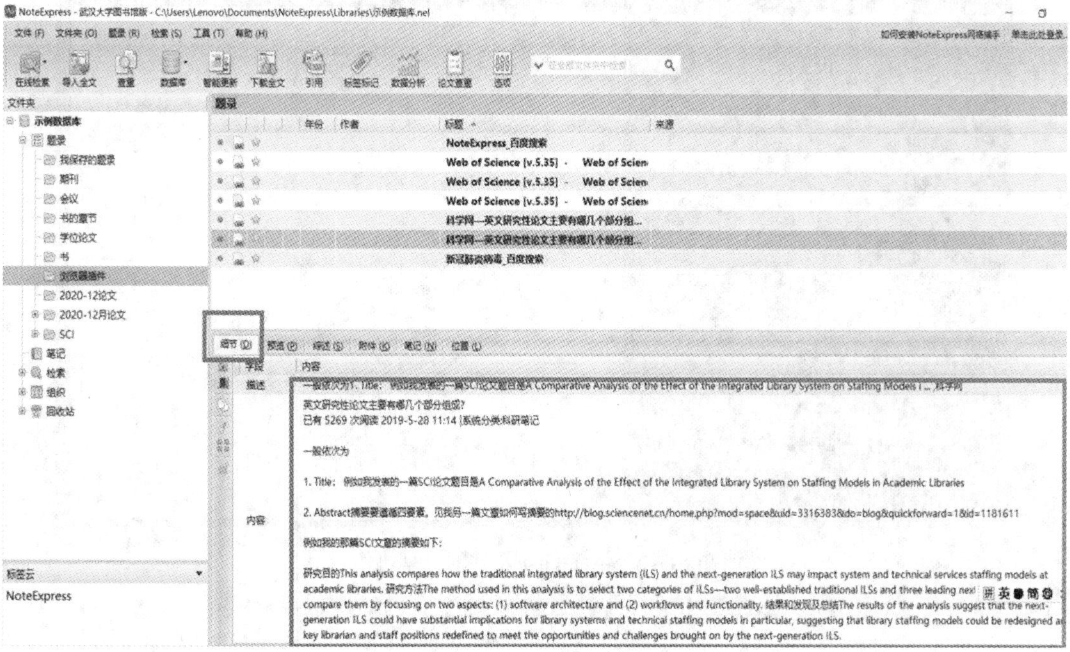

图 8-3-17 NoteExpress 网络捕手

EndNote、RefWorks、Mendeley、NoteFirst 等软件均有分享协作的功能。可以在线分享文献题录、网页资源等信息。自己创建团队或者申请加入别人的团队（如图 8-3-19）。

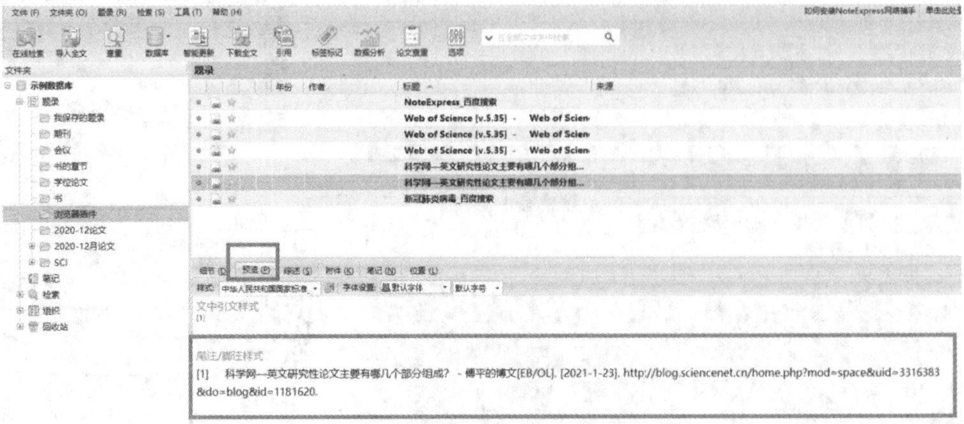

图 8-3-18　NoteExpress 网络捕手

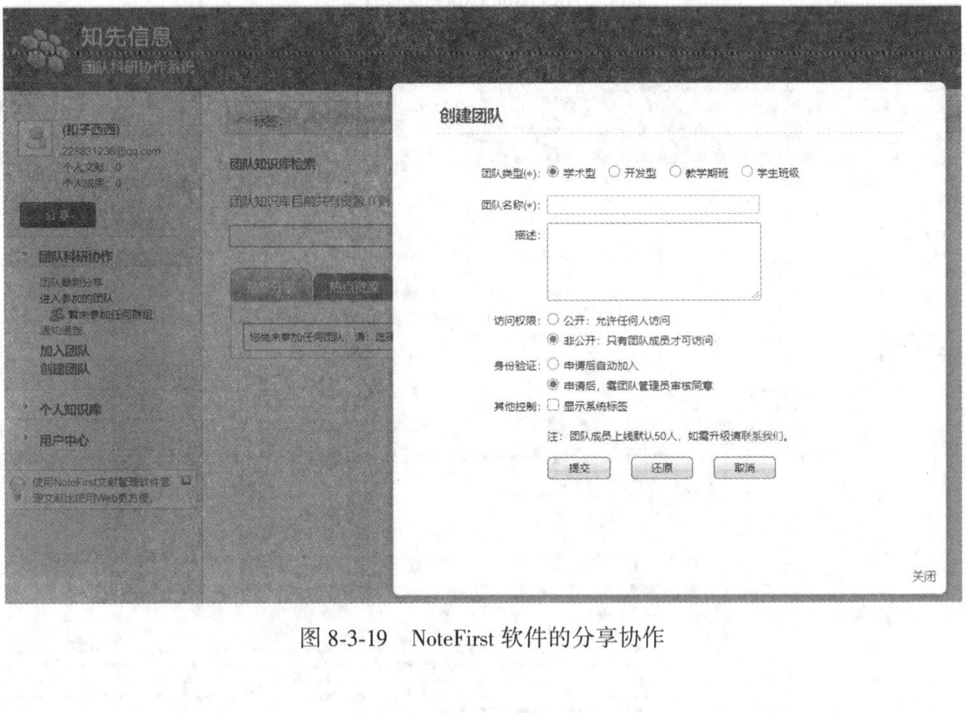

图 8-3-19　NoteFirst 软件的分享协作

◎ 思考题

你认为主题阅读与快速阅读的目的性和流程化会影响阅读的乐趣吗?

◎ 检索题

1. 利用学术数据库或者开放获取资源搜索以下三篇全文，并试着用“排版式”快速阅读方法提炼其结构和观点。

[1] DNA methylation changes of whole blood cells in response to active smoking exposure in adults: A systematic review of DNA methylation studies [J]. Clinical Epigenetics, 2015.

[2] Voogt J, Fisser P, Roblin N P, et al. Technological pedagogical content knowledge—A review of the literature [J]. Journal of Computer Assisted Learning, 2013, 29 (2).

[3] Zhang L, Watson E M, Banfield L. The Efficacy of Computer-Assisted instruction Versus Face-to-Face instruction in academic libraries: A systematic review [J]. Journal of Academic Librarianship, 2007, 33 (4): 478-484.

2. 安装参考文献管理软件 NoteExpress，试着就某一主题导入导出来自中国知网、Web of Science、Ebsco、百度学术的文献，并用软件自身功能将这些文献进行简单的相关度和质量筛选与分析。

第九章
信息整合与再生

信息整合与再生是指有意识地将获得的信息与自己现有的知识结构融合，构建新的知识，是信息主体在信息活动中作为知识创造者必须拥有的关键能力。学术成果是知识创造的重要形式，本章主要讲授几种学术成果的编写方法以及形成过程中必须遵守的学术规范。

第一节　学术研究的基础——文献综述

文献综述是指就某一学科或专题，在一定时间内，对所发表的大部分原始文献中有价值的情报进行综合的叙述和评论所编写而成的文章，① 属于三次文献。由“综”和“述”两部分组成。“综”主要指查阅某一选题的大量相关文献，并对其进行归类、整理、提炼，是文献综述的基础；“述”是指作者在归纳总结相关文献的基础上进行分析、述评，从而析出自己的观点。无论是单独的综述论文或是作为学术论文中的一个章节，文献综述的基本要素都是一样的，本节所讲授的文献综述是指单独成文的综述论文。

一、如何查找文献综述

阅读和撰写文献综述是开始学术研究的第一步。文献综述是对于特定领域内既有文献的概要或点评，通常会分析特定课题，找出趋势并指出既有文献间的落差。好的文献综述可以比作一个“信息金矿”，学习者可以从中了解目前领域中对该主题的理解有多少，随时知道领域内的新发展，发现研究中的落差，找出可研究的新领域。

① 马国泉．新时期新名词大辞典［M］．北京：中国广播电视出版社，1992.

下面介绍两种常见的查找中外文文献综述的方法。

（一）通过学术数据库直接查找

目前有一些中外文学术数据库会提供“综述”“review”的浏览功能。如需要查找主题为“诱导多能干细胞”（Induced Pluripotent Stem Cells，IPSCs）的综述文献，可以先用检索词检索获得结果（期刊论文）后，利用数据库二次检索功能浏览“综述”或者“review”文献（如图 9-1-1、图 9-1-2）。

图 9-1-1 中国知网（CNKI）综述文献浏览

（二）通过编制综合检索式进行查找

如果查找的特定检索平台没有提供直接的综述浏览功能，可以通过编制综合检索式进行查找，核心规则是“选题关键词”+“表达综述概念的词语”。实际上这种查找方式比系统直接提供会更贴近检索者的需求。如同样需要查找主题为“诱导多能干细胞”（Induced Pluripotent Stem cells，IPSCs）的综述文献，可以列出以下中外文检索式，然后在特定的信息源中查找，需要注意的是，以下检索式可以根据检索者自己的需求进行调整。

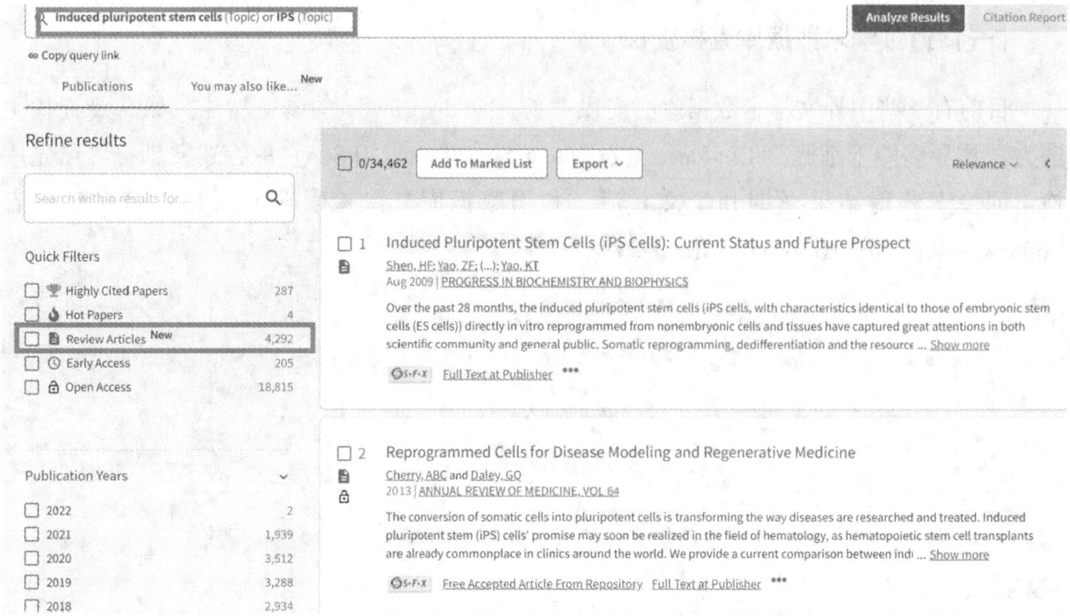

图 9-1-2　Web of Science 平台综述文献浏览

1. 中文检索式

(诱导多能干细胞 OR IPS) AND (述评 OR 综述 OR 现状 OR 展望 OR 概况 OR 进展)

(诱导多能干细胞 OR IPS) AND (文献计量 OR 可视化 OR 知识图谱 OR citespace OR bibexcel OR vosviewer OR gephi OR bicomb)

(诱导多能干细胞 OR IPS) AND (系统综述 OR 元分析)

2. 英文检索式

("Induced pluripotent stem cells" OR IPS) AND ("systematic review" OR "systematic literature review" OR "meta analysis" OR bibliometric * OR scientometric * OR "citation analysis")

二、如何撰写文献综述

一篇高质量的综述就是本领域的一个小型的文献信息源。在学术研究的过程中，无论是撰写学术论文还是申报科研项目等都离不开综述。综述文献的材料组织、写作方法都有其独特性，学习者在写作时需要把握综述文献的撰写规范。文献综述的材料组织、写作方法及常见问题如下。

1. “综述”还可以综述吗？

初学者可能会有这样的误区，认为撰写文献综述时，可以将其他文献综述的归纳总结和分析观点再次“综述”。根据教育部科学技术委员会学风建设委员会2017年出版的《高等学校科学技术学术规范指南（第二版）》关于综述的规范：“引用文献要是原始文献……不能引用别人的转述或把别人对该文献的评价作为自己的评价。”① 所以，文献综述中归纳总结的材料必须是原始文献，也就是一次文献（是作者本人以科研、生产中取得的成果或有关的新理论、新方法、新见解等为依据、创作撰写出来的文献。如图书、期刊论文、学位论文、科技报告、专利文献等）。零次文献（记录在非正规物理载体上的未经任何加工处理的源信息，比如网站上提供的原始数据，档案里挖掘的信息。）、二次文献（对一次文献进行有序整理加工后形成的文献）和三次文献（对一次文献、二次文献分析研究之后综合概括而成的文献）都不能作为文献综述归纳总结的原始材料。尤其是不能直接对某专题内文献综述中的观点再次进行综述。

2. 文献综述“综”的方法

文献综述的“综”主要指查阅某一选题的大量相关文献，并对其进行归类、整理、提炼，是文献综述的基础。组织这些原始文献材料进行总结、分析、评价有以下几种基本方法：

（1）列举法，又称汇集法，是指摘录同一概念、观点、理论的不同论述，将其集中在一起归纳成若干条目，比如学术观点列举、方法学列举、地域性列举等。一般综述中都会用到列举法。

（2）阶段法，是按历史沿革分段叙述，可将某个专题在不同时期的特点归纳成几个发展阶段。

（3）重叠法，是指当不同作者对同一问题的认识与看法并无本质区别时，不用对其一一列举，可以将他们合并成相对集中的论述。

（4）分析法，是将综述内容归纳成几点进行重点分析，或将要分析的问题归纳成表格，逐表分析。最典型的是系统性文献综述中编制的编码表。

（5）工具法，是指利用文献计量工具定量地分析文献。用数学和统计学的方法将文献

① 教育部科学技术委员会学风建设委员会．高等学校科学技术学术规范指南（第二版）[M]．北京：中国人民大学出版社，2017：27.

聚类后加以分析。

值得注意的是，这些归纳总结的方法并不是孤立存在的，一般文献综述中都会综合应用几种方法。

3. 撰写文献综述的常见问题

一篇高质量的文献综述不仅需要根据所查阅的文献进行聚类、提炼、概括，更需要融入作者自己的理论水平、专业基础以及分析复杂问题和提出独特见解的创新能力。初学者在撰写文献综述时，经常会遇到诸如不知道怎样的文献可以放入自己的综述中或不知道如何提取文献内容等困惑。表 9-1-1 列出了撰写文献综述的常见问题及解决途径。

表 9-1-1　　撰写文献综述的常见问题及解决途径

问题描述	问题实质	解决途径
不知道要综述什么或者要综述的点太多	选题	基于信息空白或针对已存在的、但可能存在争议的信息来制定研究问题；将研究问题聚焦，切忌面面俱到，求大求全
不知道如何构成一篇综述	格式	综述属于学术论文的一种，格式与一般学术论文相同，包括标题、摘要、关键词、正文、参考文献
找不到高质量的文献	文献检索	掌握批量文献检索方法
不知道什么样的文献可以放入自己的文献综述里	文献筛选	掌握文献筛选的基本指标和方法（相关度、质量），特别注意筛选出的文献与自己需求相匹配
不知道如何提取筛选后的文献内容	聚类、分析	利用文献计量工具进行聚类；针对研究问题制定编码表
不知道如何“述”	专业知识结构	关注聚类热点、突变值等，通过信息分析和演绎得出合理结论，评估缺口和薄弱环节

（二）文献综述的类型及各类型综述撰写方法

方法学家佩蒂葛诺（Pettigrew M）把文献综述分为“叙述性文献综述”和“系统性文献综述”。① 其中，叙述性文献综述又分为两种类型：一是对文献进行描述的描述式综述，

① 黄甫全，游景如，涂丽娜，等．系统性文献综述法：案例、步骤与价值［J］．电化教育研究，2017，39（11）：11-19，25.

二是在描述的基础上对文献有所批判的批判性描述式综述。叙述性文献综述一般是领域内的著名研究者或学术带头人对这个领域目前发展状况和未来发展的可行性方向做一些回顾与批判性的评估，行文可省略文献指标、研究方法及筛文标准等；系统性文献综述一般会针对特定研究问题，运用标准化的研究方法在既有的科研文献中找寻答案。

随着文献计量软件的应用与发展，又产生了一种新的综述类型——计量型文献综述。这种类型的综述一般是借助文献计量工具，对以往的研究成果进行定量分析，从而对某一领域或专题进行回顾、总结和评价。目前，也有研究者将这种计量文献归类为专门的文献计量分析类论文，不归入综述类型。

普通科研人员撰写计量型文献综述和系统型文献综述较多，下面重点介绍这两种综述的撰写方法。

1. 计量型文献综述的撰写方法

计量型文献综述主要依据文献计量分析类论文发展而来，完成一篇高质量的计量型文献综述，需要了解其撰写格式及特点。科学提取计量指标、掌握计量工具的使用。

（1）计量型文献综述撰写格式及特点。①

目前，国际通用的论文格式是 IMAaD 格式，即引言（Introduction）、方法（Methods）、结果（Results）和讨论（Discussion）。根据此通用格式，下面分部介绍计量型文献综述的格式及特点。

引言（Introduction）。引言部分包括确定综述的具体主题，建立综述的理论、经验和概念基础，确定研究目的，陈述研究问题，澄清研究用途，明确地介绍研究步骤。因为这一部分并不是文献综述的主体部分。所以引言要力求简明扼要、重点突出。

方法（Methods）。方法部分需要比较详细地说明研究方法和材料。包括数据来源、检索平台、检索式、检索时间、数据清洗与分析、计量工具等。值得注意的是，计量型文献综述是基于对大量文献的定量分析，所以文献指标需要达到一定的数量，在检索时应尽量保证查全率，除了必要的数据清洗，一般不涉及主题内的文献筛选（如图 9-1-3）。

结果（Results）。结果部分一般会针对计量指标进行逐一的分析。值得注意的是，计量文献综述的结果由文献计量工具运算后获得，撰写此部分时作者一般不会涉及文献的全文阅读（如图 9-1-4）。

讨论（Discussion）。讨论部分是根据计量指标分析汇集热点问题，提出建议与措施，

---

① 此部分举例（图 9-1-3、图 9-1-4、图 9-1-5）均出自论文：吴耀武．大学英语阅读教学研究热点的领域构成与拓展趋势——基于 CNKI 学术期刊 2001 年—2014 年文献的共词可视化分析［J］. 外语教学，2016，37（1）：63-68.

2. 数据来源与方法

2.1 数据来源

研究数据选自于 CNKI（中国知网），时间范围限定于 2001 年—2014 年，期刊来源类别限定为：核心期刊和 CSSCI，检索主题为“大学英语阅读教学”，检索方式为标准检索，获得相关文献 291 篇，为了使得文献研究对象具代表性和有效性，笔者进一步对初次检索的文献样本进行了筛选，将不符合研究标准的 104 篇文献（如：会议报道、书籍介绍、教材评价、纯英语写作、无关键词或重复发表的论文）进行了剔除，最终选定了 187 篇有效文献作为研究样本。

2.2 工具与方法

本次研究的主要工具为 Bicomb 共词分析软件系统和 SPSS19.0 统计软件。具体的研究方法如下：首先，利用 Bicomb 文本挖掘系统软件对本研究确定的 187 篇有效文献的关键词进行提取，获取文献的年份、期刊、作者、单位和关键词。其次，统计抽取出来分析所需的作者单位、期刊载文量和高频关键词。然后利用 Bicomb 软件的共词分析功能导出高频关键词的共现矩阵和相似矩阵。最后，将共现矩阵导入 SPSS19.0 软件中，采用系统聚类得到聚类树图。

图 9-1-3　计量型文献综述“方法（Methods）”部分举例

3.1.3 高频关键词分析

表 3. 大学英语阅读教学研究中的高频关键词排序

序号	高频关键词	出现频次	序号	高频关键词	出现频次
1	阅读教学	77	10	阅读教学方法	11
2	大学英语	56	11	背景知识	9
3	阅读能力	39	12	学生	9
4	阅读策略	25	13	阅读材料	7
5	语篇分析	21	14	测试	7
6	图式理论	21	15	语境	6
7	学习风格	14	16	阅读教学改革	5
8	阅读教学模式	13	17	阅读教学评价	3
9	信息技术	11	18	阅读教学效率	3

图 9-1-4　计量型文献综述“结果”部分举例

也可以说明结果与背景之间的关联。讨论部分作者一般会选取典型文献作为论据阐述论点（如图 9-1-5）。

> 4. 问题与讨论
>
> 由于阅读的重要性不言而喻，因此在大学英语教育中，阅读是重中之重，大学英语阅读教学相关问题也一直是语言教育工作者探究的焦点问题。
>
> 4.1 以阅读水平提升为目标的教学与学习方式研究
>
> 当前，专家学者们对大学英语阅读教学研究的焦点主要集中于以下几个方面。
>
> 第一，大学英语阅读教学方法运用研究。乔玉玲、郭莉萍（2011：58-60）认为在大学英语阅读教学中运用 PBL（Project-Based Learning）教学法主要包括问题准备、资料查阅、小组讨论、课堂交流和评价等，可以让学生在有意义的知识学习过程中主动地从语言中获取知识，能够进一步提高语言技能。岳瑞玲（2014：63-64）认为在大学英语阅读教学中要运用 PBL 教学法，教师需要明确如何引导学生启动、实施、展示和评估项目，同时教师也

图 9-1-5 计量型文献综述“讨论”部分举例

（2）计量型文献综述的常用分析指标。

计量型文献综述是依据计量工具运算的结果对文献进行定量分析，会涉及不同的文献计量指标。表 9-1-2 列出了计量型文献综述中常用的分析指标。

表 9-1-2 计量型文献综述的常用指标

相关内容	对应指标
选题研究内容	关键词聚类 共被引 ……
选题研究方法	关键词词频 ……
选题研究热点/前沿	高被引论文、热点论文 关键词突现、突变值 ……
选题发展脉络	引文网络 ……
选题发展转折点	节点文献 ……

续表

相关内容	对应指标
选题外部特征	作者、机构、国家、期刊、年代 ……

（3）计量型文献综述的常用工具。

撰写计量型文献综述时，可以用数据库自带的分析功能及参考文献管理软件进行较简单的文献分析，但大部分时候会用到专门的文献计量软件，下面介绍几种常用的文献计量软件。

①Citespace。

Citespace 是美国德雷赛尔大学计算机与情报学教授陈超美开发的一款引文可视化分析软件。软件的理论基础来自库恩（Thomas kuhn）的科学结构演进，其核心功能就是通过对某“知识域”的科技文本进行可视化挖掘分析，来展示科学的历史发展与结构变化。该软件经过多年的发展已经成为世界知名的免费科技文本挖掘与分析工具。

②VOSviewer。

VOSviewer 是荷兰莱顿大学科技研究中心（The Centre for Science and Technology Studies，CWTS）的 Van Eck 和 Waltman 于 2009 年开发的一款基于 JAVA 的免费软件，主要面向文献数据，侧重科学知识的可视化。VOSviewer 的优势在于图形展示能力强，适合大规模数据，且通用性强，适配于各种数据库的各种格式的来源数据。

③Bibexcel。

Bibexcel 是瑞典科学家佩尔松（Persson）开发的一款免费文献计量软件，其优势在于体量小、处理数据的速度快。

④Gephi。

Gephi 是一款跨平台的复杂网络分析软件，其主要用于各种网络和复杂系统、动态和分层图的交互可视化与探测开源工具。Gephi 使用 OpenGL 作为它的可视化引擎，开发者可以编写自己感兴趣的插件，创建新的功能。

⑤Histcite。

HistCite 是由 Thomson Reuters（汤森路透）公司开发的一款引文分析软件，用来处理从 web of science 平台输出的文献索引信息。它可以帮助研究者迅速掌握某一领域的文献发展脉络，发现关键研究（Highly Cited）和关键学者（Highly Cited）等。

2. 系统性文献综述的撰写方法

系统性文献综述是近年来一种新兴但发展迅速的综述类型。与其他综述文献相比，客观性、标准性和结构化是其最大的特点。不同方法学家对其具体步骤有不同的划分。传菲尔德（Tranfield D）等人将系统性文献综述法分为“界定研究问题”“确定关键词和研究策略”“筛选和评估研究”和“数据抽取和数据整合”等步骤;① 而杰森等人则将系统性文献综述法的常规程序设计为“计划”“文献搜索”“文献评估”“数据资料抽取”“数据整合”和“撰写综述”等阶段。② 两种划分方法都包含了系统性文献综述的关键环节。为了便于对比，这里依然以前文中的 IMRaD 格式为例，具体介绍系统性文献综述的步骤。③

（1）系统性文献综述的撰写格式及特点。

引言（Introduction）。引言部分包括确定综述的具体主题，建立综述的理论、经验和概念基础，确定研究目的，陈述研究问题，澄清研究用途，明确地介绍研究步骤。这一部分与计量型文献综述相同，对应前文系统性文献综述撰写步骤中的“计划”部分。

方法（Methods）。方法部分需要详细介绍数据来源、检索平台、检索式、检索时间等，尤其要突出具体的选文标准和甄选流程。对应前文系统性文献综述撰写步骤中的“文献搜索”“文献评估”的部分（如图 9-1-6、图 9-1-7）。

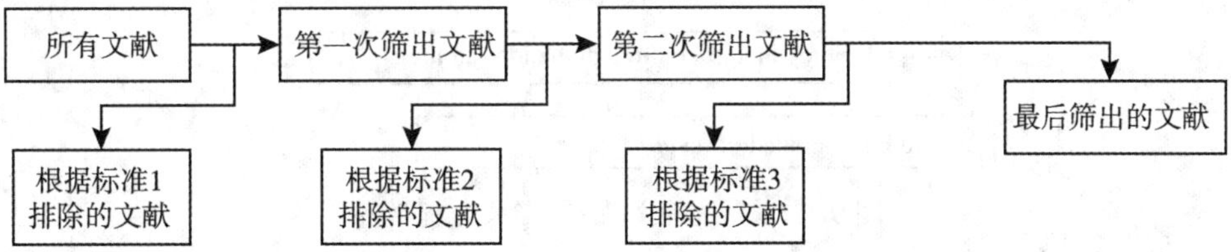

图 9-1-6　系统性文献综述筛文流程

结果（Results）。结果部分对应前文系统性文献综述撰写步骤中的数据抽取，一般是制定编码表，对筛选出的文献基于内容进行抽取。反映的是作者在理解文献过程中不断地向文本提问，并从文本中把握其解答所得的信息以挖掘文献深层的意义。数据抽取有两种方法：一种是针对综述的具体研究问题逐一抽取文献中的对应内容（如图 9-1-8）；另一种是基于典型原创论文所包含的内容进行普遍抽取（如图 9-1-9）。

---

① Tranfield D, Denyer D, Tranfield P S. Towards a methodology for developing evidence-informed management knowledge by means of systematic review [J]. British Journal of Management, 2003, 14 (3): 207-222.

② Jesson J K, Lydia M, Lacey F M. Doing your literature review: Traditional and systematic techniques [M]. Los Angeles: Sage, 2011: 5-125.

③ 此部分举例（图 9-1-7、图 9-1-8）均出自论文：Zhang L , Watson E M , Banfield L . The efficacy of computer-assisted instruction versus face-to-face instruction in academic libraries: A systematic review [J]. Journal of Academic Librarianship, 2007, 33 (4): 478-484.

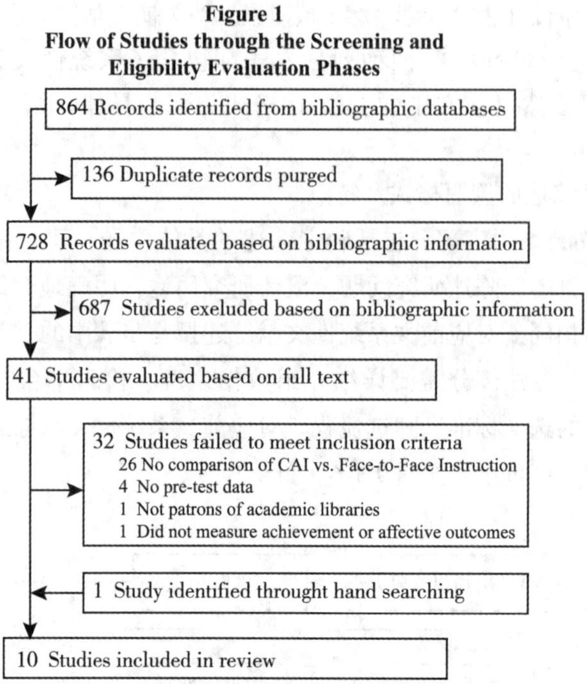

图 9-1-7　系统性文献综述筛文流程举例

Table 1
Characteristics of Studies Included in the Review

Study	Study Design	Participants	Interventions	Outcomes	Conclusions
Beile 2004	Controlled trial	49 U.S. students enrolled in graduate research methods course	1. Face-to-face (on campus) 2. CAI (on campus) 3. CAI (off campus)	1. Library skills 2. Self-efficacy	CAI and face-to-face were equally effective; self-efficacy was higher for CAI students
Cherry 1991	Controlled trial	53 Canadian undergraduates enrolled in English 102	1. Face-to-face instruction 2. CAI 3. No instruction	1. Library skills 2. Confidence 3. Comprehension of terms used 4. Usefulness of instruction	CAI and face-to-face were equally effective; both more effective than no instruction
Churkovich 2002	Controlled trial	173 Australian students enrolled in first-year sociology	1. Face-to-face 2. CAI 3. CAI with librarian available for help	1. Library Skills 2. Confidence	Face-to-face was more effective than CAI
Germain 2000	Controlled trial	303 U.S. students in project Renaissance, a first-year experience program	1. Face-to-face instruction with hands-on 2. CAI	1. Library skills	CAI and face-to-face were equally effective
Holman 2000	Controlled trial	125 U.S. first-year undergraduates in English 11	1. Face-to-face 2. CAI 3. No instruction	1. Library skills 2. Confidence 3. Perceived effectiveness 4. Learning style	CAI and face-to-face were equally effective and were better than no instruction; confidence level similar in both; students see both as equally effective, but felt they leamed better with face-to-face

图 9-1-8　系统性文献综述编码表举例（针对具体研究问题的编码表）

讨论（Discussion）。结果部分对应前文系统性文献综述撰写步骤中的整合数据。要求

项　目	文献1	文献2	文献3	……
1. 研究背景				
2. 理论依据				
3. 研究范式				
4. 研究问题				
5. 资料收集与分析的方法				
6. 研究发现/结果				
7. 研究成果/进展				
8. 对未来研究与实践的启发				
9. 尚存/生成的问题				

图 9-1-9　系统性文献综述编码表举例（典型原创论文的“九维内涵编码表”）①

对应于研究问题所涉及的内容，根据编码表，找出数据资料之间的区别与联系，并用适切的分析方法探析数据资料背后的知识真相，以分别回答研究问题中的不同方面。系统性文献综述法的知识创新主要发生在整合资料的过程中（如图 9-1-10）。

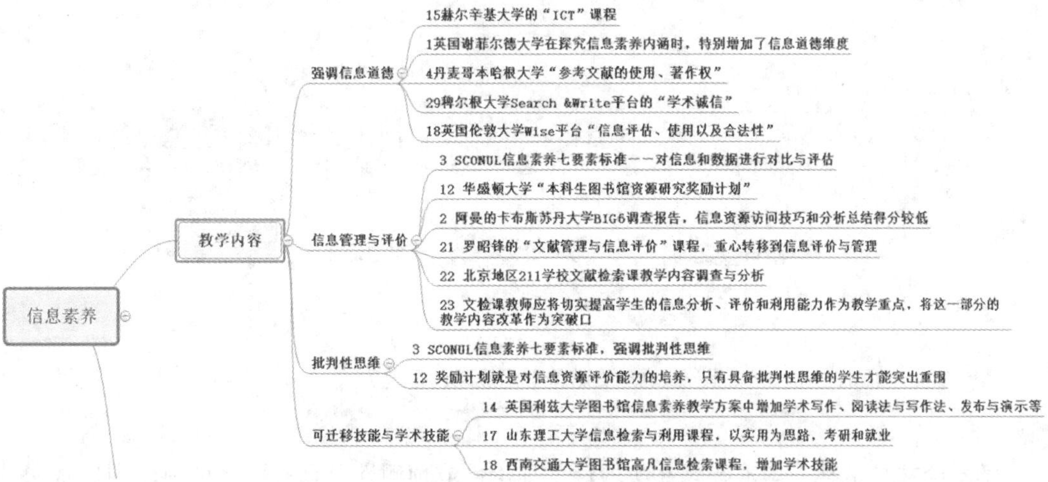

图 9-1-10　系统性文献综述数据整合举例（基于思维导图软件）

需要注意的是，系统性文献综述撰写步骤中的数据抽取和数据整合有时候也会合并到 IMRaD 格式的结果部分。

① 黄甫全，游景如，涂丽娜，等．系统性文献综述法：案例、步骤与价值［J］．电化教育研究，2017，39（11）：11-19，25.

第二节　学术论文与学位论文

学术论文、学位论文、科学技术报告和专著统称为学术论著，而前三者又被统称为科技论文（如图 9-2-1）。此节主要介绍与高校学生学术研究密切相关的学术论文与学位论文。其概念、编写格式主要依据是现行中华人民共和国国家标准《科学技术报告、学位论文和学术论文的编写格式（GB/T7713—1997）》（以下简称“国标 GB/7713—1997”）及《学位论文编写规则（GB/T7713. 1—2006）》（以下简称“国标 GB/T7713. 1—2006”）。

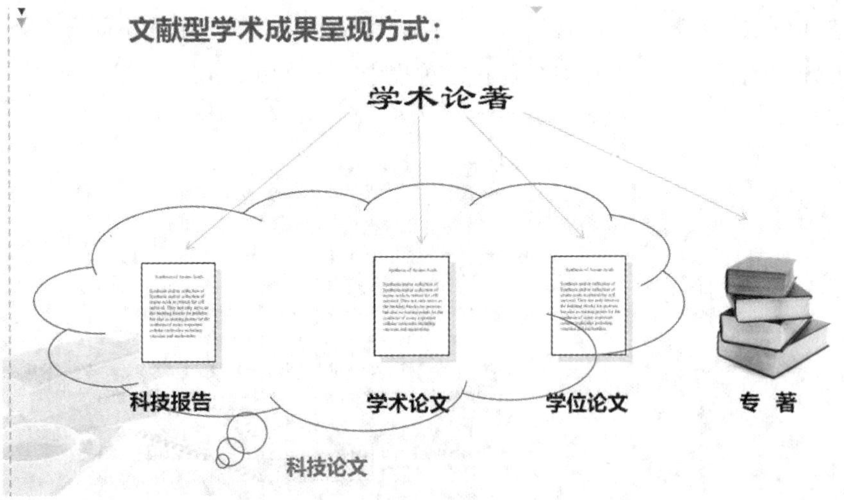

图 9-2-1　文献型学术成果的呈现方式

学术论文是指某一学术课题在实验性、理论性或预测性上具有的新的科学研究成果或创新见解和知识的科学记录或是某种已知原理应用于实际取得新进展的科学总结，用以提供学术会议上宣读、交流、讨论或学术刊物上发表，或用作其他用途的书面文件。① 学术论文应提供新的科技信息，其内容应有所发现、有所发明、有所创造、有所前进，而不是重复、模仿、抄袭前人的工作。

学位论文是表明作者从事科学研究取得创造性的结果或有了新的见解，并以此为内容

① 全国文献工作标准化技术委员会第七分委员会．科学技术报告、学位论文和学术论文的编写格式（GB/T 7713—97）［S］．国家标准局，1997.

撰写而成、作为提出申请授予相应的学位时评审用的学术论文。① 一般分为学士学位论文、硕士学位论文和博士学位论文。

一、学术论文与学位论文的选题

论文选题是指研究者在研究之前设定的对象与目标，是建立在研究者对某个问题长期关注和思考后形成的思维结果，是在不断研究的理论基础上产生的问题意识。研究者选题时需要遵循一定的原则。

1. 学术论文与学位论文的选题原则

（1）学术性原则，学术论文与学位论文是对某个科学领域中的学术问题进行研究后表述科学研究成果的理论文章，研究者应该在自己的专业范围内进行选题，保证其学术性。

（2）价值性原则，主要表现在选题的实际应用价值与科学理论价值两个方面。前者是指现实生活中亟待解决的选题。选准了这些课题，并且将问题加以解决了，就会带来经济和社会效益。一般自然科学领域中的此类选题居多，如选题《人工智能在道路交通管理中的应用探讨》；科学理论价值是指选题虽然一时还不能直接应用于实际生产和社会实践，但对于科学文化的发展，对于解决理论上的疑难问题具有重要意义，因而有着重要的理论价值。如选题《论“四个自信”与意识形态安全——坚定“四个自信”与新时代意识形态建设的内在逻辑关系研究》。

（3）创新性原则，这是选题时最重要的一个原则。学术论文和学位论文创新性一般有三种情况：第一种是以全新的方法、理论探索没有涉足过的未知领域。并创造出有价值的科研成果。这是每个科研工作者梦寐以求的目标，是一种最艰难的创新。第二种是用原有的理论、方法解决新问题，如选题“专利检索中的非专利信息检索”。第三种是采用非常规方法与思路解决老问题，如选题“皮影戏艺术的数字化应用——望奎皮影戏发展困境突破”。后面两种创新均符合爱因斯坦的名言“从新的角度去看待旧的问题，需要有创造性的想象力，也标志着科学的真正进步”。

（4）可行性原则，是指选题要符合自身的研究水平和客观条件。倘若论题有价值，而作者力不从心，无法完成，或无法圆满完成，也是不合适的。首先，要考虑自己的专业特长与优势；其次，要对选题有浓厚的兴趣；再次，要考虑自己的能力与水平，选择大小难易适中的论题。初学者往往把握不好选题大小的问题，特别喜欢选择范围宽泛的选题。其

① 国务院学位委员会办公室，中国科学技术信息研究所．学位论文编写规则（GB/T7713. 1—2006）［S］. 中国国家标准化管理委员会，2006.

实，对于高校学生来说，选题宜小不宜大。如下面这三个选题：A. 论凡·高的艺术，B. 浅析凡·高绘画中的黄色，C. 十五朵向日葵——线与肌理的塑造与美感。很明显选题 C 较为具体、明确而独特，易于把握和深入地研究。写论文要靠点的突破，靠深度的挖掘。在选题上层层深入，定位于某个具体的点上，而且这个点是他人容易忽视的一个“点”，这样的“点”就是富有学术价值的“点”，同样可以作出大文章来。

2. 辅助学术论文与学位论文选题的资源与平台

在进行学术论文与学位论文选题时，把握本专业领域研究热点和重点是关键，下面介绍几种辅助学术论文与学位论文选题的资源与平台。

（1）项目指南和征稿启事。

关注每年各级基金委员会公布的《项目指南》，从中找到基金鼓励和扶持的研究领域，再结合个人的专长和优势选题。如国家自然科学基金委员会网站上公布的项目指南；还可以参考期刊和会议的征稿选题启事。多数期刊和重要会议每年都刊出征稿选题启事，这些选题往往是当前的热点选题。但是要注意选择自己专业领域内的核心期刊和重要会议，保证选题质量（如图 9-2-2）。

（2）中外文数据库平台分析功能。

可以利用中外文数据库提供的分析功能进行选题。如 Web of Science 平台和中国知网提供的分析功能均简单易用。具体步骤是先用检索词初步检索出一批文献（注意此时检索词必须范围较大)，然后对检索结果进行分析，找出比较热点和新颖的研究方向。下面用两个具体案例加以说明。

案例 1：利用中国知网中的“研究领域”和“文献网络图”，在“MOOC”这样一个研究领域内选题。

案例解析：先在中国知网数据库中用主题字段检索“大规模在线课程 OR MOOC OR 慕课”，然后分别从年代、研究层次、关键词、机构、作者、基金等多个方面寻找热点及突破口（如图 9-2-3）。

案例 2：了解屠呦呦 2011 年发表于期刊 *Nature Medicine* 的研究论文 *The Discovery of Artemisinin（Qinghaosu）and Gifts from Chinese Medicine* 已被应用于哪些研究、其最新的研究进展如何，从中提取选题。

案例解析：利用 WOS 平台的“被引参考文献检索”，查找出所有引用该论文的文献。通过对这些引文的分析与阅读，了解屠呦呦的研究论文有哪些新的进展与延伸、又被应用于哪些其他领域的研究，从中进行热点追踪（如图 9-2-4）。

（3）文献分析软件。

随着文献分析软件的应用和发展，其功能在进行文献计量分析的基础上，也可以辅助

国家自然科学基金委员会
National Natural Science Foundation of China
鼓励探索，突出原创；聚焦前沿，独辟蹊径；
需求牵引，突破瓶颈；共性导向，交叉融通。
要瞄准世界科技前沿，强化基础研究，实现前瞻性基础研究、引领性原创成果重大突破。

2021 年度信息科学部重点项目立项领域

1. 类脑系统信息传递机制与基础理论（F0103）
2. 空间电磁频谱监测稀疏采样理论与技术（F0103）
3. 智能反射面辅助的移动通信理论与技术（F0105）
4. 大规模随机多址接入理论与技术（F0105）
5. 开源无线网络的能力开放理论与技术（F0105）
6. 大规模卫星星座测控通信网络理论与技术（F0106）
7. 大气湍流对空间激光通信系统的性能影响机理及抑制技术（F0109）
8. 基于光机械系统的微波量子信息处理（F0110）
9. 大规模通信信号处理的分布式机器学习方法（F0111）
10. 面向自动驾驶的光场视觉雷达技术与方法（F0113）
11. 微型高通量光场显微关键技术与方法（F0117）
12. 编码耦合与解码重构联合优化的计算摄像理论与方法（F0117）
13. 多源协同俘能的接口电路和能量管理芯片（F0118）
14. 基于磁电薄膜耦合谐振的微纳磁场传感器研究（F0122）
15. 单细胞数据分析方法与功能建模（F0124）
16. 基于 CT/MRI/PET 多模态医学影像智能融合的评价模型研究（F0125）
17. 新型操作系统体系结构及自主安全内核（F0202）
18. 面向形式化验证的可信编译和程序分析（F0203）
19. 面向人工智能芯片的编译技术（F0204）
20. 泛在无线感知的安全理论与技术（F0205）
21. 大数据共享与交易中的数据安全可信理论与技术（F0205）
22. 面向物联网的后量子密码安全实现技术（F0206）

图 9-2-2 国家自然科学基金委员会“信息科学部”重点项目立项领域

	题名	作者	来源	发表时间	数据库	被引	下载	阅读
1	在线教育的“后MOOC时代”——SPOC解析	康叶钦	清华大学教育研究	2014-02-10	期刊	838	18346	HTML
2	MOOC的发展及其对高等教育的影响	王文礼	江苏高教	2013-03-05	期刊	767	14446	HTML
3	大规模网络开放课程(MOOC)典型项目特征分析及启示	王颖;张金磊;张宝辉	远程教育杂志	2013-08-01	期刊	632	19910	HTML
4	基于关联主义的大规模网络开放课程(MOOC)及其学习支持	樊文强	远程教育杂志	2012-06-01	期刊	591	11158	HTML
5	MOOC:一种基于连通主义的巨型开放课程模式	李青;王涛	中国远程教育	2012-03-06	期刊	585	6789	HTML

图 9-2-3 利用中国知网分析功能辅助选题举例

选题。比如利用 Citespace 软件的关键词聚类可以得到一个领域的热点研究方向，突变值可以显示领域内的研究变化，这些都可以作为选题的依据。

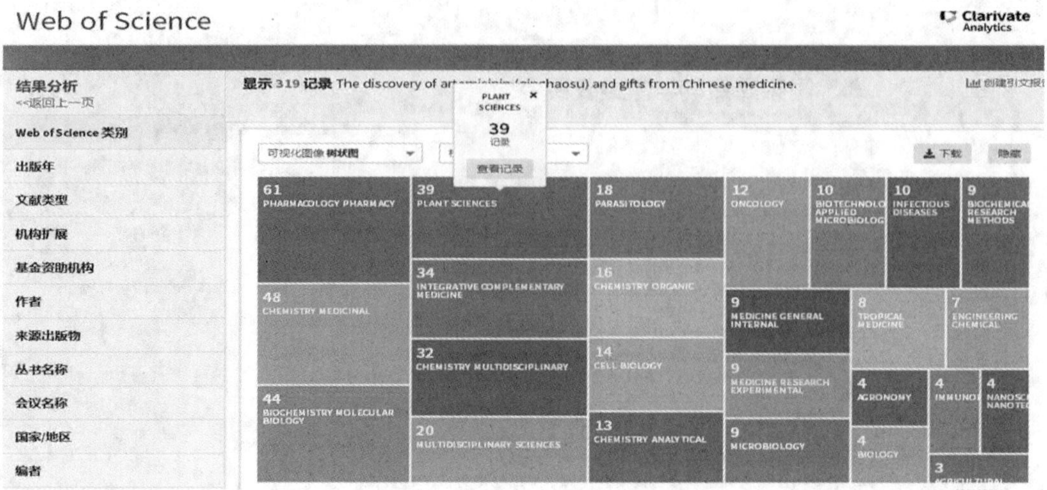

图 9-2-4　利用 Web of Science 平台分析功能辅助选题举例

二、学术论文与学位论文的编写格式

1. 学术论文与学位论文的格式内容

根据“国标 GB/T 7713—1997”，一篇规范的学术论文编写格式主要包括，题名、关键词、分类号、摘要、主体（引言、正文、结论）以及参考文献（如图 9-2-5）。根据“国标 GB/T 7713. 2—2006”一篇规范的学位论文在前者基础上增加封面、目次页、致谢以及附录等，增加的内容根据学位授予单位的要求及论文需要而定（如图 9-2-6）。

2. 学术论文与学位论文编写规则

在编写学术论文和学位论文格式之前，了解论文每部分格式内容所起的作用有助于在编写的时候有的放矢。以学术论文为例，除了论文的题名和主体部分以外，关键词和分类号的编写便于对论文进行著录和检索；摘要的编写则是对正文内容的高度概括和浓缩，直接关系到阅读者是否选择阅读全文；参考文献的编写表明对论文有帮助的前人研究成果，规范著录参考文献，是养成良好学术道德的表现。

学术论文与学位论文重要格式（涉及论文内部特征的格式）编写规则如下。

（1）题名。

题名是以最恰当、最简明的词语反映论文最重要的特定内容的逻辑组合。题名中每个词语均需考虑到有助于选定关键词和编制题录、索引等二次文献时可以提供检索的特定实

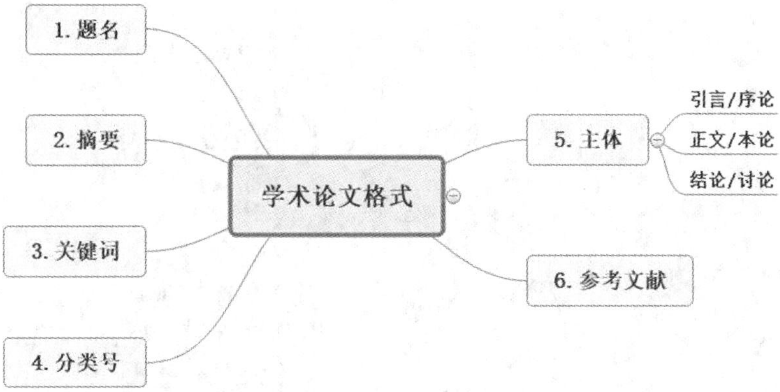

图 9-2-5　学术论文格式内容 a

用信息。题名应该避免使用不常见的缩微词、首字母缩写字、字符、代号和公式等。中英文题名含义一致，英文题名翻译符合专业习惯，避免出现中式英语。

（2）摘要。

摘要是论文的内容不加注释和评论的简短陈述。摘要应具有独立性和自含性，即不阅读全文，就能获得必要的信息。摘要中有数据、方法和结论等，是一篇完整的短文。摘要的内容应包含与论文同等量的主要信息，供读者确定有无必要阅读全文，也供文摘等二次文献采用。

摘要一般应说明研究的目的、方法、结果和结论等。撰写摘要有以下注意事项：①中文摘要一般不超过 200~300 字，英文摘要一般不超过 250 个实词；②摘要也同题名一样，要使用规范化的名词术语，不用图、表、化学结构式以及非公知公用的符号和术语，缩略语、代号等在首次出现时必须说明；③尽量不用引文；避免对论文内容作注释和评论，如使用“达到领先水平、填补空白”等主观评价性语言；④在学术研究中，如果学位论文为了评审，学术论文为了参加学术会议，可按要求写成变异本式的摘要，不受字数限制。

（3）关键词。

关键词是为了文献标引工作从报告、论文中选取出来用以表示全文主题内容信息款目的单词或术语。每篇论文一般选取 3~9 个词作为关键词，以显著的字符另起一行，排在摘要的左下方。关键词可参考《汉语主题词表》及各专业词表提供的规范词。

选取关键词有以下注意事项：①选取有实质性意义的词语，如“研究、分析、简介、应用”等无实质性意义的词避免出现；②避免将关键词写成词组或短语；如“气相色谱应用”“BSP 程序性能预测工具”等就属于词组或短语，不能作为关键词；③英文关键词要注意词性，一般采用名词或动名词，尽量避免用形容词、副词、介词、连词等；④选取规

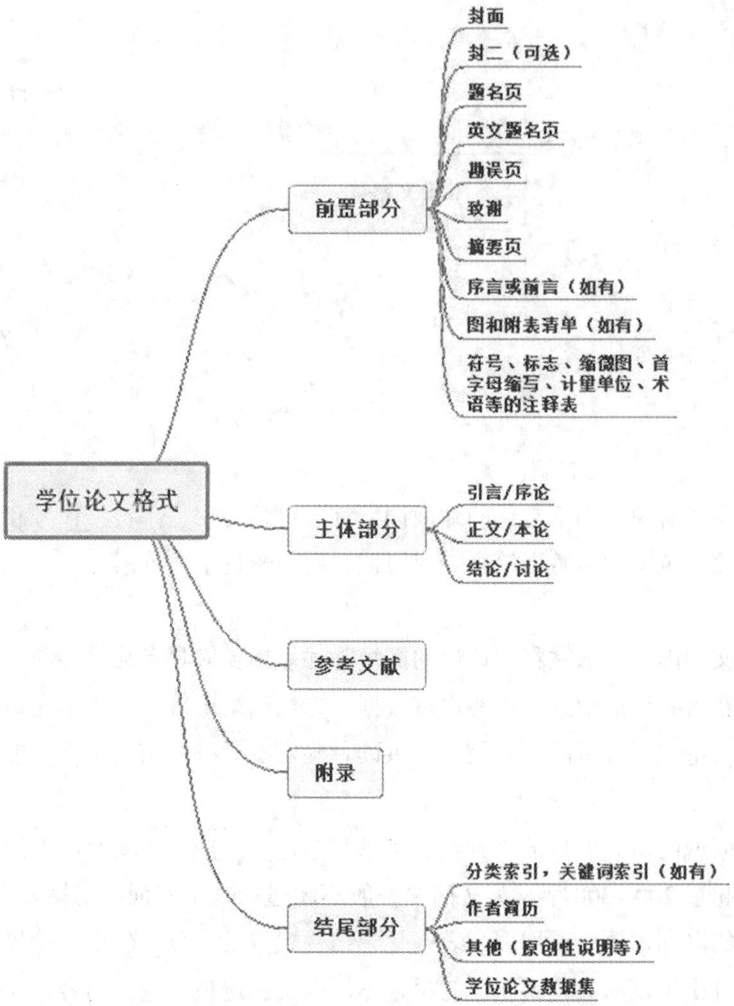

图 9-2-6　学位论文格式内容 b

范化的术语，避免使用概念的俗称。

（4）分类号。

分类号是从《中国图书馆图书分类法》中给论文选取一个标记符号，论文的内容与标记符号包含的内容一致。

（5）主体部分。

主体部分的编写格式可由作者自定，但一般包括引言/绪论、正文/本论、结论/讨论。

①引言/绪论。

此部分应该简要说明研究工作的目的、意义、文献调研与同行比较、研究方法和预期结果等。但不能成为摘要的注释。

学位论文为了反映作者确已掌握了系统的理论基础和专业知识，对选题有足够深入的研究，论文研究领域的历史回顾、文献回溯、理论分析等内容应独立成章，用足够的文字叙述。

②正文/本论。

正文是论文核心部分，占主要篇幅，可以包括：调查对象、实验和观测方法、仪器设备、材料原料、实验和观测结果、计算方法和编程原理、数据资料、经过加工整理的图表、形成的论点和导出的结论等。

此部分由于涉及的学科、选题、研究方法、结果表达方式等有很大的差异，不能作统一的规定。但必须实事求是、合乎逻辑、层次分明、简练可读。

③结论/讨论。

论文的结论是最终的、总体的结论，不是正文中各段小结的简单重复。结论应该准确完整、明确、精练。如果不能导出一定的结论，也可以没有结论而进行必要的讨论。可以在结论或讨论中提出建议、研究设想、仪器设备改进意见、尚待解决的问题等。

（6）文后参考文献表。

文后参考文献表是文中引用的有具体文字来源的文献集合，其著录项目和著录格式遵照《信息与文献　参考文献著录规划》（GB/T 7714—2015）的规定执行。学位论文撰写时正文中未被引用但被阅读或具有补充信息的文献可集中列入附录，其标题为“书目”。引文一般采用顺序编码制，如引文采用著作—出版年制标注时，参考文献表应按著者字顺和出版年排序。

三、学位论文开题报告及几种类型的学位论文写作实例

1. 学位论文开题报告

学位论文开题报告是撰写学位论文之前对论文选题的论述，主要呈现论文拟研究的问题、理论依据、研究方案等主要内容，同时重点论证选题的创新性、可行性和学术价值。开题报告是毕业论文答辩委员会对学生答辩资格审查的依据材料之一。

（1）学位论文开题报告的主要内容。

学位论文开题报告的主要内容包括：题名、研究的目的及意义、国内外研究现状及趋势（文献综述）、研究的基本内容（论文提纲）、研究的思路和方法、优势与创新点、写作进度安排、参考文献（如图9-2-7）。

（2）撰写学位论文开题报告需解决的主要问题。

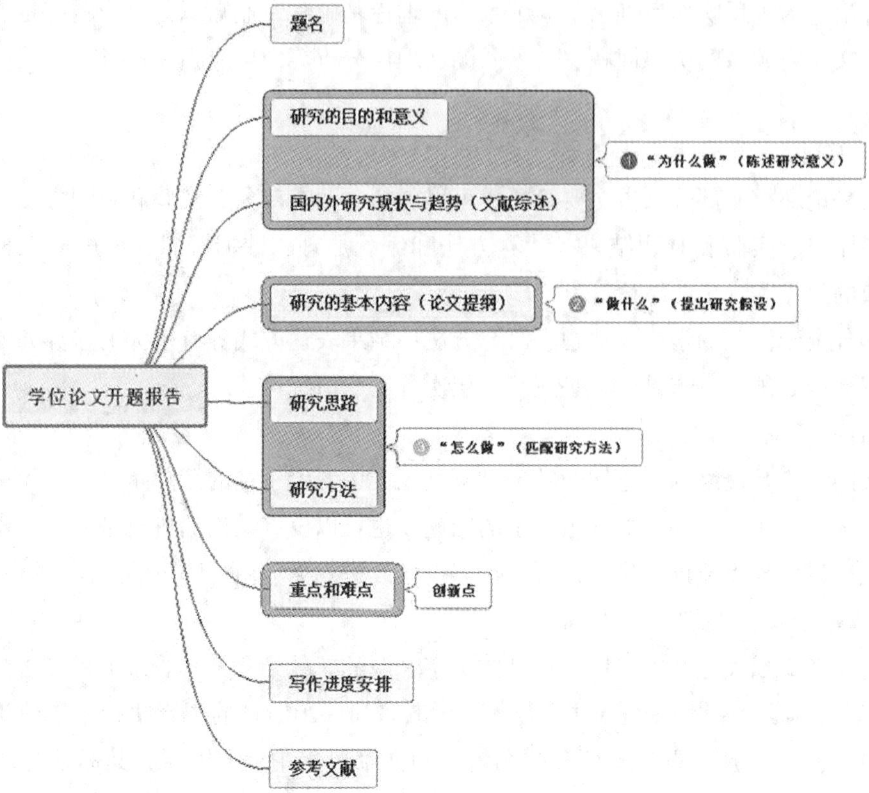

图 9-2-7　学位论文开题报告的主要内容

开题报告作为一种研究设计，要回答"为什么研究此问题""研究此问题的什么"与"如何研究此问题"。基于以上问题角度，撰写开题报告则是由"为什么做""做什么"与"怎么做"及预想的答案所构成。此中蕴含着三重依次递进的意涵：陈述研究意义、提炼研究假设与匹配研究方法。

1）陈述研究意义。

陈述研究意义的基础在于对研究问题的创新性回答。在回答"为什么研究此问题"时，学习者不仅需要了解此问题确实有存在的经验或事实的支撑，更重要的是追问此问题是否已经有了答案，或者自己是否在旧的答案上发现了新的问题。避免将主题意义错当成了研究意义；陈述研究意义从另一个角度也可看成聚焦研究问题。无论开题报告的第一部分要求陈述的具体内容有多大差异，它都内在地指向研究者的研究问题。所谓研究问题，就是在理论或实践中存在但又还没有研究或没有得到彻底研究的问题。主要指以下三个方面的内容：①现有的研究根本没有意识到或发现的新问题；②已有的研究还没有运用或运用得不够成熟的视角和方法；③研究者直觉地预感到可能成立的新观点。陈述研究意义，聚焦研究问题主要在开题报告的“研究目的和意义”以及“文献综述”中析出和解答。

2）提炼研究假设。

研究假设是对拟研究问题的尝试性回答，是有待验证的命题。它既可能是对问题所要揭示的事实或现象的状态或性质的推测，也可能是对问题所包含的两个或多个概念之间关系的预判。因此，研究假设既可以通过描述与解释事实或现象而获得，也可以通过判断事实或现象中所包含的要素之间关系而形成，还可以通过理论演绎来推导，但无论是哪种途径，开题报告在描述了研究问题后，皆要提炼、呈现自己的研究假设。通俗地讲，研究假设就是自己的“核心观点”，用来回答“研究此问题的什么”。提炼研究假设主要在开题报告的“研究的基本内容（论文提纲）”中体现。

3）匹配研究方法。

研究方法中最常见的误区是将“研究方法的列举”当成“研究方法的应用”。比如为了开题报告好看而把所有的研究方法一一列举出来。其实，研究方法与研究的问题是直接对应的，在研究方法的陈述上，应根据研究问题或研究假设匹配研究方法，而不是泛泛地说明本研究要运用哪些方法。匹配研究方法主要在开题报告的“研究方法”部分体现，不一定需要逐一对应，正确的做法是对研究内容所涉及的问题加以归类，然后根据各类问题设计适合的研究方法。

2. 几种类型的学位论文写作实例

学位论文根据研究内容和研究方法的不同可以分为理论研究型、应用研究型和实证研究型。

（1）理论研究型学位论文。

理论研究型学位论文是作者对现有的理论基础进行反思与研究、以作者的思想为主导形成创新理论的论证模式。理论研究型论文又可以分成两种：一种是以纯粹的抽象理论为研究对象，研究方法是严密的理论推导和数学运算，有的也涉及实验与观测，用以验证论点的正确性；另一种是以对客观事物和现象的调查、考察所得观测资料以及有关文献资料数据为研究对象，研究方法是对有关资料进行分析、综合、概括、抽象，通过归纳、演绎、类比，提出某种新的理论和新的见解。社会科学和理科相关专业的学生会较多编写理论研究型学位论文。

如图 9-2-8 所展示的是一篇理论研究型学位论文，论文题名为《论教育理论的生成逻辑》①。论文第一章对理论与教育理论、逻辑与逻各斯、逻辑与逻辑学、科学理论的生成

① 金熳然．论教育理论的生成逻辑［D］．长春：东北师范大学，2014.

逻辑进行解读，并在与科学理论的生成逻辑的比对中，推导出教育理论生成逻辑的学理内涵、独特之处与研究切入点；第二章梳理出由“唯名论”与“唯实论”两种不同的认识论假设到“唯理论”与“经验论”两种不同的研究方法论再到“演绎主义”与“归纳主义”两大并行的研究逻辑路径的演变历程；第三章通过与西方教育理论生成逻辑的比对，发现我国教育理论的生成逻辑存在着“路径单一”与“根基不稳”两大问题；第四章尝试提出解决问题的两个方向性对策，即发挥教育理论的生成逻辑对教育学研究立场的价值引领作用、发挥教育理论的生成逻辑对教育学研究过程的理性规范作用。

目　录

图 9-2-8　理论研究型学位论文举例

（2）应用研究型学位论文。

应用研究型学位论文是针对客观现象中存在的问题提出操作对策和方法，一般出现在工科相关专业，与其学位论文相关的是一个对应的毕业设计。如计算机技术相关学科的毕业设计经常为一个可应用的系统或软件，电子技术相关专业的毕业设计通常为一个硬件模块。

图 9-2-9 展示的是一篇应用研究型学位论文。论文题名为《TD-LTE 宽带多媒体集群系统下的 RRC 层协议设计与实现》①。其设计的是一个集群多媒体通信系统，主要可以用在物流管理、公共安全、机场调度等领域。第一章介绍研究背景；第二章和第三章说明系统整体框架及主要功能；第四章为论文的重点部分，阐述了软件的实现过程；第五章进行了软件测试与分析；最后一章是总结和展望。

目　录

① 许尚飞．TD-LTE 宽带多媒体集群系统下的 RRC 层协议设计与实现［D］．成都：电子科技大学，2016.

图 9-2-9 应用研究型学位论文举例

（3）实证研究型学位论文。

实证研究型学位论文是通过对某一问题或现象进行调查并对其数据进行理论分析，或者通过某些成功或失败的经验与教训，形成了一种新的理论结构，证明客观现实中某种模式的存在、或应用推广的可行性，一般医学论文以此类型为多。

图 9-2-10 展示的是一篇实证型学位论文，论文题名为《我国空巢老人医疗服务利用及影响因素研究——基于 CHARLS 数据的实证分析》①。论文在第三章“资料与方法”中详细介绍了实证研究的数据资料、指标界定、研究方法和技术路线；并在第四章“结果”中对样本进行了分析并得出结论。

目　录

① 陈忱．我国空巢老人医疗服务利用及影响因素研究——基于 CHARLS 数据的实证分析［D］．北京：北京协和医学院（清华大学医学部）、中国医学科学院，2020.

图 9-2-10　实证研究型学位论文举例

第三节　数据分析报告

数据分析报告是数据经过收集、整理、分析等过程后产生的，是传递数据价值的重要媒介。一份好的数据分析报告，不仅能够充分展示数据整理者的数据检索、处理和分析能力，还能够将数据中的精髓价值呈现给数据使用者，达到辅助决策制定、制订计划等目的。

完整的数据分析报告包括背景介绍、数据来源、数据采集方法、数据质量评估与清理、数据分析方法、数据分析结果讨论、结论与建议、参考文献八个部分。

一、背景介绍

数据分析报告的背景介绍部分相当于学术论文的摘要，主要是介绍简要制作数据分析报告的目的、数据来源、数据分析方法及数据分析过程，最后得出的何种数据结论，对指定的应用场景即将产生什么样的效果。例如，图 9-3-1 为一份数据分析报告的背景介绍部分。

在该报告的背景介绍中，可以提炼出以下内容：

①数据分析目的：应×××的要求，对其团队申请的纤维素相关专利进行分析，挖掘潜在合作企业，促进其团队专利的转化。

1 报告背景

本报告分析团队应[redacted]的要求，对其团队申请的纤维素相关专利进行分析，挖掘潜在合作企业，促进其团队专利的转化。经本分析团队检索分析，该委托团队目前授权且处于有效期的专利共18件，分属于9个专利家族，最早的专利申请年为2011年。具体信息如下：

①专利1：Cellulose carbamate dissolved combined solvent and using method thereof（CN102432894.A，2011年申请）；

②专利2：Method for preparing regenerated cellulose fibers with cellulose carbamate（CN102691125.A，2012年申请）；

③专利3：Method for preparing regenerated cellulose membrane using cellulose carbamate（CN103012822.A，2012年申请）；

④专利4：Preparation method of cellulose/zinc oxide nanoparticle composite material（CN103319737.A，2013年申请）；

⑤专利5：Inorganic oxide hollow fiber and preparation method thereof（CN103820882.A，2014年申请）；

⑥专利6：Method for modifying cellulose through urea without byproducts（CN104497151.A，2015年申请）；

⑦专利7：Homogeneous synthesis method of quaternized chitosan derivative（CN105085716.A，2015年申请）；

⑧专利8：Hydrophobic modification method of nanocellulose（CN107383212.A，2017年申请）；

⑨专利9：Preparation method of sodium alginate/polyvinyl alcohol@polyacrylamide core-shell structure gel sphere and application of preparation method（CN108187641.A ，2017年申请）。

本报告从上述9个专利家族的同族数量、专利被引次数、专利申请年三个面分析了该9个专利家族中的价值度较高的专利家族，并针对价值度较高的专利的合作申请人、施引者进行分析，以期找出可以与委托团队合作的企业或者委托团队可将其专利转让的对象。

从专利的施引企业、施引企业的专利市场竞争力、施引企业专利IPC分类分析了委托团队专利转移转化的重点接受者或合作对象。分析表明，[redacted]公司可作为委托团队专利的目标合作者或接受者。

图9-3-1 数据分析报告背景介绍案例展示

②数据分析方法：从上述9个专利家族的同族数量、专利被引次数、专利申请年三个面分析了该9个专利家族中的价值度较高的专利家族，并针对价值度较高的专利的合作申请人、施引者进行分析。

③数据分析结论：从专利的施引企业、施引企业的专利市场竞争力、施引企业专利IPC分类分析了委托团队专利转移转化的重点接受者或合作对象。分析表明，×××公司可作为委托团队专利的目标合作者或接受者。

在数据分析报告背景介绍部分，最重要的是数据分析目的、分析方法和分析结论的简要介绍，要让数据报告阅读者快速了解报告产生的整个思路，但又不至于太过复杂。其中，对于数据分析方法的介绍，如果使用了特定的分析工具，需要特别写明。如采用“基于×××工具进行了×××方面的分析”。

二、数据来源

数据来源部分主要介绍报告所用的数据具体来源和数据类型，例如用文献计量学方法分析一个期刊的主题及影响力时，主要利用数据库里收录的该期刊相关数据进行分析，介绍该类数据源时，主要介绍数据库的名称。而当进行一个基于有关某个明星的时事评论分析该明星的发展路线和潜力时，数据来源主要为自媒体平台数据，包括微博、微信公众号、论坛等。在进行介绍时，需要介绍是哪些微博、微信公众号、论坛等。

另外，在一个详细的数据分析报告中，对数据源进行介绍时，可以根据数据源的公知度进行简略得当的介绍。对于众所周知的数据源，如常见的数据库，只需写出数据源名称即可。对公知度不高的数据源，可以进行详细介绍，包括数据源的开发商、数据源收录的数据量、涉及的领域以及数据类型等。

三、数据采集方法

在本教材前面的数据素养章节部分，已对各类数据的采集方法进行了详细介绍，本节不再赘述。需要注意的是，在数据分析报告中，需要对当前报告所基于的数据采集方法进行介绍，比如在数据库中采用何种检索策略，在哪些时间段内进行检索，检索到的文献有多少篇等。在自媒体平台上采集数据时，需要介绍采用何种自媒体工具或者手工方法在哪些自媒体平台上采集到关于××相关的舆论数据××条等，如网络爬虫、人工浏览筛选等。

四、数据质量评估及清洗

数据质量评估是数据分析之前必不可少的步骤，因为大多数数据分析报告都是对于一个主题进行分析，所使用的数据源并不单一，各种数据源之间难免会有重叠或冲突，需要进行质量评估，找出其中的重复内容、不一致内容、异常数据、离群数据等，从而在数据清洗的时候进行处理。

数据清洗是数据质量评估之后的步骤，是对有质量问题的数据进行修正，如进行去重、归并、填补、删除等操作。在数据分析报告中，对数据清洗进行介绍时，要介绍对哪些有问题的数据或者哪些类型的问题数据进行了何种方式的清洗，最终得到了多少条干净的数据，如图 9-3-2 所示。

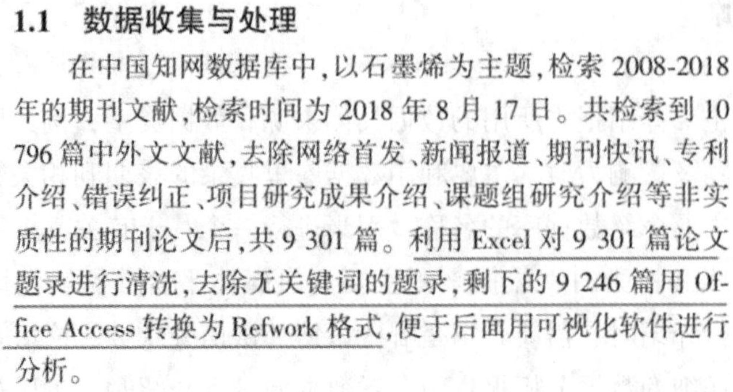

1.1 数据收集与处理

在中国知网数据库中，以石墨烯为主题，检索2008-2018年的期刊文献，检索时间为2018年8月17日。共检索到10 796篇中外文文献，去除网络首发、新闻报道、期刊快讯、专利介绍、错误纠正、项目研究成果介绍、课题组研究介绍等非实质性的期刊论文后，共9 301篇。利用Excel对9 301篇论文题录进行清洗，去除无关键词的题录，剩下的9 246篇用Office Access转换为Refwork格式，便于后面用可视化软件进行分析。

图 9-3-2 数据清洗方法介绍案例①

五、数据分析方法

为了保证数据分析报告的可模仿性，即读者根据报告提供的数据检索、处理和分析方法可以得出相似的或者差异性不太大的分析结果，需要对报告所采用的数据分析方法进行详细介绍。一般是介绍基于数据的何种指标进行什么样的分析，如在对美国与中国的新型冠状病毒肺炎的数据进行分析时，可以介绍基于两国的确诊病例数进行对比分析和趋势分析。不管选取何种指标进行何种分析，数据分析方法的介绍不是将过程的任何分析作一一介绍，而是选择与数据分析报告的使用场景或目的密切相关的分析方法来介绍。

此外，还要对分析时所采用的工具进行简单介绍，特定数据分析工具还包括工具的版权信息。

六、数据分析结果讨论

数据分析结果讨论主要是对使用前述数据分析方法所得的图表进行详细描述，得出结论，推测原因，从而为后续数据报告的结论和建议打下基础。

数据分析结果的讨论部分撰写需要注意图表和文字部分的描述相对应。在讨论中，对于推测的原因，为了表现出强大的说服力，可以适当引用参考文献进行佐证。

此外，对于各个维度的数据分析结果，应该分开分节讨论，如图 9-3-3 的案例所示。

① 方小利，姚雪菲，张宁，杨红梅．基于关键词共现网络法的中国石墨烯领域的研究热点分析［J］．材料导报，2019，33（Z2）：79-9299.

图 9-3-3　数据分析结果分节讨论案例

七、结论与建议

在整个数据分析报告中，数据分析报告的结论与建议部分往往是报告使用者最为关注的内容，因而也是最为重要的部分。

在结论部分，主要对整个数据分析报告的整体数据来源、分析方法和结果讨论部分的结论进行总结。撰写结论时，为了避免与背景介绍重复，可适当详细，也可以针对每个维度的结论分点进行总结性的介绍。

在建议部分，主要针对结论所反映的问题提出建议，从而为报告使用者的研发思路、决策制定等提供参考。在撰写建议时，为了使建议尽可能地被采纳，可以根据结论所反映出的各个问题逐一提出建议，并给出现有相关解决方案的启示，如图 9-3-4 的案例所示。

八、参考文献

在撰写数据分析报告的过程中，会引用一定的参考文献，可能是学术文献，也可能是数据集。学术文献的著录方式大家都比较熟悉，这里需强调，数据集作为参考文献的著录规则：如直接在数据集第一次出现的地方说明数据来源；在正文中说明来源并采用脚注的方式引用；将其作为文后参考文献进行标注；以附录的方式说明数据来源；在文末致谢处说明数据来源等。无论以哪种方式引用，数据集都应该依据《信息与文献参考文献著录规则》（GB /T 7714—2015）著录，著录款目中包括数据产生者、数据来源、发布时间、数

①分析宜[illegible]公司专利中涉及[illegible]的专利技术信息，分析其技术布局，并与委托团队专利技术进行比较，为转移转化谈判做好准备；

②在更大的范围内，根据 IPC 分类和委托团队专利相关的主题词进行检索，挖掘更多潜在合作对象；

③利用万方机构数据库（http://g.wanfangdata.com.cn/resource_nav/index.do）、企业查（https://www.qichacha.com/）、天眼查（https://www.tianyancha.com/）、中国微观经济数据查询系统（原中国工业企业数据查询系统）等系统了解与委托团队专利相似的企业专利权人的公司资产状况，保证委托团队专利缺失有效的转移转化，从而避免不必要的损失；

④分析目前纤维素转关专利的国内外分布，扩展专利的地域布局，做好进入国外市场的规划。

图 9-3-4　数据分析报告建议部分撰写案例

据集名称、创建机构、数据唯一标识符和解析地址等。

如以下给出数据集著录方式：

[1] 中国气象数据网．中国高空规定层累年月值（1991—2010 年）[DS/OL]．[2019-12-04]．北京：中国气象信息中心，2015，https://data.cma.cn/data/cdc-detail/dataCode/B.0021.0002.html.

第四节　学术规范

学术规范是从事学术研究的基本准则，加强学风建设，遏制学术不端行为，打击学术腐败现象已受到国家、社会和学界的高度重视。在学术研究中应该遵守哪些学术规范？哪些行为属于学术不端？如何预防和限制学术不端的发生？本节将详细介绍这些问题。本节依据的主要规范有《高等学校科学技术学术规范指南（第二版）》《高校人文社会科学学术规范指南》等。

一、学术规范及相关概念

1. 学术规范

学术规范是从事学术活动的行为规范，是学术共同体成员必须遵循的准则，是保证学术共同体科学、高效、公正运行的条件，它从学术活动中约定俗成地产生，成为相对独立的规范系统。① 就学术知识生产主体及其行为而言，规范源于学术的合作、竞争、组织和互动，它为这些相互关系提供框架，通过给每个个人施加约束，来提高整个知识生产的效率和质量。它并非某种“行政化”的操作，而是在学术共同体内部所建构的一种自觉的制约机制。

2. 学术共同体

学术共同体是有共同价值追求和利益取向的学术研究群体，是一个以民主的、合作的方式探索真理、自我纠错的群体，也是以诚信为基础、以自律与他律为保障的科学活动群体。② 学术共同体的成员，必须“以学术为志业”，在这里，科学成为一种存在方式，一种人生态度，甚至是一种精神境界。学术的评价、学术的标准、学术上的分歧等，所有学术上的问题只有依靠学术共同体才有可能得到解决。尽管学术共同体也有可能做出错误的判断和决定，但没有别的更好选择。权威、科学、严谨、公正的学术评价，只能来自学术共同体。学术共同体成员必须遵循学术规范，完善学术评价，坚持学术良知和学术操守。

3. 学术伦理

学术伦理是指学术共同体成员应该遵守的基本学术道德规范和在从事学术活动中必须承担的社会责任和义务，以及对这些道德规范进行理论探讨后得出的理性认识。③

4. 学术不端

学术不端是指在科学研究和学术活动中出现的各种造假、篡改、抄袭或剽窃以及其他违背学术共同体道德惯例的行为。④

5. 学术失范

学术失范指技术层面违背规范的行为，或由于缺乏必要的知识而违背行为准则的做

---

① 教育部科学技术委员会学风建设委员会．高等学校科学技术学术规范指南（第二版）［M］．北京：中国人民大学出版社，2017：2.

② 教育部社会科学委员会学风建设委员会．高校人文社会科学学术规范指南［M］．北京：高等教育出版社，2009：2.

③ 教育部社会科学委员会学风建设委员会．高校人文社会科学学术规范指南［M］．北京：高等教育出版社，2009：3.

④ 教育部社会科学委员会学风建设委员会．高校人文社会科学学术规范指南［M］．北京：高等教育出版社，2009：2.

法，如数据核实不足、文献引用出处注释不全等，其动机与情节较学术不端行为为轻。①

6. 学术腐败

学术腐败是一种极端的学术不端行为，指学术权力的行使者滥用学术权力的行为。例如：利用学术权力不正当获取名利，不正当地获取学术资源、侵占或剥夺他人的学术资源，对学术批评者进行压制、打击或者报复。②

二、与论文写作密切相关的学术规范

根据教育部科学技术委员会学风建设委员会2017年出版的《高等学校科学技术学术规范指南（第二版）》（以下简称《规范》），科研工作者应该遵守的学术规范包括以下几个部分的内容：基本准则、查新和项目申请规范、项目实施规范、引文和注释规范、参考文献规范、学术成果的发表和后续工作规范、学术评价规范、学术批评规范、人及实验动物研究对象规范。本节选取与论文写作密切相关的“引文和注释规范”“参考文献规范”“学术成果的发表和后续工作规范”作详细介绍。

1. 引文和注释规范

引文是指“引自其他典籍、文章的文句”③。《规范》中指出：引用的作品必须是已经发表的，引用的比例要适当，引用需注明出处。但对于公识（Common Knowledge），在引用时可不需要注明出处。

引用可分为直接引用和间接引用，直接引用是指所引用的部分为一字不改地照录或者原话；间接引用是指作者综合转述别人文章某一部分的意思，用自己的表达去阐述他人的观点、意见和理论。间接引用往往注入作者自身对原文的理解而为一种独特的表述，因此它也是一种知识创造活动，不是只把别人的句子改动一两个单词，或者只变动句子的结构次序而让原文的词汇原封不动，也不是只选择一些同义词去替代原文的词汇。直接引用需使用引号，间接引用应加以标注。

“引用”是在自己本身有著作的前提下，基于参证、注释和评论等目的，在自己的著作中适当使用他人著作的某一部分。两者为主从关系，必须以自己的著作为主，利用的他

① 教育部社会科学委员会学风建设委员会．高校人文社会科学学术规范指南［M］. 北京：高等教育出版社，2009：3.

② 教育部社会科学委员会学风建设委员会．高校人文社会科学学术规范指南［M］. 北京：高等教育出版社，2009：3.

③ 阮智富，郭忠新．现代汉语大词典·下册［M］. 上海：上海辞书出版社，2009：1909.

人著作仅为辅佐而已。实际写作时有少数作者容易混淆适当引用和抄袭，所谓“适当引用”应满足以下四个条件：(1) 引用的目的仅限于说明某个问题；(2) 所引用部分不能构成引用人作品的主要部分或者实质部分；(3) 不得损害被引用作品著作权人的利益；(4) 应当指明被引用作品的作者姓名、作品名称和出版单位。

注释是“对论著正文中某一特定内容的进一步解释或补充说明”①。

注释的形式有夹注、脚注和尾注。(1) 夹注。在正文中或图释中注释，要在注释的字词后面加上括号，在括号内写明注文。(2) 脚注。也叫页下注，即在需要注释的地方用①、②之类的标示，把注释的内容置于本页下端。(3) 尾注。把注释集中于全文、全书或书中某一章的末尾。

2. 参考文献规范

参考文献是指“为撰写或编辑论著而引用的有关图书资料”②。一般集中列表于文末。参考文献的书写格式按不同期刊的要求和国家标准《信息与文献参考文献著录规则》(GB/T 7714—2015) 编排。

参考文献的选择应遵循原创性、必要性、重要性的原则，不引用与本人论著无关的文献，不故意隐匿重要的参考文献，不因作者或编辑等原因，故意引用本人或某个刊物的文献。

3. 学术成果的发表和后续工作规范

学术成果是指“人们通过研究活动所取得的，并通过同行专家审评或鉴定，或在公开的学术刊物上发表，确认具有一定的学术意义或实用价值的创造性结果”③。按照国家科技部《关于科学技术研究成果管理的规定》，学术成果必须同时具备新颖性、先进性和实用价值（或学术意义）三个特点。

学术成果发表的规范有：(1) 不得代写论文或成果造假。(2) 不得一稿多投。不得将同一研究成果提交多个出版机构出版或提交多个出版物同时评审和重复发表。不得将本质上相同的研究成果改头换面发表。在未经正式出版的学术会议论文集上刊登的稿件，可以在正式刊物上发表。论文公开发表后收入论文集的，应注明论文的发表出处。(3) 成果署名。研究成果发表时，只有对研究成果做出实质性贡献者，才有资格在论文上署名。对

① 《中国学术期刊（光盘版）》编委会．中国学术期刊（光盘版）检索与数据评价规范 [S]．国家新闻出版署，1999.

② 国家标准化管理委员会．文后参考文献著录规则 [M]．北京：中国标准化出版社，2015.

③ 教育部科学技术委员会学风建设委员会．高等学校科学技术学术规范指南（第二版）[M]．北京：中国人民大学出版社，2017：3.

研究有帮助但无实质性贡献的人员和单位可在出版物中表示感谢，不应列入作者名单。成果署名遵循惯例和协商的原则。（4）专利申请。要严格遵循《中华人民共和国专利法》《中华人民共和国专利法实施细则》和专利行政部门的相关规定。（5）致谢。在论文的末尾，应对成果完成过程中给予帮助的集体和个人表示感谢。致谢前应征得被致谢人的同意，致谢时应指出被致谢人的具体贡献。成果正式发表时应说明成果的资助背景。

学术成果后续工作规范有：（1）有错必纠。一旦发现作品（印刷中或已公开出版）中有疏漏或错误，作者有义务及时向相关人员和机构报告，根据错误性质实施有效补救措施（如勘误、补遗或撤回论文）。（2）反对炒作。提出重大创新理论须提供确凿的事实根据和理论论证，未经严格科学验证或同行评议的研究结果，不得在公众媒体炒作，也不得草率地推广应用，不得为未经严格科学检验的不成熟的科研成果做商业广告，误导消费，损害公众利益。（3）遵守有利后续研究工作。在所承担的国家和单位科研课题或者科技项目完成后，不得故意隐瞒关键技术或者资料，故意妨碍后续研究与开发。禁止将研究成果（含专利）非法据为己有。（4）保密原则。科技工作者要做保守国家秘密的模范。

三、学术不端行为的界定与检测工具

1. 学术不端行为的界定

学术不端行为主要有抄袭和剽窃、伪造和篡改、一稿多投和重复发表三种。

（1）抄袭和剽窃。

《规范》指出，抄袭是指行为人将他人作品全部或部分地原封不动或稍作改动后作为自己的作品发表。剽窃是指行为人通过删节、补充等隐蔽手段将他人作品改头换面，而没有改变原有作品的实质性内容，或窃取他人的创作（学术）思想或未发表成果作为自己的作品发表。尽管“抄袭”与“剽窃”没有本质的区别，在法律上被并列规定为同一性质的侵权行为，但二者在侵权方式和程度上还是有所差别的，通俗地讲，抄袭是公开的照搬照抄，而剽窃却是偷偷摸摸的。

什么样的行为可以构成抄袭和剽窃呢？《规范》认为有如下几种行为：抄袭他人受著作权保护作品中的论点、观点、结论，而不在参考文献中列出，让读者误以为观点是作者自己的；窃取他人研究成果中的调研、实验数据、图表，照搬或略加改动就用于自己的论文；窃取他人受著作权保护的作品中独创概念、定义、方法、原理、公式等据为己有；片段抄袭，文中没有明确标注；整段照抄或稍改文字叙述，增删句子，实质内容不变；全文抄袭，包括全文照搬、删减、替换、改头换面、增加；组合别人的成果，并且不引用他人文献，甚至直接作为自己论文的研究成果；自己照抄或部分袭用自己已发表文章中的表述，而未列入参考文献，应视作“自我抄袭”。

（2）伪造和篡改。

《规范》指出，伪造是指为了达到个人目的而作假。如伪造试验数据、试验结果、专利、履历、论文等。篡改是指为了达到个人目的，主观取舍或修改数据、图表、试验结果，使其不能真实地反映实际情况。

什么样的行为会构成伪造和篡改？《规范》指出如下几种行为：伪造试验样品；伪造论文材料与方法，实际没有进行的实验，无中生有；伪造和篡改实验数据，伪造虚假的观察与实验结果，故意取舍数据和篡改原始数据，以符合自己期望的研究结论；虚构发表作品、专利、成果等；伪造履历、论文等。

（3）一稿多投和重复发表。

《规范》指出，凡属原始研究的报告，不论是同语种或不同语种，分别投寄不同期刊，或主要数据和图表相同、只是文字表达有些不同的两篇（或多篇）文稿投寄不同期刊均属一稿两（多）投；一经两个（或多个）刊物刊用，则为重复发表。

一稿多投有几种什么形式呢？《规范》指出如下几种：完全相同型投稿，作者把 A 文章分成 B 文章和 C 文章，然后把 A、B、C 三篇文章投递给不同的期刊；改头换面型投稿，作者仅对文章题目做出改变，而结构和内容不做变化；组合型投稿，除了改换文章题目外，对段落的前后来连接关系进行调整，但整体内容不变；语种变化型投稿，比如作者把以中文发表的论文翻译成英文或其他外文，在国际著作权公约缔约国的期刊上发表，这在国际惯例中也属于一稿多投，是违反国际著作权公约准则的行为。

2. 学术不端检测工具

面对学术不端行为，除了在主观上提高学术修养以外，客观上应该实施预防和遏制举措。学术不端检测工具应运而生。下面介绍几种国内外主要的学术不端检测工具。

（1）Turnitin。

Turnitin 检测系统是国际著名的学术不端文献检测系统，广泛应用于各国高校、学术论文等领域；其检测对比数据库拥有 1.5 亿的海量论文数据库、90000 多种世界知名期刊数据库、200 多亿的网页数据库；Turnitin 检测系统支持多种语言论文的检测。

Turnitin 系统分国际版和 UK 版两种，国际版适用于中国（包括香港、澳门、台湾地区）、美国、澳洲、新西兰、新加坡、马来西亚、日本、韩国、俄罗斯等全球 140 多个国家。可检测简繁体中文 、英文、俄文、韩语、日语、法语等语言；UK 版针对英国大学、学术机构等研发，90%以上的英国学校机构使用 TurnitinUK 版本，比对技术原理与 Turnitin 国际版完全一致，相对 Turnitin 国际版多收录了一个英国留学生作业、毕业论文数据库。

（2）CrossCheck。

CrossCheck 是 CrossRef 推出的一项服务，由国际出版链接协会（PILA）牵头下，国际几大出版商和电子电气工程师协会（IEEE）及美国计算机学会（ACM）共同参与了这项全球性项目。软件技术来自于 iThenticate，对比库基于全球学术出版物所组成的庞大数据库 。

CrossCheck 项目已经引起全球学术界和出版界的广泛关注和积极响应。一些大的国际科学出版集团，如 Elsevier、Springer、Wiley-Blackwell、BMJ、Taylor & Francis、牛津出版社等，以及许多科学学会，如美国科学进步协会（AAAS）、美国物理学会（APS）、植物生物学会等均成为 CrossCheck 的正式会员。《浙江大学学报（英文版）》在国家自然科学基金的重点期刊项目的资助下，于 2009 年 10 月正式成为中国第一家 CrossCheck 会员。

（3）中国知网学术不端检测系统。

中国知网学术不端检测系统是目前大多数国内高校指定的论文检测对比库，分为学位论文学术不端行为检测系统、科技期刊学术不端文献检测系统、社科期刊学术不端文献检测系统以及大学生论文管理系统四个子平台。

此外，国内还有万方学术不端检测系统、大雅相似度分析、Paperpass、笔杆、Writecheck 等学术不端检测工具。

◎ 思考题

1. 信息创造是信息利用的高层境界，你认为信息创造的过程与情境和信息的价值有什么关系？

2. 写综述的时候还可以参考综述文献吗？不能综述的“综述文献”到底指的是什么？

◎ 检索题

1. 自选一个专业课题进行系统性综述的撰写练习，列出基于思维导图的综述文献大纲及编码表。

2. 小信同学需要完成选题为“基于 Web of Science 的微藻环境处理文献计量学分析”的论文，请你帮他完成文献检索及数据清洗的任务。

第十章
信息共享与交流

信息共享与交流是信息利用生命周期的最后一环，也是保障学术交流生态系统健全发展的重要支撑。拥有信息素养的学习者应该了解包括论文发表、学术评价、科研社交等学术交流生态系统的各方及流程。本章将围绕这些问题具体讲授。

第一节 学术论文发表

学术成果交流的方式有很多种，一般最常见的是传统图书及学术论文的出版和发表。对于高校在校学生来说，主要涉及学术论文的发表。学术论文发表的一般流程如下。

一、了解与学术论文发表相关的国内外学术评价工具及使用方法

学习者应该经常关注与学术论文发表相关的国内外学术评价工具，了解本专业国内外重点期刊的影响力，以便挑选合适的期刊投稿。

下面是重要的国内外学术评价工具。

（1）Web of Science 核心合集的主期刊列表；

（2）EI（Engineering Village）数据库的主期刊列表；

（3）JCR（Journal Citation Reports 期刊引证报告）数据库期刊分区评价体系；

（4）中国科学院文献情报中心期刊分区表；

（5）中国科学引文数据库（CSCD）刊源信息；

（6）中文社会科学引文数据库（CSSCI）刊源信息。

另外，还可以关注一些高校图书馆自行开发的投稿指南库，如武汉大学图书馆自建的

《高影响力国际学术期刊投稿指南系统》，将来自不同数据库或评价体系的期刊信息有机整合，一站式提供SCIE、SSCI、A&HCI期刊的投稿指南性信息，包括影响因子、期刊分区、期刊简介、投稿须知、编辑部信息等，有助于读者了解各研究领域不同期刊的相对重要性，为读者选择合适的期刊投稿提供参考。

国内外学术评价工具使用方法在第四章中已经有比较详细的讲解，下面我们用一个案例来具体介绍如何了解重点期刊信息。

案例1：如何查询几个特定期刊的影响因子及分区？

案例解析：目前国内期刊分区评价体系主要有两种，一种是科睿唯安公司的期刊引证报告（Journal Citation Reports，JCR）数据库期刊分区评价体系，另外一种是中国科学院文献情报中心期刊分区表。

（一）JCR分区及影响因子

直接进入JCR数据库（https：//jcr. clarivate. com/），或者从Web of Science平台首页最上方的配套数据库点击进入后，然后在JCR数据库首页检索框直接进行检索（如图10-1-1）。

图10-1-1　期刊引证报告（Journal Citation Reports，JCR）数据库首页

以生命科学领域著名期刊“CELL”为例，在检索结果页面，可查看该期刊最新年以及过去几年的影响因子及变化趋势，被引频次的概率分布，并在“Rank by Journal Impact Factor”（JIF）栏目中查看期刊历年的分区情况（如图10-1-2、图10-1-3）。

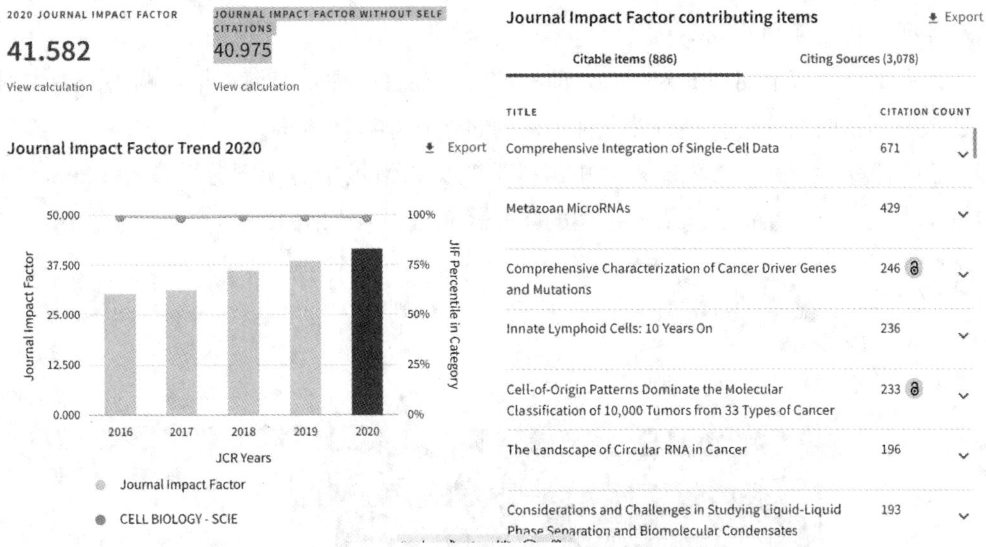

图 10-1-2 “CELL”期刊 JCR 数据库影响因子

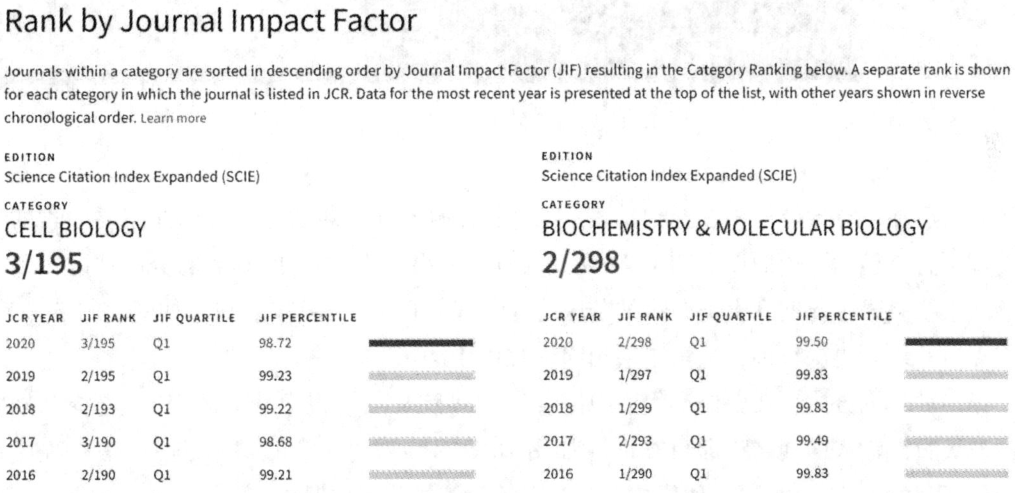
Rank by Journal Impact Factor

Journals within a category are sorted in descending order by Journal Impact Factor (JIF) resulting in the Category Ranking below. A separate rank is shown for each category in which the journal is listed in JCR. Data for the most recent year is presented at the top of the list, with other years shown in reverse chronological order. Learn more

EDITION
Science Citation Index Expanded (SCIE)
CATEGORY
CELL BIOLOGY
3/195

JCR YEAR	JIF RANK	JIF QUARTILE	JIF PERCENTILE
2020	3/195	Q1	98.72
2019	2/195	Q1	99.23
2018	2/193	Q1	99.22
2017	3/190	Q1	98.68
2016	2/190	Q1	99.21

EDITION
Science Citation Index Expanded (SCIE)
CATEGORY
BIOCHEMISTRY & MOLECULAR BIOLOGY
2/298

JCR YEAR	JIF RANK	JIF QUARTILE	JIF PERCENTILE
2020	2/298	Q1	99.50
2019	1/297	Q1	99.83
2018	1/299	Q1	99.83
2017	2/293	Q1	99.49
2016	1/290	Q1	99.83

图 10-1-3 “CELL”期刊 JCR 数据库分区

（二）中科院期刊分区表

中科院期刊分区表目前分为基础版和升级版两种，基础版包含 SCI 数据库期刊，共分为 13 个大类体系，分区依据为 3 年平均影响因子；升级版包含 SCI 和 SSCI 期刊，共分为 18 个大类体系，分区依据为期刊超越指数（即本刊论文的被引频次高于相同主题和相同文献类型的其他期刊的概率。）

如果要查看特定期刊的分区，目前有两种途径，一种是查询本单位购买的中国科学院文献情报中心期刊分区表，另外一种可以通过微信小程序查询。

第一种查询方式：首先输入“中国科学院文献情报中心期刊分区表”（http：//www. fenqubiao. com/），在首页输入本单位的账号密码登录（如图 10-1-4）。

图 10-1-4　中科院期刊分区表首页

登录后在上方导航栏中选择“检索”，点击后输入具体期刊名称，选择需要检索的年代后即可完成检索。依旧以“CELL”期刊为例，如果要查找其 2020 年的分区情况，则基础版检索结果显示此期刊大类与小类分区均为 1 区，且是“Top”期刊（如图 10-1-5）。

点击升级版再次查询，检索结果相同（如图 10-1-6）。

第二种查询方式：在微信小程序中搜索“中科院文献情报中心分区表”，选择基础版或者升级版，输入期刊名称即可查询（如图 10-1-7）。需要注意的是，目前微信小程序每天查询期刊的上线为 20 种，且只能查询期刊最新年的分区情况。

二、挑选符合需求的目标期刊

在挑选目标期刊之前，学习者首先应该对自己的论文进行客观的评估，比如需要充分了解论文撰写选题的研究现状，对比同类文献及同行科研情况，分析各自优劣，确定论文的先进性，客观评价论文的科学意义和创新之处，总结论文不足和进一步完善之处。注意

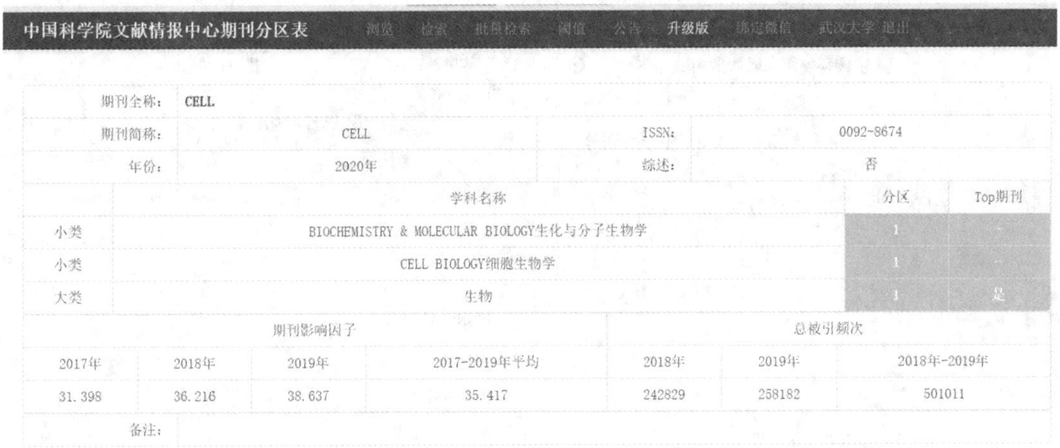

中国科学院文献情报中心期刊分区表　浏览　检索　批量检索　阈值　公告　升级版　绑定微信　武汉大学　退出

期刊全称：	CELL					
期刊简称：	CELL		ISSN：	0092-8674		
年份：	2020年		综述：	否		
	学科名称				分区	Top期刊
小类	BIOCHEMISTRY & MOLECULAR BIOLOGY生化与分子生物学				1	-
小类	CELL BIOLOGY细胞生物学				1	-
大类	生物				1	是

期刊影响因子				总被引频次		
2017年	2018年	2019年	2017-2019年平均	2018年	2019年	2018年-2019年
31.398	36.216	38.637	35.417	242829	258182	501011
备注：						

图 10-1-5　“CELL”期刊中科院基础版分区

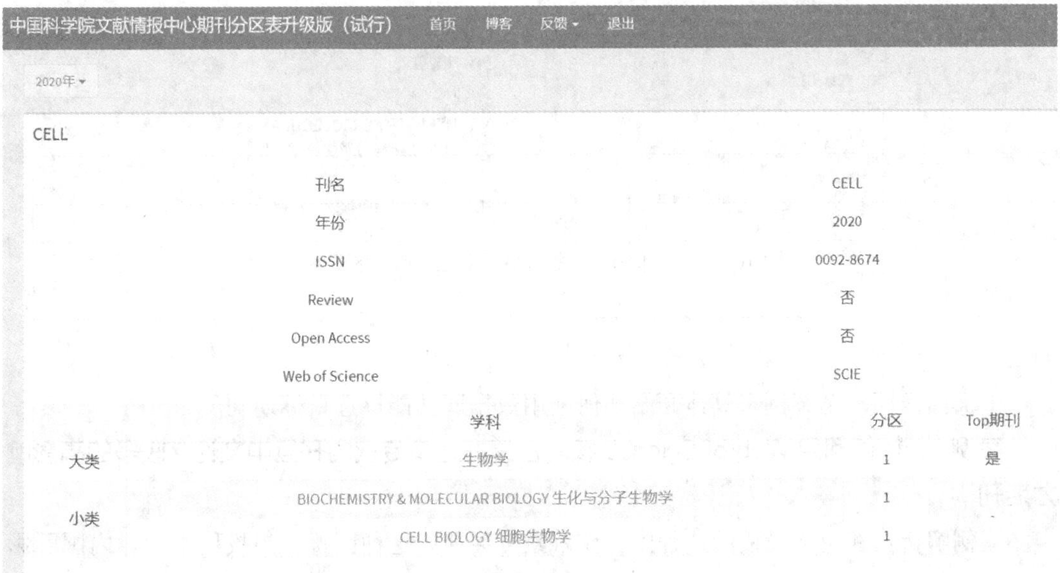

中国科学院文献情报中心期刊分区表升级版（试行）　首页　博客　反馈　退出

2020年

CELL

刊名	CELL
年份	2020
ISSN	0092-8674
Review	否
Open Access	否
Web of Science	SCIE

	学科	分区	Top期刊
大类	生物学	1	是
小类	BIOCHEMISTRY & MOLECULAR BIOLOGY 生化与分子生物学	1	
	CELL BIOLOGY 细胞生物学	1	-

图 10-1-6　“CELL”期刊中科院升级版分区

参考文献的规范引用。其次，要充分了解目标期刊，比如办刊宗旨和报道范围，影响因子及知名度、论文处理时间和发表周期、退稿率、是否收费以及合法性等（如图 10-1-8）。

大多数纸本和电子期刊在扉页或主页可以找到具体的投稿信息，包括每年的选题指南、研究热点、文献类型、稿件结构、格式字体、表格图例等。通过这些细节的了解，选择适合自己研究内容和研究水平的期刊，避免选择近期已频繁发表过跟自己的研究类似的

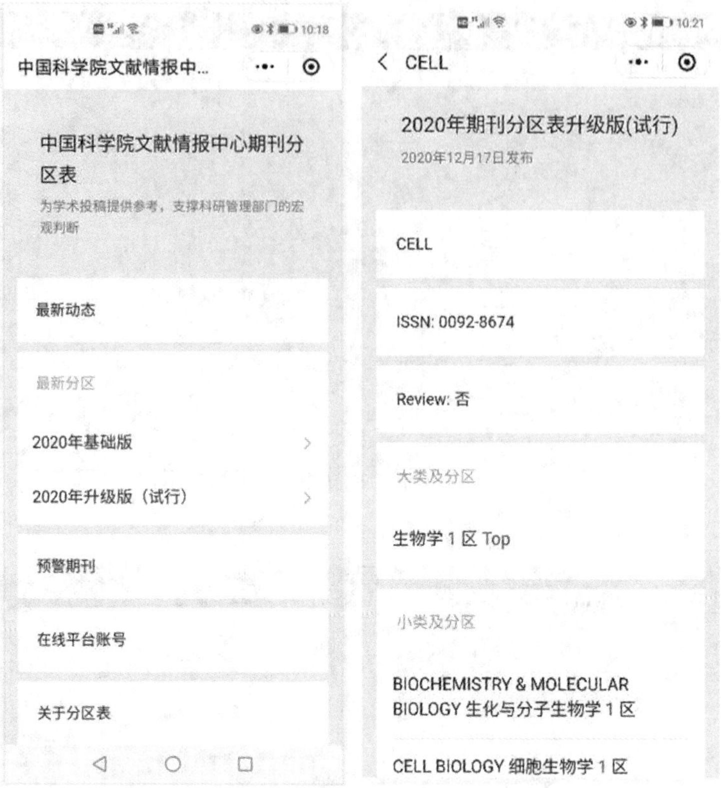

图 10-1-7　微信小程序查询中科院期刊分区表情况

期刊。

下面同样用一个案例来具体介绍如何利用数据库功能挑选目标期刊。

案例 2：如何利用 Web of Science 核心合集挑选本专业内刊登中文论文较多的高影响力期刊

案例解析：在论文投稿的过程中，作者经常会遇到这种困扰，想投稿本专业内国际影响力较高的期刊（尤其是国外期刊），但不太清楚哪些国外期刊刊登中文论文较多。针对这种情况，可以利用 Web of Science 分析功能进行挑选。

以“Induced Pluripotent Stem Cells（IPSCs）诱导多能干细胞”这个选题为例，在 SCI 数据库中用主题字段进行检索，检索式为 TS＝("Induced pluripotent stem cells" or IPSCs)，对检索结果进行分析筛选。首先在分析功能提供的分析字段中选择“国家/地区”得到所有中国作者发表的本选题文献（如图 10-1-9）。

点击“PEOPLE R CHINA”查看记录，并对得到的 32410 条记录进行再分析，此次分析选择“出版物标题”字段，便可以得到本选题内刊登中文文献较多的国际高影响力期刊

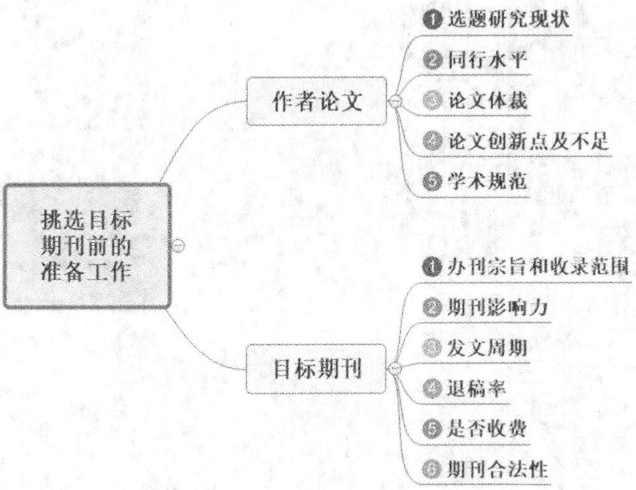

图 10-1-8　挑选目标期刊前的准备流程

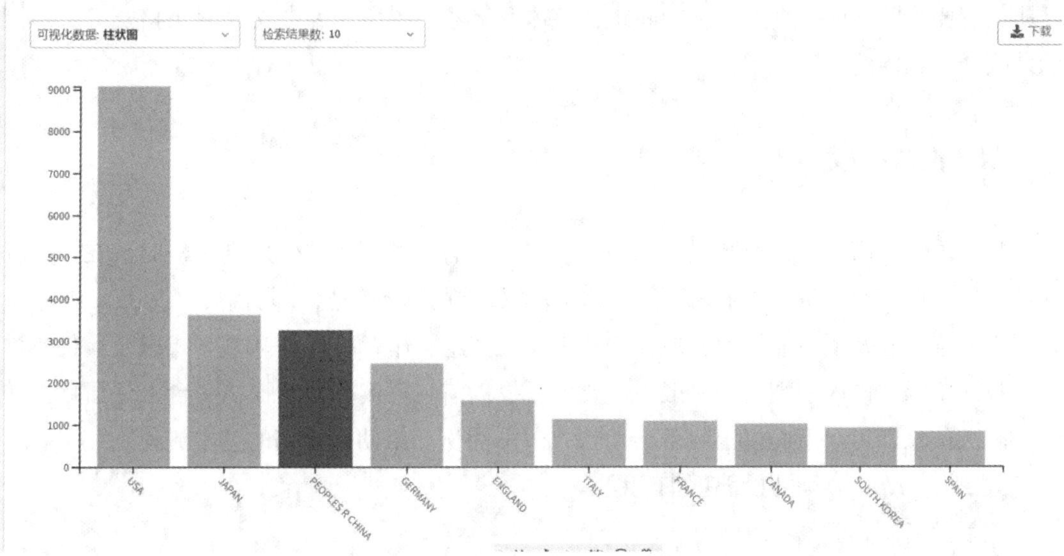

图 10-1-9　IPS 选题中的所有中文文献

（如图 10-1-10）。所有分析数据均可以下载到本地。

三、规范学术论文的格式

在进行学术论文投稿前，必须调整论文的格式，使之符合所投期刊的要求，如中英文

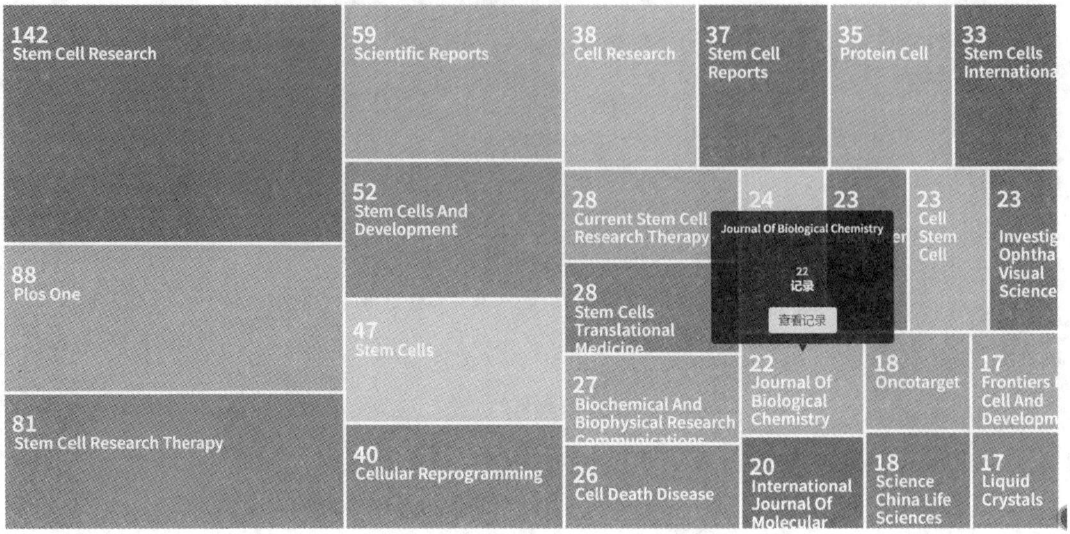

图 10-1-10 IPS 选题中刊登中文文献较多的期刊

标题、摘要、关键词，页边距，行间距，字体及字号，图表、参考文献著录格式等，不同的期刊会有不同的要求。

四、正式投稿

目前国内外高影响力期刊投稿均采取在线提交的方式，向国外期刊投稿时，在正式提交前可以向期刊编辑发一封投稿信，内容包括稿件的基本信息（附摘要、参考文献等）、领域内的重要性及创新点、推荐或回避的审稿人信息、作者的详细联系方式以及稿件不涉及版权纠纷等。国内期刊投稿一般不需要撰写投稿信。直接在期刊投稿平台上注册后上传论文相关信息即可。下面以国际著名期刊 *Nature* 为例介绍期刊投稿的基本流程。

案例 3：*Nature* 期刊投稿基本流程

案例解析：

（一）在 *Nature* 期刊官网详细阅读投稿指南

按照投稿要求修改论文格式（如图 10-1-11）。

（二）撰写投稿信

Nature 作为历史悠久、有影响力的科学期刊之一，收录的论文有其独特的要求。首先，论文必须有一个明确、原始的结论。其次，整体风格简单，尽量不用专业术语。并明

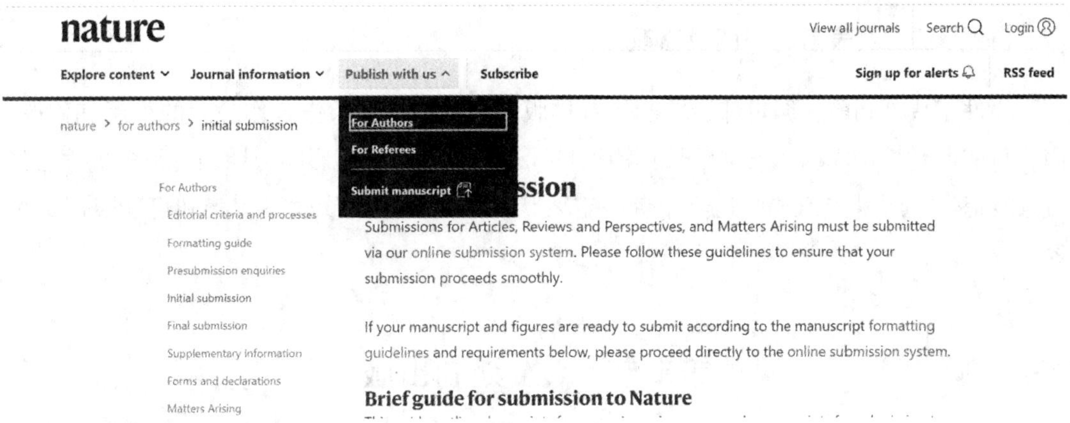

图 10-1-11　*Nature* 官网投稿平台

确表示稿件质量为王，作者的背景和国籍不影响录用，负面审稿单不足以否决好文章。所以作者在投稿信中一定要重点突出稿件的创新性，并解释论文内容在所在领域的重要性，保证语言简洁明了。

（三）认真对待“退修”稿件

当作者收到编辑部的稿件“退修”邮件时，一定要非常认真地对待。*Nature* 作为国际顶尖期刊，其稿件往往会有多轮修改。首先，作者需要认真理解修稿意见，积极修改，如果有与修稿意见不同的地方需要与编辑积极沟通；其次，每次修回稿件都必须附带详细的修稿信。修稿信中需要向编辑和审稿专家表达诚挚的谢意，写明稿号、论文题名及所有作者姓名，对修稿情况作整体说明，并附带逐条审稿意见的说明和回复（如图 10-1-12）。

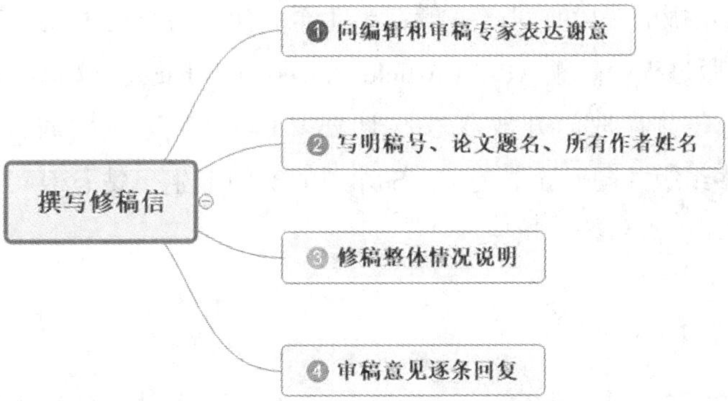

图 10-1-12　修稿信的内容

（四）正式发表前的审阅及修改

稿件正式见刊前，编辑部会发给作者排版好的样稿，要求作者作最后的审阅和修改。因为目前期刊投稿周期一般都较长，特别是 *Nature* 这种国际高影响力期刊，很多稿件会经过反复退修，所以在正式见刊前作者一定要认真审阅样稿，修改不完善和可能过时的内容。

第二节　OA 期刊出版

OA 期刊又称开放期刊，是基于开放获取出版模式的期刊。一般采用作者付费出版、读者免费获得、无限制使用的运作模式，论文版权由作者保留。在论文质量控制方面，OA 期刊与传统期刊类似，采用严格的同行评审制度。①

一、OA 期刊的类型

OA 期刊既可能是新创办的电子版期刊，也可能是由已有的传统期刊转变而来，一般由出版商或者学会团体创办。OA 期刊按照不同标准可以划分为不同的类型。

（一）按照读者获取途径分类

OA 期刊按照读者获取途径分类主要有三种：金色 OA、绿色 OA 和钻石 OA。② 金色 OA 期刊是由作者付费发表，读者可即时免费阅读的经同行评议的论文。绿色 OA 期刊允许作者在论文正式出版的一段时间（一般在半年至一年）后自行发布。2018 年 10 月，旨在解决金色 OA 出版过程中高额 APC（Article Processing Charge，文章处理费）费用问题，以扩大知识传播与公共存取的开放获取 S 计划（Plan S）③ 在欧洲科研资助机构联盟（cOAlition S）等多组织共同倡导下制定。S 计划的实施催生出钻石 OA，其出版流程与金色 OA 相似，但作者无需付费。

---

① 王细荣．图书情报工作手册［M］．上海：上海交通大学出版社，2009：284.

② Kelly J M. Green，gold，and diamond?：A short primer on［EB/OL］．［2021-07-13］. https：//www. jasonmkelly. com/jason-m-kelly/2013/01//27/green-gold-and-diamond-a-short-primer-on-open-access /.

③ Plan S. Supporters of Plan S［EB/OL］.［2021-07-13］. https：//www. coalition-s. org/supporters/.

（二）按照创办方式分类

OA 期刊按照创办方式可以分为原生型和转化型两种创办方式。（1）原生型 OA 期刊指的是直接以开放存取的出版模式创建的学术期刊，出版商主要有非营利出版商和商业出版商两种。非营利出版商方面，以美国科学公共图书馆 PLoS 为代表，2003 年创办第一种 OA 学术期刊——PLoS Biology，后来在科技医药领域又推出 PLoS Medicine、PLoS ONE 等多种原生型 OA 学术期刊；商业出版商方面，英国现代生物出版集团 BMC 已经在生物医学领域出版 200 余种原生型 OA 学术期刊。其他出版机构也相继推出多种原生型 OA 学术期刊，如《自然》出版集团 2010 年推出《自然—通讯》、美国科学促进会 2015 年出版《科学进展》、英国皇家学会 2015 年宣布出版《皇家学会开放科学》等。（2）转化型 OA 期刊是指从传统订阅期刊转化为 OA 学术期刊，典型代表有欧洲原子能研究机构和德国马普学会等机构于 2007 年发起的国际高能物理开放存取出版计划 SCOAP3，将高能物理领域内高水平期刊或论文转为开放存取的形式出版。

二、OA 期刊的出版特点

OA 期刊与传统期刊相比，有其独特的出版特点，具体体现在出版流程和版权两个方面。

（一）OA 期刊出版流程

OA 期刊出版流程与传统期刊出版流程相比，区别主要在于付费方式和排版时间。传统期刊由作者支付版面费，版权归期刊所有，后期排版过程比较长，最后由读者购买才能使用；而 OA 期刊由作者或者机构付费，作者保留版权，出版后直接进行网络传播，供读者免费利用（如图 10-2-1）。

（二）OA 期刊的版权

开放获取的出版模式虽然允许用户无限制地使用已发表的学术成果，但也同样存在版权问题。传统出版模式中作者通常将论文的全部版权转让给出版商，由出版商来行使论文的全部版权。而开放获取版权的核心是保护成果的原创性。OA 期刊允许作者保留版权，比如保护作品完整权和署名权等，并要求他人在使用作者作品时以适当的方式表示致谢并注明相应的引用信息。

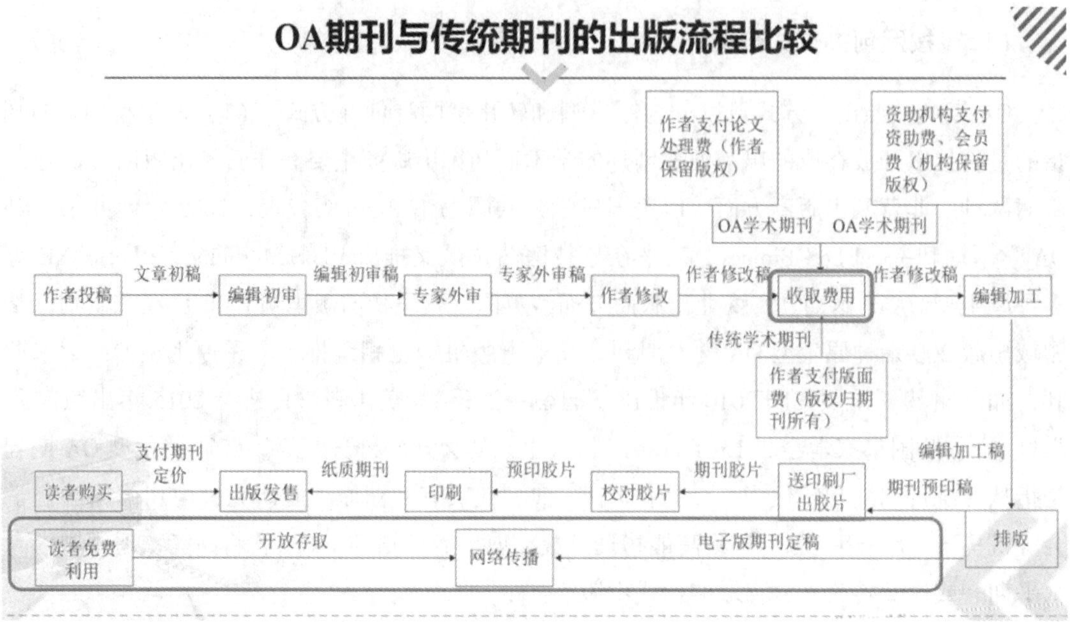

图 10-2-1 OA 期刊与传统期刊出版流程比较

第三节 学术社交网络

一、学术社交网络的概念和特点

学术社交网络（Acdemicsocial network，ASN）是以推进科研交互与合作为目标，面向科研工作者的专业化需求，将学术资源管理功能与社交媒体分享交互功能有机融合的网络平台。学术社交网络不仅支持学者展示、存储、分享自身学术成果，提升学术成果可见度，彰显自身学术地位，还被用于开展广泛的学术交流和拓展专业化的社会交互渠道，以此帮助科研用户建立社会网络和促进以研究为导向的各种活动。

学术社交网络有以下特征：（1）网站的用户具有极大的自主性，可以通过学术社交平台自主地发布和传播自己的科研成果；（2）具有以用户和兴趣为聚合点的自动信息聚合功能；（3）信息存储方便、不易丢失、便于管理和后期加工；（4）跨越了时间、空间、地理以及人际关系的障碍；（5）需要甄别信息的权威性和学术性。

二、学术社交网络的类型与功能

学术社交网络按照不同标准可以分为不同的类型。

（一）按照学科分类

按照学科，学术社交网络可以分为全学科领域学术社交网络和特定学科领域学术社交网络。全学科领域学术社交网络突出满足科研人员在科研全流程中的需求，综合考虑各学科的不同特点，重视普遍需求，吸引更广泛的用户群体，如国内外著名的 Academia. edu、Research-Gate、科研之友、科学网等。特定学科领域的学术社交网络以学科资讯、前沿动态等为重点，其中生命科学与生物医学及其相关领域所占比例最大，数量最多，如 Addgene、LifeScience Network 等，其次是计算机科学与数据科学，如 Kaggle、AMiner 等。

（二）按照核心功能分类

按照核心功能，学术社交网络可以分为从用户角度出发的研究共享类学术社交网络；以交互性资源管理工具为依托的资源共享类学术社交网络；以内容和信息为基础的成果共享类学术社交网络以及其他符合学术社交理念的学术社交网络（见表 10-3-1）。

表 10-3-1 **按照核心功能分类的学术社交网络**

类型	核心功能	学术社交网络名称	国家	学科分布
研究共享类	从用户的角度出发，具备身份管理、专家搜寻、情景感知、交往管理、网络感知和交换等功能	ResearchGat	德国	全学科
		Academia. edu	美国	全学科
		Publons	新西兰	全学科
		Biowebspin	瑞士	材料科学、工程
		Kaggle	墨尔本	计算机科学、数据
		Labroots	美国	医疗、生物及相关领域
		Benchling	美国	生命科学
		科研之友	中国	全学科
		科学网	中国	全学科
		小木虫	中国	全学科
		丁香园	中国	生命科学、医学
		AMiner	中国	计算机科学

续表

类型	核心功能	学术社交网络名称	国家	学科分布
资源共享类	以交互性资源管理工具为依托，拓展学术交流、评论互动、合作共享等	Mendeley	德国	全学科
		Zotero	美国	全学科
		Citeulike	英国	全学科
成果共享类	以项目课题、论文专利等为组织依据，体现研究结果的开放性分配机制	My Science Wor	法国	全学科
		Profology	美国	全学科
		Loop	德国	全学科
		Sciforum	瑞士	全学科
		AcademicRoom	美国	全学科
其他	符合学术社交理念的学术社交网络	LinkedIn	美国	全学科
		ResearcherID	美国	全学科
		F1000	美国	生命科学、医学

三、国内外重要的学术社交网络

（1）ResearchGate（https：//www. researchgate. net/）。

ResearchGate 被誉为“科学界的 Facebook”，于 2008 年由三位科学家创建。在 ResearchGate 上，研究者可以分享科研成果、学术著作，并可随时查看关于研究成果的评论、下载和引用的统计数据，或者参加一些科研论坛和兴趣小组。目前国内外许多研究机构、高校、图书馆等的科研人员和图书馆员加入了 ResearchGate 平台。

（2）Academia. edu（https：//www. academia. edu/about）。

Academia. edu 是美国一个学术性社交网站，专门供科研人员使用。研究者可以按领域将自己的研究分成不同的部分，如发表过的论文、草稿、书评、会议报告等，展示在个人档案中，同时可以跟踪分析这些内容的阅读者与关注自己的人。Academia. edu 最大的特色在于它是以文章为中心，以研究话题为关键点，将同一话题的文章聚合在一起，推荐给关注该话题的用户。

（3）Mendely（https：//www. mendeley. com/）。

Mendeley 是一款免费的以资源交互管理工具为依托的学术社交网络，拥有桌面版和网络版。在该站点上，用户可以在学科领域内联系同行，探讨研究趋势。Mendeley 桌面版能够帮助用户组织研究论文集和引文。它能够自动插入来自文件、书目的参考文献，并能够从 PDF 文件中自动提取书目数据、关键词、引文参考文献，将其转化为一个可搜索的全文数据库。同时，可以导入导出 BibTeX、RIS、EndNoteTM XML 文件格式，并能与 Zotero 和 CiteULike 等其他参考管理工具对接。Mendeley 网络版可以让用户在任何地方利用自己的研究论文数据库、在封闭群组中共享文件、在网上进行研究项目合作，它像发散性学术机构一样联系用户，轻松地进行最新研究趋势统计。

（4）Benchling（https：//www. benchling. com/）。

Benchling 成立于 2016 年，是生命科学领域的学术社交网络。致力于帮助科学家和研究人员更好地进行生物研发，简化研发流程。研究者可以编制和组织有关其所有研发项目的综合数据。

（5）LabRoots（https：//www. labroots. com/）。

LabRoots 是一个医疗、生物及相关领域的学术社交网络。LabRoots 会提供实时新闻、视频张贴功能、研究文献的使用和评论功能，甚至还有像 Facebook 一样的“信息墙”。LabRoots 最大的特色是能够实现虚拟可视化交流，例如提供一个 3D 的虚拟场景进行科研交流，包括虚拟门厅、展厅和展台。

（6）ResearcherID（http：//www. researcherid. com/）。

ResearcherID 是著作管理与科研社交工具，由科睿唯安集团推出，为科研人员提供管理和分享专业信息的渠道，明确学者与其科研成果之间的精准归属关系，解决作者身份问题，同时将动态引文指标和协作网络添加到个人资料中。无论是寻求研究引用，还是寻找合作者、思想领袖、演讲者、编辑等，ResearcherID 都将成为获取所需数据的清晰途径，最大限度地方便学术交流活动。

（7）科研之友（https：//www. scholarmate. com/）。

科研之友是全学科的中文学术社交网络，用于跨文献库检索和保存科研论文成果、文献和文件，与好友和群组共享信息和科研合作。科研之友的机构服务应用是其特色所在，科研之友机构版能够为科研单位创建机构主页，自动更新和同步单位最新的科研动态，通过社交化方式主动推广单位信息，增加单位曝光度，提升单位影响力和成果引用。

（8）科学网（http：//www. sciencenet. cn/）。

科学网由中国科学院、中国工程院、国家自然科学基金委员会和中国科学技术协会主管，由中国科学报社主办。科学网致力于全方位服务华人科学与高等教育界，以网络社区为基础构建起面向全球华人科学家的网络新媒体，促进科技创新和学术交流。

◎ 思考题

在平时的学习中你会经常遇到哪些学术交流的平台和社区？在这些社区中你可以做到

游刃有余吗？当你遇到困难时，会怎样寻求帮助呢？

◎ 检索题

1. 小信同学完成了一篇以“大学生碎片化阅读的影响因素与引导策略”为题的论文，请你帮他锁定几种可以投稿的CSSCI刊源期刊，并将论文提交到期刊投稿平台。

2. 在ResearchGate学术社交网站上搜索具备“新冠肺炎（COVID-19）疫苗开发”和“社会与经济影响”两个标签的文献，直接下载一批开放获取的论文，如果不能直接下载，请尝试“向作者索取全文”的整个过程。

3. 请汇集你所在专业的一个或多个学术社交网站，介绍其资源及交流特点。

第十一章
信息素养综合案例——诺贝尔奖科学选题系列

本章汇集三个诺贝尔奖科学案例，训练学习者用信息素养解决复杂问题的能力，厘清重点文献与课题发展的脉络关系，在信息素养的提升中体会学科的碰撞与交融，增强对不同文化、不同理念的人类成果的理解以及对科学精神的敬畏与景仰。

第一节　在情境中考察信息的检索与发现

一、案例名称

“玻色爱因斯坦凝聚”——2001 年诺贝尔物理学奖

二、案例主题思想

信息检索往往是非线性并且迭代反复的。信息检索受检索主体的情感、认知及社会角色等情境因素的影响。检索过程的曲折和琐碎需要检索者拥有足够的耐心和挑战精神，这是信息检索情感情境的一部分；检索者还需要具备学科专业知识、检索经验以及对学科交流社区的熟悉，这些构成了信息检索的认知情境；此外，检索者所扮演的社会角色也会形成信息检索的社会情境。所以，具备良好信息素养的检索者要在检索过程中经常审视自身局限，展现出思维的灵活性和创造性。

值得注意的是，检索过程中还需要尽量理解信息系统的组织方式。因为信息系统中的信息元素（如题录、索引、分类系统等）不是孤立的，相反，它们承载着“历史、作者身份和生成情境”①。简而言之，信息的存储过程也是具有特定情境的，对这些信息元素的存储情境越了解，就越有可能进行符合数据库约定的检索。

三、案例解析过程

1. 检索者背景

物理或相关专业的初学者，具备一定的检索经验，熟悉 WOS 平台的引文检索功能。

2. 检索者需求

找到此课题的外文核心文献，了解课题发展与重点文献的关系。

3. 检索策略

（1）了解课题概况。

信息需求决定了检索过程的广度和深度，而检索者的学科专业知识又在很大程度上决定了检索的准确性。我们必须认识到在认知情境方面不同检索者的“认知鸿沟”，所以在开始一个选题检索之前，无论检索者是否具备选题的专业知识，充分了解选题概况都是必不可少的一个步骤。

根据检索者目前的知识结构，所了解的本课题概况如下。

玻色爱因斯坦凝聚（Bose-Einstein condensate）是玻色子原子在冷却到接近绝对零度所呈现出的一种气态的、超流性的物质状态（物态）。1924 年玻色和爱因斯坦从理论上预言了这种物质状态的存在，1995 年康奈尔（Eric A. Cornel）和威曼（Carl E. Wieman）在原子蒸汽中观测到了玻色爱因斯坦凝聚现象，沃尔夫冈·克特勒（Wolfgang Ketterle）使用钠—23 独立地获得了玻色爱因斯坦凝聚。2001 年康奈尔、威曼和克特勒为他们的研究结果共享诺贝尔物理学奖。

（2）确定检索式、检索方法、检索年代、文献类型、检索信息源。

检索式：Bose * AND Einstein *

检索方法：循环法（顺查法、参考文献法、科学引文法）

检索年代：1924 年至今

文献类型：期刊论文、会议论文

① Andersen J. The public sphere and discursive activities: Information literacy as sociopolitical skills [J]. Journal of Documentation, 2006, 62 (2): 213-228.

检索信息源：检索需求的重点是外文文献，所以确定检索信息源为 SCI（文摘数据库）、Elsevier、IOP（全文数据库）。篇幅所限，此案例只展示 SCI 检索过程。

（3）实际检索与调整（检索时间：2020 年 11 月 26 日）。

1）从引文追溯课题发展的前世今生。

在 SCI 数据库中，利用检索式：SU=Bose＊ AND Einstein＊ 进行检索，结果如图 11-1-1：

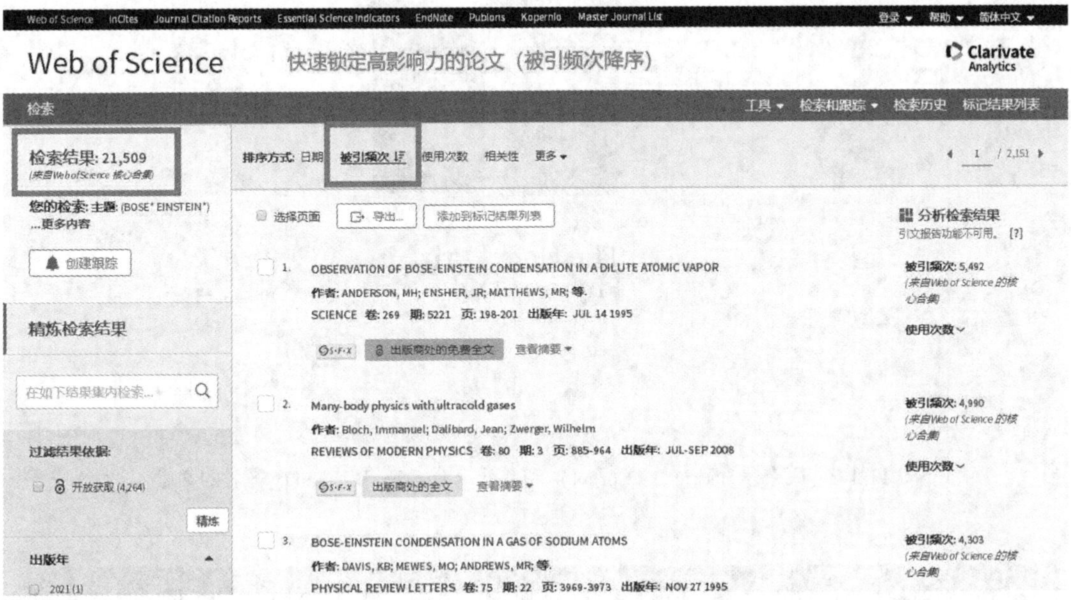

图 11-1-1 SCI 数据库检索结果

从图 11-1-1 展示的检索结果中，检索者可以比较容易地找到排名第一和排名第三的文献分别为获得诺贝尔奖的三位科学家署名的文献。打开这两篇文献的全记录页面（如图 11-1-2、图 11-1-3）。

利用 SCI 数据库的引文检索功能，顺着这两篇高质量的文献，检索者可以往前追溯查找参考文献（Cited References），得到此课题奠基性的文献，往后查找施引文献（Citing Articles），把握课题的发展和延续，从而追溯课题发展的前世今生。

以第一篇康奈尔和威曼署名的文献为例，检索者获得了 38 篇参考文献，其中两篇分别是 1924 年玻色发表的关于“普朗宁定律和光量子假说”以及 1925 年爱因斯坦发表的“预言新物质形态存在”的奠基性文献。基于以上检索，检索者已经查到了此课题的奠基性文献（如图 11-1-4）。

另外，检索者还可以利用 SCI 数据库引文检索提供的查看“施引文献”的功能，查找诺奖以后课题的发展。再次以康奈尔和威曼署名的第一篇文献为例，如图 11-1-5 所示（检

图 11-1-2　康奈尔（Eric A. Cornel）和威曼（Carl E. Wieman）署名的文献

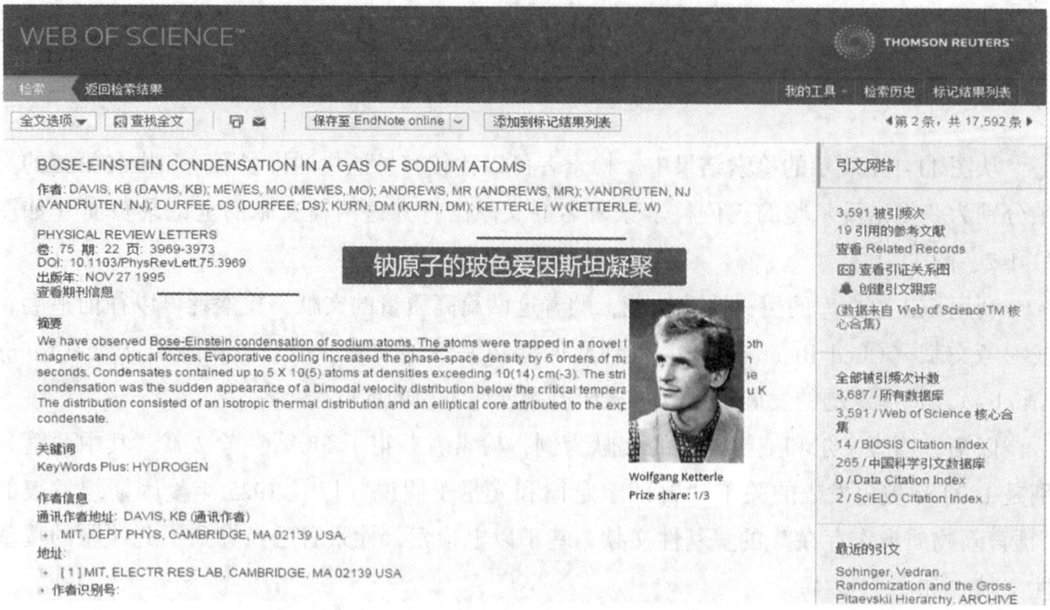

图 11-1-3　沃尔夫冈（Wolfgang Ketterle）署名的文献

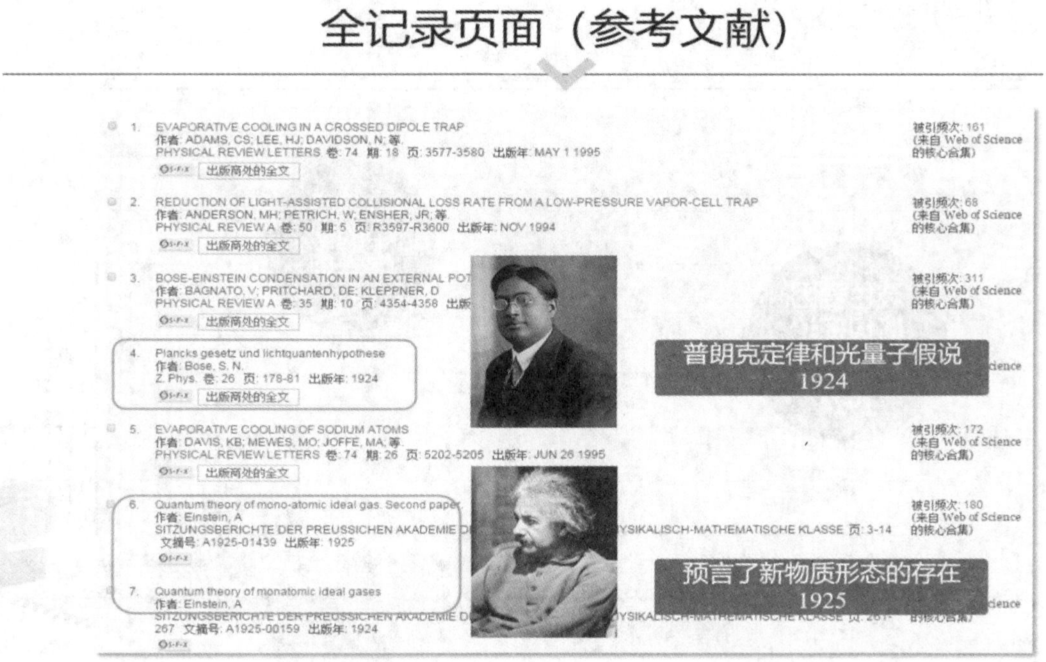

图 11-1-4　参考文献中玻色和爱因斯坦署名的文献（课题的奠基性文献）

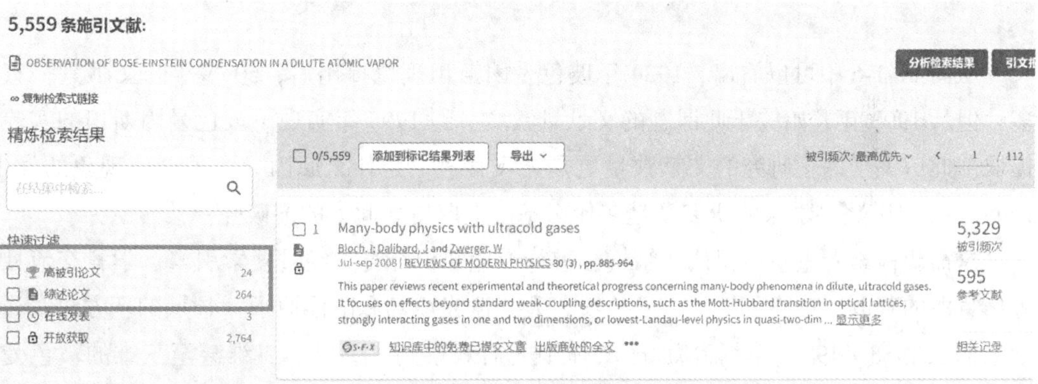

图 11-1-5　施引文献中的高被引文献和综述文献（课题的延续与发展）

索时间：2021 年 8 月 7 日），在 5000 多篇施引文献中，用被引频次（降序）排序，优先查看高被引论文及综述文献，可以比较快地把握施引文献中的高质量文献和核心文献，快速了解课题的延续与发展。

2）检视认知情境，发现课题隐藏文献。

值得注意的是，在检索过程中，SCI 平台给检索者推送了一张这样的引文索引报告

（如图 11-1-6）：

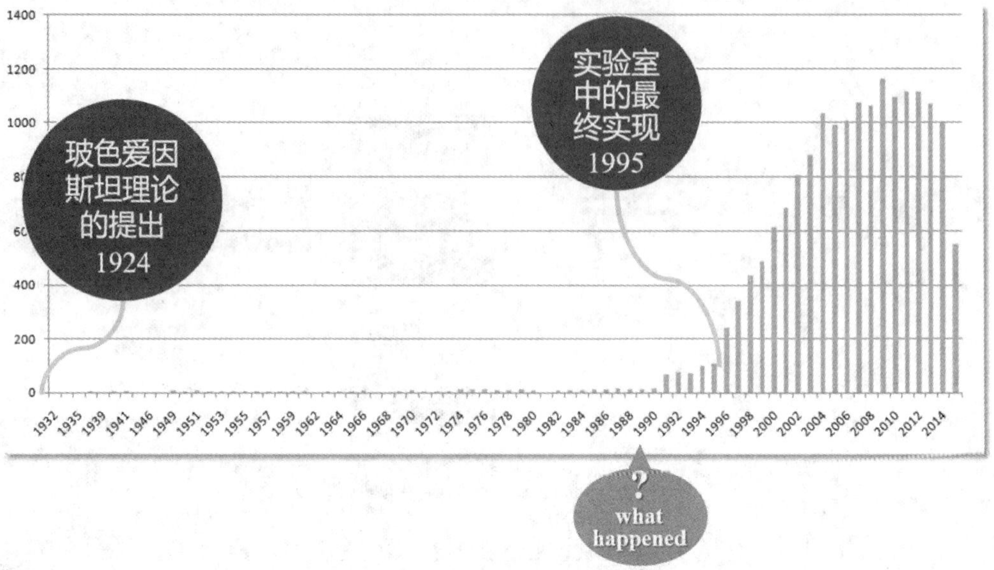

图 11-1-6　SCI 引文索引与文献百年回溯

从图 11-1-6 中可以看出，1924 年玻色爱因斯坦理论提出后，60 多年间文献量一直不多，但从 1990 年开始关于此课题的文献量激增，到 1995 年实现了玻色爱因斯坦的实验室提取，此后关于课题研究的文献数量更是突飞猛进。是什么原因导致了这一现象的发生？1995 年三位诺奖科学家的研究又是在什么基础上取得如此大的突破呢？

这需要检索者重新检视认知结构，进行专业知识补充。经过搜索引擎、学科交流社区等信息源的获取，最终了解到，是一项名为“激光冷却和陷俘原子”领域的新方法，让科学家们在 1988—1995 年在稀薄原子气体中先后观察到了一维、二维甚至三维的玻色爱因斯坦凝聚。而这项新方法也获得了 1997 年诺贝尔物理学奖，得奖科学家分别为：朱棣文（Stephen Chu）、科恩·塔诺季（Claude Cohen Tannoudji）和菲利普斯（William D. Phillips）。

重新回到数据库，检索者继续验证并寻找有关这项新方法的文献。依然是从康奈尔和威曼署名文献的 38 篇参考文献中，检索者发现了被引频次最高的文献竟然就是获得了 1997 年诺奖的三位科学家之一朱棣文（Stephen Chu）撰写的文献，详细介绍了关于“激光冷却和陷俘原子”的新方法（如图 11-1-7）。

这个检索步骤从文献的角度证实了在检索中审视认知情境的重要性。优秀的检索系统会良性地推进这个步骤。

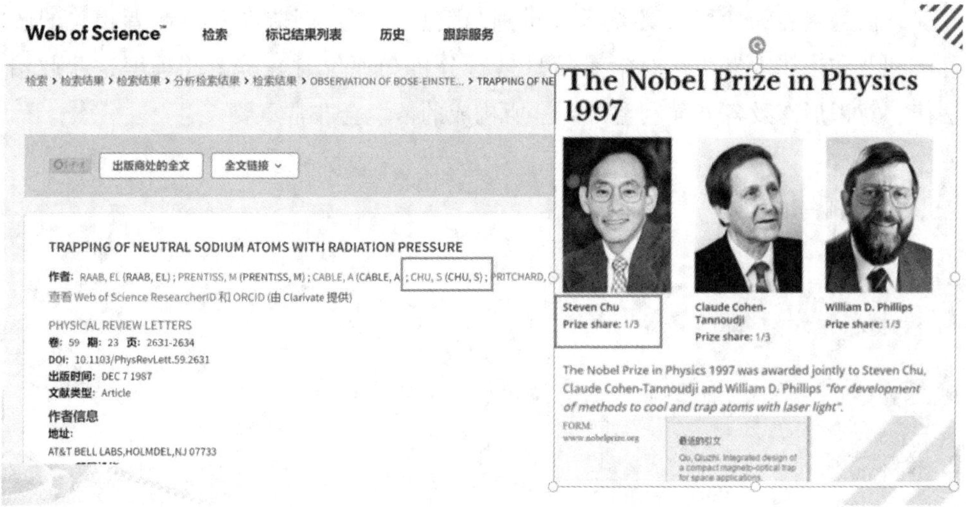

图 11-1-7　朱棣文（Stephen Chu）署名的文献

三、案例总结

经过以上检索过程，检索者获得了课题核心文献并完整把握了整个课题发展的重要过程。此案例的检索过程提示了多种情境：首先需要审视的是认知情境，检索经验，对选题的了解以及发现问题时重新补充学科知识，寻求多种信息源及学科社区的帮助；其次是对数据库功能的充分熟悉，理解信息系统的存储情境，感受引文索引的魅力；最后还需要充分的耐心和对检索结果不确定性的挑战精神。

第二节　在情境中理解信息的分析与评价

一、案例名称

“青蒿素”——2015 年诺贝尔生理或医学奖

二、案例主题思想

人类历史上的每个社会、每个时代都有自己的观点，都有自己认为合法的信息源。鉴于此，提升信息素养的学习者必须学会辨别与信息、信息创造者及传播者相关的政治权利、经济利益和法律因素。在对学术信息进行分析和评价时，辨识并理解这些政治、经济、法律、意识形态及各方面利益等因素所构成的情境会非常重要。

三、案例解析过程

1. 检索者背景

中医学专业初学者，熟悉中国知网检索及分析功能。

2. 检索者需求

对国内发表的有关青蒿素的文献进行态势分析，了解课题发展状况。并结合重点文献和时代背景探讨屠呦呦获诺奖为何会在国内引起广泛争议？

3. 检索策略

（1）了解课题概况。

根据检索者目前的知识结构，所了解的本课题概况如下：

青蒿素（Artemisinin）是一种有机化合物，分子式为C15H22O5。

青蒿素为无色针状结晶，熔点为156℃～157℃，易溶于氯仿、丙酮、乙酸乙酯和苯，可溶于乙醇、乙醚，微溶于冷石油醚，几乎不溶于水。因其具有特殊的过氧基团，它对热不稳定，易受湿、热和还原性物质的影响而分解。

青蒿素是治疗疟疾耐药性效果最好的药物，以青蒿素类药物为主的联合疗法，也是当下治疗疟疾的最有效最重要手段。但是近年来随着研究的深入，青蒿素的其他作用也越来越多地被发现和应用研究，如抗肿瘤、治疗肺动脉高压、抗糖尿病、胚胎毒性、抗真菌、免疫调节、抗病毒 、抗炎、抗肺纤维化、抗菌、心血管作用等多种药理作用 。

2015年11月，屠呦呦因创制新型抗疟药——青蒿素和双氢青蒿素的贡献，与另外两位科学家获2015年度诺贝尔生理学或医学奖。

（2）确定检索式、检索方法、检索年代、文献类型、检索信息源。

检索式：主题=青蒿素

检索方法：顺查法

检索年代：1900年至今

文献类型：期刊论文

检索信息源：因为案例主要是中文期刊文献进行分析，所以信息源选择中国知网。

（3）检索过程与文献分析（检索时间：2020 年 11 月 14 日）。

经检索中国知网学术期刊数据库，共获得青蒿素类中文期刊论文 4177 篇。检索者对这些论文进行了基于主题、来源出版物、机构、作者等指标的相关分析。从而了解课题整体状况，析出重点文献。

1）主题分析。

论文涉及多个主题，其中前 40 个主要主题见图 11-2-1。

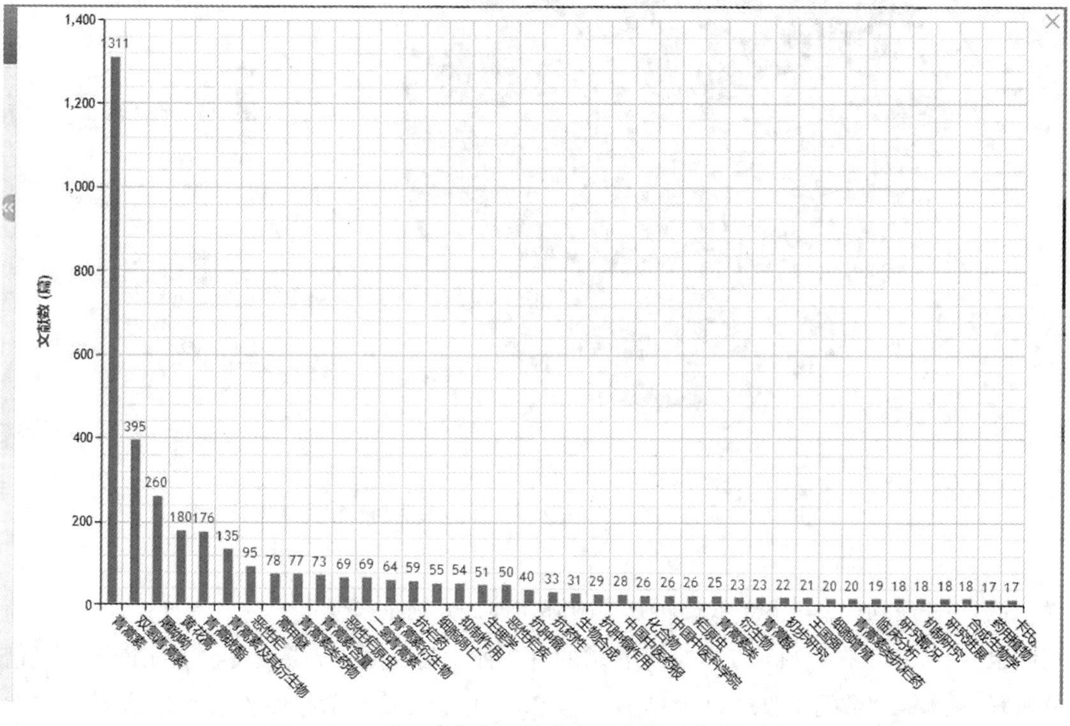

图 11-2-1　青蒿素类期刊论文主要主题（中国知网）

从图 11-2-1 中可以看出，排名前三的主题词分别是“青蒿素”“双氢青蒿素”“屠呦呦”，验证了检索者初期所了解的课题概况中最重要的三个关键词的正确性；“恶性疟原虫”“抗疟药”“恶性疟”“青蒿素类抗疟药”等主题词也显示了检索出的文献主要是研究“青蒿素”和“双氢青蒿素”抗疟性；此外，“抗肿瘤作用”“细胞凋亡”“衍生物”“卡氏肺孢子虫肺炎”等主题词的加入也印证了课题概况中所述：“青蒿素其他作用越来越多被发现和应用研究，如抗肿瘤、治疗肺动脉高压、抗糖尿病、胚胎毒性、抗真菌、免疫调节、抗病毒 、抗炎、抗肺纤维化、抗菌、心血管作用等多种药理作用 。”

2）来源出版物分析。

论文涉及多种期刊，其中发文较多的前 20 种期刊如图 11-2-2。

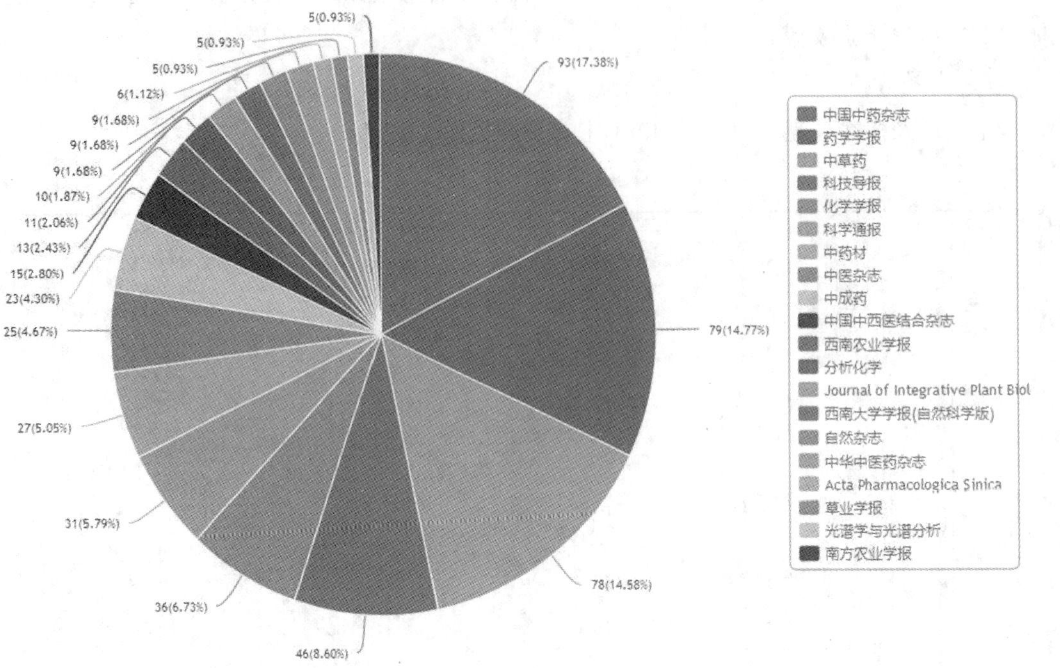

图 11-2-2　青蒿素类期刊论文发文较多的期刊（中国知网）

这 20 种期刊中，被 SCI 数据库收录的有 3 种，分别是《光谱学与光谱分析》《中国药理学报》《植物学报》；被 EI 数据库收录的有 2 种，分别是《分析化学》《光谱学与光谱分析》；被 CSCD 数据库收录的有 15 种；被 CA（化学文摘）数据库收录的有 17 种；被北大版核心期刊收录的有 20 种。

说明发文量较多的前 20 种期刊均属于高质量的期刊。

3）机构分析。

论文涉及多个机构，发文量排名前 20 的机构如图 11-2-3。

如图 11-2-3 所示，发文量排名前三的机构有“广州中医药大学”“中国科学院上海药物研究所”“中国中医科学院中药研究所”。其中，“中国中医科学院中药研究所（原名中国中医研究所）”是诺贝尔奖科学家屠呦呦所在的机构。

4）作者分析及问题发现。

4177 篇论文涉及多个作者，发文量排名前 20 的作者如图 11-2-4。

从图 11-2-4 中可以看出，在排名前 20 的作者中，并没有获得诺贝尔奖的科学家屠呦

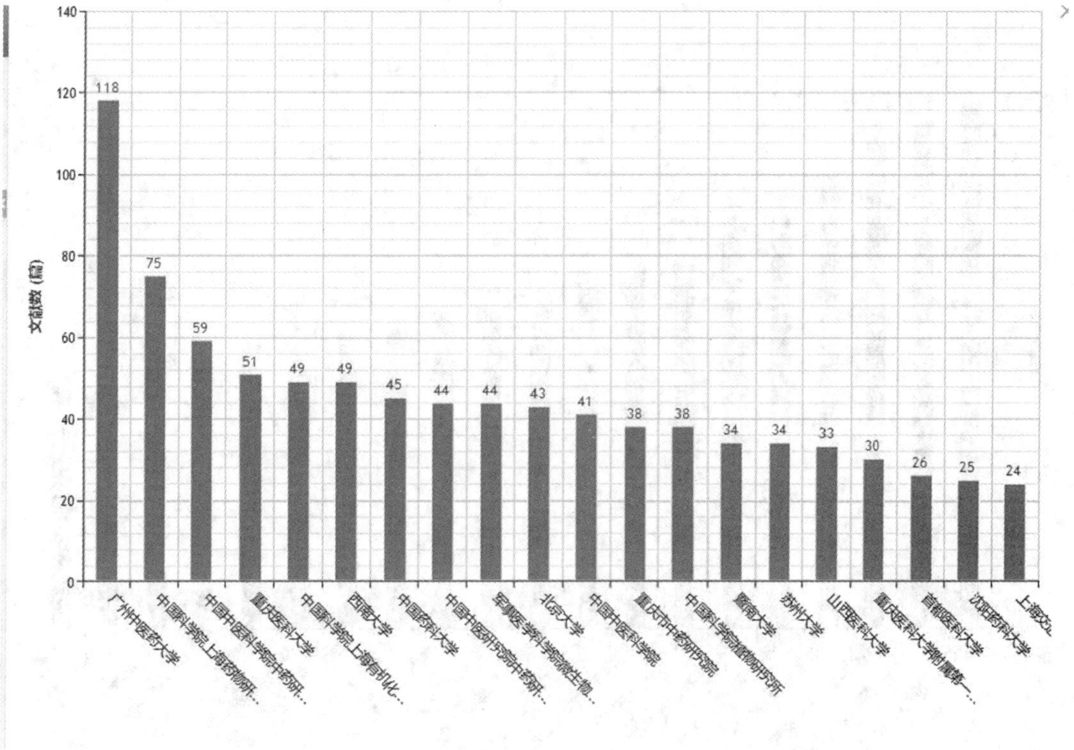

图 11-2-3　青蒿素类期刊论文发文较多的机构（中国知网）

呦，这一现象需要引起检索者的重视。用显示文献质量的指标（被引频次）进行进一步评价，发现被引频次排名前 11 的论文中有两篇是屠呦呦的文章，被引频次分别是 169（排名第三）和 130（排名第七）。由此可以得出如下结论：第一，屠呦呦作为青蒿素的主要研究者，以自己名字署名的文献数量不多；第二，屠呦呦的论文影响力比较高。为进一步了解青蒿素课题中的重点文献以及屠呦呦的贡献，检索者需要重新寻求多种信息源和其他文献的帮助。检索者进行了以下三个方面的调整。

第一，在中国知网中以检索式：“主题 = 屠呦呦”查找期刊文献，在检出的 260 篇文献中筛选出相关度和质量均比较高的文献如《屠呦呦与青蒿高抗疟功效的发现》①、《科技发明权与屠呦呦青蒿素发现争端的化解》②、《青蒿素研发及屠呦呦获得诺贝尔奖的启

① 周程．屠呦呦与青蒿高抗疟功效的发现［J］．自然辩证法通讯，2016，38（1）：1-18.

② 黄松平，朱亚宗．科技发明权与屠呦呦青蒿素发现争端的化解［J］．自然辩证法研究，2012，28（1）：86-90.

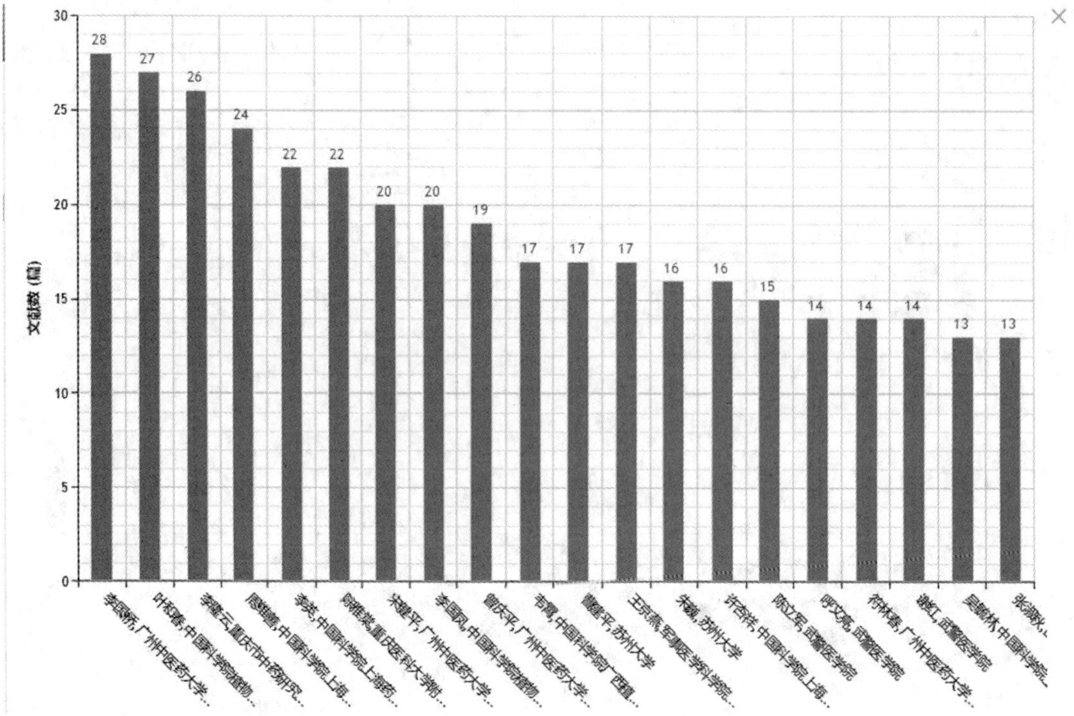

图 11-2-4　青蒿素类期刊论文发文较多的作者（中国知网）

示》①、《论我国科研评价体制中的二律背反——对屠呦呦获诺贝尔奖引发争议的再思考》② 等 11 篇进行精读，了解到青蒿素的研究是源于 1967 年研发抗疟药物的“523 项目”，是在战争背景下响应国家号召和人民需要而设立的一项集体科研项目，青蒿素的成功研制也是集体协作攻关的智慧结晶，所以早期的重要文献多以“青蒿素研究协作组”的名义集体发表。是当时的时代背景形成了以屠呦呦署名的早期文献并不多的现象。这也是屠呦呦获诺奖会引起国内争议的主要原因。但也有大量文献证实了屠呦呦在青蒿素抗疟新药研制中的巨大贡献，其中周程的《屠呦呦与青蒿高抗疟功效的发现》一文中用大量史料证实了屠呦呦是第一个发现青蒿的乙醚中性提取物具有高抗疟功效以及是她第一个将青蒿的乙醚中性提取物应用于临床试验的事实。

第二，检索者通过搜索引擎找到了以青蒿素研究协作组和其他青蒿素主要研究团队署

① 张成岗．青蒿素研发及屠呦呦获得诺贝尔奖的启示［J］．科技导报，2015，33（20）：86-89.

② 邹太龙，张学敏．论我国科研评价体制中的“二律背反”——对屠呦呦获诺贝尔奖引发争议的再思考［J］．高校教育管理，2017，11（4）：7.

名的早期重要文献（如图 11-2-5）。

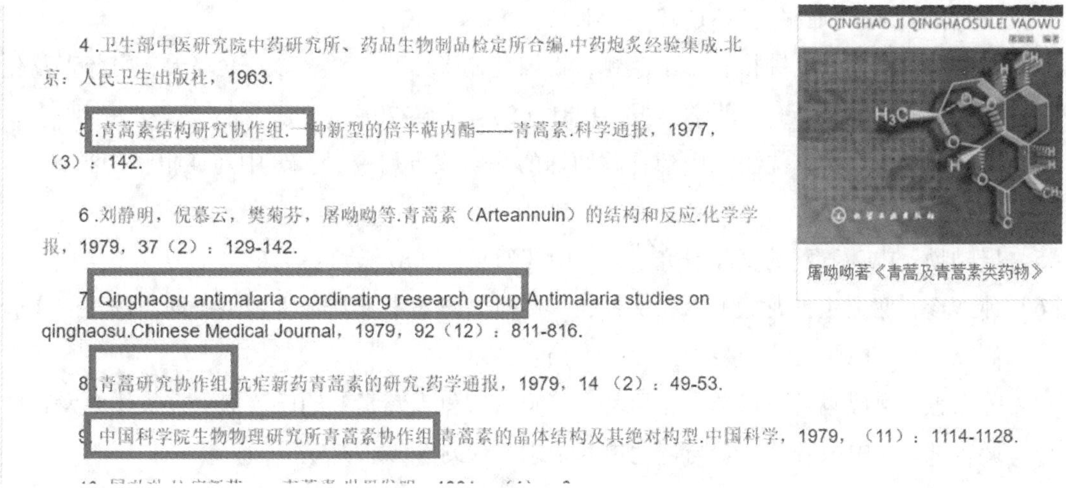

图 11-2-5　以集体名义发表的“青蒿素”早期重要文献

第三，检索者需要对来源于搜索引擎的文献进行甄别，从而筛选整理出青蒿素类文献中的早期经典文献。检索者在中国知网中分别以作者字段和作者单位字段检索“青蒿”，发现了 20 世纪 70 年代“523”项目中以集体名义发表的 4 篇经典文献，与搜索引擎中检索出的文献相同（文献列表见附录 1），发文期刊均属高质量期刊，其中 3 篇中文文献的被引频次分别为 219，35，25。加上屠呦呦在获得诺贝尔奖之前发表的文献（文献列表如附录 2），检索者基本掌握了青蒿素抗疟的早期奠基性文献。

附录 1：

[1] 青蒿素结构研究协作组．一种新型的倍半萜内酯——青蒿素［J］. 科学通报，1977（3）：142.

[2] 青蒿研究协作组．抗疟新药青蒿素的研究［J］. 药学通报，1979，14（2）：49-53，35.

[3] 中国科学院生物物理研究所青蒿素协作组．青蒿素的晶体结构及其绝对构型［J］. 中国科学，1979（11）：1114-1128.

[4] Antimalaria studies on Qinghaosu.［J］. Chinese Medical Journal，1979，92（12）：811-816.

附录 2：

[1] 刘静明，倪慕云，樊菊芬，屠呦呦，吴照华，吴毓林，周维善．青蒿素（Arteannuin）

的结构和反应［J］. 化学学报，1979（2）：129-143.
［2］屠呦呦，倪慕云，钟裕蓉，李兰娜．中药青蒿的化学成分和青蒿素衍生物的研究（简报）［J］. 中药通报，1981（2）：31.
［3］屠呦呦，倪慕云，钟裕容，李兰娜，崔淑莲，张慕群，王秀珍，梁晓天．中药青蒿化学成分的研究Ⅰ［J］. 药学学报，1981（5）：366-370.
［4］屠呦呦，朱启聪，沈星．中药青蒿幼株的化学成分研究［J］. 中药通报，1985（9）：37-38+20.
［5］屠呦呦．中药青蒿的正品研究［J］. 中药通报，1987（4）：4-7.
［6］孙秀珍，谢蜀生，龙振洲，张文仁，屠呦呦．青蒿素及其衍生物免疫抑制作用的实验研究［J］. 中西医结合杂志，1991（1）：37-38+6.
［7］陈佩惠，屠呦呦，王凤芸，李凤舞，杨岚．双氢青蒿素对约氏疟原虫在蚊体内发育的影响［J］. 中国寄生虫学与寄生虫病杂志，1998（6）：3-5.
［8］徐丽敏，陈学荣，屠呦呦．双氢青蒿素对狼疮性 BXSB 小鼠的作用［J］. 中国中西医结合皮肤性病学杂志，2002（1）：19-20.
［9］董妍君，李卫东，屠呦呦，邹万忠，滕慧玲，林志彬．双氢青蒿素对 BXSB 狼疮小鼠自身抗体产生、TNFα 分泌及狼疮性肾炎病理改变的影响［J］. 中国中西医结合杂志，2003（9）：676-679.
［10］董妍君，李卫东，屠呦呦，张慧娜，邹万忠，杨岚，林志彬．双氢青蒿素对 BXSB 小鼠狼疮肾炎的作用及机制研究［J］. 中国药理学通报，2003（11）：1125-1128.
［11］张东，杨岚，杨立新，王满元，屠呦呦．HPLC-UV-ELSD 法同时测定青蒿中青蒿素、青蒿乙素和青蒿酸的含量［J］. 药学学报，2007（9）：978-981.
［12］张东，杨岚，王满元，屠呦呦．HPLC-ELSD 测定青蒿素片中青蒿素的含量［J］. 中国药学杂志，2008（7）：491-492.

三、案例总结

通过此案例，检索者理解了在特定政治、经济、法律、意识形态等因素作用下会构成特定的信息情境。由重点文献引发对当时政治、经济、社会文化背景的探讨。从而解释了屠呦呦作为诺奖获得者文献量并不多的原因以及“屠呦呦现象”引起了国内科研领域的何种反思。也进一步训练了检索者解决复杂问题时汇集学术数据库、搜索引擎、学术论坛等多种信息源的意识与能力，对各种信息系统（包括权威的学术数据库）给出的分析结果不盲从的批判性思维方式。

第三节　在情境中探索信息的创造与交流

一、案例名称

“对拍卖理论的改进和发明了新拍卖形式”——2020年诺贝尔经济学奖

二、案例主题思想

信息素养特别强调信息主体的双重角色：信息主体既是信息的使用者，同时也应该成为信息的创造者。创造新信息需要信息主体从自身的信息利用经验中总结内在体验，而不是传统意义上由专家或组织预先确定的客观化和外在化的能力。比如在新的兴趣领域构建个人知识、利用信息和自身知识获得新发现等。强调信息创造者的主观体验是在情境中探索信息创造的关键。

信息创造者的人生观、价值观、创作原因、出版过程等信息主体特征构成了信息创造的重要情境，需要给予持续关注。如出版前后的编辑或审稿过程，可以作为衡量信息质量的指标。由此可见，学习者有必要识别并判读信息创造过程的情境因素，即关注信息是如何创造的、什么时候创造的、由谁创造的以及为什么目的而创造等过程因素，这样才能在匹配信息需求与信息产品时做出更精准的选择。

三、案例解析过程

1. 检索者背景

经济学专业硕士。

2. 检索者需求

完成一篇有关拍卖理论和方式的计量文献综述（信息创造）选题并用思维导图快速理出大纲。

3. 检索策略

（1）了解课题概况。

根据检索者的专业知识结构，可知随着时间的推移出现过不同的拍卖理论。

1961 年，威廉·维克里（William Vickrey）在私人价值模型的分析框架下，开创性地研究了四种拍卖机制：英式拍卖即公开增价拍卖（English Auction）、荷氏拍卖即公开降价拍卖（Dutch Auction）、第一价格密封拍卖（First Price Sealed Bid Auction）、第二价格密封拍卖（Vickrey Auction or First Price Sealed Bid Auction）；罗杰·迈尔森（Roger B. Myerson）在维克里的研究基础上，将私人价值分析框架扩展为共同价值分析框架，并将收益等价定理从四种拍卖机制扩展到所有拍卖机制。维克里由于在信息经济学领域的基础性贡献而获得 1996 年度诺贝尔经济学奖，而迈尔森由于在机制设计理论上的基础性贡献获得 2007 年度诺贝尔经济学奖。

2020 年诺贝尔经济学奖获得者保罗·米尔格罗姆（Paul R. Milgrom）和罗伯特·威尔逊（Robert B. Wilson）由于"对拍卖理论的改进和发明新的拍卖形式"而分享了 2020 年度诺贝尔经济学奖。诺贝尔经济学奖评审委员会在颁奖词中指出，他们研究了拍卖理论的运行规律，并将研究发现用于设计新的拍卖形式，最终使得世界各地的卖方、买方和纳税人都能从中受益。经济学家通常将拍卖作为市场化资源配置机制的代表，而拍卖理论的研究和拍卖机制的设计与应用是学术与现实紧密结合的典范。两位诺贝尔奖得主在拍卖理论研究上的贡献很好地体现了经济学基础理论应用于实践的指导意义。

（2）选择综述类型及检索方法。

综述类型：计量型文献综述。

检索方法：初检用顺查法，依据年代顺序由远及近地查找。分别检索各个不同阶段出现的拍卖理论和方式；选题调整后用循环法。先检索两位诺奖科学家关于选题方面的文献，再利用追溯法检索施引文献。以施引文献为标本进行计量分析。

（3）检索与分析过程。

①初检结果（检索时间：2020 年 11 月 14 日）。

检索者分别检索了前文中四位经济学家的拍卖理论，重点检索保罗·米尔格罗姆（Paul R. Milgrom）和罗伯特·威尔逊（Robert B. Wilson）这两位科学家被诺奖表彰的拍卖理论与方式。

参考两位诺奖获奖人（Paul R. Milgrom、Robert B. Wilson）个人网页所提供的文献信息，在 SCIE/SSCI/A&HCI/CPCI 中检索获奖者关于拍卖理论及新拍卖形式研究方向的论文有 34 篇，最早发文年限为 1969 年，各年度发文分布如图 11-3-1 所示。其中保罗·米尔格罗姆以第一作者或者合作者身份发文 26 篇；罗伯特·威尔逊以第一作者或者合作者身份发文 8 篇。34 篇论文中，单篇论文被引次数超过 200 次的有 8 篇，最高被引达到 1590 次，为保罗·米尔格罗姆于 1982 年以第一作者发表在 *Econometrica* 的论文 *A Theory of Auctions and Competitive Bidding*（《拍卖和竞争性竞价理论》）。两位经济学家的经典著作有两部：

罗伯特·威尔逊于 1993 年独著的 *Nonlinear Pricing*（《非线性定价》）、保罗·米尔格罗姆于 2004 年独著的 *Putting Auction Theory To Work*（《拍卖理论与实务》）。

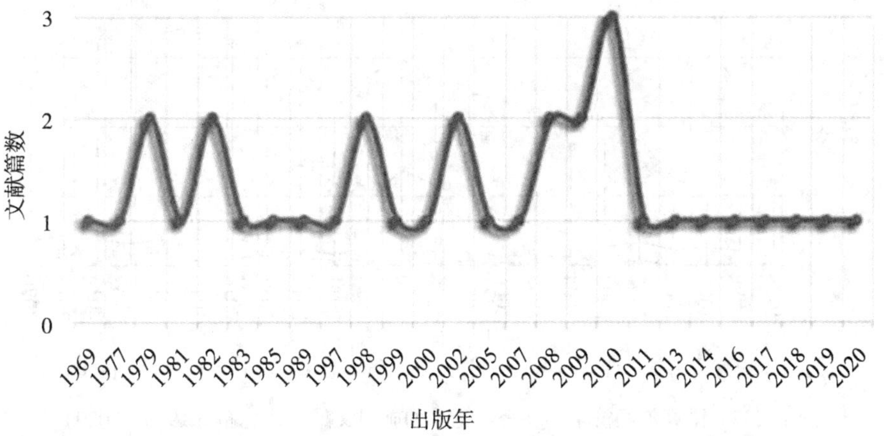

图 11-3-1　两位 2020 年诺贝尔经济学奖获得者论文发表年度分布

②进行选题调整。

检索者在此案例中的需求是完成一篇计量文献综述，是利用大数据体现文献之间的关系，从而揭示课题内容和热点。通过初检可知，涉及信息创造过程的情境因素需要重点关注，比如信息创造者（诺贝尔奖科学家）、信息创造时间（学术高峰期）、信息创造的价值（学术价值和社会价值）以及时效性，在这个课题中，研究诺奖有关文献明显会更具热度，所以，检索者决定将选题范围缩小到只综述“2020 年诺贝尔经济学奖表彰的拍卖理论和方式”的相关文献。这样会使研究问题更聚焦而具备新颖性。

根据选题的调整，检索方法也相应调整为先检索两位诺奖科学家关于选题方面的文献，再利用追溯法检索施引文献。以施引文献为标本进行计量分析。

③数据分析。

两位诺贝尔奖获得者的 34 篇论文被全球 3215 篇论文引用，其中包括中国学者发表的 226 篇论文。在 Web of Science 平台，可检索两本专著即 *Nonlinear Pricing* 和 *Putting Auction Theory To Work* 被全球 917 篇文献引用，图 11-3-2 为 1998 年至今获奖者期刊论文和专著的施引文献出版年分布。

施引文献涉及 77 个国家和地区，其中发文量排名前 11 的国家或地区为：美国（2380，57. 6%）、英国（351，8. 49%）、德国（320，7. 74%）、中国（309，7. 48%）、加拿大（237，5. 74%）、法国（198，4. 79%）、澳大利亚（155，3. 75%）、日本（136，3. 29%）、西班牙（129，3. 12%）、以色列（115，2. 78%）。

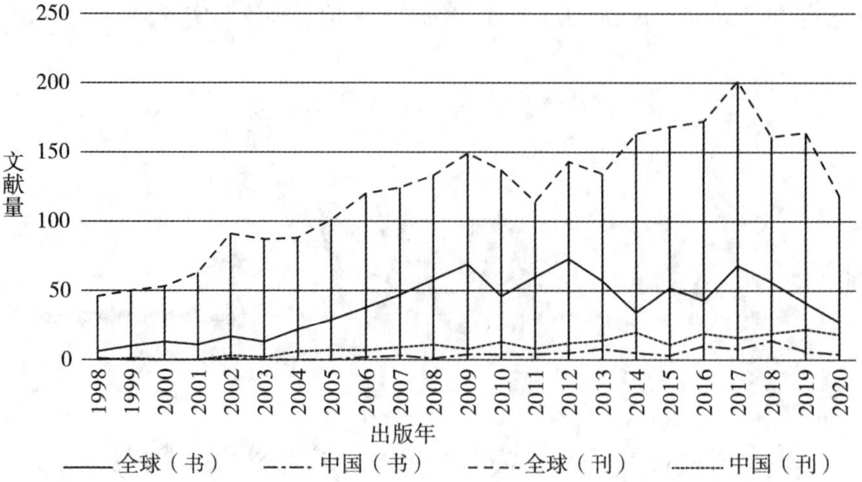

图 11-3-2　诺贝尔经济学奖获得者论著的施引文献年代分布（1998—2020）

施引文献中近五年发表的论文有 1151 篇，占全部文献的 26%。其中全球发文量 TOP11 的机构见图 11-3-3。

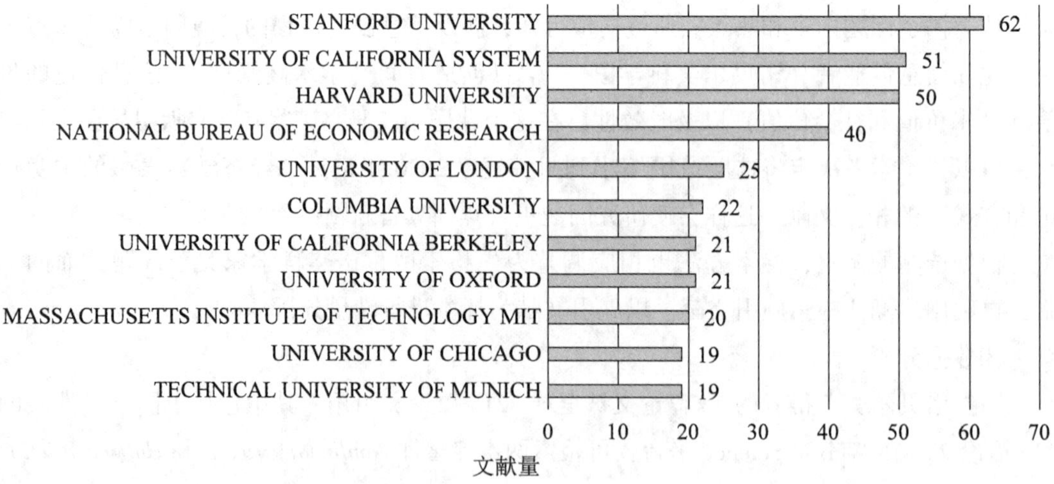

图 11-3-3　2016—2020 年施引文献全球发文量 TOP11 的机构

中国在 2016—2020 年有 136 篇学术论文引用了两位诺贝尔奖获得者相关成果，占中国全部施引文献的 44. 01%。其中发文量 TOP11 的机构见图 11-3-4。

近五年全球 1151 篇施引文献涉及 70 个 Web of Science 学科类别，其中中国作者发表

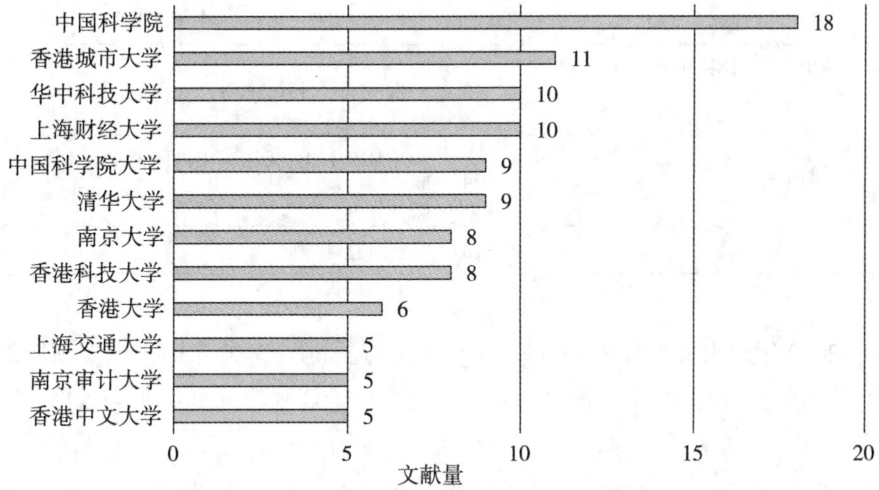

图 11-3-4　2016—2020 年施引文献中国发文量 TOP11 的机构

的 136 篇论文则涉及 40 个学科类别，TOP11 学科见表 11-3-1。

表 11-3-1　**2016—2020 年施引文献涉及的 WOS 学科类别 TOP11**

全　球		中　国	
类　别	文献量	类　别	文献量
ECONOMICS	578	ECONOMICS	53
OPERATIONS RESEARCH MANAGEMENT SCIENCE	116	OPERATIONS RESEARCH MANAGEMENT SCIENCE	20
MANAGEMENT	99	ENGINEERING ELECTRICAL ELECTRONIC	18
SOCIAL SCIENCES MATHEMATICAL METHODS	78	COMPUTER SCIENCE ARTIFICIAL INTELLIGENCE	14
ENGINEERING ELECTRICAL ELECTRONIC	76	MANAGEMENT	12
MATHEMATICS INTERDISCIPLINARY APPLICATIONS	66	COMPUTER SCIENCE INFORMATION SYSTEMS	11
COMPUTER SCIENCE ARTIFICIAL INTELLIGENCE	51	MATHEMATICS INTERDISCIPLINARY APPLICATIONS	11
COMPUTER SCIENCE THEORY METHODS	49	TELECOMMUNICATIONS	11

续表

全球		中国	
COMPUTER SCIENCE INFORMATION SYSTEMS	45	BUSINESS FINANCE	8
BUSINESS FINANCE	44	COMPUTER SCIENCE THEORY METHODS	8
全球总计	1151	中国总计	136

2011—2020 年施引文献导入 CiteSpace 软件进行关键词聚类分析，拍卖领域的研究热点主要为市场匹配、网上拍卖、信息不对称、混合定价规则等（如图 11-3-5）。

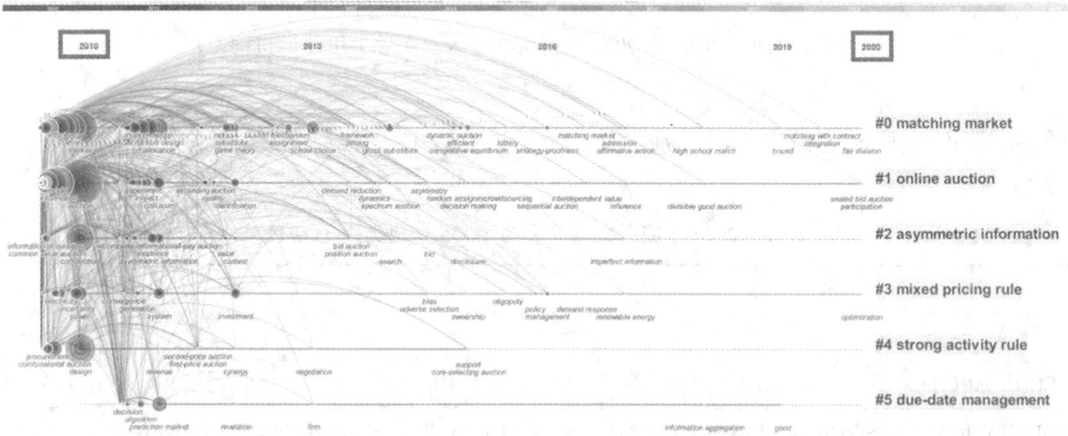

图 11-3-5 2011—2020 年施引文献的研究主题分布

检索者在进行拍卖领域热点分析的过程中，通过文献计量及阅读全文的方式，发现热点越来越倾向于拍卖理论的应用，如市场匹配、网上拍卖、信息不对称、混合定价规则等。诺奖评审委员会指出，两位学者的研究与实践“使世界各地的卖方、买方和纳税人都受益”，这与历届诺贝尔经济学奖提倡的为社会创造价值的宗旨是契合的。这一宗旨也有利于检索者今后学术研究中的方向及选题。

4. *初步拟定综述大纲*

根据检索与分析过程，检索者初步确定了选题：用文献计量分析的方法，基于 CiteSpace 软件，综述 2020 年诺贝尔经济学奖得主学术贡献及后续研究，综述大纲如图

11-3-6所示。

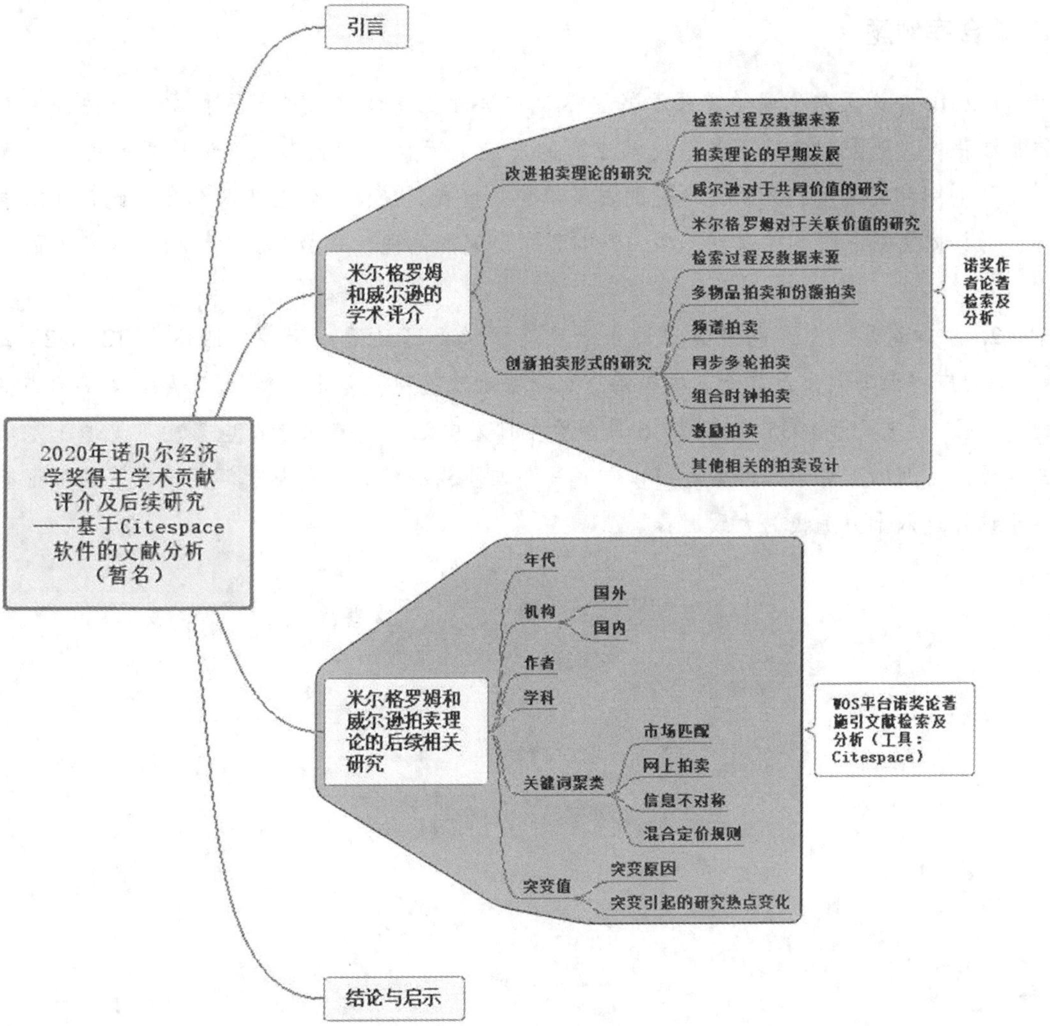

图 11-3-6　基于思维导图的综述大纲

四、案例总结

通过此案例，学习者可以从自身的信息利用体验中总结内在经验，获得进行知识创造的能力，并在知识和能力目标达成后，尝试强化科学精神与“成就动机”，产生对知识创造的努力与敬畏和情感价值认同，主动交流与分享。学习者还可以进一步思考综述完成后的成果交流途径，了解学术生态交流系统的流程。

◎ 综合案例题

1. 2010年诺贝尔生理学或医学奖被誉为“试管婴儿之父”的英国科学家罗伯特·爱德华兹获得，他因“在试管受精技术方面的发展”而被授予该奖项。请检索有关“试管婴儿”的中外文文献，分析此选题的发展趋势及重点文献，并结合当时社会对此领域的争议，用具体文献说明各方观点，探讨影响科学研究的伦理、宗教、文化、技术等各方面的因素。

2. 你知道吗？鲁迅也曾经看过米老鼠。据《鲁迅日记》记载：1933年12月23日“午后同广平邀冯太太及其女儿并携海婴往光陆大戏院观儿童电影《米老鼠》及《神猫艳语》”。① 后来又于1935年4月、6月两次在日记中记载观看米老鼠电影。可见迪士尼动画在民国时期的上海十分风靡。请以“迪士尼与上海的渊源”为题，运用文献资料考证有声卡通片进入上海院线的大致时段。

① 鲁迅全集（第16卷）[M]. 北京：人民文学出版社，2015：414.

参考文献

图书

［1］黄如花．信息检索（第二版）［M］．武汉：武汉大学出版社，2018.

［2］燕今伟，刘霞．信息素养教程［M］．武汉：武汉大学出版社，2008.

［3］莫提默·J. 艾德勒，查尔斯·范多伦，阿德勒，等．如何阅读一本书［M］．商务印书馆，2004.

［4］陈琦，刘儒德．当代教育心理学［M］．第2版．北京：北京师范大学出版社，2007.

［5］教育部科学技术委员会学风建设委员会．高等学校科学技术学术规范指南［M］．第2版．北京：中国人民大学出版社，2017.

期刊

［1］Kayvan，Kousha，Mike，et al. ResearchGate：Disseminating；communicating，and measuring scholarship？［J］. Journal of the American Society for Information Science and Technology，2015，66（5）：876-889.

［2］Man Ca S，Ranieri M. Implications of social network sites for teaching and learning. Where we are and where we want to go［J］. Education & Information Technologies，2017，22（2）：605-622.

［3］Laakso M，Lindman J，Shen C，et al. Research output availability on academic social networks：Implications for stakeholders in academic publishing［J］. Electronic Markets，2017，27（2）：1-9.

［4］彭立伟，高洁．国际信息素养范式演变［J］．图书情报工作，2020，64（9）：133-141.

［5］周俊，李德华．数据集著录规则探讨与实例分析［J］．编辑学报，2020，32（1）：46-47.

标准

[1] 全国文献工作标准化技术委员会第七分委员会.《科学技术报告、学位论文和学术论文的编写格式(GB/T 7713-1987)》[S]. 国家标准局, 1987.

[2] 国务院学位委员会办公室; 中国科学技术信息研究所.《学位论文编写规则(GB/T7713. 1-2006)》[S]. 中国国家标准化管理委员会, 2006.

[3] 全国信息与文献标准化技术委员会.《信息与文献参考文献著录规则(GB/T7714-2015)》[S]. 中国国家标准化管理委员会, 2015.

附件一

《信息素养与实践》MOOC 资源

1. 精确文献检索

2. 综合性研究课题的检索策略（上）

3. 综合性研究课题的检索策略（下）

4. 按图索骥，给你一个清晰的学术信息源

5. 从引文追溯学科发展的前世今生——诺贝尔奖研究课题

6. “谁是胜出者”——文献筛选与分析

7. 科研离我们有多远？——专利文献检索与分析

8. “任何工具和技巧都不能代替我们看文献”——关于文献阅读

9. 文献管理

10. 学术研究的基础——综述文献

11. 创造新信息

12. 学术信息共享与发布

附件二

《信息素养与实践》教材课件